国家社科基金后期资助项目
出版说明

后期资助项目是国家社科基金设立的一类重要项目，旨在鼓励广大社科研究者潜心治学，支持基础研究多出优秀成果。它是经过严格评审，从接近完成的科研成果中遴选立项的。为扩大后期资助项目的影响，更好地推动学术发展，促进成果转化，全国哲学社会科学工作办公室按照"统一设计、统一标识、统一版式、形成系列"的总体要求，组织出版国家社科基金后期资助项目成果。

全国哲学社会科学工作办公室

国家社科基金
GUOJIA SHEKE JIJIN HOUQI ZIZHU XIANGMU
后期资助项目

明清以来关帝信仰
在西南少数民族地区的
传播

The Transmission of Guan's FAITH
in the Southwest Minority AREAS
since Ming and Qing Dynasties

梅红 著

上海三联书店

目　　录

图 目 录

绪　论

　　在今天的西南地区，随处都可以看到关帝像，这些塑像手执大刀，威风凛凛，端坐在很多商家的神龛上，有火锅店、有玉器店、有米粉店、有高级会所……甚至出租车上，也摆放了关帝的坐像。每年的春节，云南、贵州苗族的新春傩戏中，会有抬关帝巡游仪式；在彝族一些地区流传的"大刀节"上，青年男子舞动"关公刀"的打斗场面已经是一项旅游节目；羌族一些地区房子上的五颗白石中，有一颗供奉的是关圣帝君；在云南白族的婚俗中，有时会穿插"关公刀"打斗的表演。在农历五月十三日的"磨刀节"中，藏族、土家族、苗族、瑶族等民族都有祭拜仪式，关帝信仰文化已经成为西南地区民俗文化中的一分子。

一

　　本研究以明清时期在中国南北被广泛信奉的一个神祇——关羽为研究对象。关羽作为一个真实的人物，在三国的历史中并没有非常显赫的地位。多如星辰的中国古代武将中，历代帝王不断加封，由"侯"而"王"而"帝"而"大帝"……成为儒释道三家都竭力推崇的神，千年而下，唯关羽一人，再无人出其右。统治者将关羽视为国家的保护神、战神、救灾除患之神；儒家称关羽为"文衡帝君"，号称"武圣"，与"文圣"孔子相提并论；佛教尊称关羽为"伽蓝护法"，其殿堂常在山门处；道教尊称关羽为"关圣帝君""荡魔真君"等。民间则将关羽视为祈福禳灾的无所不能的神，给人福禄、保佑科举、治病消灾、驱邪辟恶、诛罚叛道等。关帝被二十多个行业奉为保护神，有皮革业、烟业、绸缎商、厨业、盐业、酱园业、豆腐业、屠宰业、糕点业、理发业、银钱业、典当业等,在商品经济发达的地区,关帝更被视为商业的守护神和财神。

历史上,随着华人向海外的移民,关帝信仰也被带到了世界各地。据不完全统计,当今世界共有 30 多个国家和地区建有关帝庙 3 万余座,仅日本和马来西亚就有关帝庙 1 000 多座。历史上华人"下南洋"的移民潮,使得关帝信仰传播到了东南亚地区。马来西亚华人社区中流传着"马来西亚唯关帝信仰与观音信仰最盛"的说法。马来西亚华人认为道家文化代表了中华传统文化,关公在道教里面地位崇高,因而关帝更是被尊为华族的护佑神祇。华人向美洲澳洲的移民把关帝信仰带到了美洲、澳洲等地。今天美国的旧金山(San Francisco)、澳洲的新金山(Melbourne)的关帝庙,是晚清淘金的华工修建的。

信仰即文化,关帝信仰经过时代沉淀,已经深深地扎根在中华大地上,融入了中华文明的基因之中,成为了我国一个独特的民间宗教文化现象,一个独特的民俗文化现象,很早就被外来研究者关注到。下面这段经典的论述来自美国学者杜赞奇,他写道:

> 关帝不是象征着这些更广泛实体的唯一的神,在东南沿海省份,他与天后都有着这样的地位。但在中国其他地区,我不知道还有什么神被认为比关帝更能代表中国文化。正是这种将关帝与中国文明更广泛秩序认同的看法吸引了地位正在上升的农村精英接受官方对关帝的解释,使之能在乡村社会成功地扎下根来。清代许多村子中与关帝有关的碑刻都表明,在众多有关关帝的解释(作为财神、庙宇的保护者、信守诺言的英雄)中,最常被提到的是说他笃信儒家道德,忠于既有的权威。①

---

① [美]杜赞奇:《刻划符号:中国战神关帝的神话》,[美]韦思谛编:《中国大众宗教》,广州:南方日报出版社 2010 年版,第 12 页。

美国著名学者杜赞奇的见解充分肯定了关帝信仰文化所代表的中国传统儒家精神,肯定了这一文化在中国乡村社会中所起的主导作用,它稳固了广大乡村的价值体系与精神信仰。从宗教社会学的角度来看,无论是对个人、国家还是民族,信仰文化都起到了构成个人行为的内动力,构成国家政治意识形态的核心,起到了凝聚国民心智的民族精神的作用。英国人类学家莫里斯·弗里德曼认为,中国是一个复杂的社会,存在很大程度的社会分化,而造成中国文化一体化的力量正是人们的信仰体系或日常仪式。千百年来,作为中华文化的一个重要组成部分,关帝文化一直影响着人们的道德规范与行为准则,为历代统治者和百姓万民上下供奉敬仰。就当下而言,关帝信仰已融入寻常百姓的生活中,最常见的就是形态各异的关帝像被请进星级饭店、公司企业、百货商场和普通家庭的神龛,不分阶层与民族,接受着群众的膜拜。

二

我国是一个多族群的国家,各个民族都有着自己的信仰对象,但在各个族群交流、融汇的过程中,产生了一些共同接受的信仰对象,关羽就是其中的一位。在中华民族所认同的信仰对象中,关羽是非常突出的一个:首先是信仰的族群众多。这位本属于汉文化的信仰对象,在历史上各个族群交流、融合的过程中,成为了金、蒙古、满、藏、羌、白、瑶、彝等族群共同信仰的偶像。第二是关帝信仰的核心内容"忠勇仁义",成为了各个族群共同认可的价值观念。不仅丰富了各个族群自己的信仰内容,也为族群之间的交流与融合提供了介质。从而使得关帝信仰不仅是中华文化深层次的核心内容,影响着各个族群的社会道德和行为规范,而且加强了各个族群对中华民族的认同感和身份感,强化了中华民族的意识。

关帝信仰被少数民族接受的时间历史悠久。现存的关帝庙、历史上流传下来的绘画作品、壁画等可以证明,蒙古族在元代时就已广泛崇拜关公。其中非常著名广为传播的是元世祖在宫廷中举行的佛

事上,关羽率神轿军五百人监坛!《元史》中用了大段文字具体描写:

> 世祖至元七年,以帝师八思巴之言,于大明殿御座上置白伞盖一,顶用素段,泥金书梵字于其上,谓镇伏邪魔获安国刹。自后每岁二月十五日,于大明殿启建白伞盖佛事,用诸色仪仗社直,迎引伞盖,周游皇城内外,云与众生被除不祥,导迎福祉。岁正月十五日,宣政院同中书省奏,请先期中书奉旨移文枢密院,八卫拨伞鼓手一百二十人,殿后军甲马五百人,抬异监坛汉关羽神轿军及杂用五百人。宣政院所辖官寺三百六十所,掌供应佛像、坛面、幢幡、宝盖、车鼓、头旗三百六十坛,每坛擎执抬异二十六人,钹鼓僧一十二人。大都路掌供各色金门大社一百二十队,教坊司云和署掌大乐鼓、板杖鼓、筚篥、龙笛、琵琶、筝、綟七色,凡四百人。兴和署掌妓女杂扮队戏一百五十人,祥和署掌杂把戏男女一百五十人,仪凤司掌汉人、回回、河西三色细乐,每色各三队,凡三百二十四人。凡执役者,皆官给铠甲袍服器仗,俱以鲜丽整齐为尚,珠玉金绣,装束奇巧,首尾排列三十余里。都城士女,闾阎聚观。礼部官点视诸色队仗,刑部官巡绰喧闹,枢密院官分守城门,而中书省官一员总督之。先二日,于西镇国寺迎太子游四门,异高塑像,具仪仗入城。十四日,帝师率梵僧五百人,于大明殿内建佛事。至十五日,恭请伞盖于御座,奉置宝舆,诸仪卫队仗列于殿前,诸色社直暨诸坛面列于崇天门外,迎引出宫。至庆寿寺,具素食,食罢起行,从西宫门外垣海子南岸,入厚载红门,由东华门过延春门而西。帝及后妃公主,于玉德殿门外,搭金脊吾殿彩楼而观览焉。及诸队仗社直送金伞还宫,复恭置御榻上。帝师僧众作佛事,至十六日罢散。岁以为常,谓之游皇城。或有因事而辍,寻复举行。夏六月中,上京亦如之。①

这段文字详细记录了发生在元宫廷之中的祭祀仪式,元世祖至元七

---

① (明)宋濂:《元史·祭祀志六》,北京:中华书局1976年版,第1926页。

年,也就是公元 1270 年,宫中举行大型佛事,关羽的神像作为监坛,率领五百全副武装的士兵参加巡皇宫的佛事。由最高统领推动的关帝信仰,至今仍在蒙古族的宗教信仰、文学艺术、日常生活仪式中活跃。满族入关以前早已接受关帝信仰文化:"关云长——关公便是满洲信奉的不败战神,仅在京城九门瓮城内就有八处关公神庙。《三国》在满洲人看来,是真人真事。当时满洲、旧明及蒙古诸王,便是'三国',在老罕王起兵时,打的便是关公旗号;在定都盛京之时,打的还是关公旗号。到多尔衮征服天下时,大清国最好使的唯有关公旗号。关公旗共五色,它由豆青做底,一是红脸关公骑红马(红旗),二是三缕长髯卧蚕眉(青色,青出于蓝,蓝旗),三是银盔银甲偃月刀(白旗),四是皇家封赐(黄旗)印黄金顶明黄色布扎(黄束冠)。据老辈说,这还是最早的四旗满洲的由来呢。"①满族在统一全国后,多次加封关羽,统治者还通过军队直接把关羽崇拜推向大清新的疆域。

关帝信仰传播到西南少数民族地区后,经过与各少数民族文化的融合,形成具有浓郁地方特色的文化形式。明清时期,在这一片土地上,关帝庙林立,迎神赛会,比如道教源于西南地区,关帝文化与道教文化相融合,随道教传播到羌族、苗族、白族等地区,清末明初,云南洱海地区传出《洞冥宝记》的鸾书,产生了"关帝当十八世玉皇"的故事,至今仍在台湾、东南亚等地流传。与汉、藏等民族交错杂居的羌族,在保存了原始拜物教的同时,受到汉族的道教、佛教和藏传佛教的影响。清朝乾隆后,经过"改土归流",代表汉文化的各种庙宇在羌族地区建立起来。清末,在羌族东南地区的村寨中,几乎都建有汉式庙宇,汉族的道士也出现在羌族的村寨中。每年,村寨中不断地举行各种规模大小不一的庙会,其中也包括五月十三的关帝庙会。当今,在羌族部分地区,"白石崇拜"的五颗石头中,就有一颗是"关圣帝君"。分布在云南、贵州等地的彝族,由于长期与汉民族杂居共处,有的也接受了汉族的宗教信仰,如云南昆明近郊的彝族群众,几乎和当

---

① 富察·建功:《晚清侍卫追忆录》,北京:故宫出版社 2011 年版,第 15—16 页。

地的汉族一样，出入于佛寺、土主庙、观音庙、关圣庙等，并举办定期的庙会。其中，"关圣庙"就是关公庙。云南大理的白族信仰本主，不论生死疾病、婚娶节庆、大灾小祸，都要到本主庙去献祭。元代，蒙古骑兵把关帝庙建在大理城内。现在云南大理的关帝庙，重修一新，接受着汉族和白族等少数民族的祭拜。苗族至今流传着关帝是"火德星君"的传说。上个世纪初期，林惠祥在西南地区做调查时，"余所访问之苗族均已失去其固有之宗教，而多信佛教且多少道教化。室内皆设观音像或关帝等像"。①云南澄江小屯村至今保留着春节"耍关索戏"的传统。关帝信仰传入西南少数民族地区，丰富了各少数民族自身的神灵系统，深化拓展了各少数民族信仰系统的内涵，促进了各族群的交流与认同。

跨文化意味着文化从一个地方到另一个地方的地理空间变动。跨文化不仅包含精神层面，也包含地缘层面。从这个意义上讲，祖国的东南西北中不仅是一个地理概念，也是一个文化概念，包括以中原文化为中心的汉文化，和以各个原生族群文化为代表的各个亚文化。金钟先生关于文化"西南"的论述颇有见地：

> 在中国以往的文化地理结构中，"西南"不过是"一点四方"的某种扩展。四方与八卦相配，变为八方。东南为乾，西南为坤，在解释上虽也与天、地相通，但毕竟超不过万教归一、万法归宗的中原"我朝"。

"西南"一词首先代表的是某种相对的方向和方位。历史上，西南是一个流动的概念。以长安为中心，"西南"表示秦岭以南、巫山以西的某一片区域；三国时，蜀定都成都，"西南"表示的是诸葛亮七擒孟获的某一片区域；宋室南渡，迁都临安后，连古时长安也变为"西

---

① 林惠祥：《中国民族史》（下册），台北：台湾商务印书馆股份有限公司1983年版，第217页。

安",此时的西南又一下子变得无比遥远辽阔——狭义的"西南"相当于今天的川、滇、黔三省,广义的"西南"还包括桂和藏;西周时,以中原汉文化为中心,是中原汉文化的"西南"——从中原"他称"角度看,西南的特点在于它只是中国文化的边疆地带,并且由于多种多样的原因,它长期与中原保持着不是治外、羁縻,就是教化与被教化的关系。①

西南地区在历史上从来都被认为是蛮荒之地,汉代就以"西南夷"称之。在传统的西南民族研究中,西南主要是指川、渝、滇、黔这一区域。张泽洪先生在《文化传播与仪式象征——中国西南少数民族宗教与道教祭祀仪式比较研究》一书中,详细论述了文化意义上的西南少数民族的含义。他指出:

> 广义的西南泛指川、滇、黔、渝四省市为主,其外延可及广西、西藏,甚至湘西、鄂西、粤北地理区域……湘西、鄂西、粤北,虽然不属于西南的地理范围,但从历史文化的角度审视,它是遍布西南的瑶苗土家侗等民族延伸居住之地。因此,广义的文化意义上的西南地区,是西南地理范围由内向外辐射,所形成西南少数民族地区的文化概念……"西南民族"一名词,是包括粤、桂、黔、川、康、藏,及印度支那(安南、暹罗、缅甸)各地所分布的半开化或未开化的部族之总称。简言之,即世俗称为"南蛮"或"苗蛮"或"苗族"或"西南夷"……的。②

张泽洪先生认为,西南少数民族的范围不是行政区划上的,其范围甚至包括了今天的越南、缅甸等南亚国家和地区。这些是深为笔者赞同的,本研究中的"西南少数民族"的地理范围,正是文化意义上

---

① 金重:《神人交错的艺术——西南民间戏剧与宗教》,昆明:云南教育出版社1995年版,第5页。
② 张泽洪:《文化传播与仪式象征——中国西南少数民族宗教与道教祭祀仪式比较研究》,成都:巴蜀书社2008年版,第8—9页。

的西南所在的区域。本研究所指向的西南少数民族地区,是广义的、文化意义上的西南,泛指川、滇、黔、渝四省市为主,其外延可及广西、西藏甚至湘西、鄂西、粤北的地理区域。湘西、鄂西、粤北虽然不属于西南的地理范围,但从历史文化的角度审视,它们是遍布西南的瑶、苗、土家、侗等民族延伸居住之地。这些区域内聚居着汉族、壮族、彝族、苗族、瑶族、回族、藏族、白族、哈尼族、土家族、傣族、傈僳族、拉祜族、佤族、纳西族、羌族、景颇族、布依族、侗族、水族、仫佬族、布朗族、毛南族、普米族、怒族、独龙族、阿昌族、德昂族、基诺族、蒙古族等30多个民族,是全国世居民族最多的地区,而且各民族内部支系之复杂,在全国恐怕也无出其右者。这些民族中,既有人数比较多的"大"民族,如汉族、彝族、苗族等,也有人口极少的"小"民族,如怒族、基诺族等。

就关帝信仰而看,在明清时期,各区域间的差异性很大。在中国的北方地区,关帝信仰已经与人们的日常生活息息相关。关帝信仰的场所——关帝庙已普遍建立,与关帝信仰相关的各种民俗活动,也深入到日常生活中。每年农历五月十三,民间的关王会已经开始举行,人们到关帝庙向关帝祈求各种保佑,比如免遭水涝旱灾,士子考试顺利等。而在广大南方地区,此时关帝的信仰基础很不牢固,其信仰氛围和北方无法相提并论。有学者在研究过广东潮州樟林地区的关帝庙后认为关羽庙宇,"从一开始就具有'外来'的性质"。[1]"这些庙宇与社区内部的日常生活始终有较大的距离,并未完成'本地化'和'民间化'的过程。"[2]关帝信仰在进入西南地区后,也有与东南类似的情形。特别是少数民族地区的群众,也曾不接受关帝信仰,在备受统治者逼迫而不断起事的过程中,往往会焚毁庙宇,其中也包括关帝庙。在经历时代变迁,特别是朝代更迭中,处于统治者地位

---

[1] 陈春声:《正统性、地方化与文化的创新——潮州民间神信仰的象征与历史意义》,《史学月刊》2001年第1期,第132页。

[2] 陈春声:《正统性、地方化与文化的创新——潮州民间神信仰的象征与历史意义》,《史学月刊》2001年第1期,第147页。

的族群也变为被统治者时,他们共同成为被统治者,同处于边缘文化的族群融合加聚,关帝文化也真正地进入了少数民族同胞的日常生活中。

三

如果从 1867 年英国汉学家艾约瑟研究关羽,以及 1929 年我国学者开始从民间文学的角度研究关圣帝君算起,两个世纪以来,其研究成果可谓汗牛充栋。这些研究成果,主要是从历史的维度,对作为历史人物的关羽进行的考察和评论;从文学艺术的角度分析小说与戏曲中的关羽形象;从信仰的层面,探讨关帝崇拜的源流、内涵等;还有关羽文化在少数民族和域外的传播。

在这些研究中,对西南地区的关帝信仰的研究以及有借鉴价值的研究成果也是非常丰富的。国外对"关帝崇拜"研究已久,并取得了累累硕果。俄罗斯学者李福清在《关公传说和关帝崇拜》一文中探讨了格萨尔传说与关帝信仰。日本学者井上以智在《关帝神祠庙由来变迁》中,分析了作为武神、伽蓝神、武财神三种形态的关公形象,并考察了关公的神格。1984 年,"海德堡东亚系丛书"中收录的《从将军到神仙——关羽及其死后的升仙之路》,是国外关羽研究的重要著作。①德国著名的学者海西希与意大利学者图齐合著的《西藏和蒙古的宗教》,对蒙古和西藏的关帝信仰进行了分析。奥地利学者内贝斯基·沃杰科维茨所著的《西藏的神灵和鬼怪》详细研究了西藏的各种宗教。台湾学者洪淑苓的《关公民间造型之研究:以关公传说为重心的考察》(台湾大学出版社,1995 年),蔡东洲、文廷海的《关羽崇拜研究》(巴蜀书社,2001 年),吕宗力等所著的《中国民间诸神》都谈到了民俗中的关帝信仰;胡小伟先生是关帝研究的大家,他在《关帝信仰溯源》(下册)第十部分"跨越民族　共同虔敬"中,论述了金、蒙、藏、满族的关帝信仰,在《关公信仰研究系列》中都有专章专节谈到少

---

① 　张国刚:《德国的汉学研究》,北京:中华书局 1994 年版,第 224 页。

数民族的关帝信仰问题,从文化阐释的角度论述了蒙族、满族、藏族关帝信仰之间的渊源、联系以及变化;林继富的《灵性高原——西藏民间信仰》中有专章《雪域显灵关圣帝——西藏关帝信仰》,在大量田野调查的基础上,阐述了西藏地区关帝信仰的渊源、现状,剖析了其社会意义,和对社会制度和民族精神的重大影响;刘海燕的《从民间到经典》(生活·读书·新知三联书店,2004年),其中有一节论述了少数民族中的关帝信仰;卢晓衡主编的《关羽、关公和关圣》论文集(社会科学文献出版社,2002年)等、张雪年的《关羽和关羽文化》(2006年)认为,关羽崇拜之风是一个复杂的社会现象和文化现象,由此衍生的关羽文化是我国民族文化在特定历史人物身上集中而突出的反映,他提出应该将关羽与关羽文化一起进行研究。《关帝文献汇编》(国际出版社,1995年)第一次较为完整地收集了关羽研究的资料,全书分10册,共120万字——内容包括图志、汇考、征集事迹、家谱、祠志、陵庙纪略、经训、传说、故事等,涵盖了关公研究的所有方面,为研究的深入进行提供了丰富的史料。华夏出版社的《关帝研究资料汇编》,共五册,也是关帝研究非常好的一本资料丛书。李世瑜主编了《中国民间大神关帝》[①],这部没有出版的书力图构建一门新的学科——关学。此著作分为《通论卷》《田野卷》《戏曲卷》《笔记卷》《文献卷》。这部著作由中俄美学者共同担任主编,所用的方法不仅有文献学、历史学,还非常强调田野调查,关注关帝信仰在当下的一些新动向。然而,这部书因故没能出版,实为遗憾。闫爱萍的《关公信仰与地方社会生活》(山西人民出版社,2012年)利用历史文献考证与田野调查访谈相结合的研究方法来考察关帝信仰传统的历史与现状、关帝故里人的生活方式和他们所拥有的其他信仰文化,也就是将关帝信仰文化现象置于当地社会生活整体历史变迁当中来给予具体的阐释。由盐店关公文化研究会与西南交通大学中国宗教中心合

---

① 李世瑜:《社会历史学文集》,《中国民间大神关帝序》,天津:天津古籍出版社2007年版,第63页。

著的《南阳关公文化》(西南交通大学出版社,2019年)对南阳地区的关公文化资源进行了第一次全面的实证调查,具有一定的文献价值。蔡少卿先生的《中国近代会党史研究》(中华书局,1987年)、秦宝琦教授的《清前期天地会研究》(中国人民大学出版社,1988年)、喻松青老师的《明白莲教研究》(四川人民出版社,1987年)、濮文起研究员的《中国民间秘密宗教》(浙江人民出版社,1991年)、侯杰教授与范丽珠教授合著的《中国民众宗教意识》(天津人民出版社,1994年)、葛兆光教授的《七世纪以前中国的知识、思想与宗教世界》(复旦大学出版社,1997年)和《七至十九世纪中国的知识、思想与信仰》(复旦大学出版社,2000年),为民间的关帝信仰研究提供了线索;庹修明教授的《论军傩地戏与关羽信仰》(1990年)、容世诚教授的《关公戏的驱邪意义》(1990年)、李平老师的《民间信仰中关羽祭祀与中国戏曲》(1992年),将民间祭祀敬神的活动与关羽戏的演出相结合进行研究;庹修明教授的《中国傩戏傩文化》(中国世界语出版社,1997年),于一老师的《巴蜀傩戏》(大众文艺出版社,1996年),杜建华老师的《巴蜀目连戏文化概论》(文艺出版社,1993年),胡天成老师、段明老师的《民间祭礼与仪式戏剧》(贵州民族出版社,1996年6月),庹修明教授等的《傩戏论文选》(贵州民族出版社,1987年10月),刘体操、郭思九的《云南傩戏傩文化论集》(云南人民出版社,1994年),德江县民族事务委员会编的《傩戏论文选》(贵州民族出版社,1987年),收集了大量的西南地区傩戏的研究论文;薛若邻老师的《关索戏与关索》,探讨了关索戏的分布、剧目、表演程式;还有《贵州地戏简史》《德江县土家族文艺资料集》《贵州思南傩坛戏概观》等书。对关羽善书方面的研究,以台湾的研究居多,有郑天喜教授的《关圣帝君善书在台湾》,还有《关帝当十八世玉皇的传说》等,《关帝当十八世玉皇的传说》梳理了关帝信仰在西南地区的起源及发展,指出云南洱海地区的鸾堂是这一信仰的发源地。

论文有郭松义的《论明清时期的关羽崇拜》,论述了明清时期关帝的信仰;张虎生,安玉琴的《从关帝庙到格萨尔拉康——信仰对象转换的个案考察》,探讨了藏族在关帝信仰的接受中与格萨尔拉康信仰融合的历史过程;阮光颖的《试论关公信仰文化在越南的传播》,探讨了越南人心中的关公形象,关公信仰在越南的流传状况,并对一些具有代表性的关公殿遗址及其历史作了阐述;西北民族大学的才让教授的《藏传佛教中的关公信仰》探讨了藏传佛教中关帝信仰的仪式等,认为关羽进入藏传佛教神灵系统,是汉藏文化交流的结果;陈崇礼教授的《藏传佛教地区的关帝崇拜和关帝庙考》的文献基础扎实,探索了藏区关羽崇拜的背景、渊源,分析了关羽被纳入藏传佛教护法神的原因,系统地介绍了关羽在藏区的传说及关帝庙的修建及现状,为藏区关帝研究提供了新的史料和大量的现实资料;刘志军的《对关公信仰的人类学分析》,从民族文化和历史文化两个维度,分为四个方面解读关公信仰的民族文化背景,归纳关公信仰的四个主要历史文化功能;张泽洪教授的《近现代中国西南少数民族宗教研究述论》,对西南地区的少数民族宗教作了全面的概述,是研究西南少数民族宗教的重要论文。

关羽研究会以及学术讨论会在各地更是蓬勃发展。各地的关公文化研究会相继成立,湖北、陕西、河南等地成立了"关公研究会",1995年广西恭城成立了"关公文化研究会"。这些关研会之间保持着密切的交流,在举办活动、科学研究方面展开全方面地探讨。解州关帝庙在2019年成立"关公文化研究院",为关公文化研究搭建了一个重要的平台。"解州关帝庙网站""洛阳关林网站"等文物管理部门的网站,以及"关公网""世界关公文化网"等网站也密切关注关公文化研究的新动态,促进关公文化的交流。2001年年初,中国社科院在涿州举办了"中国历史文化中的关羽学术研讨会",此会是社科院文学、历史、宗教、哲学和新闻与传播五所学者与台湾学者共同筹办的,推动了关羽研究进入了一个更高的学术层次。会后由社会科学文献出版社出版了《关羽、关公和关圣:中国历史文化中的关羽学术研讨会论文集》。还要提出的是,解州关帝庙、福建东山关帝庙、当阳关陵、赊店关研会等每年都在坚持举办关公文化研讨会。这些研讨会的组织者不仅仅有关帝庙,还有对台办、统战部等政府部门,参加的人员有国内外的关帝信众、文化界的人物,还有国内外的关公文化研究学者。这些年会加强了海峡两岸关帝研究的交流,促进了关公文化的发展。

四

"中华民族多元一体格局"理论是本研究的重要理论支持。《中华民族多元一体格局》是费孝通先生 1988 年在香港中文大学主办的"泰纳演讲"中发表的重要演讲。费孝通先生认为,我国自古就是一个多民族国家,各民族之间经过长期的交往交流交融,发展成为完整的不可分割的中华民族共同体。我国各民族都在中华民族多元一体格局的形成过程中作出了重要贡献。"我国各民族的特长的荟萃,形成了光辉灿烂的中国文化。对于中国文化的缔造,我国各民族都是做出了自己的贡献的。中国各民族特点与特长的发展,与中华民族的共同性的发展,存在着相辅相成、相互促进、共同发展的关系。某个或某些民族的特长,一旦为全国各民族或许多民族所接受,就变成为共同的特长,亦即中华民族的共同性了。"①关帝信仰起源于中原地区,在其发展过程中,各民族不断丰富发展了关帝信仰的内容。是"中华民族多元一体格局"的生动体现。

民族融合与文化融合息息相关。历史上移民活动加速了民族融合和民族文化的融合,是关帝信仰向西南少数民族传播的条件。本书第二章探讨了明清时期西南少数民族地区所发生的变化,历代封建王朝对西南地区的开疆扩土,实行军屯民屯,在明清时期,大量的移民进入西南地区,与各少数民族同胞通婚、生产,加之封建王朝对西南少数民族地区推行"改土归流"政策,民族融合加速进行,儒家文化为主导的多元文化并存的边疆文化与中原文化逐渐的相交相融,

---

① 费孝通主编:《中华民族多元一体格局》,北京:中央民族大学出版社 1999 年版,第 139 页。

互相影响。第二章长篇累牍地叙述移民的过程,大量汉族移民改变了西南地区的族群结构,也为汉文化在西南地区的快速传播提供了条件。那些本来就已接受关帝信仰的汉族移民,特别是山西、陕西及湖北等地的移民,他们本身就是关帝信仰的文化基因携带者、传播者。

关帝信仰向西南少数民族地区的传播是一个跨学科的课题,在研究思路和方法上本研究也体现了跨学科的特点。在总体构架上借鉴了传播学中的美国学者哈罗德·拉斯韦尔(Harold Lasswell,1902—1977)的"5W"模式。他在《传播在社会中的结构与功能》(1948年)一篇论文中,提出了构成传播过程的五种基本要素,这五个 W 分别是英语中五个疑问代词的第一个字母,即:

1. Who(谁)

2. Says What(说了什么)

3. In Which Channel(通过什么渠道)

4. To Whom(向谁说)

5. With What Effect(有什么效果)

关公文化的传播效果在研究中是一个显在的事实:从明清以来,关公被称为"中华文化的标志性符号",今天关公仍为海内外华人供奉,也是明清时期强力传播的效果。本研究从传播者的维度对关帝信仰传播现象进行梳理时发现,中央封建统治者、佛道宗教已经是研究的较多的对象,故而本研究不特别单独强调。本研究特别强调了未引起足够重视的四种传播的力量:基层县令,军事首领,民间组织,商人特别是山陕商人,他们在促进关帝信仰向更广阔的疆域,更基层的百姓传播中,是不容忽视的力量。关帝信仰的传播内容从价值层面上来看从来都是稳定和持续的,那就是"忠义仁勇",这已经构成了中华民族稳定的价值观和价值体系,是优秀的传统文化。随着社会的发展,西南地区的关帝信仰又增加了"信"这一价值观。在四川袍哥组织拟定的章程中,他们在"忠义仁勇"的基础上已经明确提出"信"这一价值观。这是西南地区商品经济的发展,对"诚信"的要求已是社会的普遍愿望,推崇关公重视契约精神的时代呼唤,是研究中的新发现之一。渠道即媒介,在关帝信仰的传播渠道上,佛道乃至民间巫文化是非常重要的;戏剧、小说特别是《三国演义》、传说是不能忽视的。关戏是非常特殊的戏剧形式,研究中详细论述了关戏的祭祀性特点;流传于西南地区的传说用另一种形式在强化关帝信仰,特别是对西南少数民族地区而言,传说与本民族的祭祀、傩戏的融合,具有民族特色,是关帝信仰的新形式、新内容。

仪式是宗教学研究的重要对象,中外学者对此也留下了汗牛充栋的论著。本研究的第二个理论就是仪式理论。张泽洪教授在其《文化传播与仪式象征:中国西南少数民族宗教与道教祭祀仪式比较研究》一书中说:

> 信仰与仪式是宗教研究中两个重要的范畴,仪式属于信仰的物质形式和行为模式,信仰则属于主张和见解。信仰是对自然、社会与个体存在的信念假设,仪式则是表达并实践这些信念的行动。宗教仪式是人与神交通的重要方式,是向神灵的祷告和祈求,宗教仪式的本质是神灵信仰。宗教仪式是宗教信仰的表现形式,只有通过族群祀神的仪式活动,才能体现宗教信仰对个人和社会产生的作用。①

因此,仪式是整个信仰活动的表现形式,仪式是用以表达、实践,以至于肯定信仰的行动。仪式包含三个要素,即特定的场合、规定性的正式行为、对神秘力量存在的信仰。世界上不存在没有仪式活动的原始宗教。在关帝信仰活动中,藏族的仪式与瑶族的仪式,因其不同的地理环境,不同的历史条件,显现出不同的仪式特点。本研究在考查了四川嘉绒藏族、四川羌族、大理白族、广西恭城瑶族、贵州安顺

---

① 张泽洪:《文化传播与仪式象征:中国西南少数民族宗教与道教祭祀仪式比较研究》总序,成都:巴蜀书社 2008 年版,第 1 页。

苗族等地后,选择了比较具备研究条件的四川小金县嘉绒藏族区、广西恭城瑶族地区为田野点,考察其仪式活动。

<h2 style="text-align:center">五</h2>

关帝信仰在西南少数民族地区的传播,反映了在中华民族多元一体化的格局下,中原汉文化与西南少数民族文化的交融过程。在中华民族多元一体的格局下,历史上少数民族与汉族的密切交往,各族群的迁徙及汉族移民的进入,都是西南少数民族接受关帝信仰的条件。明清以来,西南各少数民族对关帝信仰的接受,已成为他们宗教生活、民俗文化的一部分,这促使了中华民族共同心理认同的形成,维护了祖国的统一和稳定。目前学界对西南少数民族地区的关公信仰还没有系统的研究,本创新性研究具有重要的学术价值。对当前西南少数民族地区非物质文化遗产的保护,也有着重要的现实意义。

本研究拟围绕以下几个方面的问题展开讨论:

1. 明清以来关帝信仰在西南少数民族地区传播的历史考察。关帝是中国民间信仰中重要的神灵,在中国社会中具有深远的影响。学界现有的关公信仰研究,侧重于从中原传统的汉文化角度立论,主要反映的是汉民族的思想文化传统。而随着历史上的移民、军屯、经商、儒释道三教的传播过程,西南少数民族地区的关公信仰才逐步发展兴盛起来。本研究侧重探讨在边疆地区,军屯与关公信仰、各种商会与关公信仰、儒释道三教中的关公信仰,特别是藏传佛教中的关公信仰、道教中的关帝信仰,明清以来西南少数民族地区关帝庙分布研究。明清时期关帝信仰达到极盛,典型的表现就是明清时期关帝庙遍天下,在这一历史大背景之下,西南边疆民族地区的关帝庙也蓬勃兴起。这一时期,四川、云南、贵州、西藏、湖南、两广地区的各州县卫所都建有关帝庙。关帝庙的分布和建筑特点反映了西南少数民族对关帝信仰接受的独特人文地理风貌。本研究拟梳理西南少数民族地区的关帝庙分布及与之相关的历史遗迹,分析各地关帝庙的民族建筑特点,关帝造型的特征,挖掘其中的民族文化要素。

2. 当代关帝信仰的田野调查。田野调查最能了解关帝信仰在当代民间的信仰情况。在综合考察了西南地区的多地后,选择以广西恭城瑶族自治县和四川小金县嘉绒藏族地区为田野点,通过观察、访谈、拍摄、记录等方式,对当代西南少数民族地区的关帝信仰的状况、特点、方式、仪式等进行深入的调查,并进一步阐释其内涵。

3. 西南少数民族神话传说中的关帝信仰。苗族流传着关帝是火德星君下凡的传说,藏族流传着关帝是格萨尔拉康的传说。明清时期的笔记小说和西南地区的地方志中,记录了很多关公显圣的故事、传说。本研究全面收集整理这些神话传说,侧重探讨西南少数民族地区关公传说产生流传的背景、内容与类型,以及这些神话传说与关公信仰的关系,并深入阐述其文化内涵。

4. 西南少数民族的关公戏研究。西南少数民族地区的关公戏内容非常丰富,笔者将具体研究云南的傩戏"关索戏"、贵州地戏中的"关公戏",以及四川川剧中的"关公戏",探讨流传在西南少数民族地区关公戏的剧目与演员、内容与特点,以及演出的习俗与禁忌,并分析各族群关公戏与关帝信仰之间的内在联系。

综上所述,本研究运用文献收集法、宗教社会学、宗教人类学、民俗学、田野调查、传播学等多学科理论与方法,以文化意义上的西南少数民族地区为研究范围,以明清以来为时间节点,进行文献分析和田野调查相结合的考察。在文献分析方面,收集、整理、解读与西南少数民族关帝信仰有关的调查报告、学术论著等文献资料及庙宇碑刻、牌匾、对联、宣传册、民间善书、科仪书、诗文记述等民间文本。之后再通过田野调查法,力图深度描述明清以来西南少数民族地区关帝信仰的全貌,并深度阐释其内涵。

第一章　关公文化与关帝信仰概论

第一节　关公文化与关帝信仰

关羽是一个历史人物,2023 年,他已经离开人世 1803 年了。一个一千多年前的人物到现在仍然出现在中国人的日常生活中,节日庆典中,这是一个值得关注的文化现象。

一、历史上真实的关羽

关于关羽的史志记载,现在可信的是陈寿《三国志·蜀书》①,《三国志·蜀书》对关羽的记载不过寥寥千字,全文如下:

> 关羽字云长,本字长生,河东解人也。亡命奔涿郡。先主于乡里合徒众,而羽与张飞为之御侮。先主为平原相,以羽、飞为别部司马,分统部曲。先主与二人寝则同床,恩若兄弟。而稠人广坐,侍立终日,随先主周旋,不避艰险。先主之袭杀徐州刺史车胄,使羽守下邳城,行太守事,而身还小沛。建安五年,曹公东征,先主奔袁绍。曹公擒羽以归,拜为偏将军,礼之甚厚。绍遣大将军颜良攻东郡太守刘延于白马,曹公使张辽及羽为先锋击之。羽望见良麾盖,策马刺良于万众之中,斩其首还,绍诸将莫

---

① （晋）陈寿著,（南朝宋）裴松之注:《三国志》,北京:中华书局 2011 年版,第 783 页。

能当者,遂解白马围。曹公即表封羽为汉寿亭侯。初,曹公壮羽为人,而察其心神无久留之意,谓张辽曰:"卿试以情问之。"既而辽以问羽,羽叹曰:"吾极知曹公待我厚,然吾受刘将军厚恩,誓以共死,不可背之。吾终不留,吾要当立效以报曹公乃去。"辽以羽言报曹公,曹公义之。乃羽杀颜良,曹公知其必去,重加赏赐。羽尽封其所赐,拜书告辞,而奔先主于袁军。左右欲追之,曹公曰:"彼各为其主,勿追也。"

羽从先主就刘表。表卒,曹公定荆州,先主自樊将南渡江,别遣羽乘船数百艘会江陵。曹公追至当阳长阪,先主斜趣汉津,适与羽船相值,共至夏口。孙权遣兵佐先主拒曹公,曹公引军退归。先主收江南诸郡,乃封拜元勋,以羽以襄阳太守、荡寇将军,驻江北。先主西定益州,拜羽董督荆州事。羽闻马超来降,旧非故人,羽书与诸葛亮,问"超人才可比谁类?"亮知羽护前,乃答之曰:"孟起兼资文武,雄烈过人,一世之杰,黥、彭之徒,当与益德并驱争先,犹未及髯之绝伦逸群也。"羽美须髯,故亮谓之髯。羽省书大悦,以示宾客。

羽尝为流矢所中,贯其左臂,后创虽愈,每至阴雨,骨常疼痛,医曰:"矢镞有毒,毒入于骨,当破臂作创,刮骨去毒,然后此患乃除耳。"羽便伸臂令医劈之。时羽适请诸将饮食相对,臂血流离,盈于盘器,而羽割炙引酒,言笑自若。二十四年,先主为汉中王,拜羽为前将军,假节钺。是岁,羽率众攻曹仁于樊。曹公遣于禁助仁。秋,大霖雨,汉水泛溢,禁所督七军皆没。禁降羽,羽又斩将军庞德。梁、郏、陆浑群盗或遥受羽印号,为之支党,羽威震华夏。曹公议徙许都以避其锐,司马宣王、蒋济以为关羽得志,孙权必不愿也。可遣人劝权蹑其后,许割江南以封权,则樊围自解。曹公从之。先是,权遣使为子索羽女,羽骂辱其使,不许婚,权大怒。又南郡太守糜芳在江陵,将军士仁屯公安,素皆嫌羽自轻;羽之出军,芳、仁供给军资,不悉相救,羽言"还当治之",芳、仁咸怀惧不安。于是权阴诱芳、仁,芳、仁使人迎权。而曹公遣徐晃救曹仁,羽不能克,引军退还。权已据江陵,尽虏羽士众妻子,羽军遂散。权遣将逆击羽,斩羽及子平于临沮。

追谥羽曰壮缪侯。子兴嗣。兴字安国,少有令问,丞相诸葛亮深器异之。弱冠为侍中、中监军,数岁卒。子统嗣,尚公主,官至虎贲中郎将。卒,无子,以兴庶子彝续封。

这个传记里记载了关羽的这样一些史实:关羽字云长,河东解州(今山西运城)人。他的职务如下:初平二年(191),任别部司马;建安四年(199),关羽守下邳,行下邳太守事;建安五年(200),曹操拜他为偏将军,封汉寿亭侯;建安十四年(209),任襄阳太守、荡寇将军;建安二十年(214),任都督荆州事务;建安二十四年(219),拜为前将军。他一生的大事经历如下:1.年青时亡命奔涿郡;2.刘关张结义,共同起兵;3.占徐州;4.降曹操;5.斩颜良,白马解围;6.追随先主;7.占荆州;8.为马超来降上书诸葛亮;9.刮骨疗毒;10.水淹七军;11.擒于禁,斩庞德;12.拒婚孙权;13.兵败遇害。

从这些史实中可以看出,他首先是一个英雄人物,而且是一个大英雄,史书上用"威震华夏"四个字来形容,这在三国诸多的英雄人物都是绝无仅有的。如果细究这个词,"威",是对关羽英雄事迹的称道,是从与他作战、听闻他英勇事迹的一方的感受来谈的,在战场上关羽是"威风凛凛"的,给对手震慑力。"震"是他的英雄事迹传送出去后所产生的效果,震不是一般的摇动,而是地震一样的具有破坏性、杀伤性的结果,还有一层意思是给人心灵带来的恐惧;"华夏"是从影响的范围来谈的,传播的范围越宽越广,传播效果越影响深刻。对朋友讲究义气、信义,这是历史的关羽最为人称道的一点。"义"也是后来关公信仰的核心。"义"体现在他对刘备忠心耿耿,"千里走单骑",一生"随先主周旋,不避艰险",他的敌人也"义之";同时义还体现在他知恩必报,他杀颜良,为曹操解了白马之围,华容道义释曹操的传说也是他义的体现。

关羽的人格魅力已深深植根在中华民族的精神血脉中,不仅是传统道德文化精神的体现,也与社会主义核心价值观非常契合,是对中华民族精神的忠实践行。唐朝书法家虞世南书写了赞颂关公的三字经:"利不动,色不悦。威不屈,害不折。忠耿耿,义烈烈。伟丈夫,真豪杰。纲常备,古今绝。"诗圣杜甫写诗赞道:"孰与关张并,功临耿邓亲。"将关羽张飞的功业事迹,比作东汉初名将耿弇和邓禹。唐郎君胄写道:"将军秉天姿,义勇冠今昔。走马百战场,一剑万人敌。"高度赞美关公的"义勇"。南宋国家危难,诗人们更是写了大量咏关公的诗。诗人陈普写道:"羽血未干蒙阴命,蒙妻正哭妾分香。天地有心诛汉贼,但迟数月取襄阳。"南宋名将岳飞视关公为榜样自我激励,尽忠报国。岳飞在军士面前慷慨豪言:"要使后世书策中知有岳飞之名,与关、张辈功烈相仿佛耳!"南宋爱国诗人陆游在《读史》一诗中写道:"颜良文丑知何益,关羽张飞死可伤。等是人间号骁将,太山宁比一毫芒。"尊崇关公的心情溢于言表。宋人黄茂才赞关公"气盖世,勇而强"。明清时期歌颂关公的诗文就更加多了。元末明初,在罗贯中的笔下,通俗文学《三国演义》中的关羽神威凛凛、忠义刚烈,报国效主报恩,财贿不能改其气,爵禄不能移其志,美色不能动其心,成为集忠勇孝悌、仁义礼智廉耻信等传统美德于一身的传奇人物。罗贯中写了19首诗赞美关公。如"惟凭立国安邦手,先试青龙偃月刀"。歌颂关公的武功,"堂堂庙貌人瞻仰,忠勇惟君更有谁?"无不表达了对关公的歌颂精神!

二、关公文化与中国文化"大""小"传统

20世纪90年代,几位学者讨论过关公文化与中国"大""小"文化传统的话题。李慎之先生在给王学泰先生的《游民与中国社会》一书的序言中说:

> 十来年前,我初闻大传统与小传统之说于台湾李亦园院士。我同他说,中国大传统的代表是孔夫子,小传统的代表是关王

爷,他也很赞同。但是读了学泰的书,我自己却有些疑惑了。我们这个大传统到底有多大,小传统又到底有多小呢?中国人今天得闻孔孟之教的真是凤毛麟角,但是崇拜关公的却不知凡几。倘到海外看,只要有华人处就不能没有关公。我到过澳大利亚的悉尼。华工开采过的金矿早已废弃无人了,唯一中国文化遗迹只有一座关帝庙。改革开放以来,中国人移居海外的越来越多,他们带向世界的,我怀疑也是关公多于孔子。研究中国,了解中国人的社会与思想,如果不理睬游民文化这个还活着的传统,能了解真正的中国吗?①

胡小伟先生在其皇皇巨著《伽蓝天尊——佛道两教中的关羽崇拜》的序言中,对此有一番探讨:

我一向敬重慎之先生的博雅与胆识,但对文化学中的"大""小"传统如此理解,倒也别致。尤其是把"小文化"概念置换为"游民",已使人无法理解,而将移居海外者亦统统称为"游民"就更不确切了。果真如此,夫子当年所言"道不行,乘桴浮于海。从我者,其由欤?"岂不也成学泰笔下"准游民"的先驱了?其实李先生此说纯系想当然耳。文化民俗学术语称上层文士承继的"精英文化"或者"大传统",与乡村民俗传承之"通俗文化"或者"小传统",并无流行范围"大"或"小"的数量差别。如果认真追究,"小传统"的流行范围当然比"大传统"更加广泛,因为它立足民间草根,根基尤其深厚,中国民俗学家也断定"对关公的神人崇拜是民间信仰的最高典型。"这正是李先生不明白为何"大"者"凤毛麟角",称"小"者反而"不知凡几"的原因。在美国称为"文化人类学"(英国则被称为"社会人类学")的学科,就都是因为关

---

① 李慎之:《发现另一个中国》,王学泰《游民文化与中国社会》序言,北京:学苑出版社 1999 年版。

注民间社会习俗的"小传统"才大行其道的。如果配合孔夫子的"礼失求诸野"的说法,以及文化学上"边缘中心转移论"来看,事情并没有"精英""民众"对立这么简单。①

"大传统"与"小传统"是由美国人类学家罗伯特·芮斐德(Robert Redfield,1897—1958)在其经典著作《农民社会与文化》一书中提出的。作者以大量的农村社区的田野工作为基础,提出社会上层人士、知识分子所代表的精英文化为"大传统",农村中多数农民所代表的民俗文化为"小传统","大""小"两个传统共存于文明的连续体中,"大传统"为社会的主流,会深刻的影响"小传统",最终同化"小传统"。"大传统"与"小传统"也是文化人类学常用的二元分析框架。

李亦园先生在《中国文化中的小传统》中有一节是"中国文化中的小传统"。在这一节,李先生探讨了中国文化中的大小传统的体现与区别:从时间上看,"中国文化中大小传统的存在是自古以来即有,所以其分野也特别明显"。②从内容上看,李先生特别探讨了宗教祭祀中的大小文化传统的体现:"对一般普通民众来说,祭祀是供奉神灵祈求平安;而对上层的士大夫与儒家学者而言则是一种仪式,甚至是一种教化的工具或稳定社会关系的手段。"③并指出大小传统之间的关系非常密切:"大传统士绅阶层所关注的对象,小传统的民间大众有时也会同样关心,只是投注的角度和意义转换了"④,而且大小传统是相互纠缠,不易真正理清楚。

从李慎之老师的序言中可知,李亦园先生是赞同关公文化属于中国的"小传统"的。两位先生对关公文化与中国"大""小"传统的讨论都有一个假设前提,那就是关公文化是属于"小传统"的。这个假

① 胡小伟:《寻找金钥匙——探索中国传统文化价值系统构建之谜》,《伽蓝天尊——佛道两教中的关羽崇拜》序言,香港:科华图书出版公司2005年版。
②③④ 李亦园:《人类地的视野》,上海:上海文艺出版社1996年版,第144—145页。

设本身有没有问题呢？

从历史上来看，关公文化有一个从"小传统"变为"大传统"，后来又回到"小传统"的过程。关公文化的起源，学界基本认可它是荆楚一带的巫鬼文化，来源于对厉鬼的崇拜，这是典型的小传统文化。但随着这一文化被统治者利用，被佛道吸纳，到宋代时，儒家又把读《春秋》的关公高高举起，关公成为了主流文化的代言人。元明清时期无疑是关公信仰的兴盛时期，帝王的加封，军队的信仰，官员的崇拜，山陕商人的推动，关庙的普遍建立，这时的关公文化绝对不是一个"小"的传统。随着封建王朝的灭亡，复辟帝制的袁世凯还企图大建关岳庙来维护他的统治，至此，关公文化完完全全是属于"大传统"的！而各个地方由乡民、民间秘密组织发起的崇拜，则是属于"小传统"的。解放后，关公文化又以"小传统"的形式活跃在各个地方，即使在"破四旧""文化大革命"这些特殊的历史时期都不曾销声匿迹。本研究中，少数民族的关公信仰，则更体现了关公文化在西南这一特殊的地域，与当地各少数民族的文化相融合后的新形式，是典型的"小传统"。关公文化作为"小传统"从古至今，一直没有中断过。可以说，关公文化既是"大传统"又是"小传统"，具有"大传统"与"小传统"互相影响，互相融合的特点。

三、文化自信与"小传统"

习近平同志在党的十九大报告中指出：

> 文化是一个国家、一个民族的灵魂。文化兴国运兴，文化强民族强。没有高度的文化自信，没有文化的繁荣兴盛，就没有中华民族伟大复兴。要坚持中国特色社会主义文化发展道路，激发全民族文化创新创造活力，建设社会主义文化强国。

通常认为，"文化"一词，出于《易传》的"观乎人文，以化成天下"，其意思根据唐代孔颖达的解释即"言圣人观察人文，则诗书礼乐之谓,当法此教而化成天下也"。用礼乐等来教化百姓,其中"文"是指的"诗书礼乐"。在国外,1871年英国文化学家泰勒在《原始文化》一书中提出了狭义文化的概念,他认为文化是包括知识、信仰、艺术、道德、法律、习俗和任何人作为一名社会成员而获得的能力和习惯在内的复杂整体。广义的文化包括四个层次:一是物态文化层,由物化的知识力量构成,它是人的物质生产活动及其产品的总和,是可感知的、具有物质实体的文化事物。二是制度文化层,由人类在社会实践中建立的各种社会规范构成。包括社会经济制度、婚姻制度、家族制度、政治法律制度、家族、民族、国家、经济、政治、宗教社团、教育、科技、艺术组织等。三是行为文化层,以民风民俗形态出现,见之于日常起居动作之中,具有鲜明的民族、地域特色。四是心态文化层,由人类社会实践和意识活动中经过长期蕴育而形成的价值观念、审美情趣、思维方式等构成,是文化的核心部分。泰勒这一定义,基本囊括了人类文明的方方面面。

中国作为一个多民族国家,各民族的优秀传统文化是构成中国文化的重要组成部分,是中华民族现阶段的文化优势。习总书记指出:

> 我们灿烂的文化是各民族共同创造的。中华文化是各民族文化的集大成。我国各民族创作了诗经、楚辞、汉赋、唐诗、宋词、元曲、明清小说等伟大作品,传承了格萨尔王、玛纳斯、江格尔等震撼人心的伟大史诗,建设了万里长城、都江堰、大运河、故宫、布达拉宫、坎儿井等伟大工程。中华文化之所以如此精彩纷呈、博大精深,就在于它兼收并蓄的包容特性。展开历史长卷,从赵武灵王胡服骑射,到北魏孝文帝汉化改革;从"洛阳家家学胡乐"到"万里羌人尽汉歌";从边疆民族习用"上衣下裳""雅歌儒服",到中原盛行"上衣下裤"、胡衣胡帽,以及今天随处可见的舞狮、胡琴、旗袍等,展现了各民族文化的互鉴融通。各族文化交相辉映,中华文化历久弥新,这是今天我们强大文化

自信的根源。①

文化有"大传统"与"小传统"之别。从民族文化的角度看,在中国各族文化为"小传统",以中国儒释道三教为代表构成了"大传统",小传统与大传统共同构成了我们的中华文化,是我们"强大文化自信的根源"。两个传统的文化虽然各不相同,千百年来,一直互相影响,互相融合。要发扬文化自信,就必须重视对文化"小传统"的理解,重视"大传统"与"小传统"的相互融合。对文化自信,习近平总书记多次论述,他认为坚定文化自信,是事关国运兴衰、事关文化安全、事关民族精神独立性的大问题。文化是一个国家、一个民族的灵魂。历史和现实都表明,一个抛弃了或者背叛了自己历史文化的民族,不仅不可能发展起来,而且很可能上演一幕幕历史悲剧。②文化自信要立足于我们的历史文化,立足于我们的地域文化,立足于我们的民族文化。他说:

> 站立在960万平方公里的广袤土地上,吸吮着中华民族漫长奋斗积累的文化养分,拥有13亿中国人民聚合的磅礴之力,我们走自己的路,具有无比广阔的舞台,具有无比深厚的历史底蕴,具有无比强大的前进定力,中国人民应该有这个信心,每一个中国人都应该有这个信心。③

在历史上,关公文化被满族、蒙古族、藏族等十多个族群吸纳,并与各自的民族文化相结合,创造出新的文化样态,这就是文化"大传统"与"小传统"结合的典型的样本。在当今时代,要建构中华民族的

---

① 习近平:"在全国民族团结进步表彰大会上的讲话",《人民日报》2019年9月28日,第二版。
② 习近平:"在中国文联十大、作协九大开幕式上的讲话",《人民日报》2016年12月1日第二版。
③ 习近平:"在哲学社会科学工作座谈会上的讲话",《人民日报》2016年5月19日第二版。

文化自信,将关公文化这一"小传统"文化进行激活、创新,恰逢其时,意义重大。

第二节　信仰是关公文化的核心

关羽是三国时的一个真实的历史人物,关羽死后,在他生活战斗了七年的地方荆州,就已经存在民间祭祀关公,甚至将他作为城隍来祭祀。千年而下,关公继续被中华儿女信仰,关公文化的核心是信仰文化,这一信仰文化在时间上不断延续,在内涵上不断丰富,成为今天活的文化。

一、信仰是一个不断被信仰的动态过程

卡尔巴特说信仰必须被不停地重新信仰。重新信仰有两层意思,一是在时间上,信仰的对象要能够唤起不同时代的人民的共同的认同,代代相传;二是在信仰的内涵上,信仰的内容必须要被不断地充实。

关羽成为人们的崇拜对象,由来久远。据史料记载,关羽临沮蒙难后,葬于荆州玉泉山,当地人"感其德义"为其立祠于玉泉山,"岁时奉祀",奉关羽为神明,其时当在西晋时代。在关公成神之前,有一个民间厉鬼的时期。胡小伟先生讨论过荆州地区流传的"关三郎"的传说。大约关公死后,民间就有对他的祭拜,不过是将他作为凶神恶煞类的,其中充满了恐惧。《茶香室丛钞》第十五卷"关三郎"条称:"(荆州玉泉)祠曰三郎神,三郎即关三郎也。允敬者则仿佛似睹之。缁侣居者,外户不闭,财帛纵横,莫敢盗者。厨中或先尝食者,顷刻大掌痕出其面,历旬愈明。侮慢者,则长蛇毒兽随其后。所以惧神之灵,如履冰谷。"[①]《北梦琐言》记载的关羽亦有相似的形象:"唐咸通(860——

---

① 　(清)俞樾:《茶香室丛钞》,北京:中华书局 2006 年版,第 331 页。

973)乱离后,坊巷讹言关三郎鬼兵入城,家家恐悚。罹其患者,令人热寒战栗,亦无大苦。弘农杨玭挈家自骆谷入洋源,行及秦岭,回望京师,乃曰:'此处应免关三郎相随也。'语未终,一时股栗。"①西南地区比如川渝与荆楚地理上相邻,又是蜀国所在地,民间对关公的信仰也有一个厉鬼凶神的时期,比如《茶香室丛钞》十五卷"甘兴霸庙有关帝像"条云:"雷池昭勇庙,吴大帝时折衡将军甘兴霸也。兴霸尝为西陵太守,故庙食于此。庑下有关云长像。"②潼州也就是今天的绵阳,有关云长庙,《夷坚志》卷九"关王幞头"条:"在州治西北隅,土人事之甚谨。偶像数十躯,其一黄衣急足,面怒而多髯,执令旗,容状可畏"③。

这说明关羽作为凶神的形象一直到两宋之交还遗留在民间。民间信仰的兴盛历来都会为统治者所利用。在民间,厉鬼关羽的崇拜兴盛时,官方也在酝酿对他的利用。

唐代时民间传说关羽皈依佛门,遂成为佛教供奉对象。唐德宗贞元十八年(802)董侹的《重修玉泉关庙记》中有关公"玉泉山显圣"的传说。智𫖮法师在玉泉山与关公的阴魂相遇,关公阴魂先现出各种恐怖的景象扰乱禅师,被禅师度化后,皈依佛门:"愿舍此地为僧房。请师出山,以观其用。指期之夕,万壑震动,风号雷虢。前劈巨岭,后堙澄潭,良材丛仆,周匝其上;轮奂之用,则无乏焉。"④唐代时,民间已为关羽立庙。唐代统治者也提高了关羽的地位。唐肃宗年间,封佐周武王伐商的统帅姜尚为武成王,关羽被作为七十二位历代名将之一,配享于武成王庙。

在宋初关羽的地位并不高,北宋中叶以后,关羽的名气和地位与日俱增。庆历年间(1041—1048),在宋初恢复了关羽在武成王庙的配享资格。崇宁元年(1102)末徽宗敦封关羽为"忠惠公",崇宁三年又封关羽为"崇宁真君",纳入道教神统。大观二年(1108)关羽又被

① (五代)孙光宪:《北梦琐言》,北京:中华书局2002年版,第244页。
② (清)俞樾:《茶香室丛钞》,北京:中华书局2006年版,第332页。
③ (宋)洪迈撰,何卓点校:《夷坚志》,北京:中华书局1981年版,第782页。
④ (清)董诰等修撰:《全唐文》,文渊阁四库全书本,卷六六四。

加封为"昭烈武安王",宣和五年(1123年)再被封为"义勇武安王",此时作为姜太公的配享者都为"公""侯""伯"的封衔,唯独关羽称"王",而且此时对关羽的崇拜实质也已点明是"义""勇"二字。

元代的皇帝已然已接受关公信仰。在民族矛盾突出的宋元时期,元世祖忽必烈重用的郝经反对"华夷之辨"。郝经非常推崇关羽,他在《汉义勇武安王庙碑》中写道:"故所在庙祀,福善祸恶,神威赫然,人咸畏而敬之。而燕赵荆楚为尤笃,郡国州县乡邑间皆有庙。夏五月十有三日,秋九月十有三日,则大为祈赛,整仗盛仪,旌甲旗鼓,长刀赤赤骥,俨如王生。"①描述了在中原地区,关庙已经遍布村野,农历的五月十三日,九月十有三,已经有大型的祭祀活动的情况。元世祖至元七年(1270年,南宋咸淳六年),皇城中进行了关公巡游,从此关公巡皇城成为元代的一项传统。"世祖至元七年,以帝师八思巴之言,于大明殿御座上置白伞盖一,顶用素段,泥金书梵字于其上,谓镇伏邪魔获安国刹。自后每岁二月十五日,于大明殿启建白伞盖佛事,用诸色仪仗社直,迎引伞盖,周游皇城内外,云与众生被除不祥,导迎福祉。岁正月十五日,宣政院同中书省奏,请先期中书奉旨移文枢密院,八卫拨伞鼓手一百二十人,殿后军甲马五百人,抬舁监坛汉关羽神轿军及杂用五百人。宣政院所辖官寺三百六十所,掌供应佛像、坛面、幢幡、宝盖、车鼓、头旗三百六十坛,每坛擎执抬舁二十六人,钹鼓僧一十二人。大都路掌供各色金门大社一百二十队,教坊司云和署掌大乐鼓、板杖鼓、筚篥、龙笛、琵琶、筝、緌七色,凡四百人。兴和署掌妓女杂扮队戏一百五十人,祥和署掌杂把戏男女一百五十人,仪凤司掌汉人、回回、河西三色细乐,每色各三队,凡三百二十四人。凡执役者,皆官给铠甲袍服器仗,俱以鲜丽整齐为尚,珠玉金绣,装束奇巧,首尾排列三十余里。都城士女,间阎聚观。礼部官点视诸色队仗,刑部官巡绰喧闹,枢密院官分守城门,而中书省官一员总督视之。先二日,于西镇国寺迎太子游四门,舁高塑像,具仪仗入城。

---

① (元)郝经撰:《陵川集》,文渊阁四库全书本,卷三十三。

十四日,帝师率梵僧五百人,于大明殿内建佛事。至十五日,恭请伞盖于御座,奉置宝舆,诸仪卫仗队列于殿前,诸色社直暨诸坛面列于崇天门外,迎引出宫。至庆寿寺,具素食,食罢起行,从西宫门外垣海子南岸,入厚载红门,由东华门过延春门而西。帝及后妃公主,于玉德殿门外,搭金脊吾殿彩楼而观览焉。及诸队仗社直送金伞还宫,复恭置御榻上。帝师僧众作佛事,至十六日罢散。岁以为常,谓之游皇城。或有因事而辍,寻复举行。夏六月中,上京亦如之。"①关羽被作为皇帝在大明殿上作"镇伏邪魔护安国"法事的"监坛者","游皇城"这样的活动在皇宫中举行,影响非常大。天历元年(1328),元文宗加封关羽为"显灵威勇武安英济王"。

明代开国皇帝朱元璋对已经形成的关羽崇拜采取贬抑态度,于洪武三年(1370)褫去了自宋以来对关羽的封赠,恢复"汉寿亭侯"和蜀汉后主所封的"壮缪侯"封号。至正德、嘉靖(1506—1566)之后,对关羽的崇拜再次升温。万历二十二年(1594),关羽被进爵为帝,庙号英烈。万历四十二年(1614)又敕封为"三界伏魔大帝神威远镇天尊关圣帝君",又封关夫人为"九灵懿德武肃英皇后",子关平为"竭忠王",关兴为"显忠王",周仓为"威灵惠勇公",赐予左丞相一员,为陆秀夫,右丞相一员,为张世杰。继而又崇关帝庙为武庙,与孔子文庙享有同等规格的祭仪,关羽被尊为"关夫子",成为"武圣"。

清朝时期,统治者在各地大建关帝庙,屡次加封关羽,这一信仰在统治者的带动之下形成高峰。顺治九年(1652)敕封关羽为"忠义神武关圣大帝",雍正四年,命"天下府州邑,各以庙置主,春秋祭"。咸丰二年(1852)敕封为"护国保民威显忠义神武灵佑仁勇关圣大帝",咸丰五年(1855)加封关羽三代王爵:曾祖为光昭王、祖为裕昌王、父为成忠王。至光绪五年(1879)更改封为"忠义神武灵佑仁勇威显护国保民精诚绥靖涵赞宣德关圣大帝",封号达二十六字。至此,关羽成为"古今第一将""千古英雄第一人",具有司命禄、佑科举、治

---

① (明)宋濂撰:《元史》卷七十七,北京:中华书局1976年版,第1926页。

病消灾、驱邪避恶、巡察真司、招财进宝，求什么应什么的法力，已然是"人神之首"，成为人们供奉的万能之神。

需要特别注意的是，到明清时期，对关羽的信仰已然是一个系统，而不是一个人。中国文化一直有"一人得道，鸡犬升天"的传统，关羽成神后，他的家人、下属，甚至他的坐骑，都有各种灵异传说，佛道二教把关平、周仓也都纳入。皇帝的加封推动了关公信仰系统的发展。明代万历四十二年（1614），万历皇帝加封关羽"三界伏魔大帝神威远震天尊关圣帝君"，派官员捧着这样一些物品：一顶九旒珍珠冠，一条玉带，一件四蟠龙袍，一面黄牌，上面写着一十六个字的封号，到北京正阳门庙供奉。同时，第一次加封关公夫人为九灵懿德武肃英皇后，长子关平为竭忠王，次子关兴为显忠王，部将周仓为威灵惠勇公，并赐左丞相一员，为陆秀夫；右丞相一员为张世杰。清世宗雍正三年（1725），第一次封关公祖辈三代，曾祖为光昭公，祖为裕昌公，父为成忠公。授关公在河南洛阳的后裔为世袭五经博士。又加封关公为山西关夫子。雍正四年（1726），授关公在山西解州后裔世袭五经博士。雍正十年（1732），授湖北当阳关公后裔世袭五经博士。这个加封的体系就是关公信仰体系的基本框架。这个体系中包括关羽的家族，包括他的部将周仓，还包括关公的赤兔马坐骑。

总之，关帝信仰最初开始是基于荆州一带的巫鬼信仰，由于有着大量的民间基础，在唐代，关公被佛教吸收，有了禅师玉泉山收关公皈依的故事，最终成为佛教中的伽蓝菩萨，在宋代关公被道教吸纳，之后不断被加封。历代君主对关公的加封不能仅仅看作是他们政治手段，当信仰出场的时候，信仰者是把自己全面地投向了神。时代不同，地点不同，关帝信仰的主要诉求和内涵都不同。在封建时代是护国佑君，维护王权，而在当今，是普通百姓求财祈福的对象。从信仰者来看，关帝信仰者历经了从草根民众到王侯将相，从巫师到佛教道教的宗教人士；从信仰的时间来看，关羽死后是这一民间信仰的开始，直到现在，历经1800年不曾中断过；从信仰范围来看，在国内关帝信仰的范围有着从中原向四周辐射，不断扩大的特点，随着华人的移民海外,关公信仰向一带一路的沿线国家传播,这一信仰也遍布海外,四大洲均有分布,美国、英国、法国、日本、韩国等这些发达国家都有关帝庙和信众;从信仰的内容来看,其内涵不断在发展变化,从保佑国家到个人求财求官,求平安求升学,求保健康到求子嗣,等等。可见关帝信仰是一个随时代常新,不断被信仰,充满活力的文化现象。

二、信仰是关公文化的核心

关公文化包括历史的关公,信仰的关公,艺术的关公几个方面,包括物质文化和非物质文化的关公。这三个维度并不是处于同等地位,其中历史的关公是基础,信仰的关公是核心,艺术的关公是羽翼。

人们就生活在他的信仰中。一方面,信仰与个人的言行息息相关,是了解个体心灵的最可靠路径。通过信仰,我们可以了解到一个人的价值、观念乃至行为。可以说,"纵观历史,宗教一直是价值观最丰富的来源"。[1]而在另一方面,信仰处于社会文化的核心位置,在社会中起着加强群体联系、为社会树立道德典范的作用。正如 McGuire 写道:

A traditional religion reinforces group norms, provides moral sanctions for individual conduct, furnishes the substratum of common purpose and values upon which the equilibrium of the community depends. (Haviland, 1993)

Religion is one of the most powerful, deeply felt, and influential force in human society. It has shapes people's relationship with each other, influencing family, community, economic, and political life.[2]

信仰与文化有着非常紧密的联系。罗格斯和斯恩怀特曾说:"信

---

① Larry A. Samovar, Richard E. Porter, Edwin R. McDaniel: Communication between cultures,北京:北京大学出版社 2004 年影印版,第 77 页。
② M.B.McGuire, *Religion: the Social Context*, 5th ed. Belmont, CA: Wadsworth, p.21.

仰是我们过去经验的贮存系统，包括思想、记忆和对事件的解释。信仰是由个人所在的文化塑造的。"①在长期的历史过程中，传统的信仰、仪式和象征不仅影响着占中国社会大多数的一般民众的思维方式、生产实践、社会关系和政治行为，还与上层建筑和象征体系的构造形成微妙的冲突和互补关系。信仰体系对研究跨文化交流具有重大意义，因为对那些长期受某种文化影响的人们来说，信仰体系处于他们思想和行为的核心位置。当两种不同文化进入集中的直接接触时，往往会造成其中一个或两个群体的原本的文化形式发生大规模变化，文化涵化便产生了。文化涵化的发展有几条路线：一是文化合并或同化，就是两个文化丧失它们各自的个性并形成单一文化；二是结合，就是一个文化丧失其自主权利但仍作为一个亚文化（如一个种姓、阶级或族群）而保留其个性；三是灭绝，也就是一个文化不断丧失其成员，有的死了，有的加入别的文化中，最终该文化不再有任何功能。从跨文化传播的视角来看，明清时期关帝信仰在西南少数民族地区的传播，是西南地区在明清这一特定的历史时期的文化变迁过程。因而，民间的信仰、仪式和象征的研究，不仅可以提供一个考察中国社会—文化的基层的角度，而且对于理解中国社会—文化全貌有重要的意义。

历史人物关羽的基本史实是各种形式的关帝信仰文化的基础。他在后世成神，祠堂遍布整个中国，甚至包括海外华人华侨所在的国家。他被十多个行业供奉为祖师，被儒家推崇为中国忠义的楷模，无一不是以历史上真实的历史人物关羽的故事为基础的。比如，剃头业奉关公为祖师所据的是关公用青龙刀，香烛业奉关公为祖师所据的是关公秉烛达旦，金融业奉关公为祖师所据的是关公对曹操"挂印封金"，账目清楚，等等。

信仰层面的关羽有这样一些称谓，"关公信仰""关圣帝君信仰"

---

① Larry A. Samovar，Richard E. Porter，Edwin R. McDaniel：Communication between cultures，北京：北京大学出版社 2004 年影印版，第 63 页。

"关帝信仰"。通常认为,"关帝信仰"是"关圣帝君信仰"的简称。"关公信仰"与"关帝信仰"细究起来,"关帝信仰"的时间应该是明代关公被封"关圣帝君"之后,更从神性的角度着眼。关公是儒家的称谓,关公信仰更强调儒家推崇的精神。信仰层面的关羽是关公文化的核心,从时间上看,信仰中的关公,是关羽死后开始。首先在荆楚之地的民间巫鬼文化之中。历史上的关羽,"刺良于万马军中,斩其首还",武功非常高强,信仰中的关公,首要的特点就是勇武,他的勇武则是各种遗留的笔记中、各地关帝庙的碑刻中,诸多将领及各类官员描述的自己得到关公阴兵相助,获得成功的故事;还有佛教道教的典籍中,特别是道教典籍中,关公统领雷部天兵,其勇武已经超越凡人的关羽,拥有了超自然力量。历史人物关羽所拥有的"忠义"的人格,在信仰中的关公已化为其神格,因而无论在佛教还是道教中,关公是被作为护法神的。关公信仰的核心价值观和思维模式,已成为中华民族共同的道德基础和价值选择。历史的关公通常人们都是以《三国志》为基础文本,史实也基本固定。信仰的关公是一个还在不断发展,不断丰富的动态的文本,是关公文化的核心,是关公文化有广泛的民间群众基础的根本。

艺术的关公以关公信仰的内容为蓝本。艺术的关公体现在不同的形式中,包括文学艺术、建筑艺术、民间艺术、戏剧艺术、影视艺术,乃至现在以多媒体为基础的各种新的艺术形式。以小说《三国演义》为例,其中不仅描写了关公生前的神勇,还叙述了他死后多次的显灵。关羽与刘备、张飞"桃园结义",就是一个带有文学色彩的情节。在《三国演义》相关的章节中只要关羽出场,书中竭力表现他万人无敌的勇武,如"温酒斩华雄""诛颜良""杀文丑""斩秦琪"等情节;"临江会""挑锦袍""刮骨疗毒"等情节无不刻画他的英雄形象。最后,关羽以"拼将一死酬知己,致令千秋仰义名"的英雄实践,舍身而取义。里面的情节真真假假,有史实也有虚构。甚至还演义出了一个独立的花关索的文学形象和文学故事。戏剧中的关公则更是一个带有信仰色彩的形象,关公戏在中国戏剧中虽不是一个剧种,却是各个剧种中独特的一种,饰关公的演员在演戏前的沐浴斋戒等仪式都是在信仰层面的。至于关公建筑艺术,从不同地域不同族群的关帝庙,到关公造型,已经成为雕塑艺术的重要内容,台湾著名学者洪淑苓老师有专书研究这一问题。

三、关帝信仰是民间信仰

关公虽然被佛道二教纳入,但是关帝信仰在中国更多的却是以民间信仰的方式存在。之所以关帝信仰会被认为是宗教信仰,笔者认为主要是对信仰以及信仰概念的混淆而导致的。

信仰的英语单词是 believe,也即是相信,人存在于这个世界,一定是基于相信的,信仰是人生在世的依傍。信仰是每个人都有的。比如,相信脚下坚实的大地,相信明天的太阳依然升起,如果一个人什么都不相信,那是没有办法在这个世界上存在的。即使宣称没有信仰的人,也是基于他的信仰。信仰是比宗教更本质的东西。休谟把信仰理解为一种有别于怀疑的特殊的感觉。康德把信仰理解为一种主观上充分,但客观上不充分地视之为真。施莱尔马赫把信仰理解为一种绝对的依赖感。巴特把信仰理解为意志之义无反顾的最终决定。雅斯贝斯把信仰理解为一种希望。昆德拉,把信仰理解为一种确定固定不变的思想。在蒂利希看来,信仰远非人生的一个方面,而是个人生活之起整合作用的中心。

信仰是人人皆有的,而宗教信仰却不是。判断是否是宗教有四个要素:

1. 基础层/核心层:宗教观念(主要是神道观念);

2. 第二个层次:宗教体验(以神道观念为逻辑前提所产生);

3. 第三个层次:宗教行为(即宗教的崇拜行为,是宗教观念和体验的外在表现);

4. 第四个层次:宗教体制,是宗教观念信条化、宗教信徒组织化、宗教行为仪式化、宗教生活规范化和制度化的结果,它处于宗教体系最外层,对宗教信仰者及其宗教观念、宗教体验和宗教行为起着凝聚固结的作用,保证宗教这种社会现象作为社会结构的一部分而存在于社会之中。

从这四点来看,关帝信仰都不符合宗教信仰的要求。关帝信仰更多地融入到了中国百姓的日常生活中,没有如佛教道教一样有自己的比较成体系的宗教观念。也没有教规教仪等,群众自发前往关帝庙祭拜,自发地参加各种纪念活动。

信仰对象无论对于宗教信仰而言还是对于民间信仰而言,都是非常重要的。关帝信仰之所以会被混淆,正是由于不论宗教信仰还是民间信仰,都首先要通过信仰对象来实现。

各个宗教都有自己的神灵系统,也就是信仰的对象。著名东方学家麦克斯·缪勒就曾对"宗教"一词作过分析:"首先它指信仰的对象,其次指信仰的力量,再次指信仰的表现,即在崇拜行为中的表现"①。在这段话中,缪勒将"信仰对象"放在首位,认为信仰对象是构成宗教的三要素之首。他甚至肯定:"(宗教)……它使人感到有'神'的存在,于是神有了各种不同的名称,各式各样的形象。如果没有这种信仰的天赋,就不可能有宗教,甚至连最低级的偶像崇拜与实物神崇拜也不可能有。只要我们耐心听,都能听到任何宗教中那种灵魂的低吟,由此力求认识那不可能认识的,力求说出那难以说出的,一种对神的渴望,一种对上帝的爱。"②

通常认为,宗教信仰是人们对客观世界的一种主观能动把握,是对人生最高价值和社会最高理想的反映、评价和把握,而这种反映、评价和把握是从人们对一个个具体的可观、可触,可以向它述说,可以在它面前宣泄情感的神祇那里实现的。从古至今,人们在对不同宗教的认知与理解中,总是信仰对象最能激发他们的兴趣,成为他们日常生活中不可或缺的偶像,不仅供在家里,佩戴在身上,还在传说故事,戏剧歌谣中吟唱传播。古今中外,人们对异邦宗教的认识差不

---

①② (美)麦克斯·缪勒:《宗教的起源与发展》,金泽译,上海:上海人民出版社 1989 年版,第 6 页。

多都是围绕着信仰对象展开的,并通过游记、见闻录来传播。宗教信仰是一个动态的过程。这个动态过程包含了两个方面:一是信仰理论,二是信仰实践。精神信仰必须由一定的实践行动来实现。正如弗雷泽(J.G.Frazer)所认为的:"这两者中,显然信仰在先,因为必须相信神的存在才会想到取悦于神。但这种信仰如不导致相应的行动,那它仍然不是宗教而只是神学。"正如宗教社会学家杜尔海姆认为的那样,包括神灵概念、精灵概念等在内的信仰对象(崇拜对象)在宗教中是不可忽略的基本因素,诸如建立庙宇,进行各种祭祀活动,发行各种宗教出版物等等,都是以人与信仰对象——神祇,所进行的一种沟通,一种仪式,一种作用于社会的行为。对某一宗教的认同感、归属感,是通过信众对信仰对象的接受、认同、膜拜来连接的。

信仰对象同样是中国民间信仰的重要内容。民间信仰又指民俗信仰,指的是流行在中国民众间的神、祖先、鬼的信仰,庙祭、年度祭祀和生命周期仪式,这个系统庞大而复杂,既包括自然崇拜,如山水太阳等,也包括佛教、道教,乃至历史人物。民间信仰具有地域性的特点,有的依托地方性的庙宇而存在。植根于传统文化之中,与民众的情感相联,与民众的日常生活息息相关,并且延续至今,有学者称之为"民俗宗教"(folklore religion)或"普化宗教"(diffused religion)。中国民间信仰具有多教合一,多神崇拜的特点。还有学者总结出民间信仰从意识形态上讲,它是非官方的文化;从文化形态上讲,它重在实践、较少利用文本并以地方的方言形式传承;从社会力量上讲,它受社会中的多数(即农民)的支撑并与民间的生活密不可分。我国民间信仰对象众多,既有自然崇拜的对象,如山水日月等,也有佛道神灵,更有对中华民族中优秀的人物的崇拜。民间信仰的对象所体现的是对信仰对象本身的崇拜。

关帝信仰曾经是国家推动的,流传至今,已经是中华民族的优秀文化传统,是根植于中国民间的文化现象。关公被佛教、道教、藏传佛教纳入其体系中,关帝信仰是佛教信仰?是道教信仰?关帝信仰确实具备了宗教信仰的某些要素,但本质是一种英雄崇拜、道德崇拜。因而关帝信仰在学界一直是被归入到民间信仰之中的。

第三节 关帝的神格转换及其意义

在中国民间宗教中,我们会看到诸神之神格明显的流转变化,而且有些转换让人惊讶。关帝神格转换就是一个典型的例证。关羽从三国时期的一员勇武的大将,成为神灵后,其神格主要是战神,与战争有关。在中国历史上,他的神格随社会历史的变革迁移,发生了多次变化,到极盛时可谓无所不能,大到国家安危、朝代更迭,小到家务纷争、读书考学、官司刑罚、日常生活,关公都被传为有求必应、神威无比的神。其神职多达几十种,也即他的神格呈现出多样化的特点。而如今,他作为财神的神格非常突出,被海内外华人广泛接受。

何谓神格?位格一词的英文为"person",源于拉丁文的"persona"。其意思最初是舞台上演员演戏时戴的面具。"它在让声音从隐蔽在面具后面的东西身上穿透出来的同时,也遮蔽了某种东西。位格在一方面跟将可视之东西的遮蔽本身有关,另一方面则跟正在发声之东西有关。"余平教授认为神格,即神的位格。他在阐释中强调了基督教神学对位格是一种"关系"的理解,在《神仙信仰现象学引论》中提出了对神格的看法。他指出:"位格是一种纯粹的'被联系的关系'"[1],他借鉴了德国约瑟夫拉辛格的观点,关系不是一种加于位格的额外的东西,位格只作为关系而存在;以及瑞士奥特在《不可言说的言说》中认为的"我的方法是尝试将位格理解为相互关系,相互性和相互交谈之可能"。[2]进而余老师认为,位格一词,"说的是实事显现自身的不同方式,亦即它给以不同的照面或际会方式给出,如信仰

---

① 余平:《神仙信仰现象学引论》,成都:四川大学出版社2015年版,第130页。
② (瑞士)奥特:《不可言说的言说》,上海:上海三联书店1997年版,第89页。

的位格、宗教的位格和神学的位格"。①在另一篇论文《海德格尔存在之思的伦理境域》中,他指出位格是某种特定的生存现象的"统一本身",或"聚集本身,这种统一本身不是在反思性的焦点化之后被给予的任何对象,而是使任何这样的刚性对象成为可能的直接给予性本身,亦即活生生不断涌现着又收回着的、境域弥漫的柔性生存之实际生活本身"②。余教授的观点强调了位格的关系性,强调了位格在不同领域的不同的存在状态。在分析一个一个神灵的位格时,就要考虑到整个的神灵系统,这个神在这个神系中所存在的状态,也要考虑到神——人之域中的实事本身,还要考虑到造神者——神的位格,也即是"宗教的位格、信仰的位格、神学的位格"。而也有另一派学者如陈昌文教授就认为,神格就是人将人格用在神上面。将神格与人格对举,运用人格理论来阐释神格。进而提出了神格典范的概念:所谓神格典范,即神与神之间的区别性特征;作为宗教崇拜的纽结,诸神系统中总有地位最高、最能代表该宗教的"终极神格";神格符号与信徒、与世人之间存在着宗教的、准宗教的和反宗教的相互作用;神格典范无疑是人格——尤其是一个民族的集体人格的理想化投射,它往往由宗教创造者和神格塑造者在漫长的造神运动中逐渐成型;神格典范对世人的吸引力,表现在不同时代、不同文化背景和不同阶层、性别、年龄的人对神格的尊奉、认同、效仿和依赖程度方面。在这个意义上,神格典范对特定宗教的兴衰负有重大责任。③

　　这些论述既给我们指出了神格的概念,同时也提出了方法论的框架。纵观国内现在对神格的研究,主要集中于某位神仙的神格的历史演变的梳理,或是对某位神仙的诸个神格的罗列,尚还缺乏从宗教的位格、信仰的位格、神学的位格去探讨,缺乏从"关系"中去探讨神格,多数研究仅仅为现象的罗列。当然,神学是专指基督教而言的。即便如此,从宗教的位格、信仰的位格去探讨神格,也为这一重

---

① 余平:《神仙信仰现象学引论》,成都:四川大学出版社 2015 年版,第 130 页。
② 余平:《海德格尔存在之思的伦理境域》,《哲学研究》2003 年第 10 期,第 67 页。
③ 陈昌文:《论神格》,《四川大学学报》1997 年第 1 期,第 84 页。

要的命题的深入展开指出了多个维度。

战神和财神是关公诸多神格中突出的两个高峰,拟梳理关公神格从战神到财神的演变的过程,探讨这种转变的时代背景、内涵及其意义。

一、战神:关羽最初的神格

关羽成神的时间可能在魏晋南北朝时期,其神格为战神。学界现存的关羽成神最早的记录是唐代董侹《荆南节度使江陵使尹裴公重修玉泉关庙记》。其中有"昔陆法和假神以虞任约,梁宣帝资神以拒王琳,聆其故实"。句中的"神"结合文意是指代关羽。在官方的文献中已经出现"神"这一称谓,关羽此时正处在从人到厉鬼到神这一民间官方共谋的造神运动中。没有信众的神是架空的,民间对关公厉鬼的信仰活动让关公成神有了普遍的信众。佛道在其中的助推作用,是沟通民间与官方的桥梁。这里面有两个故事,一个是陆法和帮助候景打败任约的故事。陆法和,是江陵的一个隐士,具有神奇的道法,甚至他的脸都可以变来变去。据史书《北齐书》列传第二十四"陆法和"记载:

> 景遣将任约击梁湘东王于江陵,法和乃诣湘东乞征约,召诸蛮弟子八百人在江津,二日便发。湘东遣胡僧佑领千余人与同行。法和登舰大笑曰:"无量兵马。"江陵多神祠,人俗恒所祈祷,自法和军出,无复以□,人以为神皆从行故也。①

从文中可以看出,关羽此时已经成神,而且有神祠。陆法和自称"贫道",此人身份是一个道士。在这次战役的祭祀之中,关公也在助陆法和出战的众神之中。此关羽的神格为战神有关的第一例。第二个故事是梁宣帝与梁元帝旧臣王琳的江陵之战,双方相持不下,后王

---

① (唐)李百药撰:《北齐书》,北京:中华书局1972年版,第427页。

琳为陈朝攻打,梁宣帝的援军尚未到达,王琳就失败了。这种结局,从唐人董侹的论述中,可见是曾向关羽祈求帮助的结果。此关羽为战神有关的第二例。

在佛教、道教中可以清晰地看到关羽是战神这一点。在佛教里面,关羽是和韦陀一样的护法。后来关羽被藏传佛教吸纳,其神格也是护法神。中国本土文化生长起来的道教,对关羽神职的加封更是不遗余力:关公最早的神职是总管雷、火,提典三界鬼神的大元帅。在《太上大圣朗上将护国妙经》中,强调的是他忠义仁勇,带兵布阵,降龙伏虎,行符伐恶,保国泰民安,人物康阜。经文中有:"尔时,兴国太平天尊义勇武安王汉寿亭侯关大元帅敕封崇宁真君,圣父聪明正直忠翊仁圣明王,圣母助顺明素元君,神子圣孙,参谋大将,麾下左右统兵分兵之神,伏兵降兵之神,藏兵收兵之神,布阵摆阵之神,团阵走阵之神,水阵火阵之神,八方八煞、四方四勇天丁、掣电轰雷、腾云致雨、鸣锣击鼓、发号施令将军,合司文武公卿,玉泉山得道仙真。吾授玉帝勅命三界都总管、雷火瘟部、冥府酆都御史,提典三界鬼神。"神力无穷。神职有"大圣馘魔纠察三界鬼神刑宪都提辖使、三界采探捕鬼使者、元始一炁七阶降龙伏虎大将军、崇宁真君、雷霆行符伐恶招讨大使、三十六雷总管、酆都行台御史、提典三界鬼神刑狱公事大典者、提督刑案神霄大力天丁、三界都总兵马招兵大使、统天御地诛神杀鬼大元帅。"①

在《藏外道书》中《关圣帝诰》一文中,关羽又升为"关圣帝君",成为道教中"统管三界十方,上司三十六天星辰云汉,下辖七十二地土垒幽丰"之神,被称为"伏魔大帝,关圣帝君",也是强调其孔武有力的武将战神一面。

从目前的史料来看,关羽最初成神,是以战神的神格出现,庇护军队获得战争的胜利,保佑统治者的江山稳固,从而受到统治者和军

---

① 《道藏》,北京:文物出版社,天津:天津古籍出版社,上海:上海书店,1988 年版,第 34 册,第 746、747 页。

队的祭祀和崇敬。历代帝王加封关羽之际，多是内忧或者外患，国家动荡漂泊之际。比如宋代是一个多灾多难的朝代。北宋王朝皇帝对关羽的加封：哲宗绍圣二年（1095）五月赐显烈，徽宗崇宁元年（1102）十二月封武惠公，大观二年（1108）年进封武安王。后又加"义勇"二字。宋仁宗时给广西荔浦关将军祠赐过匾额。据李汉杰《汉寿亭侯庙记》，南宋偏安一隅，苟延残喘，建炎三年（1129），高宗加封"壮缪义勇王"，孝宗淳熙十四年，加封"英济王"。元代崇尚武功，对关羽的加封从不吝啬。元文宗于天历元年（1329）加封汉将军关羽为"显灵义勇武安英济王"，遣使祠其庙。此时正值元代两都之战时期，这是元代统治者争夺皇权的战争。明代后期，皇帝怠政，宫廷内乱，党争不休，关外满族的强大和不断内犯，西南少数民族与统治者的冲突激烈，朝廷危机严重。明神宗两次加封关羽，一次是万历十八年，封关羽为"协天护国忠义大帝"，第二次是万历四十二年十月十一日，再次加封关羽"三界伏魔、神威远震天尊、关圣帝君"。胡小伟先生认为此次加封，与明宫廷立储君有关。笔者赞成此说。而清代的统治者好战，在长期的征战中，更是对勇武的关羽不吝加封。嘉庆十九年（1814）正月初四，嘉庆帝加封关羽封号"仁勇"，还御书"佑民助顺"匾额，颁给河南滑县重修的关帝庙。这次加封，就是在平息了天理教农民起义后。道光八年（1828）五月十三日，在历经从嘉庆到道光七年的平叛张格尔之后，清宣宗加关羽封号"威显"。在与太平军作战的过程中，清统治者两次加封关羽封号，咸丰二年（1852）加封为"护国"，咸丰三年（1853）加封为"保民"。同治、光绪、宣统帝都对关羽或有加封，或亲自前往行礼。

当异质的文化相遇时，不同文化的代表性符号最容易凸显出来。在清代，关帝庙就已经多到不可计数，遍及城乡。以至在许多外国大使、传教士、学者等来到中国后，无不惊叹无处不在的关帝庙。笔者在翻检资料时，发现此一时期国外学者关于中国关羽的研究，其标题中多有"战神"一词。从这个事实，也可以看出直到清代，战神是关羽神格中最为重要的一点。

二、财神,战神的变格

财神是道教俗神,在中国俗神体系中具有举足轻重的位置的神灵。财神主管财运,保佑发财,在中国民间有着广泛的信仰。财神分为文财神和武财神。文财神在民间所指甚多,如:范蠡、财帛星君、增福相公李诡祖、福禄寿三星中的禄星等,又有武财神,如赵公明、关公。

关羽何时加入财神系统,学界很多人都认为是明清时期,在明清时期,各行各业的工商业者把关羽作为"行业神"。厨业、屠宰业、肉铺业、理发业、成衣业、烟草、银钱、盐业等众多行业都奉关羽。但是有学者通过对碑刻的研究,对关羽是财神以及清代这个时间也提出质疑。"现代所认为关帝是财神的观点是值得商榷的。"又论及"在清代山西地区,没有关公兼任财神的民间信仰"。①这一论断使得关羽从战神到财神的事件节点以一个问题的方式呈现出来,成为一个需要继续讨论的话题。

关羽财神的位格没有得到道教和佛教的认可,这一位格当来源于民间信仰。宋代因为商业的发展,也是民间大量造财神的时候,著名的财神赵公明也是在此时从瘟神转身成为财神。宋代解州关公斩蚩尤保护盐池的事迹,关羽与保护国家财产联系在一起。明代《三国演义》中关羽"挂印封金"的故事,使他与一般的武将不同,他是商人们推崇的道德表率!山陕商人大量地建会馆,供奉关羽,主要是推崇其忠义,但是从笔者目前读到的碑文来看,也没有明确提出关羽是财神。由于关帝是政府供奉的神灵,一些商帮在各自的会馆中除了供奉乡土神外,也会供奉关羽,特别是来自闽粤等地的沿海商人。清代,清政府连关戏的演出都有明文的规定,不可能允许民众对关羽有任何命名。即使此时关羽已经是百姓心中的财神,然而公开命名诚

---

① 宁俊伟:《关于山西清代部分地区关帝庙碑刻的研究——兼论关帝财神之职》,《世界宗教研究》2015 年第 5 期,第 108 页。

然是不可以的。

必须指出的是,关羽从战神到财神并非突然之间的转变,经过明清以来商人们的渲染加工,各种关公护佑商人的故事不断流传,财神关羽已经是一个呼之欲出的称呼了。而随着清朝的灭亡,袁世凯的倒台,关羽作为保护国家的战神已经失去了根基。信仰者从统治阶层变为了黎庶百姓。新中国成立后,作为民间信仰的关羽和当时的一大批神祇都在一夜之间销声匿迹。20世纪80年代改革开放这个时间节点,对理解当代财神关公至关重要。

大陆的财神关帝信仰是由海外华人华侨带回来的,是一种文化反哺现象。解放以后至改革开放前的国际国内形势,关帝信仰在祖国内地基本消失。关帝信仰由海外华人保留到了世界各地,包括东南亚地区、南亚地区,甚至欧洲和美洲。他们漂泊异乡,很多人把关帝视为他们的保护神,他们一求平安,二也求关帝保佑他们能够在异国他乡生存下去。华人在海外从事商业的较多,视关帝为商人的保护神。如新加坡的华人以为"其封存金珠珍宝众多,所以认为他掌有招财进宝、庇护商贾的职责"。①新加坡华人以为"关圣帝君生前从事兵站,长于算数记账,曾设笔记法,发明日清簿。因此,商人合营企业,以义相结,因慕关帝圣君之义,故奉之为保护神而敬礼之"。②马来西亚的华人认为关帝可以帮助他们中马票(马来西亚的一种彩票),可以帮助他们家业兴旺。

改革开放后,关帝信仰首先由台湾信众带回大陆。台湾信众在80年代,尚需要从香港转机到广州,然后由广州坐火车到山西,他们不畏路途遥远,也要去山西解州关帝庙去朝拜祖庙。此时关帝庙尚是文物部门,不提供祭祀。在政府、台办的通力合作下,才得允许为台湾同胞开放。现在,三大祖庙每年的庙会都有数百的海外信众参加,成为一项长期的活动。改革开放后,我国东南沿海一带商品经济

---

① ②　袁志鸿:《智勇神武的关帝圣君》,(新加坡)《女皇镇忠义庙庆祝重建二十五周年银禧纪念特刊》,第18页。

率先发展起来。在东南沿海特区和经济开发区,如深圳、珠海、广州、海南等地的各大公司、企业、豪华宾馆,以及街头小铺,其显眼处都如同亮出营业执照般供奉着关公神像。这些地区毗临港澳,深受其影响。香港弹丸之地,关帝庙就多达几十家,澳门玫瑰街的关帝庙,一直都香火旺盛。而台湾的关帝信仰,在全岛各种信仰中,是最盛大的。在今天谈论关帝信仰,特别是财神关公,如果其从海外到大陆的传播路径,是比较偏颇和片面的。结合前文所谈的,清代关帝作为财神信仰的情况尚有许多需要进一步研究的内容。而解放后,特别是改革开放以后的财神关公信仰,则是与海外华人的文化传播,文化反哺密切相连的。

三、忠义仁勇——关帝信仰的核心价值

从战神到财神,在这巨大的跨度之中,在这个符号表征的背后,所隐藏在深层的稳定的民族文化心理和结构,是实现从战神到财神转换的关键点。

中国历史上能征善战的猛将多矣。关羽最初只能在一个配祀的位置。财神也多矣,关羽竟为商人崇拜,并何以能后来居上?笔者曾经把吕布与关羽比较,关羽比吕布多了道德价值的高度。与岳飞相比,关羽没有种族的界限,特别受到蒙、满两个骁勇的民族的推崇。这是为历朝历代,从统治阶层到士农工商这些阶层,都普遍认可的。历代君王加封关公,内容最多的是强调他的"忠""勇",勇是他的力量,而忠是他的价值观。

商业以获得丰厚的利润为目标,作为财神的关羽,他恰恰不是以擅于经营,工于盘算见长的。相反地,他对财富是相当地谨慎小心的。其武财神的特点依然是忠义仁勇。他有很多为商人们所看重的品格:他投降曹操后,获得兄长的消息就立刻前往,这种"忠义"的精神是在瞬息万变的商场所迫切需要的;离开曹营时,他"挂印封金",把曹操给他的所有的银两、帛匹都如数清点,全部封存好,把寿亭侯印归还,这种账目清楚、清清白白的作风也正是商场所看重的;关公

的"勇",使他相比别的财神,更多了驱逐邪恶、祈禳财富、保护商人财产的守护功能,维护商业行为(的)公平公正的审判功能。至今,香港、澳门、新加坡、马来西亚、泰国等地的关帝庙,仍然具有为商人们解决商业纠纷的功能。他的财神位格,不是他能招财引财,而是他能护财守财。

综上所述,关帝作为中华文化的一个标志性符号,其神格经历了从战神到财神的巨大的跨越,还衍生出了司法神、考试神等等很多的神格。这个神格跨越,是造神过程中的必然,是信仰者之位格在"人—神"维度的不同展开。无论是作为战神的关公还是作为财神的关帝,"忠义仁勇"都是他身上最为突出的特点。有学者明确指出,"关公信仰发展迅猛,有成为中国第一财神的趋势,揆其原因,恐怕在于关公不仅是财神,而且也超越了历史上各个阶级、阶层利用关公信仰的有限目的而日益抽象为民族生活方式的,具有宗教意义的本体价值依据"。①在从战神到财神看似迥异的表征下面,实际是蕴含着中华民族的集体心理和价值认同。

---

① 李小光:《道教与民间财神信仰文化背景之比较》,《宗教学研究》1997年第4期,第119页。

第二章　明清时期西南地区的族群融合

　　中华民族的多元一体格局，其"一体"是指世界上没有任何一个国家像中国这样古老而又从未隔断其文化传统；也没有一个国家像中国这样在统一帝国分裂以后经过一段南北王朝对峙与诸王、诸汗分庭抗礼以后重新走向更高度的统一。如此反复两三次，终于确立为不可分割的统一多民族国家。

　　历史上的西南地区，是我国众多少数民族的聚集之地。明清时期，西南地区的社会环境发生了巨大的变化，为关帝信仰在这一区域的传播提供了背景。一是政治上改土归流，使得汉文化向少数民族地区传播的政治壁垒得以打破，从制度上保障了大量的城隍庙、文庙、文昌庙、日月坛、火神庙等等在边疆地区如雨后春笋一般地建立起来，并且随着政治改期的区域而扩大。西南地区的宗教信仰呈现出融合的情况，大量的汉族的信仰随着疆土的扩展而传播到少数民族地区。关帝信仰是这个大潮流之中的一个小支流。二是大量的汉族移民进入这一区域，深刻地改变了人口的结构。这些移民已经普遍接受了关帝信仰，其中特别需要提到的是陕西山西籍的关公信仰者，成为自发传播关帝信仰的使者。他们在西南各地经商，一旦条件成熟，他们就修建关帝庙，举办关帝庙会，使关帝信仰在西南少数民族地区以民间信仰的方式存在。三是多民族杂居，以儒家文化为主导的多种文化并存边地文化，关公在宋代就被儒家推崇，随着儒学向西南少数民族地区的普及而为学子们所信仰，这也是关帝信仰在西南少数民族地区被接受的背景。

文化的接受从来都需要漫长的历史时期。关公信仰被少数民族接受，成为他们日常生活的一部分，则是经历了几代人的时间。明清以来，西南地区族群的融合是非常突出的文化现象，这既是一个冲突、对抗的过程，也是一个接纳、更替的过程。关帝信仰作为文化的一种，实际上是明清之际，西南少数民族地区所经历的文化大融合的一个聚集点，是以汉文化为主的中原文化向西南地区大规模传播的一个缩影。这一部分主要是描摹关帝信仰传播到西南少数民族地区的政治原因，讨论了西南地区的族群结构变化的情况，以及文化融合的历史，这些是关帝信仰被西南少数民族接受的大背景。

第一节　明清时期西南地区的族群结构变化

信仰是以信仰者的行为依托的。明清时期，关帝信仰与其他汉文化信仰一样，早已成为中原文化的重要内容，而在秦楚等地的民间信仰中，更为广泛。这些带着这一文化基因的移民进入西南地区后，就会成为一个个的传播者。明清时期，大量的移民进入西南地区，当地少数民族与汉族的融合，使西南地区的族群结构发生很大的变化：经历了以少数民族为土著民，进而到以汉族为主，其他族群为辅的多族群格局。人口结构的变化，各民族共同生活，加速了文化交流与融合，构成了关帝信仰在西南地区传播的人口基础。因而移民与族群结构的变化，就是关帝信仰在西南少数民族地区传播必须考察的因素。关帝信仰如同其他汉文化的传播一样，汉文化传播到哪里，关帝信仰就传播到那一片区域，传播路径的地理呈现非常明显。从接受者来看，在历史上政治军事的影响因素消失之后，关帝信仰在民间大量的传播，在西南少数民族的文化中，"磨刀节""关爷会"，初一十五到关帝庙烧香，已经成为少数民族同胞的生活习俗，关帝文化已融合进一些少数民族的日常生活中。

一、"非秦即楚"的四川移民

四川是一个多民族的省份,有全国最大的彝族聚居区,全国第二大藏区和全国唯一的羌族聚居区,有 55 个少数民族。汉族很早就在这一区域生活,但是由于历年战争,汉族的人口稀少。明朝建立后,有组织地进行了大规模的移民活动。尤其是太祖朱元璋时,徙民最多,加之军队、商人还有贬谪的官员,形成了往四川的移民高潮。"非秦即楚"的说法,意为在四川的移民中,来自楚地和秦地的人口比率是比较大的。

明代四川汉族移民迁徙的路线基本都是从成都向西北,移往松潘、茂州一带,或从长江沿岸城镇向川、黔少数民族地区迁徙。明朝初年,移民主要分布在四川盆地及川江流域;洪武十四年,明代大举进军西南后,移民主要分布在安宁河及川、滇、黔三省交界地区;明中后期,大量移民入川后,移民的迁徙特征是从四川的经济中心区移向边缘地区。

明代入川移民的籍贯以湖北人为主。清宣统《广安县志》据旧撰《大竹志》说:"洪武四年(1371),廖永忠平蜀,大肆杀戮,复徙楚之麻黄人来实兹土。"①《渠县志》:"户籍以明初土籍曰旧,以康熙客籍曰新。凡楚人居其大半,而以明之黄麻籍最早,武昌通城籍次之。"②《名山县志》:"元代名山惨遭杀戮,死亡转徙,县中古户,几无孑遗。明洪武十四年(1381),徙楚实蜀,……名山号为乐郊,来着尤重。"③《简阳县志》:"洪武二年(1369),湖广麻城居民迁至简州者众多。"④民国《荣县志》:"明太祖洪武二年,蜀人楚籍者,动称是年由麻城孝感入川,人人皆然。"⑤此时期,四川的人口构成情况大致是"据

① (清)周克堃等撰:(光绪)《广安州新志》,清光绪三十三年(1907)修,宣统三年(1911)刻本。
② (清)何庆恩、贾振麟等纂修:(同治)《渠县志》,清同治三年(1864)刻本。
③ (民国)胡存琼、赵正和等撰修:(民国)《名山县新志》,民国一十九年(1930)刻本。
④ (民国)林志茂、汪金相、胡忠阔等纂修:(民国)《简阳县志》,民国一十六年(1927)排印本。
⑤ (清)王培荀等纂修:(道光)《荣县志》,清道光二十五年(1845)刻本。

史载,四川在宋末元初,经历了一次大战乱,宋元战争断断续续经历了50年之久,70%—80%的土著在战乱中毁灭了,余下20%—30%的土著,又在元朝末年、明朝末年的两次大战乱中遭到了很大的伤亡,所以只剩下约20%—30%。在一些边远的山区,尚有唐、宋、元、明时期土著;交通较为发达的一些边远的地区,有明代的土著(流徙后返回)。他们的后代在今四川人中所占人数比例约20%—30%"。①清初的"湖广填四川"活动是政府鼓励和组织的。大约从顺治十六年开始,一直到嘉庆元年(1796)为止。清嘉庆《四川通志》所载:"康熙六十一年(1722),四川共有579 309户基数。其中有2/10为原有土著,以8/10计算移民及其后代,8/10应为463 447户,以每户平均五口计算约为2 317 296人,除去后代,直接入川的移民有100多万。"②

清代以来,四川人员中依然是以湖广为主,还有不少陕西人。民国《金堂续志》统计该县居民的原籍比率为:楚省37%,粤省28%,闽省15%,其余各省合计20%。成都的移民中以湖北、湖南为首的南方诸省人数达到80%。民国《郫县志》载:"……当清垦殖,如两湖,如陕西,如江西,如福建,占籍凡十之九。"③民国《涪州志》:"自楚迁来者十之六七。"④南川多数族谱记载南川人多是从湖北移来,有的是麻城孝感鹅掌大丘人。南充"清初从湖广、江西等地移民来川……"⑤仪陇"邑中湖南北人最多,江西、广东次之,率皆康熙、雍正年间入籍,求所为。明时入籍,谓之老民,盖寥寥无几"。⑥岳池"清初,岳池人口少,粤、桂、闽、赣、湘、鄂等省移居入境安居,人口渐增……"⑦广安州"惟湘鄂特多,而黄麻永零尤盛","……大率黄(州)麻(城)籍四之,永

① 孙晓芬编著:《清代前期的移民填四川》,成都:四川大学出版社,1997年2月版,5—6页。
② 李洪康主编:《中国人口·四川分册》,北京:中国财政经济出版社1988年版,第20页。
③ (民国)李之清、戴朝纪等纂修:(民国)《郫县志》,民国三十七年(1948)排印本。
④ (清)吕绍衣主修:(同治)《涪州志》,清同治八年(1869)刻本。
⑤ (清)袁凤孙、陈榕等纂修:(咸丰)《南充县志》,咸丰七年(1857)洪璋增刻本。
⑥ (清)曹绍樾、胡晋熙、胡辑瑞等纂修:(光绪)《仪陇县志》,光绪三十三年(1907)重刻本。
⑦ (清)何其泰、吴新德等纂修:(光绪)《岳池县志》,清光绪元年(1875)刻本。

零籍(即湖南永州零陵县)五之,豫章籍二之,浙闽籍一,齐鲁晋汴籍一,粤籍一,蜀人迁籍一"①。《开县志·建志沿革》:"……使开县境内的大多数人口,成为两湖'填四川者'的后裔……"从这些材料可以看出,四川移民中"非秦即楚"的说法是有一定道理的。这些移民是关公信仰的传播者。

楚地,是关帝信仰的发源地之一。历史上的关公在荆州生活、战斗八年,败走麦城,死后葬于当阳。荆楚一带信奉巫鬼,关公死后就被这一带的百姓供奉。据说百姓怕他,如履薄冰。玉泉山是民间认为关公最早的显灵地。据说玉泉山在南北朝时期已建有"显烈庙",是最早的关公祠庙。在智颛禅师收服关公入佛门前,关公信仰在这一带已经是深入人心了。来自这一区域的移民自然会继续祭拜关羽。

关公是山西解州人,山陕籍人士把关帝信仰作为乡里信仰,特别有一种崇敬心理。山陕商人信奉关公的忠义精神,特别抱团,共谋发展。他们在条件允许后就开始修建关帝庙,特别是山陕会馆。据统计,明清山陕会馆中,四川有近 20 个,在全国都是非常多的。这些山陕会馆分布在四川的东南西北各地,成都至今还有一条街名为陕西街,是明清时期山陕商人集中居住的地区,还有一座山陕会馆,现在为芙蓉宾馆。自贡的山陕商人多从事盐业,自贡著名的西秦会馆,现在为盐业博物馆。成都平原上的双流县、温江、灌县,川南的绵竹、宣汉,川东的万县、万源,甚至藏区的松潘、打箭炉、巴塘等地都有山陕会馆。会馆在哪里,那些地方也直接取名陕西街,比如,绵阳陕西街,成都郫县陕西巷,安县陕西街,双流陕西街。这些移民就成为传播关公文化的使者。在后面的章节中,还会专节论述山西陕西商人对关公文化在西南少数民族地区的推动,这里不再展开。

二、大量汉人涌入云南

云南本为少数民族的主要聚集区,这里居住着苗、回、蒙、白等少

---

① (清)周克堃纂修:(宣统)《广安州新志》,清宣统三年(1911)刻本。

数民族。明朝政府从开国初年的平定云南到洪武中后期一直向这一地区用兵,加之云南又是祖国的边疆,明代越南(交趾)与缅甸的战争,云南更是前线。此外,云南还是矿产中心,特别是银矿,在全国可谓首屈一指,巨大的利润驱使商人们不远千万里来云南开矿。明代的商业移民也成为这一地区汉族人口增加的重要因素。由于这一地区是明王朝的极边之地,谪戍的犯人也向这一地区发配。最终,这一地区的汉人数量首次超过了少数民族。

军事移民是明朝时期云南移民的一个特点。洪武十四年(1381)八月,明政府准备平定云南。九月,傅友德等率由 30 万兵马组成的征南大军,自南京出发,分兵两路,征讨云南梁王。至洪武十五年闰二月下大理,云南全境基本平定。洪武十五年(1382)初,征南军攻下昆明,明朝向云南调兵累计达到 153 658 人,官兵主要来自陕西、湖南等地。正统年间,新设腾冲卫,又是一次向云南大量调兵的行动。这次调兵从广南卫抽取官军,每一千士卒分为一班,共两班,双从金齿、大理两卫分别选六百人补充,每六百人一班,也分成两班,共三千二百人,这些人四分官兵屯田,六分守城,担任戒备。与腾冲土汉旗军共同屯田守卫。据《腾越州志》卷七《职官·卫秩》记载,腾冲卫建立后共统辖前、后、左、右、中 5 个千户所。其官军来源:左所,自广南卫所调,官军多江南、山、陕、湖广籍;右所,自金齿中左所调,多江南、河南、湖广籍;中所,自大理卫调,多江南浙江、山西籍;前所,自洱海卫调,多江南、山东、湖广籍;后所,自楚雄卫调,多福建、江南、湖广籍,人数为 5 000 人。正统十年(1445)至十二年(1447)之间,明王朝曾两次调集 5 000 人,共 10 000 将士筑城腾冲,随后充实到腾冲军民指挥使司。万历十一年(1583)五月云南边地有警,朝廷派刘艇、邓子龙率领从内地各省招募来的 10 000"武勇",组成永(永昌)、腾(腾冲)两个大营戍边,其士兵是从四川、湖北、广东等地所招募的流民。国内学者估算通过军事移民进入云南的汉族人口,当在 80 万以上,主要是由江西、陕、川、贵、河南等地的士兵组成。

云南平定后,有大量的空地,明政府加强了这一地区的开发,大量向云南移民。倪蜕《滇云历年传》卷六记载,洪武十七年"移中土大姓以实云南"。在滇东宣威,明初"盖太祖设法徙民,苏松嘉杭一带土著,除移田临壕外,来滇者实属不少"。①滇中武定府,"武属多英囊诸蛮所居,明初役江南北富户实武定、永昌,汉人稍来"。②滇西南是汉人迁入较多、较为持续的地区。从明代初年开始,就大量从江南等地迁移族姓到这一区域,江南这一带又是文化教育程度很高的地区,这些移民带来了当地的风俗,可谓是移风易俗,人才辈出。滇西南的永昌府人口的汉族化过程其实在清代中叶即已完成了。③滇西楚雄府,"自前明洪武十六年,傅、沐二公平定后,留兵镇守,太祖又徙江南间右以居之"。④大理府,"逮明初削平段氏总管,迁中土大姓以实云南,而吴越间汉族来者纷纭踵至"。⑤清代平定云南各地后,即着手这一地区的开发。政府采取了一系列鼓励移民开荒的政策,招募了大量的汉人。乾隆至嘉庆时期,云南临安府所属地区,楚、粤、川、黔各省携眷落户,租垦营生者十有三四。乾隆三十年(1765),临安府有民屯29 819户,83 344口;至嘉庆三年(1798),增为67 037户,229 271口。嘉庆末年,永昌府外来流民数以万计。广南、开化两府,自嘉庆年间开始,湖广、四川、贵州的流民,每天以数十人或百余人,成群结队前往。至道光时,已不下数万人。道光十七年(1837),开化府所辖安平、文山等处流民共24 000余户;广南府所属宝宁、土富州等处流民22 000余户。⑥"乾隆四十年(1775),云南在册人口数超过300万,已接近千分之四的年平均增长率;乾隆五十年(1785),年平均增长率上升至千分之十,十年后年平均增长率达到千分之二十。几乎在中国

①　(民国)缪㳆澄撰:(民国)《宣威县志稿》,民国二十三(1934)铅印本。
②　(清)郭怀礼修:(光绪)《武定直隶州志》,清光绪九年(1883)新刻本。
③　曹树基、陈意新:《清代中期的云南人口》,《历史地理》第十七辑,上海:上海人民出版社2001年版,第240页。
④　(清)崇谦等修:(宣统)《楚雄县志》,清宣统二年(1910)抄本。
⑤　(民国)张培爵等修,周宗麟等纂,周宗洛校订:(民国)《大理县志稿》,民国六年(1917)铅印本。
⑥　《内阁大库档案》,145523号,道光十七年二月二十三日,户部移会。

各省中名列前茅,至嘉庆十六年(1811)以前没有激减。乾隆四十年至道光五年(1775—1825),全国在册人口数年平均增长率为千分之十四点六,云南在册人口数是全国年平均增长率的 2 倍,其中乾隆末年至嘉庆时期约二十年左右,年平均增长率高达千分之二十到千分之二十五,外地人移入云南的盛况可见一斑。"①尤中先生认为:"从各方面看来,明朝时期,通过民屯方式移民入云南的汉族人口,较军屯方式移入的少不了多少。以民屯形式移入的汉族人口的分布区域与军屯卫所的分布区域相同,主要是在靠内地区的各府、州、县。民屯户与军屯户的区别是民屯户不负担军事任务,他们的地位与在内地时并没有发生变化,而他们对开发云南所起的作用则与军屯户相同"。②

商业移民是云南比较独特的移民形式。明朝时,通过政府组织商人开边以及商人逐利前往云南,形成了民间移向云南的高潮。《姚安县志》卷三十六《人物志·氏族》记载,姚安的卢姓,先祖为江西人,明代因趋盐井之利,"初到姚之白盐井,再分支于前场关"定居,支系繁衍,分为几姓。楚雄的鲁姓"原卢姓,后改鲁姓,初迁黑盐井,再迁于姚,并分住新村衣打拉"。明代云龙州有洛马盐井,"于是四方汉人慕盐井之利争趋之,因家焉,久之亦为土著。其俊秀子弟渐渍而为衣冠文武之士"。③万历《云南通志》卷十《官师志》记载,鹤庆人车文琼,原籍江西临川人,他的父亲在剑川经商,他也在剑川这里寄寓。姚安城内的罗氏,原籍襄阳府谷城太平村人,本是一个行商,四处流动,明万历年间搬迁到城里居住。宣威叶氏家族,原籍南京凤阳府人,明崇祯二年,开始到宣威经商,到民国时期,这一家族已经在宣威的上堡及上海子、柳树村、务德、龙场等处定居,发展有十余家,被称为是"南

---

① 丁光玲:《清朝前期流民安插政策研究》,台北:文史哲出版社印行 2006 年版,第195 页。
② 尤中:《云南民族史》,昆明:云南大学出版社 1994 年版,第357—358 页。
③ (民国)张培爵等修,周宗麟等撰,周宗洛校订:(民国)《大理县志稿》,民国六年(1917)铅印本。

京叶"。谢肇制在《滇略》卷四《俗略》记载万历年间"永昌、腾越之间，沃野千里，控制缅甸，亦一大都会也"。

　　另外，明朝时云南作为流放犯人的地点，也有不少犯官、罪人举家迁往。众所周知的明代四川籍状元杨升庵，明嘉靖三年以"议大礼"获罪，被贬到云南，长达三十多年，客死戍所。明代实行的军屯、民屯，开发云南而自发形成的商业移民，以及贬谪犯人的移民等，云南的汉族人口数量已经超过了少数民族，成为云南的主要人口构成成分。但是汉族人主要集中于城镇中心地带，交通关隘要道，以及矿产资源集中地。

　　到了清代，在平定云南后，清政府也采取了一系列措施向云南移民。与明朝一样，这些移民活动包括军事移民，招募汉人垦荒，还有汉人自发的开矿活动。

　　清代绿林营军入滇（的汉族人口）是清代汉族移向云南的一个重要动向。清代绿营兵制，设镇、协、营于各处镇守，还设汛、塘、关哨，委千总、把总领兵驻守。按《大清会典事例》："顺云营，参将一人，驻扎缅宁厅，统辖本标左右二营。"左右二营，共把总九人，外委一十三人，额外委一十六人，兵一千八百六十八名。光绪《续修顺宁府志》建置三，顺宁县曾设把边关等五关、右甸汛等十汛、平村塘等三十九塘；云州曾设永镇关、盐井哨等六哨、云州等三汛、城关塘等十塘；缅宁厅曾设分水岭等三关、腊东哨等六哨、马台汛等十四汛、孙家塘等三十七塘。笔者赞同《绿营兵研究——以汛塘为中心》一书的估算，也就是 200 008 人。[1]至光绪三十四年（1908），绿营官兵，一律裁汰。不过，以各汛塘、关哨为依托，已经形成了很多汉族移民的聚集村落。

　　以前以少数民族为主的地区，汉族的人口已经大大超过少数民族的人口。如大理"民国成立前之六十年间，叶榆一地人烟至为辐辏。俗虽俭朴，市镇极其繁盛。城内住汉人居十之八，回教之十之

---

①　秦树才：《绿营军研究》，昆明：云南教育出版社 2004 年版，第 180 页。

二,城外各乡回教较少,亦十之一计"。①云南丰富的矿藏此时已探明多处并开始开采。康熙四十年(1705),全省铜矿厂近 20 处。乾隆三十七年(1772),增为 46 处,大矿场矿工 6、7 万人,小的也有万余人。乾隆三十年(1765),云贵总督杨应琚,从外省来矿山谋食的穷民,已不下十数万众,各省流寓之人仍闻风而聚。②孟定府的波龙银矿,来自江西、湖南、云南大理、永昌等地数万人聚居此地开矿。慕乃银矿繁荣时有银矿 360 座,矿工 10 余万人,兴旺时期持续了三十余年,汉人络绎不绝。③云南西南部的茂隆银矿,乾隆八年(1743),石屏州人吴尚贤因"家贫赴边"所创。乾隆十一年(1746)时,在此开矿和贸易者 2、3 万人,曾聚众至数十万人。④赵翼的《粤滇杂记》中记载,"矿区兴盛时,老厂、新厂居民遗址各长数里,皆旧时江楚人所居。采银者岁常四万人,人获利三、四十金,则岁常有一百余万赍回内地"。康熙《蒙自县志》卷一,《厂务》条记载,蒙自县的个旧乡,外来商贾贸易采矿者十居八九,其中楚籍人居七,江右居其三,山、陕次之。

三、贵州苗疆不苗

贵州自古称为苗疆。由于贵州地处西南腹地,以高原山地居多,偏远闭塞,历代中央政府都难以进入,到明代永乐年间(1413),才设布政司。贵州最早的土著有苗族、布依族、彝族、侗族、瑶族、水族和仡佬族等,以苗族势力最大。水西安氏、水东宋氏,播州杨氏,控制着贵州大片土地,与明政府抗衡。明天启年间,水东宋氏被斩,明末水西安氏引清军入贵阳,被授予水西宣慰使之职,后因反叛被诛。贵州省内东南部的一大苗疆,直到清代鄂尔泰委托张广泗,把这一区域的苗疆打定。

---

① (民国)张培爵等修,周宗麟等撰,周宗洛校订:(民国)《大理县志稿》,民国六年(1917)铅印本。
② 《大清高宗纯皇帝实录》卷 764,台北:台湾新文丰出版公司 1978 年版,第 392 页。
③ 杨毓才:《云南各民族经济发展史》,昆明:云南民族出版社 1989 年版,第 283 页。
④ 《大清高宗纯皇帝实录》卷 269,台北:台湾新文丰出版公司 1978 年版,第 505 页。

　　明清两代是汉族人口向贵州迁移的重要时期。以军队移民为主，加以民间移民；早期移民主要是定居在交通线上，后来移民则深入到少数民族居住区，形成了汉族与少数民族混居的情形。

　　明王朝平定云南后，贵州的军事交通重要性凸显出来。有明一代，在今贵州全境共设23卫2所。贵州的卫所则呈线状分布，主要集中于自湖广经贵州出入云南的交通要道附近。明朝廷始终在此重兵屯守。按明代制度，每卫额定5 600人，千户所1 120人，加上各翼站应役的军士，总计全省驻军约在10万以上。有的卫所实际驻兵远远超出了每卫5 600人的正规编制。林超明先据嘉靖《贵州通志·兵防》的记载进行统计，明初驻贵州的兵士共335 426名，[1]而且卫所军士向称"军户"，户籍隶属卫所，与地方州县管理无涉，子孙世代承袭当兵。因此不少卫所军士，将原籍家属迁来驻地安置。因此，如将卫所军士的家属计算在内，内地移民当在数十万之众。

　　由于其军事移民主要沿交通一线分布，从而使得这些地区"汉多夷少"，汉族人口超过了当地民族，其他则多为"汉夷杂处"或"夷多汉少"之地。据《贵州通志》（万历）记载，各府州县官民杂役原额66 684户，250 420丁口，万历二十五年查存，有民户46 566户，315 374丁口，当时，遵义府尚不属贵州，户口不在此数之内。据《遵义府志》载，自平播设府后，所属一州四县，复业旧民，入籍新户，遵义县有9 956丁口，正安州有12 697丁口，桐梓县有9 553丁口，绥阳县有7 392丁口，仁怀县有3 877丁口，汉族人口超过其他族群。康熙平定吴三桂后，贵州修文县境内的"至孝里、崇义里、信顺里、仁和里，大率汉民多于苗户十之八九。苗民不及汉庄十之二三，零星杂居，依汉民为佃户，通计四里，共五百四十寨，俱编入保甲"。[2]雍正四年（1726），云贵总昌鄂尔泰奏请"改土归流"，旨在削弱土司，控制"苗

① 林超明：《汉族移民与云南统一》，《云南民族大学学报》（哲学社会科学版）2005年第3期，第111页。
② （清）爱必达撰：《黔南识略》，台湾成文出版社编辑：《中国方志丛书》，台北：成文出版社1968年版，第151号，第27页。

疆",加强统治。与此同时,将贝川听属遵义府和一乌撒府、湖广所属边六卫、广西所属荔波县及洒城府红水以北地区划入贵州,又辟"苗疆",建立古州、八寨、丹江、情江、台拱、都江六厅,实行"编户齐民,计亩升科",壁垒打破,汉人源源而入。

军事性质的移民,在进入贵州的外地人口中仍占有相当比例。雍正时开辟贵州"苗疆",在黔东南土司地区置古州、台拱、青江、丹江、八寨和都江等6厅;至乾隆初,仿明代卫屯之制,于都江之外的5厅内先后设置9卫120堡,有屯军8 930户,按户分给屯田。[①]乾隆时都匀府城附近,设有汛地13处72塘,分防各汛兵丁1 364名;凯里卫,有13屯堡,屯军1 036户,另有14塘、10铺;松桃厅,嘉庆初,镇压石柳邓苗民起义后,于城东南至北边短短80里,即设14汛、10座碉卡,南接铜仁府,北接湖南永绥厅,百里之中顷刻可达。如以每户4口人计,仅古州5厅,即迁来移民35 000多人。清代的募民垦荒政策,吸引内地移民纷至沓来,大量抛荒的原屯田及无主荒地在短时期内被垦种。据《清实录》记载统计,清前期贵州新垦田:康熙时为66 657亩,雍正时25 200亩,乾隆时91 967亩,三朝共计183 824亩,这对贵州地区从战争的创伤中恢复和社会经济的发展起到重要作用。

商业的兴盛及矿业的开发,吸引着另外一些因谋生而进入的外地人口。明代已有不少汉族居住的交通沿线城镇,此时更成为外来移民的定居之所。如省会贵阳,"五方杂处,江右、楚南之人为多。世家巨族,率敦名节士,习彬雅人户,栉比鳞次。承平日久,渐习繁华。通计府汉庙错处之庄,一百七十有奇"[②];水陆便利的镇远府城,"居民皆江、楚流寓"[③];普定县,"黔、滇、楚、蜀之货日接于道,故商贾多聚焉"[④]。不

---

① 《清高宗实录》卷347,台北:台湾新文丰出版公司1978年版,第192页。

②④ (清)爱必达撰:《黔南识略》,台湾成文出版社编辑《中国方志丛书》,台北:成文出版社1968年版,第151号,第15页。

③ (清)爱必达撰:《黔南识略》,台湾成文出版社编辑《中国方志丛书》,台北:成文出版社1968年版,第151号,第99页。

少偏远地区也多有外地移民。如铜仁府,多有来自江西的汉民,"抱布贸丝,游历苗寨"①;松桃厅,"城市乡场,蜀、楚、江西商民居多,年久便为土著"②;威宁州,其地盛产铅、铜,"外地客民汇集,汉人多江南、湖广、江西、福建、陕西、云南、四川等处流寓"③;开州产朱砂、水银,"江右之民麋聚而收其利"④;与粤、楚交界的苗疆重地黎平府,"楚、粤奸民往往混迹于工匠之内,恣为抢劫,茅坪、王寨、卦治三地,可通舟楫,商旅几数十万"⑤;黔西北大定府,"关厢内外,多豫章、荆楚客民"。⑥在贵州,明代已居住有不少汉族的交通沿线城镇,此时更成为外来移民的定居之所。如普定县,"黔、滇、楚、蜀之货日接于道,故商贾多聚焉"⑦;乾隆十三年(1748),贵州省银、铜、黑白铅厂,上下游有十多处,每厂数万数千人不等。⑧据此估计这里的矿工约不下10万人,多为流民身份。雍正年间,清王朝开始在贵州推行"改土归流",汉族人口从此时大量移入贵州,康熙时,大部分地区少数民族的人口数量占绝对优势,而在雍正后,这个比例就改变了。到"清末全国人口普查时,少数民族只占全省总人口的三分之一到四分之一左右"。⑨

总的来看,明清时期贵州地区以江南籍、江西籍移民为主体移民,主要分布在交通沿线和黔中、滇中、滇南和滇西南地区。具体讲

---

① (清)爱必达撰:《黔南识略》,台湾成文出版社编辑:《中国方志丛书》,台北:成文出版社1968年版,第151号,第132页。

② (清)爱必达撰:《黔南识略》,台湾成文出版社编辑:《中国方志丛书》,台北:成文出版社1968年版,第151号,第141页。

③ (清)爱必达撰:《黔南识略》,台湾成文出版社编辑:《中国方志丛书》,台北:成文出版社1968年版,第151号,第181页。

④ (清)爱必达撰:《黔南识略》,台湾成文出版社编辑:《中国方志丛书》,台北:成文出版社1968年版,第151号,第30页。

⑤ (清)爱必达撰:《黔南识略》,台湾成文出版社编辑:《中国方志丛书》,台北:成文出版社1968年版,第151号,第147页。

⑥⑦ (清)爱必达撰:《黔南识略》,台湾成文出版社编辑:《中国方志丛书》,台北:成文出版社1968年版,第151号,第168页。

⑧ (清)爱必达撰:《黔南识略》,台湾成文出版社编辑:《中国方志丛书》,台北:成文出版社1968年版,第151号,第106页。

⑨ 潘治富主编:《中国人口·贵州分册》,北京:中国财政经济出版社1988年版,第36页。

明代以江南籍、江西籍为主体,清代则是以江西籍、江南籍、湖广籍、四川籍为主体。[①]

第二节　改土归流打破文化传播的壁垒

一、明清时期的改土归流

西南少数民族地区在历史上一直都(是)游离于中央统治之外,为苗、傜、倮猡等族占据,虽然从秦汉两朝,这一广大领域已列于版图之中,但是由于这些少数民族地处偏远,在语言、习俗不与中原相通等原因,实际上并没有被同化。当然历朝历代的中央政府都在往这一地区渗透,而以明清时期最为孔武有力。明清先都实行土官政策,后又都废除这项制度,而实行流官政策。最终让这一地区融入了中华民族的大家庭。

明朝时期,南方各民族地区经济发展不平衡;封建农奴制分散割据;各民族豪酋的长期统治。明政府一方面承袭元制,采用土司制度,设立各种土司职务,即朝廷把各级土官衙门编进地方行政序列之中,但保留了其他事务由土官自己处理的特殊治理方式。如宣慰使、安抚使、招讨使等职。另外,在民族地区或接近内地的地区设路、府、州、县,同样设置各级土司,负责管理当地事务。任用各民族中的豪酋为各级土司土官,被任用的土司必须向中央王朝交纳贡赋,包括朝贡和纳赋两项内容,并规定了朝贡的贡期、贡物。另一方面,明朝为招徕各民族来朝,实行了回赐之策,这就意味着土司与中央王朝是一种隶属关系,象征着土司对中央王朝的臣服,土司地区是明王朝版图的一部分。同时,对土官的信物、承袭、升迁、惩罚方面进行了规定,

---

① 蓝勇:《明清时期云贵汉族移民的时间和地理特征》,《西南师范大学学报》1996 年第 2 期,第 81 页。

这些规定使土官的统治具有了一定的制度化和规范化,更有利于其有效的统治。据《明史·职官志》记载,明朝共设土司区451个,后又有废置和新设,数量不断变化。明朝土司的土官分为武职和文职两种。武职官衔包括宣慰使司、宣抚司、安抚司、招讨司、长官司等职;文职的官衔是指土府、土州、土县的土官。清初,规定土司来降者接受原职世袭。土司官职、承袭、朝贡、赋税、升迁、惩罚等方面也制定了一套制度。

明永乐十二年(1414),废除土司土官,实行与内地完全一致的制度,即改土归流。清朝雍正年间,在西南一些少数民族地区进行了废除土司制、实行流官制的政治改革。为了解决土司割据的积弊,雍正四年(1726),云贵总督鄂尔泰建议取消土司世袭制度,设立府、厅、州、县,派遣有一定任期的流官进行管理。六年,又命贵州按察使张广泗在黔东南推行改土归流政策。在废除土司世袭制度时,对土司本人,根据他们的态度给予不同的处理。对自动交印者,酌加赏赐,或予世职,或给现任武职;对抗拒者加以惩处,没收财产,并将其迁徙到内地省份,另给田房安排生活。此外,在设立府县的同时,还添设了军事机构。清政府在改土归流地区清查户口,丈量土地,征收赋税,建城池,设学校;同时废除原来土司的赋役制度,与内地一样,按地亩征税,数额一般少于内地,云南、贵州改土归流的目标,到雍正九年基本实现。

二、改土归流的影响

经过改土归流,明清时期,西南地区的建制逐渐与中原一致。在实行改土归流政策后,土司们都纷纷交印受封。以四川为例,酉州直隶州,于顺治十五年归附朝廷,当时仍为酉阳宣慰司,属于重庆府,直到雍正十二年(1734)改为黔彭厅,十三年(1735)始改设县,乾隆元年(1736)升为直隶州。石柱直隶厅,于顺治十六年(1659)归附,授石柱宣慰司,属夔州府,乾隆二十七年(1762)升为石柱直隶厅。杂谷直隶厅,康熙十九年(1680)土舍板第儿吉归诚,授安抚司,乾隆十七年

(1752)土司苍旺伏诛,改土归流,嘉庆六年(1801)改为直隶厅。懋功直隶厅,乾隆四十一年(1776),平定两金川,于大金川设阿尔古厅,小金川设美诺厅。四十四年,裁阿尔古厅并入美诺厅,改为懋功直隶厅。松潘直隶厅,雍正九年(1731)以前,因明制为松潘卫,属龙安府,九年设抚民厅,直隶于省。

清代统治较元明时代,中央政府已经完全控制四川的所有领域。《明史》卷43《地理志》载,明代四川共领府13,直隶州6,府辖州16,县111,宣抚司1,长官司16,都司领卫7,招讨司1,宣慰司2,安抚司5,长官司22。清代嘉庆《四川通志》载,四川领府12,直隶州8,直隶厅6,属州11,厅4,县111的建制格局。从四川的建制可看出,明代在边远地区的卫所(实为军事机关,兼理当地的民事,实际上已经成为事实上的一级地方政权机构)尚有7个,到清代,卫所逐渐被取消。明代在少数民族地区设土司、土官,实行宣抚司、长官司、招讨司、宣慰司、安抚司制度,到清朝时,多改为直隶厅,直接由省管理,中央集权大大加强。雍正时期也同样对上述少数民族区域实行收缴土司印信,改土司为府州县,实行同腹地一样的制度。

改土归流废除了土司制度,改设流官。这些流官深受儒家思想的影响,对关公的忠义精神推崇有加,在后面章节中将会论述到基层县令对关公信仰的推动。政治与文化的传播加强了政府对边疆的统治,有利于少数民族地区社会经济的发展。改土归流不但促进了经济文化的交流,也加强了对这些地区少数民族的统治。西南民族地区彻底打破了土司时"汉不入境,蛮不出洞"的局面,在经济、文化、风俗上各民族互相交融。

第三节　多族群杂居的边地文化

在历代王朝中,汉族人口由于种种原因,迁移到各民族边区。其较重要的,是派遣戍守边疆的部队。同时,大量的居民也随之迁到边疆。"营邑,立城,制里,割宅,通田作为道,正阡陌之界,筑室,置器,置医巫,男女有婚,生死相恤,坟墓相从,种树,蓄长,室屋完安,使民乐其处,而有长居之心。"①这种过程既有汉族融入少数民族,也有少数民族融入汉族。"把我国较古的传说总括起来看,华夏、夷、蛮三族,实为秦汉间所称的中国人(汉族)的三个来源……此三个集团对于古代的文化全有像样的贡献,他们中间的交通相当频繁,始而相争,继而相亲,以后相争相亲,参互错综,而归结于完全同化。"②

一、儒家为主导的教育文化

吕思勉先生曾谈到民族的融合时说:"在各个族群时时接触的过程中,互相淬砺,采人之长,以补我之短;开化虽早,而光景常新。又因固有的文化极其优越,所以其同化力甚大。虽屡经改变,而仍不失其本。"③汉族和西南少数民族的交融从很早的时候就开始了。从汉开西南夷时就开始了,到现在西南各族,即使与汉族没有完全同化,但也不相冲突,主要是由于汉族的文化程度很高,文化的同化力量非常强大,在各族与汉族的交融过程之中,也受汉族文化特别是儒家文化的影响。

明清两代,西南地区移民的力度和数量都是前代无法相比的,这种改变并不仅仅是人口的空间位置的变化,不仅仅是族群之间人数比例的变化,更是文化空间、文化结构的大调整,深刻地改变了西南地区的政治经济文化结构和发展格局。明清时期的统治者在西南少数民族地区兴办儒学,并对教育科学、科举考试等方面加强管理,确立了文教为先、日渐月化的民族教育政策,促进了西南地区民族教育的发展和民族之间的融合。明太祖洪武二十八年,朱元璋下令:"诸土司皆立县学"。明孝宗弘治十年(1497),明政府又规定,"土官应袭

---

① 转引自方国瑜:《论中国历史发展的整体性》,《学术研究》1963年第9期,第20页。
② 徐旭生:《中国古史的传说时代》,北京:文物出版社1985年版,39页。
③ 吕思勉:《中国通史》,长春:吉林出版集团有限公司2013年版,第5页。

子弟悉令入学,渐染风化,不入学者,不准承袭".①后于弘治十四年
(1501)明孝宗重申此令再次下令土官应袭子弟,都要入学,不入学的
子弟,不准承袭。

四川、云南、贵州的土官纷纷送其子弟学习儒家文化。如土司
彭明辅在辰州学习,彭元锦在酉阳学习。以汉文化在当地的接受
程度,可以分为三类,第一类地区,即以汉族分布为主的区域,随着
汉移民的进入,汉文化影响扩大,汉文化逐步确立其主导的地位,
少数民族文化的痕迹虽仍有体现,但逐渐淡化。第二类为汉文化
与少数民族文化交融地区,即汉文化虽有进入,但少数民族文化仍
不同程度地有所保留。第三类为少数民族文化为主导地区,即以
少数民族分布为主,少数民族文化仍居主导地位,与汉文化有较大
差别。②

明清统治者在完成对西南地区的军事统治后,立刻就开始了对
儒学的兴办,兴建或者重修。以明代洪武年间为例,这一时期,是明
大军大规模进入西南地区的时期,这一时期也是儒学大量重修理和
兴建之时。四川省重修了剑州县儒学、顺庆府儒学、宜宾县儒学、长
宁县儒学、兴文县儒学、建始县儒学、保宁儒学、丹棱县儒学、安县儒
学、德阳儒学,新建了筠连县儒学、珙县儒学、夔州府儒学、大宁县儒
学、新宁县儒学、龙安府儒学、江油县儒学、达州儒学、茂州儒学、邛州
儒学等。云南亦然,洪武十七年,重建云南、楚雄儒学。大理文庙建
于明洪武年间,历经修葺。③不仅有学校还有书院,如大理就有苍山、
崇正、桂林、龙岗、源泉、中和等书院。④在战争的硝烟刚刚停止之时,
琅琅书声就响起在这片土地上。明王朝二百余年间,云南六十六府、
卫、州、县,都设立了儒学。清代继续在云南设立儒学,据《新纂云南

---

① (清)张廷玉撰:《二十五史·明史》,上海:上海古籍出版社1992年版,第8649页。
② 参考李晓斌、杨晓兰的分类。论文见李晓斌、杨晓兰:《明代四川少数民族的文化及其
  变迁研究》,《西南民族大学学报》(人文社会科学版)2010年第9期,第57页。
③④ (民国)张培爵等修,周宗麟等撰,周宗洛校订:(民国)《大理县志稿》,民国六年
  (1917)铅印本。

通志·学制考》,清代云南设立有府学 14 所,州学 29 所,县学 34 所,厅学 12 所,提举司学 3 所。据民国《贵州通志》的记载,明代贵州的官办府州县学共有 29 所,书院 37 所。①

在少数民族地区,儒学也都相继建立起来。龙安府儒学,明洪武年间由土官薛继贤迁到乐平镇北山下。越巂卫儒学明末毁,康熙三十年改迁东门内,后毁,后仍迁建城内西南。九姓司儒学,明洪武年间傅有德建。汶川儒学,明嘉靖二年提学副使张邦奇奏立。在土司管理的地区,儒学同样非常盛行,如酉阳司儒学,位置就在司城西半里,明永乐二年建,康熙二十一年重修。②直隶叙永厅的儒学,在康熙九年由巡道黄龙建,二十二年巡道刘德弘增修。③北川在清光绪三十三年设立了劝学所,置视学一人,第二年迁至正南街,到民国初年并于行政公署教育科,到民国十四年秋改组为教育局,将视学一职改为局长,地点未变,设立了董事会五人。④明代,贵阳府“学额文生岁科试皆二十名,武生岁试二十名。贵山书院在署东”,“嘉庆五年,复设二书院,一在城南曰正习,一在城外,曰正本”。⑤修文县、大定府等都已设书院,有文武生数名。有学者统计,仅明代,土司建立官学 120 所,其中四川 14 所、云南 65 所、贵州 31 所、广西 9 所;⑥各类书院云南 33 所,贵州 14 所,广西 2 所。⑦与此配套的,是在录取上的优惠与照顾。由于汉族移民的文化水平比少数民族的要高,在录取上,政府明显地向少数民族学生倾斜。明政府“万历四年(1576)定广西、四川、云南等处,凡改土为流州县及土官地方建学校者,令提学严查,果系土著之人,方准考充附学,不许各处士民冒籍滥入”。

清政府曾规定少数民族地区应多取土童“以土三客一为率”,即

---

① （民国）刘显世、吴鼎昌修,任可澄、杨恩元纂:(民国)《贵州通志》,民国三十七年(1948)贵阳书局铅印本。

②③　(清)黄廷桂等修,张晋生等撰:(雍正)《四川通志》,清雍正十一年(1733)刻本。

④　(民国)杨钧衡等修,黄尚毅纂:(民国)《北川县志》,民国二十一年(1932)石印本。

⑤　(清)爱必达撰:《黔南识略》,台湾成文出版社编辑:《中国方志丛书》,台北:成文出版社 1968 年版,第 151 号,第 28 页。

⑥⑦　黄开华:《明代土司制度》,台北:台湾学生书局 1968 年版,第 179—204 页。

土民必须占四分之三,客籍只能占四分之一,不许客籍考童顶冒窃占名额。这些精通本族语言和汉语的少数民族,即使没有进入仕途,也可以从事教员工作,这种人员在当时还有很多。兹录一则县志中的故事,可见当时少数民族学子认真学习儒学,渴望入仕的心理:

> 清初县属北区一带均属番地,尚未归化。旧志有番塞图一幅于伏土堡注明为汉番交界地,传闻有界碑一面,向竖大鱼口。山侧距城四十五里,清道光时有白草坝番民(自大鱼口上行约七十里),刘自元自幼读儒书,慕中原文化,游历川中各州县,纵览名胜,调查风俗。当时科举盛行,知读书应试最为尊贵,乃延师课读习八股文诗赋,欲应童子试。当时地方制度惟汉民方可与考对于番民则加限制。某年当县试,时自元欲入考,乃豫为之地。当报名时,众童生以自元为番民白县试官,不准入场。自元声称世居汉界地内,已系归化之民,何为见拒之甚也。试官问其何所凭借而为汉民耶?自元白有界碑可查。试官当派专员查勘界碑,明日起行。自元次日同行至白草坝以上十余里,片口,地名那纳怕地方(今名哑口)界碑在焉。归报主试官,自元遂得入。试场相传,当派员勘碑之夕,自元星夜将大鱼口碑自行移至负垭口,又复入城,往返一百余里,惊为神助,至今此碑沿立于那纳怕地也。[①]

这则刘自元移碑赴考的故事,生动地展现了清朝时民族融合,少数民族学子渴望参考的情景。尽管清朝各基层辖区里面,汉族与少数民族划区而治,但是日常生活中,人民早已打破地界,无论是经济生活还是文化生活都逐渐趋同。材料中刘自元是个少数民族人员,但是他已经生活很汉化,而且饱读诗书,创造条件参加科举考试。反映了当时少数民族群众要求学习汉文化,与汉族一起考试的愿望。

---

① (民国)杨钧衡等修,黄尚毅纂:(民国)《北川县志》,民国二十一年(1932)石印本。

明清时期的文教政策,带动了少数民族地区学子的积极性。也促进了儒家文化的传播。云贵川三省明清两代涌现了许多进士。明代:云南 228 名,贵州 76 名,四川 1 368 名;清代:云南 618 名,贵州560 名,四川 740 名。[①]在这 3 590 名进士中,少数民族的学子也占了相当大的比例。如云南大理虽然在秦汉时代就已经设县,但是仍然非常落后,所谓"千百年间兵祸连接,依然与部落时代无殊也"。[②]到明代时这种格局发生了变化,"明代流寓极多,开化速率,飙赴响臻,今数十年文明输灌,直甲全滇"。[③]通过学习,大理出现了"是以人才辈出,渐与中州齿士之角艺秋闱者倍于往昔,而登名进士后先相望"[④]的局面。明代四川汉族与少数民族杂居的地区,顺庆府、潼川府的东南部、重庆府的西半部、泸州大部分及叙州府的东南部,都县县设儒学。儒学教育已经非常普及,教育程度很高,汉文化已成为这一地区的主流文化。据对明代四川进士地理分布的统计,进士主要分布于夔州府西北部,而这一区域正是汉族文化和汉族与少数民族交融的区域。

二、逐渐汉化的民风民俗

明清时期,少数民族在与汉人生活的过程中,习俗也渐渐汉化。汉人与少数民族生活的过程中,习俗也会受到影响。明清政府对西南少数民族地区中存在着与汉文化价值不符合的一些风俗民风进行禁止,同时大力地推进汉文化。

经过政府的大力推进和民间的自然融合,少数民族的生活逐渐汉化。如土家族爱歌唱,男女耕作时以歌为媒,自由恋爱,聚会时土家族时聚集唱歌跳摆手舞,但是清政府严令禁止,决定"严禁以正风化"[⑤],特别对土家族妇女规定"凡一切不经之言,对女无轻出诸口,

---

①　蓝勇:《西南历史文化地理》,重庆:西南师范大学出版社 1996 年版,第 133 页。

②③④　(民国)张培爵等修,周宗麟等纂,周宗洛校订:(民国)《大理县志稿》,民国五年(1917)铅字重印本。

⑤　(清)张天如撰修,(乾隆)《永顺府志》,清乾隆二十八年(1763)刻本。

女子说不应说之话,即戒惩之。毋令与男子同坐,以礼约其身"。①在服饰上,土家族不分男女,头裹刺花巾帕,衣裙尽刺花边,都是短衣赤足。清政府严禁这种民族服饰,在重大的节日、婚丧之时,规定"照汉人服色,男子戴红帽,穿袍褂,着鞋袜。妇人穿长衣、长裙"②。将汉族的服饰规定为礼服。土家族人信巫鬼,有"杀牛饮血"的习俗,清政府严令禁止,对于端公,"凡巫师假降邪神,佯修善事,煽惑人民,为首者绞,为从者各杖一百,流三千里"。③还改变了土家族的婚俗习惯,废除了"姑表亲"、自由婚姻,代之以汉族的父母之言,媒妁之词;还规定废除背新娘的做法,改为汉族的乘坐轿子。居住在打箭炉的藏族,他们的习俗是遇婚娶不会事,不行吊祭,喜筵请喇嘛念经。他们与汉族人居住久了,也多通汉语。当地土司率先为父母立坟茔,并延师课其子侄习读汉书,渐渐的这些藏民也就放弃了水葬火葬之俗。④安临州"汉彝杂处相沿既久……,(猓猡)近亦熏陶教化,渐符汉俗"⑤。大理府太和"多白人",与当地各族一道"力田之余负贩而出","子妇勤织纺,贸市布匹"⑥。贵州修文西北要隘的苗族,"苗有青苗、花苗、养牛苗、独家苗,长头苗五种,服饰均与汉民同"。⑦开州府独家苗民"婚丧皆习汉俗"。⑧大定府各少数民族的"服色与汉族无异"。⑨

现在北川的羌族,在清代时逐渐汉化。羌族人不仅放弃了火葬,杀牛疗疾的办法,也被迫放弃了他们山水之神的信仰,不仅如此,部分羌人还自愿换汉姓,不复为羌。有一则故事描写了羌民被赐冠赐姓,欢呼雀跃的情形:"番俗囚首无冠,茂元具汉冠,易其姓名,书汉冠间。……令诸番鱼鳞入。羌闻鼓钲,望见汉冠及朱杆彩旗,乃大喜,

---

①③ (清)毛峻德撰修:(乾隆)《鹤峰州志》,清乾隆六年(1741)刻本。

② (清)清林继钦、龚南金修,清袁绥撰:(同治)《保靖县志》,清同治十年(1871)刻本。

④ (清)李英粲修,李昭撰:(咸丰)《冕宁县志》,清咸丰七年(1857)刻本。

⑤ (清)张毓碧修,谢俨等纂:(康熙)《云南府志》,清康熙三十五年(1696)刊本。

⑥ (清)傅天祥,李斯佺修:(康熙)《大理府志》,清康熙三十三年(1694)刻本。

⑦⑨ (清)爱必达撰:《黔南识略》,台湾成文出版社编辑:《中国方志丛书》,台北:成文出版社 1968 年版,第 151 号,第 15 页。

⑧ (清)爱必达撰:《黔南识略》,台湾成文出版社编辑:《中国方志丛书》,台北:成文出版社 1968 年版,第 151 号,第 132 页。

举足盘跳舞,欢呼震天。茂元出汉冠冠诸羌,诸羌跪,起,各互视其首,踊跃东西走。"①北川羌汉杂居,各安其业,羌人"延师课读,间有知书识字者"。②到了民国时期,很多羌人已经与汉人没有区别了。

当然,民族文化交融的过程并不仅仅是少数民族吸纳汉族的文化,汉族也融入少数民族之中。在明代以前,历代王朝在西南少数民族地区实行屯垦时,屯垦的士兵一般不带家属,而在当地娶妻。他们中自然有不少人融合到当地民族中。徐霞客在《徐霞客游记》中记录了他看到丽江地区的屯兵的人都融入当地生活中,与土人无异了。"其地土人皆为么些。国初汉人之戍此者,今皆从其俗矣。盖国初亦为军民府,而今则不复知有军也。"③汉族与少数民族在商业交往的过程中也加速了融合的过程。随着政治的稳定,到少数民族地区做生意的汉人越来越多。他们游历苗寨。"始则贷其盈余而厚取其息",如果苗民没有钱还"继则准折其土地庐舍以为值",致使苗民沦为寇。这些商人中"与苗民渐狎而诡为苗语、苗装,以通婚姻者,俗谓之变苗"。④当时的政府是禁止这种行为的,道光七年,清查苗寨后,明立科条。这种民间的融合受到限制。又如,如贵州松桃厅的汉人居久之后,也改变了很多习俗,"衣冠装饰不尚华美,饮食多粗粮","男子半充兵役,女子不习女工"。⑤云南沧源地区矿区的汉族矿工,与当地佤族交融,现在班洪一带佤族中有被称为"过恩火"的,汉语的意思是"汉人之子"。由于文献中反映汉族和少数民族通婚的文献极少,而我们在田野调查中,比如嘉绒藏区的群众,绝大部分谈到他们的祖辈曾讲,他们的家庭父亲是汉人,母亲是藏族人。这种通婚形式的民族融合,使得这些后裔对汉文化有着天然的亲近。

移民,是关帝文化为西南少数民族地区接受的条件。本章不厌其烦地叙述西南地区的移民情况,强调大量携带着关帝信仰基因的

---

① ②　(清)姜炳璋编纂:(乾隆)《石泉县志》,清乾隆三十三(1768)年刻本。
③　(明)徐宏祖撰:《徐霞客游记》,长沙:岳麓出版社1998年版,607页。
④　(清)爱必达撰:《黔南识略》卷十九,台北:成文出版社《中国方志丛书》,第132页。
⑤　(清)爱必达撰:《黔南识略》卷十,台北:成文出版社《中国方志丛书》,第141页。

移民的进入,意图是提醒一直为研究者忽略的关帝文化传播的一个重要的条件,也是就明清时期大量移民进入西南地区这一史实。明清时期,西南少数民族地区所发生的巨大变化:改土归流,不仅使少数民族地区与中原地区在政治体制上保持了一致,同时也打破了文化传播的壁垒,各民族共同生活,互相通婚,民族文化逐渐融合,使得关帝信仰在明清时期在这一地区达到了高潮。

第三章　四种传播力量：
基层政府、军事首领、民间组织和商业会馆

　　从历史上关帝庙的分布、数量，可以看出关帝信仰向西南地区传播的历史状况。附录 2 中整理了西南地区的部分方志中所载的修建关帝庙的碑文，附录 3 中整理了西南地区历史上曾经修建过的关帝庙。这些关帝庙有的已经消失在历史的烟尘中，有的至今尚存。关帝庙是关帝信仰在西南地区传播的地理景观。本章根据方志中记载的西南地区的关帝庙，结合有关关帝庙的碑文文献，梳理出历史上西南地区关帝庙的修建的力量主要来自基层政府、军事首领、民间组织还有商业会馆。

　　西南地区古代就属于边疆地区。明清两代都加强了这一地区的统治，用兵很勤，这一时期修建的关帝庙主要是军队完成的，其功能主要是战争保护神，以及为巩固统治，又设立流官，教化百姓，在国家的大力推崇下，各地官员积极修建、维护关帝庙，设神道以施行教化。另外，大量的迁徙汉民来此居住，各个地方来的人组成会馆。

　　除了来自政治、军事对西南这一地区的控制管理外，来自信仰层面的寺庙，则在文化精神心灵的层面上将西南各族群的人们紧紧的联结在一起。而寺庙，则是将这些功能整合在一起的空间场所。清代关公具有崇高的地位，军队中流传的关帝在种种战争中的显灵乃至到官员在治理一方中所传出的关公的种种神迹，加速了民间的造神运动。关帝庙在地方社会文化网络建构和维护中，成为一种核心的空间场所，发挥了军队乃至政府难以达到的作用。

在大量的移民涌向西南地区的历史过程中,会馆现象就凸显出来。会馆既是移民强烈"原乡感情"(strong sense of place of origin)的产物,也增强了这种感情。会馆在时人心目中不仅仅是一个同乡联谊组织,还是同籍移民的信仰组织。最受欢迎的还是已经被广为接受的神灵。在这方面,关羽崇拜是一个值得注意的例子。[①]

第一节　各地行政长官对关帝信仰的推动

明清时期,西南地区经历着前所未有的族群大交融,本来各族群都有自己的完整的信仰体系。随着大量汉族人口的进入,这些汉人又带来自己的神灵信仰的内容,从而使这一区域的神灵系统一下子拥挤起来,毫无疑问,关公也在这些移入的神灵之中。所不同的是,关羽以及其他一些神灵,受到特殊的际遇,那就是来自政府系统的支持。作为强势、富有效率组织机构,以政府组织为传播系统的造神运动,使得关帝和其他一些神灵在西南地区,无论是推进的速度还是祭祀的规模,都是令人叹为观止的。

一、基层官员对修建关帝庙的推动

明清时期西南地区的行政长官对关帝信仰的推动,是基于明清中央政府对关帝的极度偏爱。明朝初期,"关羽在明朝所崇祀的神灵中不及孔子、城隍神等,被列入'群祀',其地位是相当低的"。[②]到明朝后期,在民族矛盾深重的情况下,飘摇中的大明朝不断加封关羽,把他与孔子等同,希望他护国伏魔,将他的祀典直接升为帝王级别的中祀;清朝中央政府在明朝的基础上更加恩宠关羽,他们在北京城里积极修建关帝庙,在祭祀仪式上不断提升加封三代,历代皇帝不断加

---

① 王东杰:《"乡神"的建构与重构:方志所见清代四川地区移民会馆崇祀中的地域认同》,《历史研究》2008 年第 2 期,第 111 页。
② 蔡东洲等:《关羽崇拜研究》,四川:巴蜀书社 2001 年版,第 171 页。

封,直到长达 26 个字的封号,也成为清政府给出的最高的封号,超过了前面任何一个朝代。

有这样一些能干的县令,他们有着深厚的儒教修养,有着修身齐家平天下的远大政治理想。他们来到西南地区的各地后,都非常重视移风易俗,而对少数民族地区的民众,他们更注重格除旧有的信仰,旧有的衣着服饰,旧有的婚丧礼仪,乃至各族群本来的语言,从语言、服饰、教育等方面,全面引入中原文化。可以说,对于本研究的对象关圣帝君在西南少数民族地区的高歌猛进,只是明清时期这一区域宏大的文化更新的一个小小缩影,是儒家文化进一步向西南腹地深入的一部分。很多县令筹划修建或重建的,也并不仅仅是关帝庙,还有文庙、文昌宫等。刘邦瑞在白盐井任职时,为修建文庙,捐出了一年的俸禄三百四十两银子。乾隆二十九年姜炳章任四川石泉知县,移风易俗,积极推进儒学。又如姜炳章,清代乾隆十九年中进士,具有深厚的儒学修养,与钱大昕、纪昀等同科,时称"汲古之彦""八彦"。他曾写了一首《白草歌》,表达了他改变羌族地区的旧有文化的决心:咿嘤杂嘈难为听,唤译译来为予说。东邻父丧焚父骨,西邻杀牛疗痼疾,南邻持筹儿为奴,北邻负债女离室。愿将花雨洗蛮风,忍将吾民千三尺。纷纷父老皆点头,赭汗津津额头流。姜炳章在此任职时,也对关帝庙有一番作为,将关帝庙改建于城西街之右这样较为中心的位置。

关羽为统治者所推崇,主要是以其忠义精神统治国家,教化百姓。这一使命,在基层主要是通过各级官员来完成的。明隆庆三年(1569),同知张邦臣对夔州府关庙进行了重修[1];明万历十五年(1587),知州林若企重修了成都府简州州治关庙[2];嘉定州洪雅县关庙也于天启元年(1621)由知县张继孔加以创建[3]。清嘉庆二十五年(1820)杨所宪任芦山知县时,重新培修了关帝庙头门碑。所用资金

[1] (明)吴潜修,傅汝舟撰:(正德)《夔州府志》,明正德八年(1513)刻本。
[2] (明)冯任修,张世雍撰:(天启)《成都府志》,明天启元年(1621)刻本。
[3] (明)李采修,范醇敬撰:(万历)《嘉定州志》,明万历三十九年(1611)修,抄本。

主要是从众人募捐而来的"三百缗"。《培修关帝庙头门碑记》:"则芦之事侯也宜尤虔,况申之以功令之严,重之以加封之典,朔望之趋跄,春秋之所享祀,典礼关焉,观瞻系焉,则所以安神灵而崇体制者,尤不可以不称芦人之庙侯也"。①吴秀良,安徽全椒人,嘉庆十八年(1813)任邻水知县,嘉庆二十一年(1816)开始重修文武庙,近四年完工。在碑中讲到关帝显灵,击退贼兵:"嘉庆丁巳冬,教匪王三槐等作乱,蹂躏焚掠者迄数十州县。邻邑非有高城深池之险,而垒已编于四郊,围难困于七日。藐兹弹丸,谁逼守障之哭,势如累卵,行将聚族而歼卒也。石炮冲飞,兵疑天降,中其渠魁。贼乃遁去,水火再苏,室家相庆"。②

经过宋儒的加工,关羽早已经从一员武将转为了忠于汉室,在繁忙的公务中还要学习儒家经典《春秋》的文臣形象。在现在可以看到的明代德化关羽瓷器中,关羽完全是儒生的扮相。他头戴官帽,身着儒臣的服饰,双手交叉叠于胸前,表情温柔敦厚,全没有武将凶悍。这些饱读儒家经典的县令对关帝的价值是非常认可的,修建关帝庙的用心也在于推动儒家价值文化。赵芳玉《三台县武圣宫碑》中记载了新修关帝庙,也为"使入是宫者,肃然敬奋,然励咸以夫子心汉之心为心,则忠臣孝子将接踵于吾乡,我夫子在天之灵,其保佑申锡,正不知更为何如也"。③《丰都县重修关帝庙前殿碑记》:"是役也,欲使尔民知有忠义耳,知忠义则知礼让、知孝弟,风益淳,俗益厚,未必不因乎此"。④昆明古昌祚认为,"盖忠义之气,刚大奋发,王纲赖□□□□以振,民纪带赖以立,世道赖以维持"。⑤嵩明县令杨钧"予尝读史,至王始终扶汉之节,有感曰,主之事功,心迹,当与诸葛孔明合辙其大义则要归于出师一表,盖汉贼不两立,王业不偏安,孔明之所以翻然临

① (民国)宋琅、张宗龄修,刘天倪等撰:(民国)《芦山县志》,民国三十二年(1943)铅印本。
② (清)郑杰修,邱陵章撰:(光绪)《邻水县续志》,清光绪三十三年(1907)修,抄本。
③ (民国)林志茂、谢勤等撰修:(民国)《三台县志》,民国二十年(1931)铅印本。
④ (清)田秀栗、徐溏镛修,徐昌绪撰,蒋履泰增撰:(光绪)《丰都县志》,清光绪十九年(1893)增续重刻同治本。
⑤ (清)古昌祚撰:《昆明重建武安王庙碑》,见云南图书馆所立碑。

中,为三代奇才者,王之义勇皆根于此力扶炎汉之业,伸忠荩于垂尽之余,左右昭烈,不欲偏安,西蜀使赤帝之大统,皎皎复明"。①无不强调关帝的忠义精神。

西南地区远离京城,多年战乱,其民风多信巫鬼,又少数民族众多,各有其信仰,即使中央政府对关帝推崇有加,但要想在西南地区推进,难度是相当大的。西南地区财政窘迫,地方政府的财力通常难以支撑关帝庙的修建,县令们往往带头募捐,并号召乡绅捐款。郫县县令李馨与"学博董君,驻防邓君,督捕金君"这些军政同僚商议,李馨更是"捐廉修治土木之功"②,重修郫县关帝庙。《合江县倡修关岳庙序》中记载了合江县关帝庙是"清乾隆二十二年,知县叶体仁率同士民捐赀创建。嘉庆二年,知县张金铭捐廉增修东西贤关。越十余年,邑绅郑廷臣等得国学胡显祖慨然捐五百金为倡,改新后殿,道光中知县刘养锋率同士民重修,光绪二十三年邑庠生洪启昌重装圣像并增修刀马亭及围墙"。③罗其昌在《丰都县重修关帝庙前殿碑记》中记载丰都县的关帝庙前殿坍塌,邑长何公"特捐清俸以之为倡,众善亦为之助"。④严临谦在《三台县富顺场武圣宫碑》文中也曾提到过,三台县富顺场的关帝庙,由"荫轩彭明府"号召,"同结善缘共勷义举,因醴泉之旧地址,建圣武之神功"。⑤即使县令大力推动,不惜捐俸等等,有的地方的关帝庙也未必能够建立起来。如镇远县的会基关公馆在观音殿右侧,县令邵公世培捐廉(产)建,却没有竣工完成。四川岳池县令刘之澜为关帝庙捐庙田一事颇有代表性:

邑治之东有关帝祠,不知创自何代,邑父老岁时伏腊赛者祈

---

① (清)杨钧撰:《嵩明新建武安王庙碑记》,(民国)《嵩明县地志》,民国十一年(1922)铅印本。
② (清)李馨撰修:(乾隆)《郫县志》,清乾隆十六年(1751)刻本。
③ (民国)王玉璋修,刘天锡、张开文等撰:(民国)《合江县志》,民国十八年(1929)铅印本。
④ (清)田秀栗、徐濬铺修,徐昌绪撰,蒋履泰增撰:(光绪)《丰都县志》,清光绪十九年(1893)增续重刻同治本。
⑤ (民国)林志茂、谢勷等撰修:(民国)《三台县志》,民国二十年(1931)铅印本。

者,率皆磔鸡剌豗以为常云。乙未冬,余奉命来岳,越明年春仲主祀事,按令甲所载者,咸秩而祀之,独关庙无祀,心怵然成祀礼,第祀之牺牲品馔犹然无额措也。适有兰淳者售田完逋,余勃勃触于衷捐俸三月易之,得田十亩有奇,去庙五里许,给庙夫岁耕之足,备春秋之缘,而帝之祀由之永焉。先是客有谓,帝解人也,奋勇而驱驰者,荆襄居多,蜀则未履地,岳即庙帝,帝未必依,奈何祀。余谓不然,帝委身先帝,合从翊汉,生死以之,当其时控据荆州,东骂吴,北绝魏,与二雄角,以故先帝毕力于蜀,成鼎分之业,蜀之黔黎,亦借以祍席亨数十年磐石之安,帝之功讵可泯哉。谁谓祀帝为无名,昔余在里中为诸生时,尝创一舍于帝之祠左,朝夕读书期间,私心向慕帝风。讵意莅斯土也,创斯举也,犹幸及承事俎豆,仿佛于对越之间,且俾岳之父老,世世知帝有常祀,祀有常田,而尊帝之礼不专磔鸡剌豗之为者,未必不为风教之一助也。爰砻石为,记以示后之祀帝者知所云。①

　　从这则碑文中可见,刘之澜遇到的现状是岳池关帝庙虽然早已建立,其他的神灵的祭祀也都已展开,可是关帝庙的祭祀却没有。于是县令刘之澜捐出三个月的月俸购买了十亩多田产,位置就在关帝庙五里左右的地方,以供给关帝庙的祭祀需要。解决了经济问题还不够,刘之澜还面临岳池地方还有对关帝信仰的不同意见:关帝从来没有到过四川,即使岳池供奉了关帝庙,关帝也不一定保佑这里。针对这一观点,刘之澜用真实的历史关羽的故事教育全县,突出关羽守卫荆襄实际上就是保卫蜀地。并强调"尊帝之礼不专磔鸡剌豗之为者,未必不为风教之一助也"。其目的还是在用儒家精神文化教化一方。

　　岳池县修关帝庙遇到的阻力并不是一个特殊事例,无独有偶,合江县也遇到同样的事情。合江县"山岳炳灵,人文称盛",当地人都非

---

① (清)何其泰等修,吴新德撰:(光绪)《岳池县志》,清光绪元年(1975)刻本。

常信奉文昌,清朝定鼎后文庙很快就被兴修,"合邑文庙,经子祫董事兴修",而祭祀关帝的武庙,则还没有修建。合江县清初的关帝庙废祀,究其原因,叶体仁县长认为"有明之季,兵火焚掠,盗寇充斥,人民流离,城邑为墟。我朝定鼎以来,招抚流遗,还定安集,而逼近蛮苗,诸凡阙略,莅斯土者,以服官为寄寓,听其圯而不治,以致凋残,不能复振,亦司牧之过也"。①叶体仁提出了几个关帝废祀的原因:战乱使人民流离失所,清初四川人口稀少,十城九空,盗寇充斥;而合江地理位置"逼近蛮苗",民族冲突较多;历任官员"以服官为寄寓",不安心在这里任官,也无所作为。因此,叶县令"予猥以凉德,作宰兹土,见而惄惄不能稍安",他"捐廉俸"以号召邑人捐款。在他的推动下,乾隆二十二年,合江县修成了关帝庙。

　　在一些条件非常艰苦的地方,县令们也有很多折中的办法来推动关帝庙的祭祀,或是与当地已有的神共祀,或是将旧有的神庙改造,去除本地神像,换上文昌与关帝神像。如营山县的县令毛鸣岐,清康熙七年(1668)任营山县令,此时的营山尚在战乱后的恢复时期,关帝庙已被战火焚毁。城内仅有纪念唐代殉难于安史之乱的宣忠庙、明愈宪王公祠等,毛鸣岐在《重建关圣庙碑记》中写道"余议以宣忠庙、王公祠故址合建一祠,正殿祀关帝,后殿祀宣忠、王公,并附同王公殉难典史邓俊、医官马仁、义民张添寿于侧,俾忠义之魂有所凭依,无择地之劳,无重建之扰,所云一举而三善备焉者,非耶?"②三公同祭祀,而以关帝为主,既尊重了当地的民风民俗,又顺应了朝代的需求。马家场有一所荒芜的祠堂。陈诗在《马家场创修文武官碑序》中写道"县南七十里有马市,旧有荒祠,名玉皇观。盖昔土人所为也,名不正矣。塑像累累,无名可指者冗甚"。③马家场此庙的塑像,可见当地信仰之复杂。于是当地的孝廉谭济安,"洞鉴其失,皇皇欲正之

①　(清)瞿树荫、罗增垣等纂修:(同治)《合江县志》,清同治十年(1871年)刻本。
②　(清)翁道钧修,熊毓藩撰:(光绪)《营山县志》,清光绪十五年(1889)刘械等增刻本。
③　(民国)蓝炳等修,吴德准、王文熙、朱炳灵撰:(民国)《达县志》,民国二十二年(1933)刻本。

而未有间也"。①谭济安显然是当地的地方精英人物,在传播关帝信仰和一方移风易俗的过程中,这样的儒生发挥了巨大的作用。"光绪癸未,倡募改修,即旧址之下,鸠工度材,规模宏阔。摈诸无名之像,特祀文昌、武圣,正其名曰文武庙,遵王章也"。②由于西南地区窘迫的地方财政,在这里关帝与多神合庙共祀的情景比比皆是,不如其他经济文化发达地区那么规模宏大,独享祭祀。

在明清关公信仰向西南地区的发展过程可以看到,无论是汉族还是少数民族地区,这一信仰都被积极地营造着。流官设置到的地方,这一信仰就被推进到那里,鲜有例外的区域。

二、地方政府对关帝庙的管理

各级政府对关帝庙的管理非常细致。在巴县档案和南部档案中,存有一些政府的文档,以及一些司法案件,其中可以看出清代西南各级政府对关帝祭祀的管理情况。

在官员卸任、新旧官员交接之时,要对前任所管理的盐茶课税、田地顷亩、田房税契、城垣衙署、社仓谷食、厩座祠宇、驿站夫马、牌墩哨楼、铺司兵丁、救生船只、征应地丁银两,留资祭祀银两等进行盘点,并交接卷册。在四川巴县档案中,存有官员交任时所管理的祠庙名册。

如巴县档案中有一则材料是前任宪府吴从光绪二十三年二月二十四日到任起,至二十四年二月十三交卸前一日,呈交的清册③:

> 巴县奉札贵　呈前府宪吴任内督管本县祠坛庙宇等验折清
> 册卷(光绪廿四年四至六月)
> 署四川重庆府巴县为请定知府交盘　遵将
> 前署府宪吴,自光绪二十三年二月二十四日到任起至二十

---

①② 　(民国)蓝炳等修,吴德准、王文熙、朱炳灵撰:(民国)《达县志》,民国二十二年
　　(1933)刻本。
③ 　清巴县档案 006-6-2007。

四年二月十三交卸前一日止，任内督管阜县祠坛庙宇，造具清册，贲呈查核须至册者。

> 计开一文庙一座三间，一启圣宫一座三间，一东西两庑二座各五间，一乡贤名宦二座各五间，一文昌宫一座三间，一启圣宫一座三间，一武庙一座三间，一启圣宫一座三间，一仓神祠一座三间，一忠臣祠一座三间，一忠义祠一座三间，一节孝祠一座三间，一先农坛一座三间，厢房各二间，一城隍祠一座三间，一衙神土地祠一座三间，一狱神一座三间，一马王庙一座三间，一新设昭忠祠一座三间、厢房各三间，以上祠坛庙宇俱系坚固齐全，并无损坏，理合登明。查明后，前任府宪吴自光绪二十三年二月二十四日到任起，至二十四年二月十三日交卸任前一日止，任内督管阜县祠坛庙宇、均系坚固齐全、并无损坏，中间不虚，印结是实。

又如，有的档案中不仅公布所有的庙宇，还有庙里的产业。如重庆府永川县前任知府王令泽自光绪二十四年四月初九到任起至二十五年七月十二交卸前日止，任内经管的祠坛庙宇逐一造册。"阜县旧建圣庙大成殿一座三间，头门一座三间，东西两庑共六间，明伦堂一座三间，文昌宫一座三间，关帝庙一座三间，忠义祠一座三间，节孝祠一座三间，左右横房二间，"庙产有"籍田四亩九分，每年租谷三石，耕牛一双，犁耙俱全"。①

对关帝庙的祭祀是关帝崇拜的体现。在关帝升为中祀后，祭祀规格也大大提高。在祭祀前两天要斋戒，不许屠宰。使用的音乐也是历代帝王祭祀使用的音乐。在光绪时，四川巴县以少牢之礼仪祭祀关羽的祖先，而祭祀关公用的则是太牢的礼仪。下面一则材料记录了光绪二十三年时完整的一次中祀：

---

① 清巴县档案 006-6-2007。

五月十三日祭

关帝庙五鼓时

大老爷宪台出府　穿朝服　不鸣锣、不唱道,至关帝庙,茶毕

道宪主　镇台同　祭行,三献礼,齐集,礼生赞,通赞唱,执事者各司其事、乐舞生序立,主祭官就位,陪祭官各就位,启、户、□毛血、迎神乐作、乐奏格科之章、综合赞引,主祭官唱

诣盥洗所浴手净巾诣关圣大帝之神位前跪,三上香,三献帛,二叩首,与复位,参神行,行三跪九叩首礼,兴乐、止,通唱,主祭官行初献礼,乐作,乐奏,翊平之章,奏毕,综合赞引。主祭官唱诣酒樽,所司樽者举幂酌酒诣

关圣大帝之神伴前跪献爵,三叩首、兴、唱、诣读祝位前跪、通唱、众官皆跪、乐止、读祝毕,奏乐,三叩首,兴,通唱,从官皆兴,引复位,乐止,通唱,行亚献礼,乐作,乐作恢平之章,奏毕,引赞引主祭官诣酒得樽所,司樽者举幂酌酒,诣

关圣大帝之神位前跪,献爵,三叩首,兴,复位,乐正,通唱,行终献礼,乐作,乐奏,奏毕,引赞引　主祭官诣酒樽所司,樽者举幂酌酒,诣

关圣大帝之神位前跪,献爵,三叩首,兴,唱诣福胙位前,跪,通唱从官皆跪,饮福酒、受福胙、唱谢胙、三叩首,兴,通唱从官皆兴,复位。乐正,通唱撤馔,乐奏彝平之章、奏毕,唱关神,乐作,乐奏,康平之章,奏毕,唱行三跪九叩首礼,兴,乐止,唱读祝者,捧祝,执帛者捧帛、诣燔燎所、乐仁、乐奏康平之二章,奏毕,唱关门、礼毕

各位大老爷随班行礼祭毕高升回府礼合登明

后殿祝文

大清光绪二十三年岁次丁酉月建丙午祭日辛丑之吉

主祭官四川分巡川东兵备道　陪祭官镇守四川重庆等处地方总兵官　恭同僚属等官,谨以羊一豕一香帛酒醴之仪,致祭于

关帝之曾祖光昭王,祖裕昌王、父成忠王曰维、王迪德承家、累仁昌后、嵩生岳降、识毓神之有基、木本水源、宜推恩及远、封爵特超于五等,馨香永荐于千秋,际促夏之属时,合礼官而将事、惟祈昭格、鉴比精虔,尚

飨

维

大清光绪二十三年,岁次丁酉,越建丙午,祭日辛丑之吉

主祭官四川分巡川东兵备道　陪祭官镇守四川重庆等处地方总兵官　恭同僚属等官,谨以香帛太牢豕羊庶馐之仪,致祭于义神武灵佑仁勇威显护国保民精诚绥靖翊攒宣德

关圣大帝之神位前曰　维

神九宇承休,两仪合撰,嵩生岳降,溯诞圣之灵辰、日午中天,上尸的尸,下为打击的击恢之令序,聪明正直一也者,千秋征胿乡之隆,盛德大业至矣哉。六冪肃馨香之荐,爰循懋典,式展明礼,苾芬时陈,精诚格尚。①

明世宗时,关帝的祭祀开始形成制度。历史上关帝庙的祭祀时间有以下几个重要的时间:在明代每年四季之初、五月十三和年底,都有重要的祭祀。《明史志第二十六吉礼四》明确记载:"以四孟岁暮,应天府官祭,五月十三,环路南京太常寺祭。"明首都北京亦然,关帝祭祀的时间,就有孟春、孟夏、孟秋、孟冬和年终,分别对应着农历的正月、四月、七月、十月和年终。现在民间在这几个时间都有祭祀关公。如云南小屯村是在春节期间,小金嘉绒藏族木坡地区是在秋季,大多数地方则是在农历的 5 月 13 日。而同时期文庙仅有春秋祭祀。

宣统元年二月的巴县的祭祀文件,完整地记录了祭祀的整个过程。公文的内容非常复杂多样,如对祭祀的时间先行通知相关的官吏、礼生发一个公文;对祭祀当天的整个过程发一个公文;为祭祀的

---

① 清巴县档案 006-032-2048。

祭品,以及祭祀时出现的种种情况发一个公文,组织管理严密细致。

巴县档案中收藏了县令沈克刚祭祀发文,告知各个庙的祭祀时间:

"得宣统元年二月初三日祭文昌庙,初六日祭龙神祠,初七日祭先师孔子,初八日祭社稷神祇坛,十二日祭昭忠祠同日祭吕祖庙,同日祭五忠祠,十四日祭关帝庙,同日祭火神庙,十七日祭文昌坛,闰二月十九日祭先农坛,合行出示晓谕,为此示仰县属官吏礼生等知悉"。①此次关帝庙是在宣统元年二月十四日祭祀。对祭品的采买,猪、牛、羊等要发文规定。"务须毛色纯泽肥状,不准牝畜抵数,一并采买齐全,如数赴县,听候验收给价"。②为了不耽误影响祭祀,还要催促"沿街□猪羊灶户,每逢县府文庙,龙王祠,社稷神祇,关帝庙,文昌庙,火神庙,昭忠祠各处祭祀日期速将猪、羊、肚腰多付送各庙祭祀"。③

在祭祀之前装饰关帝庙,为了维护祭祀的庄严性与秩序性,专门规定祭祀时的执事人员要管理好自己的家属,不许带着篮子入庙,拿走供果等东西。"本县访客闻各庙祭祀,向有无耻之徒,借执事为名,随带子弟,携篮入庙,不论祭毕与否,攫去供果等项,实属不成事体,现值春祭在途,合行出示晓谕,为此示仰看司主持人等知悉。上尸下去期台有前项无耻之徒,仍蹈前辙,许迩等立即扭票以凭重究,决不宽贷,各宜禀遵,毋违特示"。④祭品也是春祭、秋祭,文昌庙、武庙、东西两坛的祭品相同。"文庙买猪羊各六只,共重四百二十觔。又添猪肉一百八十觔,羊十二只。武庙买猪二只,羊一只,共重一百觔。文昌庙买猪二只羊一共重一百觔"。⑤中祭"买牛一只,去钱六千文"。⑥

在十四日那天五鼓时,县令就穿朝服,不鸣锣、不唱道,来到关帝庙,整个祭拜的过程如下:

---

① ② ③ 　清巴县档案 006-054-583。
⑤ 　清南部档案 12-00556-01、02。
⑥ 　清南部档案 12-00556-02。

道宪主 镇台同祭行,三献礼,齐集,礼生赞,通赞唱,执事者各司其事、乐舞生序立,主祭官就位、陪祭官就位,启、户、迎神乐作、乐奏格平之章、奏毕 引赞引,主祭官唱

盥洗所浴手净巾诣

关圣大帝之神位前,跪三上香,三献帛,三叩首,与复位,参神行,行三跪九叩首礼,毕,通唱行初献礼,乐奏翊平之章,奏毕引赞引。主祭官唱诣酒樽,所司樽者举幂酌酒,诣

关圣大帝之神位前跪,献爵三叩首、兴、唱、诣读祝位前跪、通唱、众官皆跪、读祝文毕、三叩首,兴,通唱,从官皆兴,引复位,通唱,行亚献礼,乐作恢平之章,奏毕,引赞引主祭官唱诣酒樽,所司樽者举幂酌酒,诣

关圣大帝之神位前跪,献爵,三叩首,兴,复位,乐正,通唱,行终献礼,乐奏靖平之章,奏毕,引赞引 主祭官唱诣酒樽所司,樽者举幂酌酒,诣

关圣大帝之神位前跪,献爵,三叩首,兴,唱诣福胙位,前跪,通唱众官皆跪,饮福酒、受福胙、唱谢福胙、三叩首,兴,通唱众官皆兴,复位。通唱,撤馔,乐奏雪的下面,中粉,下大平之章,奏毕,送神,乐奏康平之章,奏毕,唱行三跪九叩礼毕,唱读祝者,捧祝,执帛者捧帛、诣燔燎所、乐奏康平之二章,奏毕,唱关门、礼毕

各位大老爷随班行礼祭毕更换蟒袍补服至火神庙茶毕

祭祀完关帝后就会祭祀火神庙,这也许与道教中关帝属于南方火神有关。

祭祀的银两,文昌庙的是十六两,"地丁项目下支"。[①]关帝庙是十四两,均在于地丁项下坐扣。在关帝的祭祀仪式升为中祀后,其庙

---

① 清代南部县档案 05-00146。

银两"每年究应增加银两若干未奉大部议及且查"。①增加多少，未查到确切的材料。是否仍然在地丁银下扣除，也悬疑待议。地方关帝庙祭祀所用的费用，并不是完全从"地丁项"中扣除的，也来自各个捐赠。如南部县在关帝庙祈雨很灵验，于是全城募捐："道光六年，前任杜公祷雨，武庙辄应，感念帝君之灵，因与同城官吏绅耆捐廉相凑"②。如果上一年没有用完银子，就由专人保管，"实存银参佰两，饬令三省客总掌银壹佰五十两，县衙书役掌银壹佰伍拾两，每年每两加一分五钱生自息，以用庆祝之费。至道光十一年，共存银肆佰肆拾参两柒钱陆分"。③每年关帝祭祀时，用这笔钱开支酒水，"余银添作本赀"。④在咸丰初年，"班役只任武庙祀费钱拾串零四百文"⑤。在管理上，由于钱是两处保管，也会出现混乱，客总将钱买成铺门，不支付祭祀所用费用，而书役也推诿不给，最后导致春祭费用无着。

平时对关帝庙的管理也是非常重要的。每年五月十三日，是关帝庙会期间，此时的秩序是一个大事，官府会为维护秩序而发文。巴县档案《重庆府札饬巴县出示禁革每逢关圣诞期只许各执香虚肃庙焚献政视以昭诚敬不准聚众迎会滋生事端卷》⑥：

> 护理总都部堂陈札　开照得川东重庆府属地方，每逢五月十三日关帝圣诞，俗名为单刀会。军民等聚众敛钱迎神赛会，贤愚浊杂，男女不分，往往滋生事端。驯致各路匪徒乘机□集，成群结伙，肆行劫掠。扰害地方，实为风俗人心之大患，兹什会期，伊尔亟应恶行，查禁除分饬制防各营外，合亟札饬为此札仰，该府即便转饬所属各厅州县一体，认具禁华。每逢关圣诞期，只许各执香烛虔肃到庙焚烧献。致祝以昭诚敬，不准仍前聚众迎会，俾免滋生事端。倘敢故违，立行上如，下手，案重办如，或视为具

---

① ② ③　清代南部县档案 05-00146。
④　清代南部县档案 12-00702-04。
⑤　清代南部县档案 07-00811-01、02、03。
⑥　清代巴县档案 006-032-2047。

文以致殊仿失事定即撤,参不借贷,仍将遵办情形禀报。查考凛遵特九等。因奉此合就札行,为此札仰,该县即便遵照一体认真禁草,仍将遵办情形径禀。

从这则材料中可以看到,每年的关帝圣诞也是关帝庙会的时间,关帝庙前是非常热闹的,可谓是人山人海,迎神赛会,各种商业活动聚集。而且人员的来历非常复杂,男女混杂,而且匪徒集结,社会治安堪忧。官府一方面会调集大量的军队维护秩序,"查禁除分饬制防各营外合巫札饬为此札仰",另一方面,只许群众"执香烛虔肃到庙焚烧献",而禁止"聚众迎会"。关帝庙前通常就成为聚众的地方,这一场所常常有乡民赌博、酗酒、滋非、偷窃等危害社会安定的群体事件。"永兴场文生龚应祥等严禁于武圣庙聚赌抽头剥押衣物捉打虾蟆文"[①]:

> 光绪十三年八月
> 恩请状直里三甲永兴场协律团文生龚应祥,伍明扬黄长治等人　武生邓宪章、监生陈□　喻进三、刘辉亭,民张大生何珫山,乡约黄双合等为协恳示禁事。生等永兴场文武圣庙重地。原禁赌博、酗酒、滋非。前经李主示谕稍安数载,又禁扣打虾蟆,□□伤生害命。乘窃菜果等事,无如日久,弊生。近有无赖徒藐违示谕,逢赶场日期。三五成群摆赌抽头,如遇乡愚民受其诱惑,赢钱□□估骗,输钱,则剥衣私押,每有□年子弟畏露风声,私押衣物首饰,限日堆利,倘被父兄查知,痞等藉称押与孤老妇孺不能赎取,即或投理,众不敢言,受害畏其同赌,反坐隐忍未禀。又有在场烟馆招留无赖之人,藉捉打虾蟆为名把犬夜,游如遇室稀人静,肆意偷窃菜蔬果木,受害良多。生等附近确有见闻,敢怒而不敢言。

---

① 清代巴县档案 006-031-1638。

85

从关帝庙这一称呼来看,是道家的称呼,但是关帝庙是由僧侣来管理的。僧侣们经管平时的香灯照料,祭祀事宜等。官府的关帝庙的修缮,也是由官府来维修的。渝城杨柳坊武圣庙"同治四年官绅重整修理"①,到"光绪二十年荷蒙府祖王大人补葺派三费局绅经工理料建新告竣"。②维修的经费则是由官府或是与当地绅士一起募集。县事内江县的关帝庙被烧毁,"庙左山门、左边官厅□□□□、及左边演义厅□□□□庙旁四间。"由于庙本身的经费有限,仅有一些地租,僧等也没有"募化补修",自己没有力量维修,就向官府禀报,称"不敢隐讳,为此禀明伏乞等情,奉批据禀。关圣庙被火延烧左边官厅□□□□拆毁后殿庙房四间。自应及时修补以复旧观。候巴县会营查勘酌修可也"。③可见,庙被焚后,要请示官府验明后修复。

第二节　军事首领的推动作用

明清时期是关羽信仰传播和普及的重要时期,明清时期西南的军事活动频繁,关羽信仰在军队中非常重要。军事活动较强的流动性,军队在所到地方强大的威慑力,在关羽庙宇修建和关羽信仰传播中起着不可替代的作用。关帝庙随着军队的行进修到了西南地区的各个关隘,从地理位置上沿军事线路的布局特征非常明显。各种关帝的传说也随着军事活动不断地产生、传播,现在一些笔记、地方典籍中所载的关帝的传播,与军事活动有关的非常多。作为军事首脑的总督、将军等,他们中很多不仅是关帝的信仰者,更是关帝庙修建的推动者。

一、开疆扩土与军事首领推动修建关帝庙

明清时期军队活动遍及西南地区,军事活动也非常频繁,贯穿明

---

① ②　清代巴县档案 006-054-583。
③　清代巴县档案 006-003-00178。

清时期,政府在这一区域用兵不止。纵观这些军事活动,不外分两种:一是明清中央政府统一西南而发生的战争;二是明清时期为巩固统治而与各少数民族发生的战争。

频频出现在史书中的"洪武"年间,是明王朝完成对西南地区统一的重要时间节点。洪武十一年,四川都司遣兵修灌县桥梁,与汶川土司孟道贵等交锋,设茂州卫,留兵守之。洪武十二年,明遣平羌将军丁玉讨伐松州、潘州,设松潘卫指挥使司。洪武十四年九月,朱元璋命傅友德为征南将军,蓝玉、沐英副之,率步骑三十万进军云南。明军至湖广(湖北湖南地)分道进军,胡海、郭英等率军五万由四川永宁(四川叙永)向乌撒(贵州威宁彝族回族苗族自治县);傅友德自率东路军由辰(湖南沅陵)、沅(湖南芷江)向贵州前进。十二月,傅友德率军至贵州,连克普定(贵州安顺)、普安(贵州盘县特区),进军至云南曲靖,元梁王率十万抵抗。两军战于白石江(在云南曲靖东北八里)。攻克曲靖后,傅友德率众数万攻乌撒,克七星关(贵州毕节西九十里七星山上),进兵可渡河,降东川(云南会泽)、乌蒙(昭通)、芒部(镇雄)、水西(贵州西北部)诸蛮。直抵云南(昆明),进到板桥、明将郭英出永宁,克服路途险阻,击溃"蛮兵"抵抗,渡赤水河,直捣乌撒与傅友德会师。洪武十五年正月,蓝玉令金朝头、曹震等分道攻克临安(云南建水)、威楚(云南楚雄)等路。闰二月,蓝玉、沐英等率军进攻大理(云南大理),俘段明。分兵进攻鹤庆、丽江,诸蛮相继投降,于是云南全部收复,朱元璋统一全国。他派遣的军队所经过的足迹:四川、湖南、贵州、云南等地。满族入关之后,横扫华夏,所到之处,势如破竹。对西南地区,崇尚武功的满族也是志在必得,大有收入囊中之意。清顺治十五年(1658),清军攻南明云贵之战四月,洪承畴与洛托在常德会合后,四月经沅州(湖南芷江)、靖州(湖南靖县)进入贵州攻占镇远;卓布泰招南丹、那地(广西南丹西南)等土司配合清攻占独山,与洪承畴联合攻占贵阳;吴三桂军由汉中出发经保守(四川阆中)、顺庆(四川南充)、击败合州(四川合川)南明守军,获战舰多艘,经重庆入贵州。一直到清顺治十六年(1659)一月,李定国奉永历帝走永昌(云南保山)。清帝福临向中、外宣布云、贵、川、广、湖五省平定。康熙初年,清实行改土归流,引起吴三桂等的叛乱,西南战火重新燃起。清康熙十二年(1673),吴三桂拥兵十万据云、贵,拒绝撤藩令,杀云南巡抚朱治国,举兵叛清。康熙在西安、汉中、安庆、兖州、郧阳、汝宁、南昌等地集结重兵听候调遣;继命顺承郡王勒尔锦为宁南靖寇大将军率师讨吴;命西安将军瓦尔喀率骑兵进川;大学士莫洛经略陕西军事。吴三桂遣大将王屏藩攻四川马宝攻湖南。马宝军至贵阳,巡抚曹申吉、总兵王永清皆降。马宝继续向湖南进军,攻占清浪卫(贵州岑巩南青溪)。清川、湖总督蔡毓英派总兵崔世禄守沅州(湖南芷江)。宝军至,崔以城降。吴军继续东进,攻占辰州(湖南沅陵),湖南西北大部为吴军所控制。这些战争绵延数年,横跨数省。

一方面是战争的频繁发生,另一方面是关帝庙的陆续建立。在明洪武年间,贵州建立了大量的关帝庙,基本都是按照军事线路在排列。以贵阳为例,贵阳是军事重镇,洪武年间,贵阳城中官方记载的关帝庙就有两座。其中一座的关帝庙建造时间在元代,洪武年间重修,此外还新建了一座关庙。元代建立关帝庙也是出于军队的关公崇拜。“一在城南,元初建至正间,镇守八番、顺元等处,那怀重建。教授廖志贤记。大元江南湖北道宣命虎符武德将军镇守辰阳路昆阳万户府万户镇守八番顺元等处。万户府事那怀至正四年十月承奉湖广等处行中书省刘付选差分镇。至正一年春统领诸翼军马诣府署事。越明年,三边宁谧,军民安和,城市太平,宛如内郡各翼,英济显灵武安王祠宇,修梁巨栋,舟青焕然,惟府城东北隅乃邓旧。昆阳两淮三翼所共祀军民蕃庶。其址广阔,然以岁久月深,风雨凌震,非惟已恻行者怆之。惟神之灵,兵士是倚。其庙貌如此,可不修举。兹念奉□,首输己禄,命工度木,开敞旧址,乃构雄图,以营新制。山环水朝,吉福来萃”。①

兴瑶卫指挥使司,所辖地跨四川湖北贵州三省,洪武八年置,傅

---

① (明)沈庠修,赵瓒等撰:(弘治)《贵州图经新志》,明弘治间刻本。

有德南征,在这里建关帝庙。威清卫指挥使司,地处处于贵州卫与水西辖地之间,是贵阳通往云南的必经之地,更是贵阳西面的战争防御屏障。与水西苗毗邻。威清卫第一任指挥焦琴,公元 1381 年的 9月,随征南将军傅友德征讨云南,从贵州进兵曲靖,打败元平章达里麻所部 10 万大军,平定了云南。明洪武二十三年(1390),焦琴任威清卫指挥,在这里修建了关帝庙。平坝指挥司,洪武二十三年置,关羽庙在城内东。安南卫指挥司,洪武二十五年置,有两座关王庙,在卫城南门外,洪武二十八年建。在云南,明代洪武年间明军与各少数民族发生过 9 次交战,也有大量关帝庙在洪武年间建立,其路线分布也与明军的进军路线一致。云南府关王庙,在城东三里,祀蜀将关羽。有二:一在府城南,洪武十九年建。楚雄府关王庙,在广运门内。洪武二十五年建。曲靖府武安王庙,在府治北,洪武二十三年建。临安府关王庙,元时在府治南,洪武乙丑,指挥王信迁于宣威街莲花池之西,本卫官春秋致祭。大理府关王庙,在府治西南,段氏时建,洪武中大理卫重修,其旁有马神庙。

　　在明清政府加强对少数民族的统治管理的过程中,不断地与各少数民族发生冲突,政府军与苗、彝、藏等民族发生了很多次战争。明洪武年间,四川桦州、云南乌撒诸蛮、思州蛮起事,五开蛮、九溪峒、贵州蛮起事;永乐年间,云南思州、靖州苗,四川山都蛮起事;天顺年间,广西田州、两广瑶、广西壮族、赤溪、南洞苗起事;明成化年间,明军与瑶民在大藤峡大战,靖州苗、山都蛮、四川松潘藏族、播州湾苗等起事;弘治年间,四川王刚、刘烈等起事,广西壮族、瑶族起事;嘉靖年间,四川、贵州苗民起事,开化、德兴矿工起义,贵州铜仁苗民、四川白草番、鬼蜡尔山苗民起事;万历年间,四川松、茂番起事,建昌番安守,金沙江蛮阿克起事等;天启年间,四川㑩族奢崇明起事,安南犯广西。"起事"是明代统治者对少数民族起义的称呼,实际上是少数民族反对民族压迫的斗争。清代对西南各数民族的战争也很多。清顺治年间,清军广西瑶、僮族人民起义,云南元江土司那嵩抗清起义,贵州土司冯天裕起义抗清,广西龙韬等起兵抗清;康熙年间贵州凯里土司阿戎,贵州水西土司陇安坤、贵州郎岱土司陇安藩、云南土司王耀祖、云南土司禄昌贤、贵州凯里土司阿戎、四川藏民反清打箭炉之战等;雍正年间,清军平定云南苗族禄万钟之战,贵州苗族抗清之战,云南刁如珍反清;乾隆年间,贵州定番苗族反清,湘湘、黔苗民起义,桂边区苗、瑶、侗族反清之战,清军与四川藏族如郎之战,贵州党堆寨苗族起事,湘、黔苗民起义,三次大小金川战役;嘉庆年间,云南傈僳族、彝民高罗衣反清之战;道光年间,四川彝民起事;咸丰年间,贵州苗族张秀眉起义,云南回民起义围攻昆明之战,云南哀牢山彝民起义;同治年间,贵州号军起义、云南回民起义大理保卫战;光绪年间,清军平定四川喇嘛叛乱之战。西南是帝国的边疆,乾隆年间,清军与缅甸普洱、腾越之战,还有很多小的战役。据笔者统计,元朝时对西南用兵17次,明朝时67次,清朝时56次。另一个冲突是在开边过程中,不同族群之间为着占有资源而发生的武装流血冲突。如云南,在改土归流后,大量的汉族人涌入这一地区,在汉、回、蒙、藏等多族群的相处过程之中,为着土地、矿产等,族群之间的冲突不断地发生,从小的械斗发展为大的起义。兹举一例,云南矿产资源丰富,在争夺矿产资源的过程中,族群矛盾加深,道光元年一直延续到同治年间的回民起事,攻占大理事件,其起因就是"乙卯岁五年冬,楚雄回与临安汉民争南安州地之石羊场矿,相仇杀"。①这次起事涉及大理、楚雄、蒙化、榆林等地。汉回平民关系一度非常紧张,以至大理城内的汉民向长官请示后,"汉回合团互保",自己武装起来自保,这些乡民团的武器有钝柴刀接在竹竿上作为长械。大理城里面"汉回各在街口立栅互相防备。"②变乱发生后,死难者逾万。

　　武装镇压是封建统治者惯用的策略。关帝的勇武和人们寄予他的神力使得关帝庙在战争后总是不断地被翻修,被祭祀。元代的武德将军那怀在平定少数民族起事后翻新关帝庙,记述了他在边关四

①② (民国)张培爵等修,周宗麟等撰,周宗洛校订:(民国)《大理县志稿》,民国六年(1917)铅印本。

年,一方安静,认为是他自己非常敬仰关帝之故。

"丙午青山南列卜兰木作叛,勉获平定,至大庚戌西歹蛮叛,招谕来归,亲率大军几在为国宣力抚绥边庭,号令宽平,神人悦服。后累立奇勋,位至宰相,公今承受侯爵,来镇府治,莅事四载,安静一方。兵不烦徭,民不苛扰。令行禁止,远近歌懂,庙堂之器,从可见矣。惟敬事神,犹书诚意作新祠宇,施予不斳以为禋祀悠久,计其福泽,何可量哉。仍为祠神乐章歌之曰:堂上英雄惟我王,忠义榾日今古彰。普天庙祀昭灵光千万载。流源长边庭钦仰诚恐惶三军依,安乐且康新祠赫,奕金碧煌云蒸雾翁瑞霭苍。薦饎蘋芷何芬芳,笺枕达徼禛祥王其惠分家国昌,再拜奠分王歆尝"。①

贵州织金县马场镇画眉屯关帝庙,是水西彝部族与明军作战的遗迹。面对明朝军队的强势推进,当时水西彝部族设立重重关卡,层层防范:水城阿扎屯、纳雍猴儿关、赫章七星关、黔西县大关、得胜关、织金画眉屯、阳关屯、织金关、东风湖虎门关等。画眉屯因其地处贵阳进入水西的三条要道之一的渡口侧,其作用十分重要,明清时期这里就发生过三次大的战役。目前画眉屯关帝庙已毁坏。据当地老人王少荣介绍,关帝庙是一个四合院式,正房为长五间,两边为三间厢房,进门处是一间厅房,形成了一个口字形的四合院,厢房两旁则是两个关公骑着大马提着大刀的石像。庙前为文渊书阁,现已经成为了农民耕地。关帝庙全为木结构,做工精致,窗花雕工很好,雕刻分别有:青松白鹤、少师、太师等纹饰。庙总面积共有 24 平方米,那些残留的石块上的雕刻精致剔透,牵着大马提着青龙偃月刀的关公已经没了影子,尚余宝马埋在土里,石匠打造的马威武雄壮,泥土已埋没至马嘴边。关帝庙前路旁有一志石碑,庙后有四块石碑,庙前石碑

---

① (明)沈庠修,赵瓒等撰:(弘治)《贵州图经新志》,明弘治间刻本。

记载此庙的修建过程,时间为康熙四年。庙后的四块石碑记载此庙为为清朝道光年间和咸丰年间所立,主要讲述了关帝庙重修的过程及 1661 年丁宝桢之父丁世芬倡导修建并捐 100 两银子支持重修,其后由戴、黄、喻姓氏组织重新修建。①

军队的将领到达边关,或是在大战前往往会祭拜关帝庙,许诺战后一定要修关帝庙,还有在战争胜利后,也往往建立关帝庙,供奉这位战神,立碑纪念战斗的胜利。由此,在军队驻扎之地,留下了大量的关帝庙。关帝,这一本为汉文化信仰的神灵,就这样传播到了边疆少数民族地区。

边关的关帝庙往往会一修再修,新任的指挥官通常会翻修维护一番。如云南大理扬林关的关庙,建于明洪武年间,天顺年间增修后,成化年间又建摄刀泉祠,天启年间又得再修,明末镇守官兵又捐银扩建。正如范水勋在《大理重修叶榆关庙记》中所记:"叶榆有汉寿亭侯关公庙旧矣,几经兵燹,栋宇倾圮,前搜桑公从而葺之,未几风雨飘摇,今提督诺公即桑公弟也,相继积镇更从而新之,备极壮丽"。②非常壮丽恢宏。在检阅目前所存的关帝庙碑文中,有很多关帝庙是由军事长官推动建立的。明代著名的将领郑祥、傅宗龙、莫宗文等,清代的勒保、德楞泰、英善、和琳等,他们自己就虔诚地信奉关帝,在他们攻城克寨之后,往往会修建关帝庙。郑祥来到云南大理,就去祭拜了关帝庙,他在《大理重建关帝庙记》中写道:"我朝洪武甲子,指挥使郑公以斧钺来奠大理,下东之初,展敬祠下"。③他认为大理关帝庙与关帝不相称,"无以答神贶",重建了关帝庙,增加了东西两庑,在墙壁上画了壁画,增设了卫兵。

傅宗龙,明代著名的战将。他长年在贵州地区用兵,知晓贵州的要害及各地土酋的顺逆、将士的勇怯。当时贵州的仡佬、龙仲、蔡苗等族互相呼应,明军不利。傅宗龙以屯田来防守的办法,打破了其他

---

① 根据李国朋《历史的碎片——画眉屯 关帝庙》,《毕节日报》2012 年 4 月 12 日,第 5 版。
②③ (民国)张培爵等修,周宗麟等纂,周宗洛校订:(民国)《大理县志稿》,民国六年(1917)铅印本。

族群的军事地理优势，获得了战略主动性。逐渐剪除了各族群的联盟，然后大兴屯田，明军在贵州逐渐站稳。

天启元年到天启九年，四川、贵州等地经历了长达九年的"奢崇明、安邦彦"叛乱。其中，安邦彦是彝族土司，天启二年自称"罗甸大王"，发动彝族反明叛乱。曾率十万大军三次围攻贵阳。明军调集大量军队平叛，傅宗龙部也在其中。

傅宗龙非常崇敬关帝，他在天启四年驻贵州平坝时，屡次大捷，他认为是关帝之功，亲撰《重修平坝卫关帝行宫碑记》[1]：

　　天启四年，岁在甲子，宗龙奉敕护军，以是岁十一月甲子大将，军鲁钦等大破水西兵于普定之汪家卫，逆彦坠马几获，露布以闻，称奇捷焉。余时驻平坝，距平坝一舍，先一日卫弁走告余，本卫所祠祀伏魔大帝，须鬣汗流，似是助官兵破贼，问何以知之，卫弁具言往岁彦贼率众数万，围平城攻拒甚急，老幼男女登陴而泣，惧旦夕供贼刀俎，坚守数日，贼解围去，时有贼中逃回者言，贼中喧传城上旌旗甲仗，人马甚盛，度不可取故去，同时祈福于祠者，咸睹大帝须鬣渍湿，似流汗状，及贼去，得贼中传言，始知贼所望见旌旗甲仗人马，乃大帝神力之所化现也。严以往事，今日之阴助官兵无疑。宗龙闻而异之，已而官兵果左破贼，报至宗龙，诣大帝行宫谒谢，仰瞻帝像庄严，令人魄悸，却立下顾谓诸将吏曰，吾行天下，瞻帝像多矣，无如此之凛凛有生气者，其神力化现庇此一方，诚可信不妄，而殿宇湫隘，宫门逼迩大道，车尘马足，及于堂阶，殊非崇奉之意，乃捐金檄卫弁扩其外行，视畴昔差可展敬，私心微慰，窃复自念大帝庙宇遍海内，其壮丽宏邃视此何啻千百此，何足邀大帝之盼哉。然匹夫匹妇敬存诚敬，即可格神，矧大帝昭临下土，孜孜以馘贼拯民为念，兹烽火干戈之域，男女老幼非大帝无所请命，大帝不以平城为小，不以平城之人为

---

[1]　（民国）江钟岷、蒋希仁修，陈廷芬撰：（民国）《平坝县志》，民国二十一（1932）铅印本。

少,特化现而保全之,岂其以兹宫为不壮丽宏邃也。而不居歊必不其然。又忆余于天启元年,领两浙之役,请假归省,以十一月入黔,抵平越,贼突兴于卫,余于黑泥铺后登山望之,适有一斗室祀大帝像,余拜起谓同行亲友曰,大帝在此,贼必不能为害,未几贼循山而遁,以黔乱道阻,二年五月赴浙,冒险出建昌至小象岭下,番猓数百前后截之,进退失据,部送者都无人色,余下马入一废营小憩觅计,而草莱中又适有一斗室祀大帝像,余喜极而拜,心祝已复语同知亲友曰,去年大帝佑余于平越,今必见佑,贼何能为。少顷通事致番猓言,欲一望见绣衣,不敢惊阻,遂按辔度岭,群贼墙立不哗,非藉大帝之威灵,几不获免于难。宗龙何以邀此于大帝哉。毋亦龙忠义,大帝实鉴之,故当危急迫厄之际,辄显示相如此。夫荒铺废营之中,凡有祠祀,而大帝无不在焉,兹斯宫为大帝所居,歊复奚疑,宗龙自维弱劣庸愚,无能称职,独是区区忠义,矢之不渝,且勉修护军之职,以图逆酋,庶几仰□大帝,馘贼拯民之念,于万分之一,而馘贼拯民,仍以祈望于大帝,徵诸往事,终能如所望乎,敬磨石记之,以昭大帝之灵贶,且示平城之人,永永无忘大帝之赐也,是为记。

傅宗龙非常信仰关帝的神威。在此碑记中,他记录了自己的军队和自己所经历的关帝庇佑的事情。一是阴兵助阵,贼兵自己散了。二是在路途,关帝保佑了他的平安。在战场上,经常有关帝助阵的传说故事。将士们用关羽的忠勇来加强自己的修养,并认为这样做可以得到关帝的护佑。就是傅宗龙这样的大将也不例外。

明末清初另一位少数民族战将莫宗文,战功赫赫,长期在贵州、湖南等地转战。他本是苗族人,在从军之后,屡立战功,早已接受了儒家思想。他参加了平定"奢崇明、安邦彦"叛乱,他还平定了翁解、水塘、谷兵、大郎四寨,攻打过黑苗等,在贵州省基本上跑遍了所有的少数民族地区。在他转战贵州,平定诸苗时,明朝灭亡了。一位明代总兵,此时仍在与时时叛乱的苗族作战,他的忧国忧民之心中,也带

着对个人命运的何去何从的困惑,瓮安关帝庙碑,就特别地能够反映这种家国情仇:

　　窃闻游览登陟者偶然之事,而运数早定焉。寄遇托迹者,一身之事,而凭弟繇起焉。文以楚人自弱冠游于黔,黔之深林空洞悬崖绝壁,无不经历几遍,如此十余年乃出川,由川而楚,楚而洛,洛而秦,秦复归楚,楚仍入黔,如此者,亦十余年,乃自黔复将川,是时中原陷失,胡房据矣。丙戌之岁,苏军从秦中过阳平关,复入川,川将师溃文至川保黔,丁亥正月,渡乌江合川事,黔事也。黔之逆有蓝二者,投房而攻陷瓮安,余庆,黄平三城,遂困平越府城,危迫湄潭龙泉亦被房据,此时四面皆敌,几难措手。文计必靖内逆,乃可得志外房,遂遣马步兵间程黄丝大道,阳欲解平越围以牵制之,而阴以奇兵渡绵渡小江,掳蓝逆妻若子。连捣逆穴,逆蓝知家破乌合者尽散,以孤身奔窜被擒,平越之围解,而内逆亦消矣。乃以是年六月,得督师阁部王公应熊檄,复渡长滩河,恢湄潭龙泉城,同锦江侯王公治,援遵义绥阳,房溃奔秦黔,据悉安,戊子阿线两房,自楚之沅袭南宁,侯张公先壁兵至平溪,思洲铜仁,亦为房据,南宁次印江文会同余庆伯张公登贵川,督郑公元范公矿程公源,巡按郭公承汾,监军道刘公济宽,饶公崇品誓师余庆,分两路以下文出凯楼,恢思州,定番侯皮公熊出清浪阿线,两房败且溃,南宁复出铜仁援沅。己丑庚寅间,文之出铜江,图恢复楚,遂家中坪,中坪者蓝逆之据地也。山深野大木老石怪,无局人焉。文经营图度辟住山顶,草创庭厦,用庇风雨,而诸将士环绕山腹以居,前筑田坪地址,建关帝庙,装严其像焉,夫余以楚人而不知游历山川,几许何知黔之是居,即游黔而川楚,秦洛其山水奇秀,城邑广大,何地不可爱居,而忽于黔是居,且于黔之中坪是居者,是皆运数使然也。夫始天下不纷乱,中原不为房所陷,文未必恋恋于黔,即恋恋于黔,而逆蓝不为不轨,文不能以奇兵直捣其穴,亦未必能定居于黔之中坪,乃生时不幸,天下忽而纷乱，中原忽而胡据，而逆蓝逆忽而得擒其穴以居，是皆运数使然也，非人之所能为也。且微文也，而以关帝之圣，处于汉末，何知后世之有其庙，况生于河东之解梁，而殁于荆襄，何知千百世后庙于黔，并庙于黔之中坪，而文以游览寄寓为之立庙撰碑，是亦运数使然也，亦非帝之所能强也。往昔羊叔子之镇襄阳也，时登岘而泣曰：自由此山，不知经阅几人而湮没不传者，不胜可慨焉，则文于中坪以家，而登眺，托迹抱此壮怀之览者，询其故址，考其遗迹，亦必生凭吊之感，而千百世以后，文遂不肖，得仗关帝之灵以传焉，亦未可知也。爰是撰之于石，皇明永历庚寅之帝诞日。钦命镇守川黔楚沅靖等处地方提督汉土官兵总兵官右军督左都督上柱国太子少保安化伯莫宗文撰，世袭锦衣卫指挥通知莫英书丹，世袭敷勇卫指挥同莫蔺篆首。

在这则碑文中，宗文详细地记录了他在四川、贵州、湖南的转战历程，记述了他平定苗族蓝二的经历。如果没有明朝的灭亡，也许此碑就此打住，没有后文的命运无常之感，而此碑文仅仅是一次战功的记述。由于朝代更替，这位明朝总兵，怎么会料到自己会在这偏僻的山野扎下根据地，以观世变。在对照关帝的命运中，他看到的不是关帝的神勇，而是人生的无常，命运的不可自己把控。这位后来降清的战将，在清代平定西南的过程中立下赫赫战功。然而在他临死之前的亲笔书中，称自己是"罪人"，这不得不令人想起他降清的一事，忠诚乃是儒家的精神核心。莫宗文纵然驰骋沙场，功勋卓著，却仍有他心中的隐痛。

关帝作为战争之神，一直为蒙族、满族等的军队所推崇。清军在关外时，就已经把关帝作为他们自己的守护神。清代政府在西南地区屡屡用兵，黄廷桂、勒保等长期在四川、云南、贵州做军队的统帅，也在这里修建了大量的关帝庙。

黄廷桂，清军汉军镶红旗，曾在川二十年。雍正年间，乌蒙米贴苗陆氏起事，四川雷波土司杨明义阴助陆氏，联合附近结觉、阿路、阿照、平底诸苗劫清军粮食。黄廷桂率军平叛。黄螂土司国宝臣服。
清官兵在这里修建了关帝庙。黄廷桂《螳螂所关帝庙碑记》如下:

　　圣天子御极六年,雍正戊申,天宇所覆,地维所载,氍裘卉服
之区,凿齿雕题之域,来宗来王,悉主悉臣,顾兹米贴,土妇陆氏,
以蚍蜉畏菲,不能自缚就戮,遂敢要结党羽,跳梁山泽。余时提
督军务,率诸营将士奉天讨伐,旬月之间,深入蛮菁,行列布阵,
施明架耀,未尽厥武,所向率服,一二丑类莫不俘获,诛奸蒿衡,
悬首以宣示,国威倬震慑之。余又悯其顽愚,宥其胁从,盖杀伐
既张,与之更始。而黄螂土司国宝遂以其地内附。余因夷性归
化。相度形势,见黄螂一隅,实为黔越咽喉,戎泸藩卫,乃扼守险
隘筑哨堡。建城池设戍部,历历善后,俱有画并以卷闻。又伏思
关圣帝君庙祀遍万国,精灵弥六合,义勇盖三分,我朝神圣相继,
威武张大湛,恩汪涉声教。所讫无远弗届,是帝君之威灵,朝迁
德化,兼荒并包,齐观等量,爰崇其庙貌,昭其祀事,礼制之隆,侔
于东鲁,每月之朔望,营卫得于此宣讲圣谕,夷氓拱听,以成一道
同风之盛,且冀神之默存感应,与国家怀柔治服之意,胥为表里,
其荷神之休,曷有既与庙,创始于□月□日,告竣于□月□日,屋
成若干,楯垣周若干尺,轮奂既新,堂壁既饰,室宇有严,廊庑有
秩,汉夷具瞻,国不祗肃,遂额曰关帝之庙,且叙次颠末勒石垂
远,他如功财用之数,供纪董事之人,则纪于碑之阴云。①

　　作为有着良好的儒家修养的黄廷桂,修建关庙,一为答神,祈求
神灵的保佑;二为教化所在地的百姓。这则碑文中可以看出,此碑绝
不仅仅是记录一次胜利的战功,还有用关帝的精神教化一方民众之
意。螳螂所虽然偏僻,但是,其"每月之朔望,营卫得于此宣讲圣谕,
夷氓拱听,以成一道同风之盛",各个民族在一起听圣谕,形成了一道

---

① (清)黄廷桂等修,张晋生等撰:(雍正)《四川通志》,清雍正十一年(1733)刻本。

边疆的风景！

满族的将军在征讨西南的过程中，也加入了修建关帝庙的行列。勒保，满族镶红旗，乾隆年间，任云贵总督，多年平定苗民之乱。嘉庆年间，他率军到川东剿匪，克敌后，在太平重新修建了关帝庙。兹录其碑文如下：

> 余于庚申岁奉命再制西蜀，时以教匪未靖，督兵往来于川东、川北者屡矣。师次太平，见其城池卑隘，雉堞倾圮，四周环以崇山，居高临下，势极危险，而合邑居民，率皆安堵如故。询诸土人，土人叩马而言曰："宜民善俗，有司诚良，而得保吾侪小人者，实赖帝君神佑。"余谨按，千百年来，神圣之所运，覆冒之所周，薄海内外无不共叨灵荫，至我朝尤蒙福庇。如前此回部、台湾、廓尔喀、苗猓等处不靖，皆荷灵威显助，用能赳日奏功，是以叠晋崇封，屡上尊号。今太平蕞尔弹丸，自连年教匪滋事以来，攻扰城垣不止一次，竟得安如磐石，百姓无惊，是非神灵之威镇，曷克臻此。某虔诣武庙展礼，庙在南门外里许，先经经略大臣额捐资，重建大殿；复经参赞大臣德以规模不甚宏敞，商予董率文武，捐廉添建。于正殿两旁添造钟鼓楼两间，三面绕以围墙，门外建立旗杆，修造乐楼，并塑神马，用壮观瞻。伏愿神明降鉴，威助三军，齐消未净之妖氛，永护无疆之景运。是则某稽首拜手，日夕颂祷于靡已者也。今庙告成，董事者请镌诸石，爰志缘起，以志敬悃。

此则碑文中，充满了对关帝的景仰之情，祈求关帝保护军队"伏愿神明降鉴，威助三军，齐消未净之妖氛，永护无疆之景运。"同时，这则碑文也描述了这座军队中的关帝庙的建筑特点：有正殿，有钟楼、鼓楼、乐楼，庙前立有旗杆，塑神马，庄严肃穆。

满族大将福康安，生于乾隆十九年（1754 年），户部尚书米思翰的曾孙，察哈尔总管李荣保的孙子，经略大学士、一等忠勇公傅恒的第三子,乾隆帝嫡后孝贤皇后的侄子,地位非常显赫。他一生征战南北,在第二次金川战役中初露军事才能,平定甘肃回族民变,平定廓尔克人的入侵,是朝廷足资依靠的军事重臣。福康安虔诚地信仰关帝。

乾隆时期关帝显灵的传说达到了空前的活跃,尤其是在我国战事频繁的边疆地区。在西藏,关帝显灵的传说及其事实主要发生在进藏清兵与廓尔喀的斗争中。乾隆五十六年(1791),福康安与海兰察率领汉藏大军征讨廓尔喀时,关帝在战争中显灵,在几乎不可能的情况下,帮助清兵战胜了廓尔喀的军队。大将军福康安得胜回来后亲撰碑文,记录了这一场战争和关帝显圣的事迹:

> 乾隆五十有六年秋,廓尔喀自作不靖,侵凌藏界,并抢掠扎什伦布庙。皇上赫然震怒,谓卫藏自策零敦多卜殄灭后,隶职方者百余年,使靳征调之烦,从移驻班禅、达赖之议,其济咙、聂拉木等地势将尽委之贼,此后受戕者,当不止前后卫藏矣。特贵纶音,福康安为大将军,一等公海兰察、四川总督惠龄为参赞大臣,统领劲兵,大张挞伐。大司空和琳飞刍挽粟,专司策应,为后路声援。大学士孙士毅复自昌都驰赴西招,协理军储,于五十七年夏,由宗喀、济咙整旅遄进。先是驻军前藏,征兵筹饷,谒札什城关帝庙,见其堂皇湫隘,不可以瞻礼,缅神御灾捍患,所以佑我朝者,屡著其孚格。于是度地磨盘山,鸠工庀材,命所司董其役,默祷启行,荐临贼境,七战皆捷,距阳布数十里,廓酋震詟军威,乞降至再。皇帝鉴其诚款,体上天好生之德,准纳表贡。诏令班师,并御制《十全记》颁示臣下,予惟此视师。自进兵以来,山奚险劣,瘴雾毒淫,竟获履险如坦,不三月而藏绩,自非神佑不至此。凯旋之日,庙适落成,与诸公瞻仰殿庑,徘徊俎豆,深感大功速竣,维神之力。而益欣继,自今前后卫藏之永永无虞也。是为记。时乾隆五十七年谷昌。御前大臣领侍卫内大臣太子太保武英殿大学士吏部尚书兼一等兵部尚书嘉勇公大将军福康安谨

撰。监修同知李经文,乾隆五十八年。①

廊尔喀人是居于现尼泊尔境内的一个民族,曾借口其商人在藏地纳税不公,前后两次入侵。碑文中记载的"乾隆五十有六年秋"这一次,是廊尔喀人第二次入侵。这一次他们来势汹汹,一直攻到了日喀则,将扎什伦布寺洗劫一空。于是,清朝廷派大将军福康安率师入藏,福康安抱病入藏。在拉萨筹集粮草间隙,福康安拜会了札什城的关帝庙。并许愿在巴玛热(磨盘山)修建一座关帝庙。福康安凯旋回师拉萨后,认为是关帝保佑才"七战皆捷",奉敕修建了关帝庙。其资金来源于参战的汉藏蒙将士的捐赠和为乾隆皇帝和达赖喇嘛祈祷的七千秤白银。

这是一场非常艰苦的战争。虽然清军七战皆捷,但是整个过程充满了瞬息万变的诡异。清兵与廊尔喀在日喀则附近进行了一场艰苦的战斗,由于高寒缺氧,没有在高原生活过的士兵严重不适应,疲惫不堪,水源被断,似乎清军已经走入绝境,然而清军偶然掘地得泉!由于天气严寒,廊尔喀兵被冻死,清军获胜,这也使得清兵震撼,认为是关帝显灵。在一次战争中,廊尔喀将汉藏军队引入峡谷,清军面临绝境。正在此时,忽见敌军中火光四起,仿佛有神关公在敌军中左冲右杀,擒拿了敌军首领。②这样逢凶化吉的故事在清军中不断演绎传播。大将军福康安在《磨盘山新建关帝庙碑》中记述了战事的艰难,他虔诚的相信能够取胜来自关帝的庇护。"予惟此视师,自进军以来,山溪险劣,瘴雾毒淫,竟获如坦,不三月而葳绩,自非神佑不至此",而得胜归来,关帝庙又落成,"深感大功速峻,维神之力而益欣"。③

二、军事活动中关帝信仰的传播

军队中一直非常信仰关帝,明清时战事众多,军队中对关帝的信

---

① ②　(清)和琳撰:(嘉庆)《卫藏通志》,民国间铅印本《国学基本丛书》本。
③　西藏自治区文物管理委员会:《拉萨文物志》,内部资料,1985年版,第125—126页。

仰尤甚。德楞泰在《城南武庙记》中写道"夫显佑本朝，莫过于关帝，前此回部、台湾、廓尔喀、苗疆不靖，皆荷威灵"。①军队战事频繁，当中流传着很多关帝显圣的故事。军队里认为关羽虽然冤死，"然而忠义炳烈，上贯日月，故虽殁而精爽犹足以威敌，后之用兵者，未有不于侯而乞灵焉。宋天禧中，诏封武安王，所在立庙，故边城咸得祀侯"。②云南名医兰茂在《杨林关王庙碑记》中写道："凡将帅之臣，介胄之士，咸慕公之神灵，守御官请命，冀以助扬威武，所在军卫必建祠以祀之"。③明代洪武年间平定云南期间，建立了大量的关帝庙。

在战事紧张，军队中出现瘟疫需要稳定军心之时，对关帝的信仰起到了重要的作用。明清时期，重大的军事活动往往都有关羽助战的各种记载。贵州绥阳城的关帝庙得到了同治皇帝的御赐匾额："关帝庙在朴老场回龙寺，同治五年御赐匾额以崇威棱"。巡抚刘岳昭给皇帝的奏章中写道："巡抚刘岳昭片奏，本年春间，攻战绥阳吃紧之时，各营将士，患疫甚多，城中之贼亦坚持难下。土人相传，距绥城三十里之回龙寺地方有关帝庙，素多感应。臣即亲往虔祷，疫气逐渐消除，我军战必获胜，守城之贼，每夜惊呼，自相疑惧，巢雀穴鼠，纷纷徙移城外，人所共见，不二日而克，寇平"。④在率军攻打贵州绥阳城时，军队中生病的人很多，而绥阳城的起义军也坚持不懈。在战事相持不下，艰苦不堪的时候，巡抚刘绍岳到关帝庙亲自虔诚祈祷，认为获得了关帝的庇佑，军队中的疾病渐渐地好了，而城里的守军军心动摇，每夜惊呼，纷纷向城外迁移。不久，就把患乱平定了。由军事原因而修建的关帝庙很多。

四川的关帝庙修建较早，但是战火纷飞，毁坏也很严重。清朝加

---

① 龙显昭主编：《巴蜀道教碑文集成》，成都：巴蜀书社2004年版，396—397页。
② （民国）张培爵等修，周宗麟等纂，周宗洛校订：（民国）《大理县志稿》，民国六年（1917）铅印本。
③ （清）胡绪昌、萧宗翰修，王沂渊、梁恩明撰：（光绪）《续修嵩明州志》，清光绪十三年（1887）刻本。
④ （民国）周恭寿修，赵恺、杨恩元撰：（民国）《续遵义府志》，稿本，民国三十五年（1936）刻本。

强对四川藏区的用兵和管理,关帝庙在边疆地区大量的建立起来。在大小金川、理塘、康定(清代称打箭炉),以及拉萨、后藏日喀则等地都建有关帝庙。光绪三十二年(1906),位于川滇藏交汇处的腊翁寺叛乱平定,边务大臣赵尔丰倡议修建,并"捐功德银二百两","文武醵金创修武庙"。"一时官商兵民咸增鼓舞,共集银一千余两,即于是年冬兴工。三十四年五月,正殿落成,圣像庄严毕具,祭之日众汉番皆于是乎观礼,佥谓我朝崇奉关圣,自国初以至今日,所在勘定边陲屡照灵异,亚洲胙蛮,诚亘古而无俦……开创之初先崇报享凛以尊亲,不得谓非转移风气之一助。第此举庙宇规模宏大,正殿廊庑门楼七十余楹,几于九仞之功亏于一篑,程副将凤翔因更以请,宣统元年赵尚书复捐俸五百金以藏其事云"。① 到民国初年,盐井县"北为关圣帝君庙,系由新军后营管带程凤翔率领督修,以兵二百人鸠工,建垒二年,大殿五楹,戏楼三层,美丽庄严"。② 可见这一座关帝庙颇具规模。云南所修关庙带有明显的军事性质。姚安军民府大姚县西南关庙,就是千户官每年霜降日祭旗纛的地方;寻甸府西北关庙是凤梧所官每年祭旗纛的地方;楚雄府南安治东关庙"当安童夷贼往来之冲,嘉靖间,知府李显阳建,以警慑诸州"。③ 在军队进入贵州地区时,将士往往会拜关帝,许愿修葺。洪武十五年(382),明军在定南诏时,因同知柳楫战前曾在关帝庙许愿得胜后修庙,使人人都来瞻仰关帝,让关帝庇护一方人士,最后,在得胜之后军队建立了毕节卫关庙。普定县顺忠祠,后来也称关帝庙。建在关索岭垭口上,祠前有一大碑《汉关将军庙碑记》,碑文上记载了两史事:正统年间,云南麓川少数民族首领拒绝归顺朝廷,靖远伯王骥出师征讨,登上关帝庙祭告,果然胜利归来,于是欣然令官兵扩大祠庙规模,认为关羽、关索已成神灵,对此有感应的缘故。明嘉靖七年(1528),云南武定少数民族也拒绝归顺朝廷,不久就被平定。兵部尚书班师回朝,来祠里献词进帛,祭告功

---

① ② (民国)刘赞廷编:(民国)《宁静县图志》,稿本,重庆1960年民族文化宫图书馆油印本。
③ (明)王尚用修,(明)陈梓、张腾撰:《寻甸府志》,明嘉靖二十九年(1550)刻本。

成,下令要赶快筹划树立石碑,刊载将军业绩,使其永垂不朽。于是有了这篇碑文,且附有长诗以祭祀时歌唱。在与少数民族的冲突中,将士们也多修关帝庙以求神灵庇护。铜仁治东关庙建于嘉靖二十七年(1548),多次为官军重修或翻修。万历十三年(1585)总兵谭敬承重修时称,"会苗夷间出,栋侯佐余疆事,梦寐□指,所赞实多,乃修是庙"。①西藏地区的关帝庙建立较早,位于拉萨札什城的关帝庙被一些学者认为是西藏第一座关帝庙,建于雍正十年(1733)。据学者考证,拉萨先后有四座关帝庙:一在拉萨东南,一在扎什城,一在甘丹寺附近,一在磨盘山。这几处皆是清兵屯兵之所。也有学者认为,历史最早的关帝庙位于拉萨东南,又称"革塞结波",现已全毁。据《札什城关帝庙碑》记载:"乌斯藏(即西藏)自圣祖仁皇帝时归入版图,驻兵札什城,旧建有帝君庙"。②康熙五十九年(1720),清朝平定西藏,从此,清军驻藏,并开始在拉萨供奉关帝。清军在拉萨札什兵营内建造的关帝庙即称为札什城关帝庙。修建的原因是"恭惟我国家抚有区夏……幅员之广,千古罕有。举凡王师所向,靡不诚服,关圣帝君实默佑焉。唐古武在胜朝为乌斯藏,自圣祖仁皇帝时归入版图,驻兵扎什城,旧建有帝君庙。灵应异常,僧俗无不敬礼"。③福康安大将军入藏后,在战前曾"谒(拜祈)扎什城关帝庙"。甘丹寺附近的关帝庙,是一个附设在藏传主寺的关帝堂,似乎不是一座独立的庙宇。磨盘山关帝庙则是福康安将军率清军战胜廓尔喀人的胜利象征。又如在清军与廓尔喀人交战的过程中,工部尚书和琳在《札什伦布营官寨前关帝庙碑》一文中记下了关帝显灵佑战的功绩:"据营官寨以当其冲,贼兵环之数匝,断汲水道,仰攻八昼夜,我兵固志死守,间发矢石无不奇中,掘地十余丈,飞泉涌出,欢声地动,士气百倍,贼随稍却,屯聚柳林中,以为久计,忽夜自相戕杀,惧而引去,行至通拉山,风雪骤作,贼众僵毙不可胜计,咸以为帝君灵应所致"。④

---

① (清)余上华修,喻勋、胡长松撰:(光绪)《铜仁府志》,清光绪十八年(1892)刻本。
②③④ (清)和琳撰:(嘉庆)《卫藏通志》,民国间铅印本《国学基本丛书》本。

入藏的清军信奉关帝，文献中常见三种叙事：一是"掘地出泉"这个故事，在多处出现过，在战斗非常困难的时候，关帝显灵，帮助士兵找到泉水。"贼兵自相戕杀"，官兵们都相信关羽带阴兵助战的故事，在很多的战事中都出现过这种叙述。第三是"风雪骤作，贼众僵毙不可胜计"，通拉山贼兵冻死，清朝官兵也多相信是关公显灵。

明清时期战乱很多，人民没有安全感，总是盼望神灵能够保佑他们。关帝显灵的故事不仅在军队中传播，也在百姓中传播。据《解梁关帝志》卷一，"救屠重庆"条记载，明熹宗天启年间，彝族酋长奢崇明反，命其女婿樊龙在重庆反。樊龙杀四川巡抚徐可永及监司守令，还有士兵和平民，共计数万人。此时城中无一人逃脱，樊龙及其手下不知如何处置这些平民，是杀绝还是留下。传说樊龙面向关帝庙暗自约定，他把剑向空中扔去，如果剑出鞘就屠城，如果反之，就放弃，结果剑没有出鞘。于是樊龙没有屠城。樊龙亲自把剑掷向空中，高达丈余，刀鞘已经分开，到落地时又翕然合上。这样，重庆的百姓才免去一劫。这个故事在民间依然流传。明崇祯十七年六月初八日，张献忠拥数十万众，到涪陵。在城中烧杀抢掠，涪陵庙中的两个木制的关帝像，毫发无伤。众皆以为神异，这是关帝显灵。夏道硕《西门关帝像灵显记》中写道："火大作，砖瓦厚重，零星注下如雨。而二法身者，皆上木也，无寸毫毁。近而瞻之，冠履俨然，须眉如故，金屑不剥，至左右诸侍将，则又皆毁。金刀四十余筋，亦色毁卷蚀，正殿上中梁，坠于二法身之间，独完不毁，其余栋、柱、椽、楹、层、案，皆毁。余时为贼所执，虽被创在火烟中，虽被创在火烟中，亦得不死"。①

在关帝信仰文化传播到少数民族地区后，少数民族地区的人民也非常信仰。"滇处极边，武侯南征时帝已殂落，未尝至滇也。而滇人之奉帝者，亦与中州无异。白井小邑耳。帝庙亦建于此关外，其神最灵，崇祯三年水灾时，帝像漂至金沙江，屡次显神，江边彝人，莫不

① （民国）王鉴清修，施纪云撰：（民国）《涪陵县续修涪陵志》，民国十七年铅印本。

敬畏,越数百里送回,仍归本庙"。①白井是云南重要的产盐地,这里修建有关帝庙。在崇祯三年的水灾中,关公的像被冲到金沙江中。彝族的少数民族将漂流在江中的关帝打捞送回。

第三节　民间组织中的关帝信仰

在明清时期,由于统治者的大力提倡,儒释道等的鼓吹,关羽已被人们普遍接受,所谓"自王公卿士,下迨贩夫走卒,穷荒边徼之氓,莫不搏颡奔走之恐后"②,成为一个禳灾祈福之神。"民间对于关公或关帝、关老爷的崇拜是中国民间信仰中最典型的人神崇拜。其影响之深广甚至超过了对其他各路神灵的崇信,有清以来遍布全国各地城镇乡村的关帝庙就是最有力的明证"。③在清代"民间私祀关帝庙,处处有之"④,村镇关乡莫不崇奉,即私建的关庙亦相当普遍,它已深入到州县以下各村各堡中。薛福成在《庸庵笔记》卷五中《亡兵享关帝庙血食》一文中提到:"天下关帝庙,奚啻一万余处"⑤,此说毫无夸张。可是民间如何私祀,有无组织机构,如何发挥社会功能,却没有多少论述。

一、武圣会与关帝会

明清时期,西南各地民间有"武圣会""关帝会"的组织。并不见正史记载,在笔者检阅巴县档案时,多次读到,有的地方叫"武圣会",有的地方称"关帝会"。遂整理相关文献,将这一当时活跃的民间组织的情况进行描述。

武圣会与关帝会,这些组织并不是行政机构,而是由当地的乡绅

---

① (清)刘邦瑞撰修:(雍正)《白盐井重建关圣庙记》,清雍正八年(1730)刻本。
② (清)冯桂芬:《显志堂稿》,清光绪二年(1876)校邻庐刻本。
③ 乌丙安:《中国民间信仰》,上海:上海人民出版社1995年版,第56页。
④ (清)刘文澂等修,(清)周家禄撰:(光绪)《海门厅图志》,民国六年(1917)刻本。
⑤ (清)薛福成:《庸庵笔记》,《笔记小说大观》第27册,南京:江苏古籍出版社1983年版,第2页。

名流、监生、武生等发起组织的。武圣会、关帝会通常号召民众捐款，买田置地，修筑关帝庙，兴办关帝庙会，组织各种祭祀活动，迎神赛会，甚至还担负着维护一方秩序、解决一方纠纷事务的功能。

在资金来源上，多是靠募集。如仁里甲的关帝庙“祖辈捐银兴成武圣会”①，杨柳坊关帝庙“民等祖辈兴设武圣会祭，置买田谷以作祀费”②。巴县档案《海棠场萧振东等协恳募捐修关帝庙、陈玉林霸踞此地不搬迁李继宗控告一案》③，比较全面地反映了当时民间关帝庙修建时的资金募化情况。海棠场只有一所关帝庙。这座关帝庙，也是民间集资修建的。是嘉庆九年，胡在川等十人承首募资置买向孔怀弟兄房屋修关帝庙。招僧焚献。近因年久，栋宇朽坏，乐楼倒塌，墙院倾颓，非数千金不能培修。功果浩大，无力支持。由海棠场总监正萧振宗、监正周燮亭、义渡首事郗煊、监正李镜涵、监生周万和、赖树德、团正刘子厚、邓德森同等人主议此事。

从这些组织者的身份来看，总监正、监正是保甲，监生是功名，就和贡生、文生一类的差不多，团正应该是当时民团、团练一类的负责人，都是一方军政要员，这些人在地方上比较有地位、对公共事务比较活跃的。他们商议的结果是“集议概选境内殷实公正绅粮领簿募捐”。④请殷实公正的乡绅来募化资金。也就是由当地的富裕、有威望、有影响力的人来主持募化资金。大家公推李继宗、吴汉章等人。他们就往“同盛和号”募化银两。“同盛和号”显然是一个商号。商家是各种募捐的对象。这个商号在这次募捐中，把自己的一个烂摊子推了出来。原来，同盛和光绪十五年雇陈玉林之子陈汉洲管平经账。谁知陈汉洲连年亏吞银三千余金。被查出来后，立下字据，愿将野毛溪自修座房一院渡船拾参只共作银参百两抵账。自己躲到汉口去了。其父将渡船募卖，据住房屋不搬。“同盛和号”既拿不回银两，也收不回房屋。于是，在李继宗、吴汉章为关帝庙募捐时，“同盛和号”

① 清代巴县档案 006-031-1858。

② 清代巴县档案 006-050-39071。

③④ 清代巴县档案 6-6-39202。

商号就"将野毛溪陈玉林抵账之房舍作公果。邀陈玉林投佃。"而陈玉林签了合同,却仍不搬迁。终于被告上公堂。

关圣会募集的资金主要用于关帝庙的经营管理。通常会把募集的资金置买田地,收取租金或实物,以供各种需要。如仁里十甲的武圣会由祖辈捐银兴成。年收租谷三十石,以管祀典。①如杨柳坊民萧扶元急需要银两,将田地押给文武庙会,文武庙会放贷参百柒拾伍两给他。然后将田地出租,收取租谷,用于祭祀时使用。②资金主要由会首掌管,由于缺少监督而常常导致很多贪污事件。在经营关圣会的资金时,又产生了很多经济纠纷。如仁里甲的会首"入权管三十余年,鲸吞二千余金"。③武圣会兴起后,在功能上起着会聚乡里,以神设教的作用。仁里十甲的武圣会章程④:

　　一议:会事之坏,每由经理不善,自古及今,大抵皆然。此会自今伊始,首事必由远近绅粮及会众举老成公正、谙练不阿之人承当,以两年为一轮。□□清轮流答,毋得贪管不交,致亏吞侵蚀之患。

　　一议:养生送死,生人之大事,风化所攸关。如在会之人,有父母高飞鹤驾,死无棺椁衾衣,双袖龙钟,生亦饥寒羸瘠,该首事留心访查,果属无力送养而冒为困苦者,然后酌量帮给,使存殁均沾,庶可奉老安少怀之。

　　一议:夫妇为人伦之始,闺阁寔治化之源。如在会之人,有男当婚而无力婚,慨桃夭之空咏,女当嫁而无力嫁,更梅木票之堪虞,该首事访查的确,酌量帮给。使男女以正,婚姻以时,庶可成女嫁男婚之美。

　　一议:人生斯世,似续曾勤子孙之计,而子孙敢忘似续之恩! 念水源木本,报荐宜伸,感春露秋霜,悲思曷已? 如此会创始之

---

① ③ ④　清巴县档案 006-031-1858。
②　清巴县档案 6-6-39194。

前辈皆已物故。每年会期,该首事前三日斋戒沐浴,来庙凭灵报荐,致祭寄赙,普伸超报,庶不负慎追远之训。

一议:化民成俗,莫善于礼,易俗移风,讵过乎乐? 礼雍雍,未必不自诗书中得来。正如在会之人有子弟本有可造,而父兄苦于无力送读法者,该首事酌量帮给,以资诵读,庶可继为国储才、属民读法之盛概。

一议:在会之人,良莠本自不齐,贫富亦皆互异。年收公租与所余积银钱,概归首事放收,而银两捐助、造桥修路等项,必由会众公议,首事不得仍蹈前□□,亲匿私情,敢行擅专,以致会众舆论波靡,酿成口角。惟公租务过五月会期,方许出售,毋得仍效彭登伦旧辙,运回自食耗费,庶可以济境内新旧之不继。

一议:王道不外乎人情。人情者,有无相通,缓急相济,所以王化亦自家而国,由近及远,原未尝舍本逐末也。如在会贫民倘遇凶年,该首事取公租,计其人口。按数择给,红颜不悲破镜白发,可免凭棺。再有余赀,然后输及他境,虽未宏民胞物与之量,庶亦可小补告籴赈饥之善政。

一议:此会公本虽富,而祠宇未葺。自此以后,该首事相其基址,将公项余积或募化绅粮建立武圣宫,使春秋祭奠,士民得所瞻仰。更就庙取公租若干,请示设立义学,延端人正士课读,贫民子弟来学者概不出备束修,以培植人才,转移风气,又必倩老成看司司其焚献,毋得袭彭登伦故习,指修不修,支吾掩吞,以酿雀鼠之争端。

这八议,皆关乎当地民生问题。章程第一条提出了会首选举制度,并且"老成公正谱练不阿",任期是两年,这就有效地防止了会首贪污鲸吞的事件的发生。第二条是接济会众中的饥寒羸弱以及无力埋葬父母者。第三条是帮助会众中无力嫁娶者;第四条是组织祭祀祖先的活动;第五条是资助会众中的子弟读书;第七条是放收银两捐助造桥修路等项,必由会众公议,缩小了首事独断专行的可能性。第八条是在凶年对会中贫民的以及外省的进行援助。这些举措,促进了社会慈善的发展,是对儒家安民济世思想的实践。

《武圣会首士凌云山禀恳示禁在官山义冢牧放马牛羊及刘兴禀王兴发等藐统凶伤卷》[1]:

> 具恳状武圣会首士凌云山抱恳高阶为禀恳示禁事情,思所管地名见风铺楠木垭武圣会众置有义地,埋葬贫苦孤弱残废,免暴尸露,年久无荟,今有无耻之辈,常放牛马羊践踏义冢坟茔,私伐坟侧前且树枝,卖售图利,会众迭斥□□□,只得禀恳,仁天赏示,严禁以杜具库。武圣会佃户刘兴廷为藐统凶伤事情,民承佃武圣会贝风铺楠木垭义地房土,屡遭不法等辈不惟纵放马牛羊等,屡践踏义地坟茔,并胆食民土,种集粮为害多端,情实难堪。首事等理斥不悛,较前愈肆。伊挤奶黄牛多只遍放义地,践踏各坟,并将民种小米□□。当拴伊牛壹只。冀凭地方理说,料兴发统众凶拥将落民发,抓民胸,殴背肘脚,伤沉。幸遇吴大顺等拖救。投理凶□□□□。首事奈民受伤沉重,恐酿不测,叩验拘究,以儆凶顽,伏乞。

从这里看出,武圣会置买了见风铺楠木垭的土地,出租给佃户刘兴廷,还在这里"埋葬贫苦孤弱残废",在一方做着慈善事业。

二、近代民间秘密组织对关帝的崇拜

关羽,被近世帮会奉为保护神。很多秘密组织,如四川袍哥、洪帮、青帮,都信仰关帝。这些秘密组织以关帝的忠义来凝聚人心,巩固组织。

哥老会,又称袍哥,汉留,咕噜子等。其得名与关羽有关。"袍哥"取自《三国演义》的故事:曹操把关羽留在帐下,虽然曹给了关不

---

[1] 清巴县档案 006-031-1893。

少华贵的衣物,却发现关总是穿着一件旧袍。问何故?关答曰,那件旧袍系结拜兄长刘备所赠。后来人们称结拜兄弟为"袍哥"。另一说是"袍哥"一词来自《诗经》:"岂曰无衣,与子同袍。"其意思是"同一袍色之哥弟也"。因此民谚称:"你穿红来我穿红,大家服色一般同。你穿黑来我穿黑,咱们都是一个色"。"汉留"也具有深意。"汉"在这里是指汉族,以别于满人。"留"则是"遗留",即明代的汉遗族,也可以是"流",即"以明我是汉人之流,非满人之流也",即指袍哥们自己。"桃园三结义"的故事对袍哥也有极大影响。刘备故事的影响力在于其在四川的文化根基,以及桃园结义的传奇故事,成为袍哥的榜样,加强了兄弟情谊。至于咕噜子,一说是聚集在一起的游民,被民间称为"咕噜子"。

哥老会是十七世纪中期兴起的反清复明组织,哥老会的起源一说是盐帮中没有力气的人组成的游民组织,盛行于民国时期,与青帮、洪门为当时的三大民间帮会组织。在辛亥革命之后,四川大多数成年男性,不论其出身高低贵贱,无论职业,工农兵学商,都直接或间接加入过这个组织。其活动范围很广,遍及全川。哥老会成员,也把持着军政要职。1914年,时民国政府以川省哥会"害政殃民"①为由,下令解散四川哥老会。但是哥老会受到地方军政部门的庇护,"虽据先后呈报取消。每多有名无实。甚有阳奉阴违,任其变易名称,秘密结合情事"。②又称"至地方团甲首人,则更多系哥会首魁。"中央政府希望清理军政界中的哥老会成员,以期达到"务使奸宄绝迹,君子道昌,吏治始有进行之望"。③然而,哥老会转入地下后仍然活动频繁,在四川迅速发展。十九世纪三十年代,哥老会已发展到四川比较边远的藏区,彝族地区等地。1906年,川西袍界巨子张捷先曾深入川西北藏羌族地区发展哥老会。清末二十三世瓦寺土司索代庚便是汶川、理县哥老会首领,曾"率士兵六百余人,出三江口游击,与清兵转

---

① ② ③ 会理民国档案 251-37《四川省行政公署训令第二六九七号》。

战郓、灌道上"①。民国二十六年(1937),灌县西华公袍哥大爷申价
屏曾在少数民族杂居的懋功县成立西华公分支码头,当地舵把子为
杨跃如。其中有藏族、回族等人士参加。在清代,四川藏族、彝族聚
居地区有咕噜会活动。今凉山彝族自治州有"咕噜沟""咕噜坝"等地
名,即当年咕噜住过的山林。据凉山彝族自治州阿鲁斯基讲:抗战期
间,四川省雷波县与云南省交界的地区,有袍哥组织,名为"德绪公",
其大谷中有彝族人阿鲁史哈。

在自贡档案馆里的一份关于哥老会的文献,可以看到哥老会发
展到民国时期,已经变成组织严密,有共同的目标,有内外组织。哥
老会的名称为"忠勇社":"统一四川哥老组织之名称,定名为忠勇社
元属社员均以忠义勇信四德为精神。对团体尽忠,对兄弟尽义,对奋
斗尽勇,对社会尽信。以发扬哥老会光大。"哥老会的宗旨就是"为四
川谋生存,为社会谋幸福,集中人力奠定四川之基础,领导社会以拥
护中央抗战建国为宗旨"②。

由于地域广阔,哥老会在每一个片区都有负责人。如,1932 年
时,袍哥组织在成渝线活动频繁,活动的范围在重庆、合川、南充、嘉
定等地。"(一)由重庆至北碚迁建区为戈宝权(二)由青木关至合川
一段为张健(三)南充一带为伍计伦(四)嘉定一带为李献章"③。它
有严密的组织。在哥老会大纲中规定:设委员会总社支社分社等。
成都设委员会以川将领之高级比任委员长以其成。川东、川南、川
西、川北各设总社。以川军之成区将领任总社长,上承委员长之命
令,以训练指挥各支社;多县设支社,以哥老之资深望重者任支社长,
上承总社长之命令,以训练指挥各分社。各乡镇设分社,选举分社长
承支社长之命令,以训练各社员,使明忠义勇信,以发扬互助的精神,
作保国为民之奋斗。

忠义仁勇是关羽信仰的核心精神价值观,哥老会崇尚关羽的精

---

① 王纯五:《袍哥探秘》,成都:巴蜀书社 1993 年版,第 31 页。
②③ 自贡市档案馆民国档案 41-1-5789。

神,对此继承并有所发展。如四川哥老会直接定名为"忠勇社"。倡导"忠义勇信四德为精神"。①即,对团体尽忠,对兄弟尽义,对奋斗尽勇,对社会尽信。②哥老会委员会教育处对会员的教育目标就是实行"本社之教育,以实行忠义勇信养成团结互助为教育之方针"。哥老会组织分为内组和外组成员,内组为保护之社员,外组为被保护之社员。外组成员不论士农工商,只要人格健全者,均可加入。但需工人介绍一人为之担保,具恳切之志愿者,方允其加入为正式会员。内组社员之选格以家寒忠勇有胆有力且富有忠勇牺牲之性,乐于效死之青年(即混水袍哥)始得参加,但需有二人确切担保,且具有恳切之志愿,然后经相当之考核,严格训练,认为合格后始得为正式社员。外组社员加入后即受本社之保障。若社员富者为盗匪所抢劫,呈报本社,本社负责诘查并附近各支分社均负责帮助诘查。出查无着本社负责赔偿,附近各分社帮助赔偿。其次社员有官非口舌斗争等,不问理之曲直,本社得全力扶助。理直者申其正义,理曲者尽力照护,务使社员得享本社之保障。但不得藉扰侵犯他人,袍哥攘造争端,以违社规。如有上项事,所受社内严格之制裁。形成了袍哥组织内部的保护机制。对这两组成员,都强调"忠义勇信",外组成员实行严格训练后,成为"成为忠义勇信之实行者"。

值得注意的是,哥老会对关羽的精神有了新的发展,即强调"信"。信是商品社会发展的产物。哥老会提出这一点,切合的是时代发展的需要。哥老会的大纲中对"信"有很多的规定:如,加入哥老会的成员,如果其遭遇抢劫,告诉了哥老会,那会哥老会负责诘问各处,如果没有查出,就会赔偿。"若社员富者为盗匪所抢劫,呈报本社,本社负责诘查并附近各支分社均负责帮助诘查。出查无着本社负责赔偿,附近各分社帮助赔偿"。③还有,哥老会对会员的教导,特别强调"信"。"尚义"是其最高标准的核心价值观。袍哥的会规是与其崇尚的精神即价值视和道德标准密切相关的,其会规也就是价值

---

①②③　自贡市档案馆民国档案 41-1-5789。

观的具体化。袍哥的经典文献一般认为是《金台山实录》和《海底》。其对外联绪的方式有条阵、口令、隐语(江湖话)、手势、兰谱、拜帖等，总结由"患信为本，义气为先"的思想，把"义"上升到行为的最高准则，袍哥的核心是无业游民和下层民众，只有代表他们的利益和要求，才能众望所归。袍哥把"桃园结义""瓦岗结盟""梁山果义"的精神气节融为一体，"以传统江湖义气作纽带，结为生死收美的利益群体"，把不同职业、不同身份的人组织起来，提供"兄弟道"。袍哥以封建伦理作为自己的伦理观，"律己律人即以纳"。"三纲"即君为臣纲，父为子纲，夫为妻纲；"五常"即仁、义、礼、智、信；"五伦"即君臣，父子，夫妻，兄弟，朋友；"八德"为孝、悌、忠、信、礼、义、廉、耻为群体信条。要求会众对组织保持绝对的相信相依赖，要求会众对大爷绝对服从。

哥老会中重要的仪式是祭拜关公。无论是开山堂，还是办事，都有祭拜关公的仪式。如袍哥的组织是从开立山堂开始，开立山堂有隆重的仪式，其中最重要的是拜关公。仪式开始后，外八堂执事唱《开山令》《迎圣令》。迎圣令有请关公神灵下凡的意思，其唱词为：

　　"竭诚顶礼拜关圣，汉留都存敬畏心；自是一诚通天地，香雾缭绕下凡尘。"

有的堂唱的是《迎驾令》，由正副龙头大爷率全堂的袍哥向空恭迎关帝圣驾，唱《迎驾令》：

　　恭迎圣驾，鸾卫遥临，桃园千古，帝君一人；恭维圣帝，万世人杰；大义参天，于今为烈。

整个仪式都是非常神圣的。成立山堂时，总印老大哥捧本堂印信进呈在关圣帝君的香案前，表明为当圣启封，还要唱《启印令》，唱词为：

有守有为，惟凭此印。当圣启封，祥云普荫。

经过这样的程序，山堂才算正式成立。在仪式结束后，还要"送圣"，唱《送圣令》：

久劳圣驾降红尘，况值干戈扰攘中。方手作完邀圣鉴，送将銮位早回宫。

整个仪式庄严神圣。

此外还有"歃血拜把"的仪式。早期歃血是刺破中指滴血入酒，后来多用杀雄鸡代替。所谓拜把是由"香长"将香捆束成把，共"三把半"，众人在香堂中叩拜立誓。早期开立山堂多在偏僻幽深的山林寺庙，以后则在长街闹市举行。这三把半香第一把是"仁义香"，纪念羊角哀与左伯桃；第二把"忠义香"，纪念刘关张；第三把"侠义香"，纪念梁山泊一百单八将。最后的半把香是"有仁无义香"，纪念秦叔宝和单雄信。这三把半香，是以忠义为核心，加强袍哥内部组织的团结。

哥老会以入会者的先后、声望、能力、权势分为十排。一排为会首称当家大爷；二排称圣贤二爷；三排称当家三爷；五排称五哥或管事；六排称附录或大老幺；八、九、十排称幺大，无四、七排。各社每年办会两次，一是夏历五月十三日，会员聚集关帝庙祭祀关羽。哥老会舵爷们称这一天为"单刀会"，为帮会最盛大的节日。袍哥公口所在的茶馆，均有川剧玩友班子，终日大唱《单刀会》《临江宴》《辞曹挑袍》等"关公戏"。县城的大公口则要在此日请戏班子唱坝坝戏。戏中的关公十分英武，唱关戏的都是川剧红生戏的名角。①

① 四川省岳池县志编纂委员会编：《岳池县志（1911—1985）》，成都：电子科技大学出版社 1993 年版，第 528 页。

关公圣诞这一天也是哥老会纳新的日子。笔者采访了健在的袍哥成员戴德明先生。①他讲到他加入袍哥的仪式：袍哥招收新的会员通常都是在五月十三日，"单刀会"。戴德明先生的入会地点在犀浦的关帝庙。他描述到他由兄弟引入关帝庙，看到对面墙壁正中有一幅巨大的关帝画像，高两米有余。神龛上供着两禀大香，还有各种贡果，整个殿宇烟雾缭绕，庄严肃穆。在旁边坐着大哥，又叫掌旗大爷、龙头大爷或者舵把子；二哥是没有的，因为关公是二爷；依次下去就是三爷、四爷。由司仪引导他拜完关帝，拜完舵把子后，管事还杀一只大红公鸡，祭天祭地，向新入会者宣布会规，也就是十条十款，入会者要对关帝发誓。这样，就正式成为袍哥成员。然后所有的袍哥们会大吃一顿，庆祝一番。

袍哥会对四川社会各方面都有极为重要的影响，袍哥内部有各山堂基本一致的纪律：俗称为必须遵守的"红十条"与必须惩罚的"黑十条"。"红十条"是袍哥成员应当遵守的会规，主要内容是孝敬父母，尊敬长者，有仁有义，要拜兄敬道，兄嫂莫言笑。袍哥违纪后，要受到惩罚，开"执法堂"，在关圣帝君面前进行"神判"。然后有十项惩罚措施：一是挂黑牌，二是赔情道歉，三是矮举，四是传堂训诫，五是磕转转头，六是走知会，七是搁袍哥，八是放河灯，九是沉水，十是草坝场。值得一提的是，在第十条中，在行刑时，龙头大爷要打红脸。打红脸也是象征了此时的龙头大爷有了关帝的神性，是神对犯事的袍哥的惩罚。这些规定对维护袍哥组织的稳定，乃至对维护当时社会的各种秩序，都有一定的影响。

哥老会这一在四川地区特别活跃的民间秘密组织，其活动范围以成渝为中心地带，向西南地区辐射，在藏区、彝族地区都有活动。对关羽信仰向西南地区民间的传播起到了积极的推进作用。以忠义勇信为核心的精神，在混乱的社会里，为保一方平安，也起到了一定的作用。特别是提出了"信"这样的宗旨，这表明当时的社会商业发

———————————

① 采访时间为2011年2月，地点在四川省川剧博物馆。

达,已经对"诚信"的要求提高。

第四节　商业会馆对关帝信仰的传播

一、山陕商人修建会馆供奉关帝

明清以来,随着商业的持续发展,逐渐在全国形成了十大商帮,分别是秦商、徽商、晋商、浙商、鲁商、苏商、粤商、闽商、江右商、怀商。这些商帮在各经商之地建有会馆,供奉地方神祇,如"禹王宫"为浙江商会、"万寿宫"为江西商会、"川主庙"为四川商会、"天后宫"为福建广东商会等。明清和民国时期,山西商人成为全国最大的商帮,被称为晋商。晋商所到之处,在财力人力达到一定程度时,就修建自己的商业会馆,其中有一些与山陕商人合建,由于山陕商人尊敬与信仰关公,对关公至今有着很深的乡土情结,他们把山西或山陕会馆称作"关帝庙"或"春秋祠"。山陕商人把关公的诚信、忠义作为人生准则,把关公作为他们的保护神,他们成为关公文化传播的一支重要力量。

在第二章曾经讨论过,四川移民"非秦即楚"的特点。大量的陕西人在四川,逐渐垄断了四川的金融。在清代,"川省正经字号多属陕客",乾隆年间,陕西商人成为自流井盐业的掌控者,"川盐投资秦人占十之七八"①。乾隆年间,"富(富顺——笔者注)荣(荣昌——笔者注)地区"夔州聚集陕西商人万余名;②綦江"山陕之客云集"③。陕西商人在四川垄断了茶叶和盐业两个巨大的产业,并以此为基础向药材、典当、皮货、绸缎等行业发展。康定,明清时名为打箭炉,因蜀将郭达在此造箭而得名。陕西商人在明初时就在此经营,惟茶商聚于

---

① (清)丁宝桢撰:(光绪)《四川盐法志》,光绪九年(1883)刻本。
② (清)何廷韬修,王禹锡纂:(光绪)《咸宁县志》,清光绪八年(1882)刻本。
③ (清)宋灏修,罗星纂:(道光)《綦江县志》,清道光六年(1827)刻本。

西炉,番众往来交易,以是成为通衢也。①由于陕西商人经营的茶叶
较其他茶商的茶更加色浓味重,深受藏族群众喜爱,加之陕商吃苦耐
劳,不畏路途遥远,逐渐控制了藏地的茶叶行业。康定的茶叶、棉布、
绸绢等大字号多是由陕西商人控制,康定城内的商贾,以山西陕西两
个商帮为大。康定"番夷总汇""小成都"的名号,与陕西山西商人长
期在这里的经商活动有关。不仅如此,他们以康定为基础,向藏地深
入,巴塘、炉霍、甘孜、玉树、西宁等入藏沿线都有他们的分号。如陕
西茶商在松潘经营,向甘南地区销售茶叶,建有陕西会馆。巴塘是入
藏的重要通道,也是重要的贸易聚居地,陕西商人从明代中叶就开始
在这里贸易,经营多年后,陕商在这里不仅有关帝庙,还有专属的"行
馆"。在四川进藏的路线上,建立的山陕会馆相望。昌都江卡南敦在
乾隆年间建有"汉人寺",就是关帝庙。昌都位于川滇藏的交界处,贸
易频繁。在其他的少数民族地区,也多有陕西山西商人的活动。冕
宁为彝族聚集区,山陕商人清初就在这里种田开矿,经营商业。懋功
的贾姓、王姓等族从陕西迁来,开店为生。随着西南地区的开发,来
自全国各地的商人也在这里行商经营。晋商经营范围广泛,有药材、
茶叶,贩盐是他们主要经营内容之一。由于山陕的地域关系,特别解
州的盐业占当时国家财政收入的四分之三以上,所以秦晋商人有相
当一部分从事的都是远途贩盐活动,四川自贡成为产盐中心,大量的
山陕商人会聚这里。清代诗人郑珍在《吴公岩》诗中写道:"蜀盐走贵
州,秦商聚茅台",是当时秦商在川活动的真实写照。大量的会馆也
伴随着商业的兴盛而兴修起来。清代吴好问的《成都竹枝词》:"争修
会馆斗奢华,不惜金银亿万花。"生动形象地描绘了会馆的兴盛。晋
商在西南地区遍布城市与乡村,也修建了大量的会馆。成都、昆明都
有陕西街,贵阳有陕西路。

　　山陕商人对关公文化的传播表现在大量修建关帝庙上。明代中
期,山陕商人就开始修建会馆,供奉关公。清代是山陕会馆修建的高

---

① 高济昌:《边茶史话》,《四川甘孜文史资一》第 3 辑,第 125 页。

峰时期。从北京、天津到河南河北,再到四川、甘肃、新疆、青海、宁夏,东部的江浙沿海地带,南方的广东、福建沿海,山陕会馆随商人的脚踪遍布全国各地,据不完全统计,全国的山陕会馆约有 300 多座。山陕商人财力雄厚,所修建的关帝庙辉煌壮丽,精美绝伦,是建筑艺术的精品。如四川叙永春秋祠,据说请的工匠是为慈禧太后建造宫殿的匠人。关帝庙的建筑多为左右对称,会馆中轴线上通常是供奉关公的大殿、拜殿、春秋楼、寝宫等,戏楼是必不可少的建筑。会馆的主要活动是四时祭拜关公,酬神娱人,商议调停,联谊乡情。

巴蜀地区的山陕会馆,已有研究者根据史书做了一些统计,然而这些统计中,有的不够完整,有的把凡文献中提到的"关帝庙"都统计在内,这不够准确。关帝庙的修建者众多,特别是商人所建与官府所建、军队所建有很大的差别,如果不加甄别,得出的统计数据也不太具有说服力。笔者在查阅相关文献时,如果未有说明是山陕人建的关帝庙,就不统计在内。

清代的成都府包括成都、温江、邛崃、新繁、新都、灌县、什邡、汉州、简州、金堂。成都陕西街有关帝庙(现为蓉城饭店)一座。新都县有两座陕西馆。①一座在县城北街,此庙建于乾隆二十一年,光绪九年培修,民国五年被土匪捣毁,民国十六年重修。另一座陕西馆位于弥牟镇长日场,民国四年被土匪所毁。新繁有一座陕西会馆。邛崃县城北街,有一座秦晋公所。②温江文明门外有一所秦晋公所,供奉关公。③德阳的陕西会馆有 3 座,分别在县城东南隅,黄许镇市上场和拍社镇市上场。④崇宁县有陕西会馆有 3 座。一座在雍正八年建立,在县城北街,乾隆四年修,嘉庆二年重修戏台。一座在咸丰年间被毁,一座由冯氏捐建的真武宫,民国时为陕西庙。⑤金堂县的三圣宫,

---

① (民国)陈习删等修,闵昌术等撰:(民国)《新都县志》,民国十八年(1929)铅印本。
② (民国)刘复等修,宁缃等撰:(民国)《邛崃县志》,民国十一年(1922)铅印本。
③ (民国)李绍祖等修,徐文贲等撰:(民国)《温江县志》,民国十年(1921)刻本。
④ (清)裴显忠修,刘硕辅撰:(道光)《德阳县新志》,清道光十七年(1837)刻本。
⑤ (民国)陈邦倬修、易象乾、田树勋等撰:(民国)《崇宁县志》,民国十四年(1925)刻本。

秦晋人共同捐资共建,在县治的北边,学宫的左边。①大邑县南区唐场有陕西馆一所;清代乾隆年间西秦人建三义庙,咸丰以来当地人陈明理张汝雯等重建。②巴县的陕西会馆在朝天门内,山西馆在人和湾。③万县在城内有一所陕西会馆。④云阳县的陕西馆在城厢西门外老街。⑤什邡的武圣宫位于徐家场下街,是陕西人的福神祠。⑥万源县的陕西会馆在东门内,也名朝天宫,在万源县西二百里烛峪关老街,又称三省会馆,还有山西会馆。⑦岳池县城内小东街的三元宫,即是陕甘会馆。⑧南充的三元宫在半边街侧,由山西陕西两省的商民会所,也称为陕西会馆。⑨三台县的山西会馆在城内。⑩广安县的武圣庙在县城内的厚街,也称山陕会馆。⑪在梓潼县的山陕会馆位于县南的牛石堡,是四川与陕西的交通要道,陕西人居多。会馆创立于嘉庆年间,陕西商人花费千金,修建了正殿,供奉了关公。道光年间,陕西商人刘义成号出资又修建了拜殿和两边的厢房,拓宽了石坎台阶。之后,本邑的居民与陕西商人共同努力,塑神像,立山门,修建舞台,刻碑记事。⑫丹棱县的武圣宫在县城内南大街上,陕西人建。三圣宫在县城西面四十里的高桥乡,宣统元年李季珊募众建立,后设国民学校。⑬汉源县的玉清宫,创建于道光十一年,即陕西会馆。在宜东场东,清代康熙四十二年建的关帝庙,有碑记谓陕西商业集于此,捐资

① (民国)王暨英等修,曾茂林等撰:(民国)《金堂县续志》,民国十年(1921)刻本。
② (民国)王铭新、谢汝襄等修,钟毓灵、龚维锜等撰:(民国)《大邑县志》,民国十九年(1930)铅印本。
③ (民国)朱之洪等修,向楚等撰:(民国)《巴县志》,民国二十八年(1937)刻本。
④ (清)王玉鲸、张琴等修,范鼎衡等撰:(同治)《万县志》,清同治五年(1866)刻本。
⑤ (民国)朱世镛、黄葆初修,刘贞安等撰:(民国)《云阳县志》,民国二十四年(1935)铅印本。
⑥ (民国)王文昭修,曾庆奎、吴江撰:(民国)《重修什邡县志》,民国十八年(1929)铅印本。
⑦ (民国)刘子敬修,贺维翰撰:(民国)《万源县志》,民国二十一年(1932)铅印本。
⑧ (清)何其泰等著,吴新德等撰:(光绪)《岳池县志》,清光绪元年(1875)刻本。
⑨ (民国)李良俊修,王荃善等撰:(民国)《南充县志》,民国十八年(1929)刻本。
⑩ (民国)林志茂、谢勤等撰修:(民国)《三台县志》,民国二十年(1931)铅印本。
⑪ (民国)林志茂、谢勤等撰修:(民国)《广安县志》,民国二十年(1931)铅印本。
⑫ (清)张香海修,杨曦等撰:(咸丰)《梓潼县志》,清咸丰八年(1858)刻本。
⑬ (民国)刘良模等修,罗春霖等撰:(民国)《丹棱县志》,民国十二年(1923)石印本。

购基建庙奉祀云。①松潘在治城北街和城内正街路东番建有关帝庙。②茂州城内有陕西馆，在内城鼓楼南边，乾隆二十五年建立。秦晋香院，在内城鼓楼南，乾隆初年建。山西新馆在外城，道光八年建。③巴中三元宫在城中文星街，陕西籍人公建。④达县三元宫，在城内西街，由秦晋两侨民所建，为山陕会馆。⑤广元三元宫，为陕西籍人民会馆，左右街房8间。⑥绵阳三圣宫建于乾隆四十一年，秦省人建；武圣宫在治北三十里马场，陕西人建。陕西馆，秦省人建。文昌宫在绵阳治所南边三十五里，今丰谷井场，乾隆年由秦籍捐建，修陕西馆，会首经营，内有金粟山堂。绵阳大西门内，有乾隆十一年秦晋两省人公建的武圣宫，光绪二十一年重修，殿后两客厅添建玉皇楼。⑦绵竹有8所陕西馆，一在城内大西街，乾隆九年创建，嘉庆十四年续修。富新场有2所陕西庙，道光二十二年重修，光绪年间重新，另一所在乾隆年间创建，道光七年增修。广济场的陕西馆，明代时邑绅刘燮、陶贝忠捐金建修，嘉庆时避水迁场，把庙迁过来。道光元年增修殿宇改为陕西馆。遵道场的陕西馆，在康熙年间创建，道光九年重修。汉王场的陕西馆，修建于道光十七年；马尾场的陕西馆，修建于嘉庆二十四年；拱星场的陕西馆，道光二年修建。⑧北川的陕西馆，在城东门外，六楹三合一进附戏楼，道光二十二年建。⑨富顺三元宫，在西关外，乾隆初年，陕西人募建，名三官堂，嘉庆庚申培修。⑩江安武圣宫，

① （民国）刘裕常修，王琢等撰：（民国）《汉源县志》，民国三十年(1941)铅印本。

② （民国）张典等修，徐湘等撰：（民国）《松潘县志》，民国十三年(1924)刻本。

③ （清）杨迦怿等修，刘辅廷撰：（道光）《茂州志》，清道光十一年(1831)刻本。

④ （民国）张仲孝等修，马文灿等撰，余震等绪撰：（民国）《巴中县志》，民国十六年(1927)石印本。

⑤ （民国）蓝炳等修，吴德准、王文熙、朱炳灵撰：（民国）《达县志》，民国二十二年(1933)刻本。

⑥ （民国）谢开来等修，王克礼等撰：（民国）《重修广元县志》，民国十九年(1926)修，二十九年(1940)铅印本。

⑦ （民国）蒲殿钦、袁钧等修，崔映棠等撰：（民国）《绵阳县志》，民国二十一年(1932)刻本。

⑧ （民国）王佐，文显谟修，黄尚毅等撰：（民国）《绵竹县志》，民国九年(1920)刻本。

⑨ （民国）杨均衡等修，黄尚毅等撰：（民国）《北川县志》，民国二十一年(1932)石印本。

⑩ （清）熊葵向修，周士诚撰：（乾隆）《富顺县志》，乾隆二十五年(1760)刻本。

在县城北正街,嘉庆初年由秦籍士民建。[①]泸县武圣宫,即是陕西会馆,在西门大街。[②]叙永春秋祠,在县城盐店街,清光绪二十六年陕西盐商重建。[③]西昌陕西馆,在礼州镇,场外一里;城内西南的北圣宫,即陕西馆。[④]

山陕商人对关公文化的传播表现在举办庙会上。明清以来,会馆也逐渐成为庙会的举办之地。庙会之际,祭拜活动往往有三天之久,庙会带动的商业市场也欣欣向荣。关公庙会不是一般的商业活动,而是民间自发的信仰民俗与商业交流的融合。关公戏是庙会期间深受群众喜爱的一项文化活动项目。陕西秦腔在四川传播很广。"一派秦声混不断,有时低去说吹腔"[⑤],清代《成都竹枝词》:"会馆最多数陕西,秦腔梆子响高低。""漫把梆腔学调学,关心且唱竹枝词。"(《江油竹枝词》)成都"会馆虽多数陕西,秦腔梆子响高低。观场人多坐板凳,炮响酬神散一齐。"(《成都竹枝词》)清吴好山《成都竹枝词》"秦人会馆铁桅竿,福建山西少这般。更有堂崽难及处,千余如戏一年看。"清杨甲秀《徙阳竹枝词》:"秦腔迭唱间三弦,荡桨人来望欲仙。喜得一城狂拍手,大家随着采莲船。"

关公信仰随着山陕商人在西南地区的经商活动,而呈现出有规律的传播特征。表现为山陕会馆在商路上呈现出有规律的分布特征,由会馆的商业洽谈,行业聚会,酬神戏剧等,不断地传播关帝的忠义精神,成为民间传播关帝信仰的一个重要的路径。

二、民族走廊与关帝信仰的传播

西南地区处于二级阶梯上,道路崎岖,李白早就发出了"蜀道难,难于上青天"的感叹。民族地区与外界的交往,商业的交通,依赖几

---

① (民国)严希慎修,陈天锡撰:(民国)《江安县志》,民国十一年(1922)铅印本。
② (民国)王禄昌、裴纲修,高觐撰:(民国)《泸县志》,民国二十七年铅印本。
③ (清)王麟祥修、邱晋成等撰:(光绪)《叙州府志》,清光绪二十二年(1896)刻本。
④ (民国)郑少成等修,杨肇基等撰:(民国)《西昌县志》,民国三十一年(1942)铅印本。
⑤ 雷梦水:《中华竹枝词》,北京:北京古籍出版社1997年版,第5册,第3499页。

条重要的道路,它们是五尺道、石门道、龙场九驿,在古代起着沟通西南地区各地的作用。

五尺道,秦时所修。五尺道,从蜀南下经僰道(今四川宜宾)、朱提(今云南昭通)到滇池,由于道路宽仅五尺,故史称"五尺道"。这条道路尽管狭窄,却和秦始皇在全国其他地区兴修的宽达五十步的"驰道"具有同等重要的意义。

石门道,是隋唐时四川盆地与云贵高原间的重要通道。系在秦"五尺道"、汉"西南夷道"的基础上修筑而成。自今四川宜宾市西南行,沿横江入滇境,经盐津县、豆沙关、昭通市,贵州威宁县,云南宣威市至曲靖市,再通往昆明市、大理市。在今四川高县西南有石门山,隋开皇五年(585)凿石通道,由此得名。唐贞元十年(794),西川节度使韦皋派马益重开,置行馆。与南诏间交往多取此道。今豆沙关犹有唐贞元十年袁滋开路置驿摩崖题名。

明时奢香开龙场九驿,是明代通往云南的重要的道路。这一区域,一直与中央处于羁縻状态。永宁宣抚司,是明清时代的少数民族地方政权机构,其统治者为彝族恒部——默遮扯勒(扯勒部)的后裔。秦汉时为"西南夷"夜郎国地。东汉,彝族恒部十九世德额奋扩展到赤水以北的川南地区,成为这里的统治者。唐代,这里属剑南道泸州,彝族首领为刺史,宋代永宁地属彝族罗氏鬼国。元代后,永宁建置西南安抚司。明太祖洪武四年(1371),明军平定四川,永宁彝族扯勒部君长禄照任永宁安抚使,治所在今叙永县城东城。永宁河一直是联系滇黔的重要水道。永宁、水西、乌撒、乌蒙和芒部等土司开辟了从永宁经水西、毕节去云南的驿路。洪武四年(1371),贵州土司霭翠接受明朝领导,任贵州宣慰使。10年后他去世,妻子奢香继任掌管彝族部落。奢香率部修建了560多里的山路,史称"龙场九驿",打开了与川、滇、湘的通道,促进了各民族的交往,推动了社会经济文化的发展,稳定了西南的政治局面,确定了与明王朝的臣属关系。

现今有盐路与茶马古道和南方丝绸之路等名称,其路段大体是交叉和重合。如盐路同时还是茶叶、粮食、中药材、生漆、铜矿等物资流通和交换的通道。这些商路如网络一般,将秦岭、大巴山、大娄山、乌蒙山、武陵山、横断山脉等山区,沱江、永宁河、大宁河、赤水河、南广河、清江、沅江、酉水河、郁江、乌江、雅砻江、金沙江等江河连接在一起。在这个网络上,分布着土家族、苗族、彝族、仡佬族等少数民族,这些少数民族在商业运输、商品交换中,保持了与外界的联络,民族融合与文化交流通过这种形式持续进行,这也是关帝信仰在西南少数民族地区传播的另一条路径。

西南少数民族地区与外界的交通线路打通后,商业运输繁荣起来,以前闭塞的民族地区,逐渐的有了一些繁荣的商业城市。川滇古盐道,主要有三大路线:一是从乌撒入蜀旧路线,即叙水——毕节——威宁——宣威,再从宣威至沾益、富源等地。二是大致沿着五尺道的路线运输,即宜宾——珙县——鲁甸——曲靖。这两条线路主要是来自自贡和乐山犍为。三是润岩古道的路线,四川彝族自治州盐源县以白盐井和黑盐井为主要产地的食盐,经西昌、攀枝花、木里到达云南宁蒗、永胜、华坪及丽江。川滇古盐道、茶马古道、明清时期滇铜京运的部分线路与南方丝绸之路、石门道、五尺道高度重叠。①

川盐入鄂的路线,北起云安、大宁,西起渝东的酉、秀、钱、彭,过长江往东,翻越大巴山、巫山,进入武陵山区,是一条重要的陆路通道,史书上称为"官盐大道"。它通过鄂西的利川、恩施、宣恩、咸丰、鹤峰、来凤,东进江汉平原,南入湖南湘西,再由龙山、桑植、吉首、凤凰、里耶、矮寨,东进洞庭湖、南入贵州,云南。沿线有著名的大水井古建筑群、彭家寨吊脚楼、唐崖土司遗址、美容土司城、凤凰古镇、中国南长城。

在南丝绸之路上,随商业流通留下了大量的关帝庙,被称为西秦会馆或是山陕会馆。根据自贡盐业博物馆的实地调查,现在少数民

① 自贡市盐业历史博物馆编著:《川盐文化圈图录》,北京:文物出版社2016年版,第201页。

族地区还有一些秦商建立的会馆：

① 叙永春秋祠

叙永县隶属四川泸州市，位于四川盆地南缘，属于"鸡鸣三省"之地，有"川南门户"之称。从清雍正年间起，被称为"永岸"，是川盐运往滇、黔的"四大口岸"之一。清乾隆年间，年运盐六七千吨，至民国三十三年年运盐达 1.06 万吨；也运送云南的铜、贵州的铅，年运量达五六千吨。

外来的盐商在叙永县形成陕西、山西、江西、贵州等几大盐帮，创立十三家盐号。盐商中以陕西人最多，双邀约山西人成立"西帮"，垄断了永岸。清光绪二十六年(1900)年，由山西、陕西盐商在原关帝庙遗址上重建春秋祠，又称西帮会馆，主要供奉关羽。主要建筑有戏台、回廊、看戏大厅、正殿、三官殿、暖阁，说书台等，共 2 500 平方米。是典型的晚清宫庭式建筑风格。

② 龚滩西秦会馆

龚滩古镇位于武陵山区的重庆酉阳县境内，全镇面积 133 平方公里，地处乌江、阿蓬江的交汇处，东接岭口、天馆，西与贵州以乌江中心线为界，南抵后坪，北靠彭水善感乡。水陆交通便利，自古以来就是川(渝)、黔、湘、鄂客货中转站，素有"钱龚滩"之美誉。在清光绪年间最为鼎盛，背夫数量每天大约一千人左右。龚滩西秦会馆建于嘉庆十一年(1806)，道光、光绪年间均重新修建。清光绪年间，陕西商人张朋九开设盐号，重建西秦会馆，既作为同乡商人会聚之处，又作为议事、祭祀、娱乐活动的场所。西秦会馆依照地形顺坡而建，坐东向西，四合院布局，四周筑有封火山墙。会馆大山门高大挺拔，临街西开，高出石板街八九个台阶。会馆现存建筑有戏楼、正殿、厢房等。会馆戏楼，两侧耳房和左右厢房为两层，戏楼精巧别致，雕梁画栋。正殿建在较高处，为悬山顶，抬梁式结构，面阔五间，进深 8.4 米，殿内空高 8 米。

③ 苦竹寨丹心阁

苦竹寨位于湖南桑植县内，张家界到桑植的古栈道上。桑植古称西南夷。到宋仁宗年间,桑植推行土司制度,设桑植宣抚司,因司治在桑植坪而得名(今五道水镇芭茅溪境内)。元、明、清因袭宋制,至清雍正五年改土归流,桑植居住有 18 个民族,土家族、白族、苗族为主要人口,土家族占全县人口的 50%。

"苦竹"是土家语,意为两面都是高山,苦竹寨是一座少数民族杂居的村落,保留了明清时的建筑特色。这里曾是澧水上游千帆林立的老码头、商贾云集的古集市。清末民初成为永顺、张家界、龙山、桑植一带的水陆码头。丹心阁即关帝庙,是苦竹寨的核心建筑,祭祀、还愿、赶庙会、唱大戏都在这里,现已毁。

④ 龙潭春秋阁

酉阳龙潭镇位于重庆市渝东南酉阳土家族苗族自治县东部,与秀山县接壤,地处武陵山区腹地,为酉东门户,总面积 3.2 平方公里。紧邻湄舒河,湄舒河自古以来就是连结酉水汇入沅江,通往江浙的大通道。自雍正末年废除土司制度,取消"蛮不出洞、汉不入境"的禁令后,江浙、湖广、重庆等地客商纷纷云集龙潭古镇,运来大宗食盐、布匹等日用百货,运出桐、茶、漆、朱砂、水银等特产。抗战时期,龙潭成为仅次于涪陵码头的川东南第二大市场。

⑤ 毕节陕西庙

贵州毕节六国时谓之南夷,其国名叫夜郎,君长称为夜郎侯。毕节市是个多民族聚居地区,有威宁彝族回族苗族自治县、77 个民族乡。第六次全国人口普查,查清了 56 个民族中共有 45 个民族分布在毕节。

陕西庙位于毕节七星关城区中华南路 41 号,坐东北向西南,占地面积 1 876 余平方米,建筑面积 1 700 余平方米,始建于清乾隆年间。民众称为"三旅舍"。该庙由左右临街门面、戏楼、大殿、左右厢房、钟鼓楼等组成。戏楼口的百子图浮雕,人物篆刻最深处有 3 厘米。大殿后面有一块石碑,其上记录了清代修缮陕西会馆的商号名单。毕节陕西庙不仅仅供商人聚集议事,还是广大民众上香祈福、看戏娱乐的场所。

⑥ 昭通陕西庙

昭通居于云岭高原与四川盆地的结合部,东侧紧邻贵州省威宁县(毕节地区),南侧紧邻云南曲靖市,西侧紧邻四川凉山彝族自治州以金沙江为界,北侧紧邻四川宜宾市以金沙江为界。西汉王朝在今昭通市设朱提县(郡),昭通首次被纳入中央政权的管理之下。元置乌蒙路。明代置乌蒙府。清雍正九年在完成改土归流后,改乌蒙为昭通。

陕西庙位于昭阳区永安街,建于清乾隆二十四年(1759),又称西秦会馆。民国八年重修,改称西北五省会馆。占地2800平方米。前有石质"忠义坊",已毁。正殿为歇山顶式建筑,前殿为卷棚顶,进门的门楼上方是一座用于唱堂会的戏台。采用中原建筑风格,布局气势宏大,对应中国传统建筑的四合五天井的特点,平面组合,总体方正,中轴明确,强调对称。在中轴线上布置主要建筑,四周及廊墙有其他建筑,有纵深,有层次。

⑦ 会泽陕西会馆

会泽县位于云南省东北部、金沙江东岸、曲靖市西北部。会泽是一个多民族县,有汉、回、彝、壮、苗、白、纳西、傈僳、满、布朗、藏、瑶、拉祜、佤、傣、哈尼、蒙古、阿昌、普米、独龙、仡佬、侗、布依、水、东乡等25个民族。陕西商人到会泽经营铜矿和食盐。明清时期,许多陕西商人到东川府(驻会泽)经商,经营四川的盐巴和陕西的土布。据嘉庆元年陕西会馆所立《关中众姓捐资修建三皇阁碑》记载,关中众姓在会泽开设的各类铺号一共90户。陕西会馆始建于清乾隆十九年(1754年),坐南朝北,占地面积约4000平方米,建筑面积870平方米,由山门、戏台、中殿、后殿及厢房组成。

⑧ 红坪镇关帝庙

红坪镇是神农架林区古盐道上的重要聚落。三道街关帝庙位于红举村古盐道驿站西80米,庙宇已毁,现有道光年间修建关帝庙的石碑一块。当地老人介绍,关帝庙香火曾经热闹一时,过往盐商、盐背子路过这里,都要上香烧纸许愿,求福避灾。73岁的周基禄先生讲述到：在他爷爷时，三道街还很热闹，房屋从远望寺到关爷庙鳞次栉比，有半边街，也有对河街。那时三道街有三家盐行，驮盐的骡马多达 300 多匹。三道街一户姓谭人家就养 99 匹骡马。三道街是巨大的川盐集散地。盐从大宁厂运来，再由这里运往房斤。当时盐业交易的规模由此可见一斑。①

可见，在关帝信仰向西南少数民族地区传播的过程中，山西籍和陕西籍商人在传播关公文化方面有着重要的作用。

值得注意的是，关羽不仅为山陕会馆供奉，也为其他会馆供奉。西南地区的会馆有湖广会馆、广东会馆、陕西会馆、福建会馆、江西会馆等。清代祀关，极崇封号，直省府州县皆有关帝祀典。这一信仰慢慢地成为全民的信仰。随着民间对关羽信仰的深入，西南地区来自不同区域的人们信仰不同区域的神的现象逐渐改变，关羽成为很多会馆共同信仰的神，或者是与不同区域的神共祀。通常，湖广会馆多祭祀禹王，也就是大禹；广东会馆主祀六祖慧能；陕西会馆主祀关羽；福建会馆主祀天后（妈祖）；江西会馆主祀许逊（许真君）等等。而这些会馆逐渐的都祭祀关羽。作为主神崇拜的不再只有山陕人士，泸县的江浙会馆、中江县城内的湖广会馆均主祀关羽。达县的滩场五圣宫，创建于雍正年间，谭宗龄在《重修五圣宫碑记》中记载到："中奉禹王、关帝、文昌、桓侯、王爷暨诸神像，为阖境士民、各省客商岁时致祭报祈饮福之所"。②又如民国《巴县志》载："浙江馆旧名列圣宫，疑先祀吴大夫伍员、吴越王钱镠。清初皆加封号立祠，载在会典。后乃专祀关帝。江南馆初为准提庵，亦后改祀"。③会馆共祀关羽，这是否说明了两点：一是各地移民已经较好的融合在一起，以地域为聚合的小团体的功能已经不再重要，各个地域之间的移民交流与融合加强了。二是这样作为加强移民联系的各地的乡神的功能就相对减弱

---

① 自贡盐业博物馆编：《川盐文化圈图录》，北京：文物出版社，第 202 页。
② （民国）蓝炳等修，吴德准、王文熙、朱炳灵撰：（民国）《达县志》，民国二十二年（1933）刻本。
③ （民国）朱洪等修，向楚等撰：（民国）《巴县志》卷五，民国二十八年（1939）刻本。

了。而全国共识性的神,能够把各个区域的人整合在一起的大神如关羽的重要性就增加了。特别是关公信仰以"忠义"为核心的价值观,切合了移民为生存而不得不打破(的)血缘纽带、地缘纽带,而以共同信仰的价值观为基础来共谋发展。

第四章　广西恭城瑶族关帝庙会

关公具有巨大的理想人格感召力,又是连接海内外炎黄子孙的精神纽带,明清时期关帝被赋予崇高的位置,在民间成为 22 个行业的保护神,不仅为官方、民间百姓都各行祭祀,甚至为各个民间秘密组织崇拜。各地留下的关帝庙,各种关公传说、碑刻等,历史上《三国演义》、关公戏剧、评书等各种形式的文艺作品对关公文化的传播,对关公信众有着很强的心理感召力,他们强烈的朝圣愿望,促使他们不惜千里迢迢,前往参加各种关帝祭祀会期;而且在当代,各地留下的相关的各种民俗文化,很多都已成为非物质文化遗产,对于普通的游客,也具有很大吸引力,具有旅游价值,成为各地旅游文化经济的重要组成部分。

改革开放以来,关帝民间信仰得到恢复,各地的关帝庙的重建与修缮非常活跃。笔者在田野调查中统计的部分西南地区的关帝庙,大多是在原来关庙的基础上重新修缮或是重建。这些关帝庙,有的是作为文物单位,由文管部门拨款重修。有的是民间百姓捐款重修。有庙就有庙会,传统的关帝庙会,也在很多地方恢复起来。山西、山东、河南、湖北等省的关帝庙会热闹非凡。各种关公文化节如"洛阳关林"、中国运城国际关公文化旅游节、福建东山海峡两岸(福建东山)关帝文化旅游节、湖北当阳、荆州的关公文化节、河南赊店关公文化节已成为一种固定的长期的节日。而四川的武侯祠的庙会、广西恭城瑶族自治县的关帝庙会等,都形成了规模,造成了影响。

传统文化的恢复,使得与之相关的非物质文化遗产得到了重新的挖掘与开发。如四川嘉绒藏区已失传的"德尔蹦"舞蹈艺术,在关帝庙会恢复后,关帝庙的理事们挖掘传统文化,找到还会跳这个舞蹈的民间艺人,把这一珍贵的非物质文化遗产保留下来。云南小屯村关索戏,流传在云南玉溪市澄江县阳宗区的小屯村,据学者们的研究,关索戏本来是军傩,现在仅仅存在于小屯村,每年在过年期间才有。2011年,关索戏被定为国家非物质文化遗产。贵州安顺地戏形成于明代初叶,分布于以贵州省安顺市西秀区为中心,以及市属的平坝、普定、镇宁、关岭、紫云、开发区,这些地区,历史上都是屯军的所在地。现在,地戏在春节期间演出二十天左右,称为"跳新春",与逐疫、纳吉礼仪一起举行。2006年定国国家非物质文化遗产。

所谓"文化经济化",是指文化进入市场,文化进入产业,文化中渗透经济的、商品的要素,使文化具有经济力,成为社会生产力中的一个重要组成部分。将文化的商品属性解放出来,这就增加了文化的造血功能,使文化进入良性循环的发展机制。关帝信仰文化,无疑是一笔宝贵,亟待在新时期开发的财富。关帝庙会信众的祭拜活动遍及海内外。祭拜的范围非常的广大,国内东到福建、宝岛台湾,北上山东、黑龙江,西达陕西、新疆,南到广东、海南。信众来自五湖四海,如台湾、马来西亚的关公信众,每年在解州关帝庙、洛阳关林、当阳关帝庙、东山关帝庙举行文化节或庙会时,辗转各地,赶上每一个会期,虔诚的祭拜。参加的人数也非常多,2019年广西恭城的关帝庙会参加人数在30万人,2019年四川武侯祠的春节大庙会春节七天参加人数达到83.25万人次!这无疑是一个巨大的文化产业市场。

在各地政府的推动下,关公文化旅游活跃起来,成为一些地方文化旅游的核心支柱性产业,"关公文化品牌"成为多地对外交流的名片。各个地方都在努力寻找关公文化与本地旅游的结合点,确立打造关公文化的受众点,建立有特色的,推动当地经济发展的关公旅游文化内容。如福建东山紧抓东山铜陵关帝庙,依托有利的与台湾比邻的优越地理位置,东山是台湾关帝信仰的发源地,打造东山关帝旅游文化节,吸引台湾信众。广西昆仑关关帝庙则结合昆仑关历史上抗日老兵的故事,将昆仑关关帝庙打造成连接海内外抗日老兵及其后裔的神圣祭祀地点,同时成为当地各民族共同祭拜的神圣空间。这些文化产业无一不是依托当地的关帝庙,在修复本地原关帝庙旧遗的基础上,以关帝庙为核心,开展各种祭祀活动。山西运城充分利用解州关帝祖庙、常平关帝祖祠,湖北当阳以关陵庙、长坂坡与关公皈依的玉泉寺为中心,河南洛阳则依托关林,这个集林、庙合祀的关公祭祀圣地。如洛阳关林国际朝圣大典源于传统秋祭,始于1994年,至今已成功举办了几十届。自2006年以来,关林国际朝圣大典开始与河洛文化旅游节有机整合,已成为加强海内外文化交流、沟通同胞亲情的重要平台。朝圣大典的信俗活动对沟通海内外华人亲情、商贸洽谈和经济合作等有着巨大的推动影响,已成为河南省对外开放的一个重要平台。山西运城以解州关帝庙为中心,开展两项活动,一是从1990年开始,每年10月举行世界级别的关公庙会;二是从1992年起,在解州关帝庙、常平家庙和关帝祖茔三地举办"金秋大祭"。这些祭祀活动,传播了关公精神、关公文化,联络海内外华人华侨,促进当地经济文化的发展交流,成为当地文化产业的品牌。在此基础上,发展文化产业链条,如当阳在饮食方面开发了关公烟、关公酒,教育方面有关公书画院、关公武术学校,文化娱乐方面有关公杯文艺汇演、关公杯歌手大赛,全方位地开发关公文化。湖北荆州举办国际学术研讨会,四川成都开发三国游戏等。

第一节　田野点的历史文化概况

在本研究关注的西南少数民族地区,关公信仰文化也如雨后春笋一般地发展起来。恭城关帝庙会是其中规模较大的一个。恭城关帝庙会起源于明代,具有历史悠久的特点,1995年庙会恢复,坚持三年一大办,一年一小办的模式;恭城的居民以苗族为主,关帝庙会的参加者也以苗族为主,还包括汉族等其他民族,因而具有民族性的特点;恭城关帝庙会具有全民参加的特点,人数多达 30 万之众。

2019 年公历 6 月 12 日—6 月 14 日广西恭城举办关公文化节,笔者完整地参加了文化节,运用宗教学、民族学、人类学的理论方法,对关公文化节仪式中祭司坛班的构成、法器的构成运用、祭祀程序等进行分析,深层次探析文化节仪式所反映的宗教文化观念。

一、田野点的社会文化背景

恭城瑶族自治县位于桂东北,桂林市东南部,介于北纬 24°37′至 25°17′,东经 110°至 110°10′,县境东西距 56 公里,南北距 75 公里。县城距南宁市 466 公里,距桂林市 108 公里。总面积 2 149 平方公里。恭城境内以山地、丘陵为主,山地占总面积的 79.24%,耕地占 9.18%。河流沿岸有较为平坦的小冲积平地。全县东、西、北三面为中低山环抱,中间为一条南北走向的河谷走廊,其间河谷、平地、台地、丘陵相互交错。县内最高处是银殿山顶,海拔 1 885 米;最低处是恭城镇古城村岭尾屯,仅有 130 米。自治县地处五岭之南,县西、北为都庞岭海洋山脉,县东为萌渚岭花山山脉。地形三面环山,北高南低。县东北部与湖南省江永县相邻,东南部与富川瑶族自治县一岭之隔,南部与钟山、平乐县接壤,西部与阳朔、灵川县相接,北部紧接灌阳县。

恭城地处楚尾越头,建县已有 1 390 年的历史。三国时,吴末帝孙皓甘露元年(265)置始安郡,富川县又分置平乐县,恭城属始安郡之平乐县。隋大业十四年(618),萧铣称梁帝,置桂州,分平乐地,置茶城县。此为建县之始。唐武德四年(621),平萧铣,置乐州,辖平乐、永丰、恭城、沙亭 4 县,茶城改名恭城。唐贞观八年(634),改乐州为昭州。五代、宋沿唐制。元大德五年(1301),升昭州为平乐府,领平乐、恭城、立山、龙平 4 县。明、清沿元制。民国元年,废府制设道制,恭城属桂林道。民国十年,废道制,恭城直属广西省。后置平乐

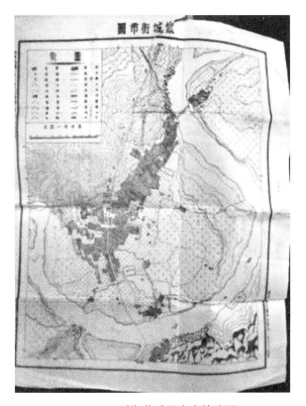

图1：民国时期恭城县志中的地图

行政督察区,属平乐区。1949 年 12 月 11 日,恭城解放,属平乐专区。
1958 年撤平乐专区,改属桂林专区(地区)。1990 年 2 月 3 日,国务
院批准撤销恭城县,设立恭城瑶族自治县,以原恭城县的行政区域为
恭城瑶族自治县的行政区域。

　　恭城有尊孔崇儒的历史传统。城中有两座庙,一座是文庙,一座
是武庙。两座庙宇对称分布,这在全国也是独一无二的。恭城文庙,
又称孔庙、学宫,是纪念中国古代杰出教育家、思想家孔子的庙宇,占
地 3 600 平方米,建筑面积 1 300 平方米,是广西现存规模最大、历史
最悠久、气势最宏伟、保存最完整的庙宇,为省级重点文物保护单位,
它始建于明朝永乐八年(1410)。恭城武庙建于明朝万历三十一年
(1603),清康熙五十九年(1720)重修,清咸丰四年(1854 年)毁于兵
燹,清同治元年(1862),再度重修,迄今有四百多年历史。整个庙宇

建筑面积1033平方米,为硬山式建筑,砖木结构,由琉璃龙壁、端门、午门、御书楼、刀楼、印楼、春秋楼和众多牌坊组成。恭城武庙面阔三间,进深一间。两门上分别写有"忠君爱国""济世安民"八个大字。进门处的古戏台、雨亭、中门、东西两边为配殿,主殿是协天宫。协天宫内塑有关公坐像、关公行像(出游方便抬出)及关平、周仓、王甫、赵累四尊塑像。协天宫两旁修建东西配房各五间,均为硬山式。东侧,建有"万代瞻仰"的石牌坊一座,中轴线南端西侧建有"威震华夏"木牌坊一座,北端东西两侧,建有追风伯祠、长寿宫、崇圣祠等。东西配殿布满大幅桃园结义、温酒斩华雄、三英战吕布、挂印封金、过五关斩六将、千里走单骑、古城会、单刀赴会、取长沙等关公故事的仿青铜壁雕。协天宫和雨亭是进行关公祭祀活动的主要场所。这座民间敬奉的关帝庙和祈雨的圣地,经历了数百年的风风雨雨,解放后,曾成为人民政府的粮仓,食堂等。"文化大革命"时期,又遭到了严重的破坏,险些被夷为平地。80年代后期,国家专门拨款进行了维修,使恭城武庙重放光彩焕发生机。

恭城百姓对文武庙有着深厚的感情。民间认为文庙是恭城文气的庇佑,恭城的小孩子到了启蒙时期,家长会带着孩子参加文庙"开笔会"仪式,让孩子拜孔子、敬诗书。恭城的教育水平在广西名列前茅,有着浓厚的尊师重敬的传统。每年高考期间,恭城文庙早上会在8点开门以前免费开放,考生的家长会来拜文庙祈求考试顺利。据当地人讲,每年高考前,学生们也会相约去文武庙拜孔子和关公,这一民俗已深入当地百姓心中。

二、恭城族群的构成及宗教情况

恭城学者莫纪德先生对恭城的族群的来源构成做过非常深入的分析,这一部分内容主要参考了莫先生的《恭城民族来源与民俗概况》。

恭城的族群以瑶、壮、汉三个民族为主体,还包括苗、彝、黎、侗、回、满、土家、布依、仫佬、高山、傣、毛南、蒙古、佤、藏、水、仡佬、纳西、

京、傈僳、畲、维吾尔、景颇、土家、拉祜等 25 个少数民族。瑶族是恭
城人数最多的民族。瑶族最早从唐代开始，从湖南、广东、江西等地
陆续迁入，形成无山不有瑶、无处不有瑶的局面。恭城瑶族按信仰分
类，主要为盘瑶；按语言分类，分为过山瑶，平地瑶，梅山瑶。过山瑶
从宋代开始向恭城移民，历经宋、元、明、清四个朝代，从湖南、广东、
广西迁入，分布在恭城县东花山和恭城县西海洋山区。平地瑶从唐
代、宋、明时期从湖南、山东、江西、势江、广东等地迁入，分布在恭城
的三江、嘉会、势江、西岭等地。梅山瑶是清代从新化、安化、江西等
地迁入，分布在三江、栗木等地。壮族从明朝初年从文本的宜山、南
昌丹县，柳州府雒容县，广东的新会迁入，分布在莲花、西岭、嘉会等
地。汉族从宋代开始，历经元、明、清，主要分布在恭城镇、嘉会乡、西
岭乡、平安乡。

由于历史上各种宗教的传入，恭城县至今是多元信仰并存的宗
教格局，有道教、佛教、天主教、基督教，还有民间信仰。

瑶族道教主要包括梅山教、正一教、闾梅教三个教派。梅山教以
师公的龙头杖法器为标识，师公做道场时要悬挂"梅山图"，主要传播
在栗木乡的各村寨和嘉会乡吉山村一带。清代光绪年间，梅山教的
影响很大，这一区域各寨村民多请瑶族师公做法或吹笙挞鼓，现在还
流传着"瑶人无事爱挞鼓"的俗语。现在观音乡水滨村有一支挞鼓队
和一份梅山图。正一教师公以师公的"七级浮屠"法杖为标识，供奉
"三清祖神"，认张天师为祖师爷，师公咒语有三十六咒，主要传播在
西岭新合瑶（包括阳朔龙尾瑶）和莲花镇，还有西岭乡与三江乡相邻
一带的过山瑶中。2005 年三江一带有正一教师公 5 名，挂灯弟子
30 名，新合瑶师公 1 名，弟子 2 名。闾梅教以师公的金刚石形为标
识，供奉梅山九郎为祖师，以三十六师为天尊，以上元唐将军、中元葛
将军、下元周将军为护法神，师公咒语共十四咒。做法时悬挂玉皇等
21 张图，也有地方挂横图，有 360 位神祇，以羊角舞、傩舞娱神。现在
有师公 2 人，弟子约 8 人。

宋代时佛教就传入恭城县，县内存有寺庙多所。南宋时期嘉会

乡的凌云寺、莲花镇的莲花庵，明代西岭乡的松林寺，供奉周渭和关羽，栗木乡的金华寺、龙潭寺，清顺治年间在观音乡建有甘草寺，后毁于战火。明清两代，农村各寨都建有庵寺，有庙产无和尚，多供奉观音，也供奉本族神祗。

基督教在民国十年传入恭城，在兴隆街、吉祥街分别有一所教堂，传教范围达到路口、洞尾、邓扒、天堂、西河口、同乐等地。民国二十二年，天主教传入恭城，在蛟鱼口设有教堂，传教范围主要在东寨蛟鱼口、三岔塘一带传教。

恭城百姓的民间信仰包括自然崇拜、祖先崇拜、英雄崇拜、巫鬼崇拜。自然崇拜在瑶族非常普遍，上山打猎要先祭猎神，下河捕鱼要祭河神（翁曼），入山砍树要祭山神（金曼）。瑶族所供奉的神像都是用樟木雕刻而成的，有一部分瑶族崇拜樟树。值得指出的是，拜祭自然物为父母在瑶族民间颇为盛行。瑶族孩子拜树木、大石、河水或泉水、太阳等为父母的较为普遍。

祖先崇拜在恭城的瑶、壮、汉等各民族中，在自己家的堂屋、祠堂祭祀历代祖先，还以还愿的形式，祭祀其同源始祖公、婆，每隔三、五年或十年举行一次。平地瑶和过山瑶共同的祖先是盘王，还盘王愿是瑶族非常隆重的节日，有的一年一还，有的五年一还，有的十二年一还。在唐黄、欧寨、势江等地区流传着还婆王愿。这三个地区每年以农历的六月二十三为期，抬婆王、雷神出游，还要举行抢花炮。在平地瑶地区，还有还李王愿，李王就是哪吒，传说瑶族在漂洋过海时得到哪吒的帮助，就把哪吒列入祠堂供奉每年以农历十二月二十日为李王诞日。明末清初，西岭乡周、王、蒋、费、朱、李、向、黄等姓氏都要还李王愿。此外还有莫王愿，大俍恭城有周王崇拜，周王是宋代的廉洁奉公的典型周渭。苏王崇拜，苏王名周维中，恭城嘉会人，此人在元代以明经进士官至苏州通判，后成神，在家乡附近一带一直被信奉。关公崇拜从明代开始就在恭城存在了，将在后文分析，在这里不赘述了。

三、"恭城关帝庙会"的历史

"恭城关帝庙会"又称为"磨刀节",磨刀节得名有两种说法,分别是"关帝诞辰说"和"关公磨刀说"。明清时期起,"磨刀节"就是一个全国性的传统民俗节日了。在本研究的民俗部分,详细阐释了明清时期我国"磨刀节"的历史情况,本节主要介绍恭城磨刀节的历史与现状。

恭城关帝庙会以关帝庙为依托。恭城最早的武庙是明英宗正统初年(1436)建立的,位于江贝村,该庙也供奉了周渭和岳飞。《恭城县志》记载:"关帝庙在县西,明万历癸卯知县陈朝策建。国朝康熙五十九年知县王沂重修,咸丰四年毁于贼,同治元年邑人集资重建"。①由文献可知,恭城武庙建于明万历癸卯年,即公元1603年,距今400多年,为国家级文物单位。除了县城外,恭城县的栗木乡、龙虎寨都有关帝庙,这些关帝庙是在明代建立的。

恭城民间称关公为"武圣公",恭城关帝庙会的来历源远流长。恭城民间传说中流传着关公巡游的故事,明末清初的一年夏天,恭城大旱,百日无雨。于是有街坊贤士倡议,将关帝庙的关公圣像抬出敬奉,以祈祷降雨。民众纷纷响应,于农历五月十二清晨,将关帝圣像抬出,施置祭品,虔诚供奉,盛况空前。关公果然显灵,不到几个时辰,只见乌云密布,顷刻大雨降临,民众欣喜若狂。为感念关公恩泽,祈求风调雨顺,平安吉祥,随后每年的农历五月十二,恭城民众便对关圣帝君进行祭拜,演变成一年一小庆三年一大庆的民俗文化活动。为什么恭城是五月十二祭关公呢? 历史上恭城这个人口不到一万的小县城,有关帝庙宇十多处,习惯于五月十三举行祭祀活动,后来官吏别出心裁地将恭城武庙的祭祀活动提前一天,即在五月十二纪念关公诞辰,这样,恭城就形成了县城五月十二,乡镇五月十三祭祀关公的独特习俗,一直延续至今。

———————————

① (清)陶增修,陆履中等撰:(光绪)《恭城县志》,清光绪十五年(1881)刊本。

每年庙会期间,恭城各族人民自发来到武庙祈福,祈求风调雨顺,五谷丰登。"文化大革命"期间停办,1995 年恢复,每年数十万群众参加庙会,同时举行舞龙舞狮、排灯、桂剧、彩调、戏剧表演、山歌擂台、武术、个人才艺和彩车等民俗民间艺术活动,还有来自其他省市、台湾、香港、东南亚等海内外的游客参与。关帝庙会能吸引这么多的群众参加,成为恭城全民的节日,这与恭城百姓对关公的信仰全民性有关。2016 年笔者第一次来恭城田野调查时,路上遇到一位瑶族大妈,她并不知道关羽是谁,关帝庙中供奉的神像她甚至也不清楚,在她看来就是保佑恭城的大神。她每年五月十三的庙会都会前来,而且会提前一天来,在庙里坐一晚上(这样的群众很多,大家就在关帝庙里席地而坐)为关帝守夜。她给我们一行人唱歌:"我们恭城好地方,大神就在我恭城。远方的客人你听我唱,大神就在我恭城。你们兄弟姐妹好人才,结伴来到我恭城。你们兄弟姐妹多和睦,来也平安去也平安。我们恭城好地方,大神就在我恭城。"

在关帝庙会上,关公巡游与瑶族的民俗活动结合起来,形成独特风景线。比如,有的村寨有关公巡游"收虫"或"求雨",时间是农历六月六或六月二十三日,西岭街有农历六月十五日抬周王、关公巡游的习俗。下西八岩瑶圩每年三会,在每年农历二月初二"鸟节",抬神出游"赶鸟"。莲花乡九甲地区扎纸船、放入少许鸡毛、火炭和白米,置入小溪分化。师公念咒收虫,谓之"收虫"。在每年六月二十三请婆王、周王、关公出游"收虫"。届时,在八岩村设两个奉神码头,瑶族师公奉神,同时要吹笙挞鼓娱神,还有抢花炮等民俗活动。这两个会期与农历的十二月二十八日形成了一年三会,不仅本地的瑶民会聚会,就是阳朔龙尾瑶、西岭新合瑶等四方的瑶民都会前来,并互相交流物资,从而形成了"瑶圩"。解放后,神灵出游已废,"瑶圩"还保留到今天。①

① 莫纪德:《恭城民族来源与民俗概况》,《恭城瑶学研究》第五辑,2009 年,第 120 页。

四、"恭城关帝庙会"的码头文化

码头原指是海边、江河边专供轮船或渡船停泊,让乘客上下、货物装卸的建筑物。通常见于水陆交通发达的商业城市。人类利用码头,作为渡轮泊岸上下乘客及货物之用,其次还可能是吸引游人,及约会集合的地标。

历史上,恭城水运发达,商业繁茂,依托茶江河,发展出了以吉祥街为代表的传统商业街,吸引了许多来自湖南、江西、福建以及广东等地的居民来此经商和定居,修建会馆。清代由三湘同乡会集资所建的湖南会馆就是这段历史的见证者。这些外来的汉族人与当地瑶族同胞共同生活,形成了今天多文化融合的恭城。在明清时代恭城依托茶江的水运建立起了通往南洋的通商航路,码头便从简简单单的一种出港的建筑变成了人们聚集地的代称。随着时代发展,成为一种恭城独有的文化,结合上当地的关公文化,便形成了独一无二的祭祀过程和祭祀习俗,每逢关公游行都要经过固定的码头点。在1999年恢复关公文化节之后,码头依然沿用明清时代的旧址,由于县城扩大,群众不断要求,在当地瑶族居民看来,在自家门口摆设码头是非常吉祥的象征,有很多居民渴望在自家门口摆设,请求组委会新增码头点。码头的数量增加了,保持在14、15个左右。

理事会是码头文化的管理机构。码头的理事会是在每年关公文化节前由各个码头的居民自发选举产生的,理事长1名,理事10名,共同组成理事委员会。武庙的总理事会由关公文化协会的成员担任。每一个码头也会选出分理事会,码头与武庙形成了中心与四周的关系,武庙的总理事会是中心,各个码头的分理事类似于分会。

关公文化协会作为一个民间组织,负责关公文化节的所有内容,由理事长1人,理事若干人组成,一般是10多人。1995年协天宫修复落成,民间组织了庆典理事会,成员有梁月生、罗来瑞、张远东、全德胜、秦保义、刘国谦、高喜鹏、廖范仪、陈飞、王芳钧、王芳卿、覃丰等人组成。恢复了停办已久的祭祀活动,一年一小祭,三年一大祭。从1995年恢复以来,举办了小祭十四届,大祭七届,共二十四届。每年的关公文化节由文化协会负责组织工作。

无论是码头还是武庙,都是由乐捐组、祭祀组、安保组、接待组、理事会办公室组成,他们的职能如下:

① 乐捐组

负责整个项目以及各大小码头的捐款事宜,关公文化协会的乐捐组设置在武庙内,乐捐组由组长1人和组员4—5人组成。负责接受捐款和文化节活动的支出。从活动前夕到活动准备甚至到祭祀当天都有民众或组织进行捐款。整个文化节期间的沿路摊位都是由乐捐组进行管理。

各个码头也都有自己的乐捐组。他们负责收取码头上的信众自愿捐献的善款。这些善款主要用于码头上节庆期间的布置,暖寿宴的采购费用等等。有的信众既要去武庙捐款,也要在码头捐款。

② 祭祀组

意如其名,祭祀是关公文化节的核心内容,祭祀组负责祭祀活动的筹备、彩排以及进行等内容,是整个活动能够顺利进行的行为支撑和保证。祭祀组的成员由每一个码头抽出不等的人员到武庙做工。祭祀组的工作包括邀请法师、助手、关公沐浴的人员、祭祀人员。总理事会和各码头互相支持,协调安排武庙内部和各码头内的祭祀、巡游仪式,确保农历五月十二日当天的活动顺利进行。

③ 安保组

安保组的作用是确保活动进行秩序,人员方面由政府派出公安交警的执勤力量,以及各码头的志愿者组成。他们在庙会期间在恭城关帝庙会的各个活动地点巡逻,协调解决民事纠纷,确保了整个活动进行。

④ 接待组

接待组就是对各方来宾进行接待工作,据资料整理来看是人数最少,一般由五人组成。外来宾客的接送、住宿、餐饮都由他们负责。

⑤ 理事会办公室

理事会办公室是由关公文化协会和码头人员参与组成的，对整个活动进行安排与管理，二零一九年农历五月十二的祭祀仪式理事会会长是罗来瑞会长。

第二节　恭城关帝庙会的仪式

恭城关帝庙会的会期从武庙换对联开始，到 5 月 12 日巡街结束，这可以看作一个大的仪式，这个大的仪式又是由以下几个重要的小的仪式组成的，包括：换对联仪式、唱戏仪式、沐浴仪式、暖寿宴仪式、关帝祭祀巡街仪式。

一、换对联仪式

"千门万户瞳瞳日，总把新桃换旧符。"这句诗形象的描述了过年的时候，中国大地的一个喜庆的民俗。对联又称对偶、门对、春贴、春联、对子、桃符、楹联（因古时多悬挂于楼堂宅殿的楹柱而得名）等，是一种对偶文学，起源于桃符。是写在纸、布上或刻在竹子、木头、柱子上的对偶语句。对联作为一种习俗，是中国传统文化的重要组成部分。2005 年，中国国务院把楹联习俗列入第一批国家非物质文化遗产名录。

恭城武庙的换对联仪式是每年农历五月初九，磨刀节期间。整个恭城的大街小巷的码头上，也和武庙一样，在这一天换对联。在街上搭桌子，铺红纸，展笔墨，把旧的对联取下，贴上新的对联。同时，还换上新的红灯笼。

写对联仪式是庙会开始前的一个准备工作，也是一项仪式活动。组委会每年都会将贴在武庙里的对联揭下，换上新的对联。恭城非常重视传统书法，小孩子启蒙后就开始练习毛笔字。恭城也多次举办书法大赛，写对联的人都是历次书法比赛获奖的书法大家。

2019 年农历五月初九(6 月 11 日),早上 8 点半,武庙里面开始进行写对联仪式。

1. 仪式活动过程:

① 提前准备好对联内容写在一张纸上。

② 在武庙雨亭下摆上一张桌子,放上笔墨和写对联用的红纸。

③ 各位书法师傅用毛笔写上新一年的对联。

④ 由两位师傅将刚写好的对联放到地上,等待其自然风干。

⑤ 将去年的对联撕下。

⑥ 将晾干的对联贴在拱形的长条木头片上,再将其贴在柱子及木门上。

2. 对联内容:

对联的内容每年各不相同,但大体上以庙会活动、关公信仰、恭城文化以及吉祥祝福为主。如 2019 年的对联内容有:"忠君爱国青史千秋歌武圣","济世安民赤心高古颂关公";"人生似戏熄心头名利火","水绿山青恭城美丽展新姿";"龙腾狮跃庙会祥和开盛况","荣辱沉浮总能载舟与覆舟"等。

图 2:书法师傅写对联

图 3：各码头来的义工贴对联

图 4：换上新对联的武庙

二、唱戏仪式

戏剧最初的功能都具有酬神娱神的功能。尽管现在的影视娱乐已经非常发达了,而在关公祭祀中,全国各地一直都保留着古装戏的仪式。每年的关公诞,恭城武庙都是邀请戏班来唱戏三天,2019年唱戏酬神的时间是从农历的五月初十(6月12日)—农历五月十二(6月14日)。

过程:

1. 敲鼓奏乐

6月12日早晨9点左右在武庙进行,由六位男性表演者坐在雨亭和前殿之间的关公泥塑旁进行演奏。坐在最前方的人在敲木鼓,其余五位坐在后排。其中,最左侧的表演者用木槌敲打挂在架子上的大锣鼓,最右侧的表演者一手持小鼓,另一手用木板敲打。中间的三位表演者则敲击着铜钹,这是我国民间一种常见的乐器。一阵敲锣打鼓后,敲大锣的人猛击了三下,随后,后排和敲钹的三个人,放下手中的乐器,开始吹奏唢呐。

整个仪式约持续15分钟。这个仪式宣告了戏剧表演要开始了。

2. 古装戏表演

在6月12—14日这三天的14点—17点和20点—23点,古装戏剧将在武庙戏台演出。演出单位为湖南祁东祁剧团。

6月12日的剧目为:夫子压台、黄鹤楼;

6月13日的剧目为:凤凰山、草桥阁;

6月14日的剧目为:双界牌、斩三妖。

《夫子压台》是每年必演的,而且放在开始的一出戏。这个戏是讲述关羽挂印封金、投奔刘备的故事。每年恭城关帝庙会最后一出戏一定是《斩三妖》,这是桂剧里面比较出名的一出,讲的是武王伐纣时斩三妖的故事。象征着斩去妖孽,确保了平安。戏剧一定是在武庙的戏台上演出。这个古戏台已经有400多年历史,是广西历史最悠久的两个戏台之一。旧时戏台地板下面就曾经放置过36口大缸,当台上锣鼓敲击时,声音便通过水缸从不同的角度向上反射,集中在藻井中产生共鸣,让声音既增加了饱和度,又可以传播得很远。按照民间的说法,可以传出十里之遥。戏台下坐满了观众,约有近百人,前来观看的人以老人居多。

图 5:武庙古装戏

图 6:戏台下的观众

图 7：用手机拍摄的观众

图 8：晚间依然坐满观众的戏剧表演

图 9：戏剧演出时间表

三、沐浴仪式

关帝沐浴仪式是传承 400 多年的文化,恭城民间认为,给关帝沐浴,也叫"净神",可清洗关帝身上的污秽,同时也可让参与沐浴关帝的人,得到关帝庇佑,洗涤人身上的污秽,祛病消灾。所以恭城人争先恐后地希望去参加沐浴仪式,如果不能参加,沐浴用的毛巾也成为大家争抢的对象,得到毛巾的人欢天喜地,珍藏毛巾,有的也用来送贵客。

1. 沐浴仪式的准备

所需要的物品:

① 五百八十条新毛巾;

② 柑橘叶若干;

③ 三个红色的大盆;

④ 一个红色的小盆;

⑤ 鸡、猪、鱼"三牲"祭品。

图 10:沐浴熬汤用的柑橘叶

图 11:沐浴仪式用的鱼

图 12:沐浴仪式所用的水、水杯和香

图13:沐浴仪式所用的鸡、猪、蛋、桃

　　五月十一日凌晨,信众们从四面八方赶来,他们提着供品,多为糖果、饼干、水果、花生、瓜子等,还拿着香烛,进殿就开始敬拜,并把供品和红包放在协天宫前的供桌上。(这些贡品在祭祀开始前会被收走,摆放另外的贡品)协天宫前临时搭起的敬香处烟火浓烈,人头攒动,摩肩接踵。很多人从很远的村寨来,他们聚集在庙中,一天武庙彻夜开门,信众们晚上看戏,就在武庙中等候第二天的祭祀仪式。

　　农历五月十一日早晨9点,在武庙协天宫举行沐浴仪式,为关帝、周昌、关平等擦拭灰尘。9点,身穿红色中式武术服装的中青年男子开始抬着红色的脚盆,也有人提着红色的水桶来到关帝殿前,水中加了一种香叶。在殿的四周,还有手持宝剑、木棍的徒弟护法。

　　2. 仪式过程

　　早上九点零八分,请神仪式准时开始,由大师与左右护法执三柱檀香,步入协天宫关公正殿三跪拜,退步回身面向天地三叩拜、燃香、上香。上香毕,再步入协天宫三叩九拜。摆上鸡、猪、鱼三样组成的"三牲"祭品。退步出大门在协天宫外向天地跪拜,"大师"在两个"信使"的护佑下开始祭祀仪式,双手合十,开始念秘诀闭目请神,请神毕。他们三人双手合十,站着做了三个揖,然后跪拜,继续作揖,接下来直跪,两边护卫双手合十,中间师傅用左手搭在右手的上臂,呈单手礼状,然后在他面前的红色的水盆中用手指画了几个圈,猛的拍水,先比出二的手势,再比出五的手势,然后继续埋身下来在盆子里面划符,再次将手举过头顶,如是几次。最后将水举过头顶,礼拜三次,又分三次倒了一点点水在地上。然后将此水盆中水倒到供桌前面的水盆里面,然后三个人再端着盆子来到殿前,面向香炉,先站着三鞠躬,再跪下来三鞠躬,大师傅继续在盆子里面画符,然后双手托起盆中灵符圣水,跪拜向天地高呼诵念:"一拜天地宽! 二拜福禄长! 三拜平安又吉祥。礼毕,风调雨顺,国泰民安!"蘸上水向天抛洒三次,然后向天把盆子里面的水抛洒完。礼成,退步回身把圣水分别倒入三个装入柑橘叶水之大盆,各沐浴信使用柑橘叶水净手净身。

仪式后,柑橘叶浸泡过的水就成为"灵符圣水"。"大师"把新毛巾全部泡在"灵符圣水"中,这些毛巾就具有了某种神圣性,可以为关帝擦拭了。大师的众徒弟就开始为关公及周仓、关平等净身。在关公的塑像前站有四个人,在关平和周仓的塑像前站有两个人,下面的人就抛帕子给上面的人。一时间毛巾翻飞,各信使分别为关公用五百八十条新毛巾泡上灵符圣水关公沐浴。这个给关帝、周昌、关平擦拭过的帕子也被居民视为神圣的物品。能够得到毛巾的人会非常珍惜,认为自己这一年非常有福气。

图14:放入柑橘叶的水盆

图15:请神仪式

图 16：为关帝沐浴

图 17：烧香的信众

四、暖寿宴仪式

农历五月十一日晚上暖寿宴。所谓的暖寿宴，是在关公生日的前一天晚上或生日当晚，武庙和各个码头的群众，各自聚在一起，共进晚餐。在信众心中，这是为关老爷做寿。从文化的角度来看，这是独具特色的民俗活动。需要说明的是，由于各个码头根据自己情况具体安排，有的会安排在农历五月十二日晚上。2019 年，由于恭城暖寿宴有 13 个地点，而参加田野的工作人员有限，不能全部记录。就选取了武庙和吉祥街两个点。

武庙的暖寿仪式：

1.准备：

2019 年暖寿宴活动从五月就开始筹备,要参加的信众每人交70 元钱到账务处报名,武庙内张红榜公布名单。武庙里暖寿宴的桌数,一直呈现出递增的趋势。2019 年达到 100 桌,1 000 人参加。暖寿宴的举办地点,传统上一直是在武庙内的风雨亭内,2019 年由于人数众多,改在文武广场举行。

菜品的准备,寿桃、寿蛋是必须准备的,而其他菜品就包括了鸡、鸭、猪肉等。宴会有荤菜是关帝庙会独特的特点。

图 18:张贴在武庙里的部分参加暖寿宴名单

图 19:武庙暖寿宴的一桌筵席

2.仪式过程:

2019 年农历五月十一日(公历 6 月 13 日)下午 2 时许开始,文武广场搭建起了帐篷。下午 4 点半左右,登记过的群众都络绎不绝的从各方汇集到文武广场,没有桌牌,人们都是按照亲疏关系来坐位置。街坊邻居、亲戚朋友会自然而然地坐到一起。大家互相祝贺,喝米酒、吃大肉,尽情狂欢。每个桌子上还有一个袋子,里面有给关公沐浴过的毛巾、鸡蛋。桌子上摆的菜如同办席时一样,有鸡、鸭、鱼、肉,烧猪等十个菜。祭拜关公的酒宴有肉,是不同于其他祭祀活动的。

第三节　关帝巡城祭祀仪式

关公巡城祭祀仪式是整个恭城关公庙会的核心,也是具有广泛影响力的一个活动。恭城的汉族和壮族、瑶族都敬奉三国名将关羽,尊之为武圣公,建祠称武庙或关帝庙。传说关公不仅忠义仁勇,还怜惜百姓,当百姓有难时他都有求必应。在恭城就有一个关公显灵降雨解除恭城百日无雨、田地干裂,人畜饮水困难的传说。为感念关公恩泽,祈求风调雨顺,平安吉祥,随后每年的农历五月十二,恭城民众便要对关圣帝君进行祭拜,抬着关公像巡游全城,这个祭祀巡游仪式在 1995 年恢复。

一、巡城祭祀活动的准备

2019 年恭城关帝庙会的 14 个码头祭祀点:滨江苑码头、同乐洲码头、太平街码头、傅家街码头、拱辰街码头、吉祥街码头、兴隆街码头、后街码头、太和街码头、江贝码头、信合码头、水泥厂码头、新车站码头、印山街渔翁撒网码头。码头的布置在农历五月十一日必须要布置好。

1.滨江苑码头

滨江苑码头,是此次巡游的第一个码头,这个码头多是从周围瑶山迁移出来的瑶民,多从事各种自由职业,他们既信奉盘王也信奉文武二圣。这个码头悬挂了巨幅关公坐像,画像后面是捐款人名单的黄榜,黄榜上用红底黄字写着"二〇一九恭城关帝庙会滨江苑码头",一个充气条幅上用大字写着"滨江苑码头",在贡桌前摆放了 16 门礼炮。有烧猪 9 头,还有 4 盆鸡蛋,4 盆桃子。外面拉着横幅,上面写着捐款数量在 500 元以上的人家。

图 20:滨江苑码头的礼炮

图 21:滨江苑码头的祭祀一角

图 22:滨江苑码头乐捐横幅

图 23:滨江苑码头部分成员合影

2. 同乐洲码头

同乐洲码头是历史上就有的一个祭祀码头。成员为同乐乡的村民,多从事开矿等商业。这个码头的祭品从 11 日晚就供奉上一块猪肉,一只鸡,一条鱼,油茶 16 杯,烧猪 12 头,鸡蛋、桃子各两盆,桌子上还有信众放的各种鸡蛋供品。供桌前面摆放着锦旗,街道两边的横幅上写着捐款在 1 000 元以上的单位和个人。

图24:同乐洲码头的关帝像

图25:同乐洲码头祭品鸡蛋
（盆子里面是理事会集体采购,袋子里面是居民自发提来）

图 26：关帝像前的祭品

图 27：同乐洲码头的乐捐横幅

图 28：同乐洲码头全貌

3. 太平街码头

太平街码头,是传统的老码头。太平街码头设立了两个供台,每个供台的摆设都是一样的。拉在上面的横幅写的是"2019 年己亥岁恭城关帝庙会　太平街码头",下面的横幅写的是"义薄云天",两边的对联上联是"文韬武略中华独尊武圣",下联是"挂印封金忠义垂范千秋",悬挂一面锦旗,上书"义"字,供台上摆着八只烧猪,供台前压放着 6 张红纸,上面写满了捐款人的名字。前面的黄色的锦缎覆盖的桌子中间安放着一尊关公塑像,前面有一个香炉,一瓶酒,关公像前放三个酒杯,在前面的小一点的桌子上放着一串香蕉。在前面还有一个临时的香坛。

图 29:太平街码头祭祀点

图 30:太平街码头捐款名单

图 31:太平街码头部分祭品

4. 傅家码头

傅家码头是一个老码头,现在还有傅家祠堂。

图 32:傅家祠堂

图 33:傅家街乐捐横幅

5. 拱辰街码头

拱辰码头是一个老码头,横幅上写着"2019 年己亥岁恭城关帝庙会 拱辰街码头",旁边是益华服饰捐助的横幅。码头上悬挂着关公的画像,关公像前摆放着一条鱼,一只鸡,一条鱼。还有一盆苹果、桃子、火龙果,鸡蛋 4 盆,摆红蛋的是家里生了男孩子的。在临时的祭祀台前面摆着一排临时的香炉。

图34：拱辰码头的祭祀供品

6. 吉祥街码头

　　吉祥街码头搭起了两个点，一个点是吉祥街码头，一个是吉祥人家码头。吉祥街码头是在教堂的前面，据说这里是恢复庙会以来就设的点。吉祥人家码头则紧临老城墙，据他们说这里是历史上设点的地方。吉祥街码头立起了巨幅的关帝坐像，右手拿青龙偃月刀，左手握《春秋》。两边的对联上写着"千秋忠贞扬民族义胆，乾坤正气显中华风貌"，像的上方是一块横幅，上书"2019年己亥岁恭城关帝庙会吉祥街码头"，两边悬挂着捐款人的名字和捐款数量的竖条幅。吉祥街码头摆了三排供桌，最靠里面的供桌上，中间摆着三头烧猪，两边对称地摆着桃子、苹果，两边还有方便面搭成的小山。在第二排贡桌上，摆着红蛋和橘子。用盘子摆着各家拿出的红蛋，有的红蛋盘子里面还有小红包，共有二十多盘。在这两排贡桌前是在地上用石块垒起的临时香坛，里面已经烧着纸钱，插着高1.5米的大香。第三排贡桌上面有一个小香炉，插着香，供着一只鸡、一条鱼、一块肉。吉祥街码头的妇女都穿上了民族服装，男士都穿上了统一的T恤。吉祥人家码头悬挂的是一幅关公的站像，握着青龙偃月刀，威风凛凛。顶上有一个华盖。关公像前放着一个贡桌，前面放着两坛酒，桌子上供着一个小香炉，插着香，供着一只鸡、一条鱼、一刀肉。在关公像的右边安放着一个棚子，前面放着一张桌子，是关公巡游时落轿子的地方。再过去墙上贴着"吉祥人家码头恭迎关公巡游"，下面摆着一排贡桌,贡桌上供着 4 头烧猪,一大盆桃子,一大盆苹果,还有红蛋。

图 35:吉祥街码头正在烧纸的妇女　　　　图 36:吉祥街吉祥人家码头

图 37:正在准备的吉祥街祭祀点

图 38:吉祥人家祭祀点的部分供品

图 39：吉祥人家祭祀点的居民正在布置

图 40：吉祥街穿上民族服装的居民在拍照

7. 兴隆街码头

　　兴隆街码头也是一个老码头，这里立起一幅巨大的关公画像，上书"2019 恭城关帝庙会兴隆街码头"，左联"帝君英风贯古今"，右联"关圣正气昭天地"。在一个铺着红布的供桌上摆着一只鸡、一条鱼、一块肉，还有一个壶，前面有 3 个酒杯。再前面插着两支大香，在临时搭起的祭台前插着一面龙旗。祭祀台的两边还悬挂着灯笼。在祭祀台的旁边摆着祭品，分别是三头烧猪、蛋糕、居民们拿来的红蛋、桃子。

图 41：兴隆街码头祭祀点

图 42：兴隆街码头部分祭品

图 43：群众自发送来的贡品

8. 后街码头

后街码头与太平街相对,在一幅恭城县城的背景图上,写着四个红边黄底的大字"后街码头",一幅关公坐着右手握青龙偃月刀,左手读春秋的画像,对联上书"主恩浩荡威震华夏,仁德昭彰滋润大地",左边悬挂了 5 条横幅,右边悬挂了 6 条横幅,上面写着捐款人的名字和捐款数额。背景幕布后面的墙上,写着捐款人的名字和捐款的数额。一张纸上多的写 100 人,少的有 70 多人,一共有 6 张纸。贡桌上中间摆着 4 头烧猪,两边依次对称摆着 20 多只鸡,用塑料袋装着的红蛋。在贡桌前面的一排桌子上,用盘子装着红蛋,还有一个用红纸包着的乐捐箱。红蛋上用红纸写着新出生的孩子的名字。再前面是香炉,里面插着高高低低的香和蜡。香炉前面是一排垫子供大家跪拜。

图 44:后街码头部分供品

图 45:后街码头部分捐款名单

图 46:后街码头祭祀点

9. 太和街码头

太和街码头与后街码头相对。太和街码头在街口搭了一个牌坊,上书"太和街码头"。太和街码头树起了一个牌坊,这个牌坊在所有码头中非常独特,太和街在历史上就是恭城的"富人区",据太和街群众说他们是按照历史传统来搭建的。临时的祭台上摆放着烧猪、红蛋和橘子。

图 47:太和街码头

图 48:太和街码头暖寿宴名单   图 49:太和街码头部分捐款名单

10. 江贝码头

江贝码头在过茶江的对面。在桥上就拉起了横幅,一直到祭祀点。江贝码头的祭祀点布置了一块巨大的白色的幕布,上面画着恭城的俯瞰图。最上面书"2019 恭城关帝庙会江贝码头",关公像下面是一排锦旗,每一面锦旗上都书写着"关帝庇佑,平安古镇",在贡桌上摆着烧猪、鸡蛋、苹果,还有酒、香油。供桌前面是临时搭的香坛,里面插满了香烛。

图 50:路上的乐捐横幅

图 51：江贝码头祭祀点

图 52：江贝码头部分供品

11. 信合码头

在信合街农业银行的前面。这个祭祀点有一个供台,上书"信合码头"四个字,贡台上摆着一头烧猪,还有一箱苹果、一箱鸡蛋。前面摆着一些香蕉。在地上摆着一个盆子插香,一个桶插大香。

图53：信合码头祭祀点

12. 水泥厂码头

　　这个码头用编织袋的布搭了一个祭祀点，上有"2019 恭城关帝庙会水泥厂码头"，两边是"关公庇佑　有求必应"的对联，在供桌上排放着 10 头烧猪，捐款人的姓名则用红纸书写压在供桌前，一共有 5 张大红纸。在前面一点是两个长条桌子拼起的供桌，上面放着乐捐箱，在地上用石头临时搭起的香坛里面，插着大香和蜡烛。

图54：水泥厂码头祭祀点

13. 新车站码头

新车站码头用武庙为背景幕布，前面摆放着关公坐像。两边悬挂着写有捐款人姓名捐款数额的横幅。供桌上放着十头烧猪，两边依次摆放鸡蛋和苹果等物品。在一张小桌子上还放着一鸡、一鱼、一块肉和三杯酒。前面也是用砖临时搭起的香坛。

图 55：新车站码头祭祀点

图 56：新车站码头部分供品

图 57:新车站码头部分捐款名单

14. 印山街渔翁撒网码头

这个码头包括了印山街、城中西路、渔翁撒网、茶西一巷等几条街巷。印山街码头由一幅巨大的武庙的布景图组成,前面摆放着关公的巨幅画像,两边拉着写有捐款人姓名和捐款数额的横幅。在一字排开的贡桌上摆着十二头烧猪,每头烧猪的头上都带着一朵红绸花,两边再依次摆着一盆盆的苹果、鸡蛋。在关公像的正前方,还有一张小方桌,桌子上面摆着一鱼、一鸡、一块肉,还有三杯酒。在桌子前面是由石头砌成的临时的香坛,里面插着高香和蜡烛。在前面还有一张蒙着黄布的方桌,是关公巡游落轿的地方。

除了祭祀点的准备,巡游队伍也是关帝庙会活动的组成部分。据会长介绍,恭城的民众参加巡游队伍的热情非常高,甚至其他市县的群众也想来参加。巡游队伍的组成,由群众自发向组委会申请,经组委会批准后参加。2019 年恭城关帝庙会巡街的人员队伍组成如下:

巡游队伍包括恭城关公研究会的全体成员,马来西亚关老爷协会、河南赊店关公研究会的代表,这三家有一个《赊店共识》,根据这个协议共同办会。

图 58：印山街码头

图 59：印山街码头部分祭品

巡游队伍分为前中后，三个礼炮车分别位于前面中间和最后的位置。

前面有 19 个队伍，分别是小李礼炮车，鸣锣开道队伍，肃静回避牌子，2019 己亥岁关帝巡游牌匾，管乐队 16 人，彩旗队，马山会鼓队 29 人，同乐洲双龙队 60 人，同乐洲码头水族队 22 人，江贝龙队

30 人,瑶铃水族队 40 人,三小龙狮队 30 人,王玉凤龙狮队 30 人,暗
八仙队 8 人,石口羊角舞队 20 人,观音吹笙挞鼓队 15 人,融水芦笙
队 38 人,义配天地龙旗队,武术器械队。

中间则是巡游队伍最核心的部分,就是关帝神像(关平大印、周
仓大刀、大刀、贡品、万民伞、旗幡),在前面有一个开道的小秦礼
炮车。

在关帝神像后面的巡游队伍有八音班队 10 人,辽宁高跷队
20 人,实验中学狮队 15 人,回头寨龙队 30 人,张华彩车队 13 台,油
茶舞蹈队 40 人,林新德龙虎狮队 15 人,黎小军狮队 20 人,富川老俸
道义舞蹈队 23 人,陈伍英水族队 40 人,彭明凤龙狮队 30 人,郑加福
龙狮队 50 人,金四英狮子队 15 人,马来西亚 24 节令鼓 20 人,河南
赊店代表队 20 人,后街地龙队 30 人,小秦礼炮车。

巡游队伍是由恭城镇、恭城县一些乡,还有广西省其他县的队
伍,以及外省的一些特色队伍组成。恭城镇的这些队伍包括同乐洲、
江贝村、后街、石口、观音乡、平安乡,广西其他地方的包括广西马山
县、广西柳州融水县。外省的包括辽宁和河南,国外参加的马来西
亚。这些队伍有的是在历史上就一直参加关帝庙会的队伍。同乐洲
双龙队,是恭城历史上关帝庙会巡游活动一直参加的龙队,不论是大
年还是小年,同乐洲的两条龙一定要在,据说这是留传下来的规矩。
江贝龙队、恭城镇江贝村,也是历史上关帝庙会巡游活动一直参加的
龙队。张华彩车队,是大学生创业的企业。张华是广西非物质文化
遗产继承人,手工彩车为恭城的历史文化遗产。他的祖辈一直都参
加关帝庙会,并奉上彩车。郑加福龙狮队、金四英狮子队、彭明凤龙
狮队、林新德龙虎狮队、黎小军狮队都是恭城镇的狮子队。

恭城是瑶族聚集区,参加关帝庙会的巡游队伍也以瑶族为主。
瑶族在这里有平地瑶、山地瑶等不同的支派。据举办方说,不管哪个
瑶族,都积极参加。回头寨龙队来自平安乡,平安乡位于恭城瑶族自
治县城的东面,东与三江乡交界,南跟莲花镇相连,西同恭城镇接壤,
北和加会乡相邻,主要居民为瑶族。石口羊角舞队,恭城瑶族自治县

三江乡三江街东北的石口村，有 800 多名瑶民。石口村是从湖南千家峒（瑶族发祥地）迁徙而来。羊角舞是恭城的非物质文化遗产。观音吹笙挞鼓队，观音乡位于恭城县最北面，是全县最小的乡（镇）之一，南与湖南江永县交界，北与灌阳县接壤，东邻龙虎乡，南接栗木镇。因附近有座山形似观音而得名。全乡辖 4 个村民委员会，90％以上人口是瑶族，是典型的少数民族乡。吹笙挞鼓是平地瑶典型的文化。一些学校也积极参加，这次有实验中学和恭城三小参加了巡游仪式。恭城三小龙狮队，恭城三小是一所民族特色小学，以传承文化为特色，龙狮队是其特色教育项目。此外，马山会鼓队是广西马山县壮族的特色文化，非物质文化遗产。融水芦笙队，广西柳州融水县主要是苗族聚集区，苗族芦笙。富川县，全称是富川瑶族自治县，也有舞蹈队来参加。

2019 年巡游队伍主要是龙狮队。有 11 支龙狮队参加，其他的还有芦笙队、水族队、彩车队等富有艺术特色和当地文化的队伍。之所以龙狮队多，据罗主任讲，这是历史的传承。关帝巡游，就是要驱除邪恶，龙狮，都是非常勇猛的，什么妖魔鬼怪都被驱除了。

河南赊店和马来西亚来参加，是根据 2016 年所签订的《赊店共识》，由河南赊店山陕会馆、广西恭城关帝庙、马来西亚关老爷协会三方联合，互相支持，一个地方大办，其他两个地方支持。2019 年轮到广西恭城大办，河南赊店组成 20 人的代表团，并带来一个剧班，豫剧《汉桑情》前来表演，马来西亚则带来 24 节令鼓，并另外组成一个20 人的代表团前来支持。

15. 巡游路线

祭祀仪式结束后，由开道锣、执事牌等仪仗队伍簇拥，从武庙、滨江苑码头、同乐洲码头、太平街码头、傅家街码头、拱辰街码头、吉祥街码头、兴隆街码头、后街码头、太和街码头、江贝码头、信合码头、水泥厂码头、新车站码头、印山街渔翁撒网码头一路巡游。巡游路线的确定是依据历史和现实来定的。历史上的巡游路线是六个老码头太和街码头、傅家街码头、拱辰街码头、吉祥街码头、兴隆街码头、后街码头,这六个码头是不能变化的。其他对庙会贡献大的也会确定为码头,如信合码头,就是捐款比较多的码头。还有配合政府工作需要的地方,比如水泥厂码头,就是为政府打造油茶小镇而设立,现在有14个码头基本固定,并没有随着城市的扩大而再增加。

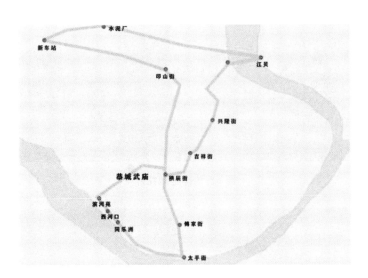

图 60:巡游路线示意图

二、关帝巡城前的祭祀仪式

这个巡游祭祀仪式由若干个小仪式组成:首先,请神仪式,在武庙内举行,由恭城民间大师率人完成。第二,祭拜仪式,在武庙旁边的文武广场举行,由政府、协会、各个乡的表演队伍组成。第三,巡游仪式,出文武广场,经县城十字街下燕岩桥头,往吉祥街、进兴隆街、太和街,上至车站信合大厦过江贝大桥,返往水泥厂,从印山街经城中西路再回武庙,在十四个码头,游行队伍都要落轿放下关帝坐像,进行祭拜。第四,安神仪式,将关帝像抬回武庙安好。

1. 请神仪式

2019 年 6 月 14 日上午九时许,响炮击鼓,鸣钟奏乐,舞龙队进入武庙雨亭舞龙。接着,大师带着抬关公像巡游的八名义工,在协天宫

图 61：请神起驾礼拜

图 62：关帝像被抬出武庙

前举行请神仪式。由大师率众对关公神像三叩首，大师念口诀请神，叩请关公离殿出游。然后，四名义工抬起巡游的关公像，从右边走出武庙，来到文武广场的祭祀大典现场。然后，各个巡游队伍都要到武庙雨亭中去进行自己的表演，然后出武庙到文武广场集合参加祭祀仪式。

2. 祭祀仪式

文武广场的祭祀活动。满城男男女女老老少少,从四面八方前来,拜祭关公的各界人士人山人海,文武广场上立着巨大的关公像。关公像前的祭台上放着两张桌子,关公巡游坐像安放在画像下。上午 8 点,祭祀仪式开始,程序如下:

① 敬献祭品(牛头、烧猪、桃子、苹果、荔枝)。

② 参加祭祀仪式成员依次净手上香。

③ 主祭和陪祭官,先行礼,举酒杯,然后全体拜叩三次。

司仪恭读祭文,祭文内容如下:公元二○一九年岁次己亥农历五月十二日,乃恭城关帝庙会大庆之吉日。夫子巡游,日月腾辉。恭邑各界,聚集于兹,敬备三牲酒礼,名泉佳酿,至祭于关圣帝君曰:

<blockquote>

钟灵银殿,毓秀茶江。　朝阳吐艳,旭日腾光。

庙会大庆,祭典盛况。　关圣帝君,德配玄黄。

威震华夏,名贯洪荒。　万世人极,世代昭彰。

山西故里,桑梓解良。　桃园结义,刘关与张。

青龙偃月,凛凛寒光。　赤兔追风,啸啸沙场。

封金挂印,约曹三章。　过关斩将,血刃不惶。

护辇侍嫂,单骑风霜。　春秋秉读,节礼勿忘。

古城聚会,劈斩蔡阳。　单刀会肃,吴将惊慌。

华容道上,义释瞒郎。　长沙城边,汉升诚降。

夫子精忠,日月同光。　夫子大义,山高水长。

夫子厚仁,赖及万方。　夫子刚勇,威镇汉邦。

千秋播誉,万古流芳。　三教尊封,百族敬仰。

当今盛世,民富国强。　中华崛起,屹立东方。

恭城瑶县,生态名扬。　山青水绿,黎庶安康。

高铁快捷,告别闭荒。　传统文化,底蕴深长。

宜居胜地,长寿之乡。　康养名都,油茶飘香。

</blockquote>

一城二区，宏图列张。三生四大，业绩堂堂。
城乡巨变，脱贫小康。干群努力，谱写华章。
惟祷武圣，播福茶江。巡游间邑，俎豆荐香。
恩荫南国，泽沛瑶乡。宏开锦绣，佑启辉煌。
风调雨顺，平安吉祥。于斯于祭，来格来尝。
伏维尚飨！

④ 祭祀人员向关公像三鞠躬，依次上香。

⑤ 揖圣礼成，会长宣布游行开始。由身着古装的抬神队成员抬着关公坐像巡游。

祭祀仪式结束由会长宣布：关公游行开始，巡游队伍从文武广场出发，关公巡游活动开始。

图63：县领导恭读祭文

图 64：马来西亚华裔上香

图 65：祭祀人员全体叩拜

图 66：开始巡游

图 67：瑶族靯鼓巡游队

图 68：关公落轿

图 69：穿民族服装的舞龙队伍

图 70:瑶族学生舞龙队伍

3.巡游仪式

自一九九四年桂林恭城国家级文物保护单位关帝庙重修正殿,一九九五年农历五月十二日第一届关公开光庆典隆重仪式,至今,每满三年举办一届桂林恭城关公文化节,也就是关帝庙会祭祀庆典,关公出游。

由于巡游时祭祀点比较多,就选取吉祥街来作为田野观察点。吉祥街是恭城古老的街道,这一区域也是恭城的重要文物区。据前会首梁日和介绍,吉祥街共有 55 户人家,总人数不到 200 人,有一些人家的房子出租出去了,租户多来自周围的瑶山的群众。关爷巡游的活动在吉祥街老居民心中有很深的印象。据 90 多岁的梁爷爷(名字不详)介绍,他的家已经在这里有 4 代了,在他还是孩子的时候就看见过关爷巡城的盛况,他还记得有踩高跷的队伍,周围的百姓(瑶民)都会来看,整个恭城人山人海的热闹场景。

争夺祭祀点是此次庙会比较值得关注的现象。2019 年的关帝庙会,吉祥街码头的祭祀点发生了争执。自 1995 年恢复关帝庙会活动以后,吉祥街码头一直都设在吉祥街面条厂、天主教堂前的空地处,而此次还在吉祥街老城墙处居民又搭起了另一处祭祀点。居民为此发生争执,出现了吉祥街码头出现两个祭祀点的情形,一个称"老吉祥街码头",一个称"吉祥人家"码头,两个码头之间相隔不足十

米。虽然此次设有 14 个祭祀点,但在滨江路码头旁边,居民也多增
加了祭祀点。还有在武庙旁边的广场上,在祭祀关公活动的地方,也
有商家设了一个小的祭祀点。能够在自己家门口摆码头,关爷能够
在自己家门口停留一下,在当地人看来是荣幸又吉祥的事情,大家也
很愿意为此出钱出力。这足以证明关帝庙会在当地人心中的地位,
尽管关公崇拜是来源于汉族的一种文化,但它在当地的瑶族同胞中
也早已深入人心。

仪式前的准备:

早在一个月前,吉祥街码头就成立了理事会。有理事长 1 人,理
事 10 人,这些人员都是由居民自发的推荐出来的。此次吉祥街码头
就有两个理事会,各自有几十户居民。理事会主要负责联系武庙,组
织居民捐款,采买祭祀关公所需要的物品。

仪式准备过程

① 挂画像

在祭台上方挂上约 3.5 米高的关公画像

图 71:关帝画像

② 搭祭台

准备一高一低两张桌子。低的在前,高的在后,并在桌子上铺上黄色桌布。

③ 摆贡品

后排:正对着画像的中心位置放两个铁盘,盛着两只煮好的鸡作为贡品,左右两边分别摆一盘桃子和一盘橘子。

前排:在最中心的位置放一壶水,旁边有十个供人饮用的塑料杯。在水壶两侧放置红蛋,左右两边各有一大盘和三小盘,在过去,这些红蛋是由添男丁的人家提供的。在每盘红蛋上还放了三朵粉红色的塑料花作为装饰。所需的物资全部由民间集资而来。(在巡游当日还会增添几盆桃子和红蛋)

图72:祭台一角理事会成员在点香

④ 烧香

在祭台前方设置香炉,供人们烧香祭拜。香炉前的祭坛中插着五根约1.5米长的香,中间三根包着金色的纸,外侧的两根则包上喜庆的红纸。香炉两旁各摆着一盆系着红花的盆栽作为装饰。人们手中的香规格各异,有一米长的也有三十厘米长的。

⑤ 穿上瑶族民族服装

当地瑶族人的日常着装已经与汉族无异,只有在关帝庙会等重

图73:烧香的瑶族妇女

大节庆时才会穿上民族服装。在暖寿宴当天,妇女们就陆续换上民族服装,烧香祭拜,参加暖寿宴会。

⑥ 挂乐捐横幅

在周围的楼房挂上一条条红色的乐捐横幅,横幅上写上"×××先生/女士/小朋友/店铺乐捐吉祥街码头××

×元",当地居民大多自发自愿的捐款,并且自己的名字能够写上乐捐榜是一种荣耀,能够得到关公的保佑和庇护。还有很多人替自己的亲属捐款,祈求他们得到好运和祝福。恭城崇文

图74:吉祥街乐捐横幅

重教的民风也在这里得到了充分体现,如邓丽华老人就以她孙子的名义进行了乐捐,希望孩子们学业有成。

图75:吉祥街老人邓丽华的乐捐证书

182

⑦ 挂锦旗和灯笼

在码头旁边的楼房上悬挂起一串串红灯笼,同时在关公画像两侧各挂上七面锦旗。锦旗上的话语多为吉祥的祝福,如"事业有成,万事称心","八方平安,四季顺泰","宏图大展,事业辉煌","生意兴隆,财源广进","赐福万民,神恩广布","学业有成,前程似锦","行善积德,一生平安"等。

图 76:吉祥街悬挂的锦旗

4. 暖寿宴仪式

暖寿宴是流传已久的关公巡游活动之一。大家捐的钱用以采买各种菜品,街坊邻居都在一起共同做一顿晚餐,然后尽情地吃吃喝喝。剩下的菜品由各家打包回去。

① 农历 5 月 11 日,是县城武庙为关公暖寿的日子,各个码头在这一天都会有人去参加武庙的活动,而自己的码头则派人留守。他们会准备油茶给来往的客人喝。油茶是发源于恭城地区的传统美食,现已成为国家非物质文化遗产。桌上的油茶,都由街上各家各户的居民亲自制作。当地人几乎每天都会喝油茶,它被人们亲切的称呼为"爽神汤"。

在农历 5 月 12 日晚上,码头上举行各自的暖寿宴。这里选取吉祥街码头为主要观察地点。

② 参与人数:参加暖寿宴的人不仅局限于吉祥街,来自恭城各地的居民都有,参与人数约 200 人,摆了约 15—20 桌。

③宴席餐食：摆了粽子、面包、花卷、散排、马蹄糕等食物,还有极富地域特色的螺蛳粉和各种粑粑。

图77:暖寿宴

三、关帝巡城仪式

每年农历五月十二日,恭城各族人民都要在关帝庙举行盛大的关帝庙会,也称为关公文化节。广大民众自发地到武庙烧香祭拜,祈求风调雨顺,五谷丰收。关帝庙会为每年一小庆,三年一大庆,2019年恰逢大庆之年,在6月14日上午9点,关公神像被请出武庙,起驾巡游。跟随关公像一起巡游的有三十多支民间文艺表演队伍,整个队伍绵延一公里长,蔚为壮观。巡游队伍会途经恭城的各码头点。

仪式过程

1.巡游点的人员安排

巡游队伍经过吉祥街码头时约上午十点。吉祥街码头的街道两侧站着六位手持礼花的男士,他们负责在巡游队伍经过时放礼花。同时,还有身穿橙色衣服的志愿者端着茶壶和纸杯,供来往的人们饮用。

2.巡游队伍在吉祥街的祭祀

上午10点40分,一辆扎着红花、装着电子炮的车子率先来到吉祥街,噼噼啪啪地放起了礼花,吉祥街这边也点燃了礼花欢迎。四位穿红衣服的小伙子举着"2019恭城关帝庙会关公巡游"的牌子走过来,之后紧跟着的河南代表队和马来西亚代表队是本次活动的协办者。身穿白色警服的器乐队,举着大旗的彩旗队(多是小学的男生)和牛皮鼓队依次巡游。

关公巡游队伍的一群身穿红衣的男士举着"肃静""回避"等红牌子走过来,电子炮声再次响起,接下来出场的就是关公像。在关公像前,还抬着烧猪和牛头等贡品。关公像落轿后,吉祥街的会首念祭文:题目是"2019年己亥岁恭城关帝庙会码头祭关帝文",内容是"庙会大庆,关帝巡游。古今敬仰,汉寿亭侯。忠义仁勇,圣范长留。百姓膜拜,千古风流。兼赐恩德,并济刚柔。恭城巨变,美不胜休。四时平安,物丰果优。关帝庇佑,更上层楼。"周围群众有人跪拜,有人鞠躬敬礼。之后,队伍继续起轿前行。彩车队跟着通过吉祥街祭祀点,由十辆彩车组成,彩车现已成为恭城的非物质文化遗产。第一个出场的是刘关张三人的塑像,旁边有几丛"桃树"作为布景,彩车下面还写着"桃园结义"的字样,这是关公的重要人生经历之一。后面经过的彩车也各具特色,每一辆车都有着独特的人物和装饰,大多是与关公有关的历史故事。最后一辆彩车上是一位瑶族妇女的人像,旁边摆着打油茶的工具和各种瑶族传统食品,充分体现了瑶族人民的饮食文化。接下来是舞龙队通过。舞龙队由各个码头点选派,每队由十位年轻男性组成,龙身的颜色并不固定,每队的颜色各不相同。每个龙队都在吉祥街祭祀点前舞动。龙是中国乃至东亚地区汉文化中不可分割的一部分,人们认为龙象征着祥瑞,能起到祛邪、避灾、祈福的作用。恭城的人们也不例外。舞龙队在吉祥街码头挥舞了一分钟后,吉祥街码头的居民站成一排人墙,唱着山歌,拦住龙队的去路,希望舞龙队能在吉祥街码头多停留一阵,为码头居民带去幸福和祥瑞。

舞龙队通过后,还有长鼓队、高跷队、舞狮队、打油茶队、芦笙队等巡游队伍。高跷是一项历史悠久的民间技艺,舞狮是中国岭南地区盛行的优秀民间艺术,芦笙和长鼓是瑶族传统乐器,油茶是恭城的传统美食,这些都体现了当地的民俗文化。

图78:关帝巡游牌与协办方队伍

图79:器乐、敲鼓和彩旗队伍

图 80:彩车

图 81:舞龙队

图 82:关帝落轿

图 83：会首念祭文

大约经过 10 分钟,巡游队伍过去。吉祥街理事会成员就开始把所摆放的供品打包分发给大家。然后开始拆除所搭建的祭祀台,到下午时,除了关公的巨幅画像和周围悬挂的条幅,居民们开始在街上搭灶煮饭,准备吉祥街的暖寿宴了。

四、"恭城关帝庙会"祭祀仪式的文化内涵

1. 师公与大师——仪式坛班人物的神圣性

师公是瑶族宗教中的核心人物。据组委会的同志介绍,关帝庙会中的祭祀仪式以前有师公参加,在恭城关帝庙会申报非物质文化遗产时,师公还作为一个特色写在申报材料中。但是笔者参加的2016 关帝庙会和 2019 关帝庙会,均未看到师公参加。"大师"是关帝庙会祭祀中的核心人物。在恭城民间认为"大师"能够通神。2016 年恭城关帝庙会的"大师"程师傅是一名中学老师,后来离职从事民间信仰的职业,主要是帮人看看风水,由于帮一个老板看矿脉发了财,由此在附近一带民间很有影响。自从 1995 年关帝庙会恢复以来,担任请神祭祀任务的都是程师傅。此次关公文化节的祭祀仪式,就是由程师傅和他的徒弟完成的。2019 年恭城关帝庙会的"大师"覃师傅是程师傅的徒弟。

恭城关帝庙会的祭祀上关于"大师"有这样一些争议。一是是否

要"大师",大师担任的是沟通人神的作用,大师的存在是否是封建迷信。一是佛教道教人士对"大师"神圣性的质疑,对其仪式的规范性有异议。不过这些都不妨碍民众对"大师"的崇拜。

2. 仪式法器的象征意义

水是恭城关公庙会祭祀时所用的法器。在世界各地的人类,洪水的力量与破坏力,让人恐惧,水滋养万物,让人依赖。水崇拜在原始初民中就有,祭拜河神、祭拜妈祖,都有对水的崇拜,通过赋予水以神的灵性,祈祷水给人类带来安宁、丰收和幸福。关公沐浴时主要是用水,祭祀关公时主要用的也是水,水在这里已经不是普通的水,而是象征洁净一切的力量。

3. 仪式过程的结构与象征意义

"通过仪式"是法国人类学家阿诺德·范根纳普(Arnold Van Gennep)在《通过仪式》一书中提出的重要的理论,阿诺德·范根纳普认为:"在标志着神圣与世俗之间,有一条中间地带,这个中间地带可以是一块石头,一条横梁,一条门槛等等,过了这中间地带,人或物就和一个全新的世界有了联系,或者说进入了一个全新的领域"。[1]"通过仪式"有三个阶段:分离、阈限以及聚合。在分离阶段,某个人或某个团体离开了他们以往所在的社会结构中的固定位置;在阈限阶段,作为仪式主体的当事人会处于一种"模棱两可"的状态;在聚合阶段,仪式结束,仪式中的个人或团体再次处于稳定状态,并会完成仪式中规定的权利和义务,他们的行为必须合乎仪式中所体现的规范及道德标准。借助范根纳普的"通过仪式"理论,对"关帝巡城仪式"的不同参与主体,在"通过仪式"的不同阶段分析如下:

第一,以全体恭城群众群体为仪式主体。在准备仪式的过程中,恭城的群众完成了分离阶段,从世俗的日常生活中分离出来,他们成为了各个码头的布置者,策划者,活动的执行者,每一个人都在这个仪式中有一个位置,不同于他们平时的日常状态,人们进入了"关帝

---

① Arnold Van Gennep. The rite of passage. Chicago Press. 1960.

巡游"的阈限阶段,从一个群体过渡到另外一个群体,从一种社会状态过渡到另外一种社会状态。在关公庙会前一个月,他们就开始筹备,选举理事会成员,准备各种事宜。关公巡游仪式结束,各个码头的暖寿宴结束后,就完成了聚合阶段,人们又回到了日常状态。

第二,以"关帝巡街"过程本身作为仪式主体。"关公巡街"仪式经过了三个阶段,即:仪式准备阶段、仪式进行阶段、仪式结束阶段。这三个阶段与"通过仪式"的三个阶段吻合。准备阶段为分离阶段;阈限阶段包含了三个子阶段:即祭祀、巡街、暖寿宴;整个祭祀结束则完成了聚合阶段。

第三,把关帝作为仪式主体。仪式之前,关帝就是关帝庙中的一尊塑像。阈限阶段,经过请神仪式,沐浴仪式,祭祀仪式,巡游的关公塑像已经被请下界的关帝神灵附上,变成了具有神性的武神。至巡游结束回到关帝庙,完成了聚合阶段。

在整个"关帝巡游"仪式过程中,无论是以哪一个作为仪式主体,都要循环三年作为一个周期。正如英国人类学家维克多·特纳(Victor Turner,1920—1983)在《仪式过程:结构与反结构》中所论述:人们从结构中被释放出来之后,仍然要回到结构之中,而他们所经历的交融,已经为此时的结构重新注入了活力。

象征是人类文化的一种信息传递方式,它是人类认识世界的过程的一种方式。正如国旗象征着一个国家,国旗这个可视可触可感知的物已经获得了它本身之外的一种意义,这种意义指向了一个新的意义,这个新的意义又是以集体无意识的认同存在为前提的,正是在一个群体,比如一个国家的全体人民接受国旗象征国家这个意义的前提下,国旗的象征意义才可以成立。哲学家保罗蒂利希指出象征的六个特征,分别是:1.象征与符号有一个共同的特征,它们都指向自身之外的别的东西,2.象征要参与到它所指向的东西,3.它找开了那些原本对我们关闭的现实层面,4.象征不仅打开了现实的某些维度和因素(若无象征,它们就仍然是不可接近的),5.象征不能有意加以制造,6.象征不能被捏造出来。①

　　关帝信仰的诸多仪式中,巡游仪式是其中民间流传已久的一种仪式。在清代的文献中已多有记载,恭城民间流传巡城仪式在这里已有400多年,明代时就已有。为什么是关帝? 就在咫尺之外,就是赫赫有名的孔庙,此时恰是中国高考的前几天,每天孔庙6点开门,家有考生的家长们就开始进庙烧香,然而恭城历史上没有孔子巡游,其他地方也多没有。关公是历史上的一位英雄人物,而在从三国到现在的一千多年的历史中,关公已经在符号层面上,大大超越了历史关公的含义,再通过佛道儒三教的加工,加上文人的渲染,关公已是在价值上代表着"忠义"为核心,在神学上代表着勇猛精进,统管三界的武神。关公符号获得了符号意指意义上的滑动,有了引申意、隐喻意、象征意。"武威"是他有别于文圣孔子的符号,"武安"是历史上从君王到将军,到地方官员关公崇拜的切实内容。抬着的关公像在街道上巡游的时候,百姓说这就像是国防部长来巡视。历史上真实的关公,孔武有力,信仰的关公,万民仰望,在象征意义界关帝一直是做为战神,在巡游中是作为神的关帝莅临恭城,象征着他的勇力,保佑这一方百姓。巡城的范围也颇具有象征意义。恭城历史上五条老街,是关帝必定要去的地方。关帝巡城的范围也随着城市的扩大而扩大。据罗乃瑞会长讲,参加关公巡城的百姓,2019年恭城官方统计30万人参加了关公庙会,在关帝巡游这一天,恭城县各地的群众还要赶到庙里去参加祭拜仪式,在关帝巡城时来到这里,他们通过参加、观看这一仪式,从而获得庇护感。

---

① (美)保罗·蒂利希:《信仰的动力学》,成穷译,北京:商务印书馆,2019年4月第1版,第44—46页。

第五章　嘉绒藏族的关帝崇拜

第一节　嘉绒藏族的族源背景概述

嘉绒藏族是生活在四川阿坝地区的一个古老的民族，这个民族历史上信奉苯教。在清代乾隆大小金川战役期间，这一地区的信仰格局变为多重信仰共存的形式。关帝信仰也在这一时期传播到这一区域。其信仰内涵主要是清军的战神崇拜，而随着时代的变迁，关帝信仰已经为嘉绒藏族同胞接受，每年五月十三或是九月举行的"关爷节"，成为嘉绒藏族的一个民俗活动。在西南地区，小金县的关爷会的特点是民间性、自发性、民族交融性，具有比较典型的意义。本研究的田野点集中在四川省小金县营盘乡、木坡乡、老营乡等。在研究前先对现在嘉绒藏族的自然地理环境做简要介绍，以对嘉绒藏族的背景有更深刻的了解。

一、自然地理情况

小金县位于四川省西北部，在阿坝藏族羌族自治州南端。地理坐标为东经 102°01′—102°59′、北纬 30°35′—31°43′之间。东邻汶川县，西毗甘孜州丹巴县，南连雅安市宝兴县，北接马尔康市。南北长116.4 公里，东西宽 77.6 公里，幅员面积 5 582 平方公里。县城美兴镇距省会成都 286 公里，距州府马尔康 143 公里。小金县地形狭长，地势东北高，西南低。县境北部虹桥山海拔 5 200 米，东部四姑娘山高达 6 250 米,一般高山脊达 4 500 米。河谷地区多在 3 000 米以下,垂直距离约 1 500—2 500 米。小金县属亚热带季风气候区。冬寒夏凉,常年干燥,雨量稀少,气温变化剧烈,四季不甚明显。年均降雨量 613.9 毫米;无霜期 220 天,年平均气温 12.2 ℃;全年光照 2 214 小时。截至 2017 年,小金县下辖 4 镇、17 乡,分别为:美兴镇、四姑娘山镇、老营乡、崇德乡、新桥乡、美沃乡、沙龙乡、宅垄乡、新格乡、达维镇、日尔乡、结斯乡、沃日乡、木坡乡、两河口镇、抚边乡、八角乡、双柏乡、窝底乡、汗牛乡、潘安乡,共 134 个行政村和 2 个社区。

二、嘉绒藏族族源概述

嘉绒藏族在地理位置上分布于青藏高原东缘的横断山脉地区,地势高亢,平均海拔在 3 000 米以上,有雪山,有高山草甸,有峡谷,处于费孝通先生所说的"彝藏走廊"上。嘉绒藏族居住在甘孜州丹巴、康定部分地区,阿坝州金川、小金、马尔康、理县、黑水、红原和汶川部分地区,以及雅安市、凉山州等地,在行政位置上跨四川的两大藏区阿坝藏族羌族自治州和甘孜藏族自治州,讲嘉绒语,并以农业生产为主,这地区的藏民人称"绒巴"(农区人)。据汉文史料记载,嘉绒藏族的先民们很早就在这里生活繁衍,称之为"嘉良夷(嘉梁)""白狗羌""哥邻人""戈基人"等。如《隋书·附国传》记载:"附国者,蜀郡西北二千余里,即汉之西南夷也。有嘉良夷,即其东部,所居种姓自相率领,土俗与附国同。嘉良有水阔六七十丈,附国有水,阔百余丈,并南流用皮舟而济。"①任乃强先生认为嘉良即今的金川。

嘉绒藏族的族源与吐蕃有关。7 世纪初叶,松赞干布统一了吐蕃,也将嘉绒地区纳于吐蕃的统治之下,派将领管理嘉绒各地。杂谷土司、梭摩土司祖先是唐代吐蕃大将悉坦谋。嘉绒地区的地方志《直隶理番厅志·边防志·土制》:"杂谷安抚司。其先吐蕃堆州刺使悉

---

① （唐）魏征《隋书·地理志》,上海:上海古籍出版社 1991 年版,第 222 页。

悝谋裔也"。①嘉绒地区在《安多政教史》一书和讲藏语安多方言的藏族中称"查柯"。其因是历史上吐蕃赞普曾派遣大臣柯潘前来嘉绒地区担任首领和武将,他的官邸在松岗以北,吐蕃王室在圣谕和公文中称他为"嘉木查瓦绒柯潘"或"查瓦绒柯潘",简称"查柯"。柯潘是从西藏四大家族之一的扎族中招募来大批士兵的指挥官,主管唐时吐蕃的"西山八国"。

嘉绒藏族的另一个族源为西藏。在嘉绒藏族中流传着一则"大鹏鸟卵生土司"的传说,传说中多有说土司是由大鹏鸟的卵所生,崇拜金鹏鸟,至今嘉绒藏族妇女的头饰上还有金鹏鸟的装饰。土司族谱中都说祖先是来自西藏的琼部。

自元代至清代中期,中央政府先后在嘉绒地区共授封了十八个土司。藏语"嘉绒甲卡却吉",即译意为嘉绒地区十八土司。分别是小金川的西边是大金川;绰斯甲位于嘉绒地区的最西北;西部、西南部为巴旺、巴底、革布什咱;木坪、明正两土司处于最南边。

这一片土地,地广人稀,是少数民族的集中居住地。在《平定两金川方略》中称他们有跣足披发,擅长翻山越岭,称为"甲垄",有两金川及鄂克什、三杂谷、丹巴、革布什咱、绰斯甲布、巴旺、布拉克底等土司。"甲垄"即现在的岷江、大渡河、雅砻江流域的上游地区地名"嘉绒"的别称。

图84:沃日土司官寨

---

① (清)吴义梅修,周祚嶧纂:(同治)《直隶理番厅志》,清同治七年(1868)刻本。

图85:沃日土司官寨塔楼

三、嘉绒藏族的宗教信仰

苯教(俗称"黑教")是嘉绒地区最为重要的宗教,它很早就传入嘉绒地区。关于苯教的起源,一说大约东汉顺帝时期,吐蕃地区最原始的佛教——雍仲苯教,由吐蕃地区传入了州境;另一说是一种起源西藏的多神信仰原始宗教,主要活动是巫师们为民众禳解灾祸,祛除病邪,占卜休咎,驱鬼降神等事。大小金川战争前,这一地区一直崇奉苯教。随着藏传佛教的东进,各教派与苯教势力展开了激烈的斗争。其中宁玛派(俗称"红教")在嘉绒地区建造了自己的寺庙,如大金川的阿科里寺、观音阁、粮台寺、仓仓寺、甲克寺、普登寺、惹如寺等;杂谷的桑丹寺、上孟寺等;小金川的大坪寺等;梭磨的扎若寺、斯扎寺等,与苯教分庭抗礼。到15世纪,宗喀巴创建格鲁派后,曾专门派弟子察柯温布堪钦、阿旺扎巴和格尔登茸钦等出去传教,弟子更登坚赞先后来到嘉绒地区建寺传法,发展格鲁派的势力。格鲁派、宁玛派、希解派等各教派虽然在嘉绒地区建了一些寺庙,在嘉绒北部的梭磨、卓克基、杂谷一带也拥有一些信奉者,但是由于苯教与当地的土司等地方势力结成政教合一的寺院集团,很多土司就是宗教领袖,尤其是大金川、小金川、绰斯甲等嘉绒地区的各大土司都崇奉苯教,形成了政权和教权高度联合的土司政权。直到乾隆年间的大、小金川战争之前,苯教势力仍然在嘉绒地区占据着统治地位,建于8世纪末9世纪初的雍忠拉顶寺(也称"雍中拉顶寺""雍忠寺"),是嘉绒地区最大的一座苯教寺院和苯教势力中心,在整个藏族地区也具有很大的影响力和号召力。其他教派的势力只是渗透到这一地区,难以与苯教分庭抗礼。

第二节　大小金川战役与嘉绒藏族的关帝信仰

一、大小金川战役清兵溃散与苯教之惧

乾隆帝进攻大小金川时排除众议,压力巨大,不论是怒杀亲信讷亲还是建立锐健营,不论是千里赐阿桂鱼羹①还是为傅文忠壮行时罕见的规格②,金川之役都是乾隆帝在开疆卫国之战的难题,让他牵肠挂肚,寝食难安。"两金川小寇,地不逾千里,人不满三万户,而费帑七千万"。③清政府以为这两场战争"视平伊犁、定回部,费力不啻倍蓰"。④

对第一次金川战役的失利,史学家已有很多分析,但是由于清政府对嘉绒地区苯教的认识不足,缺乏应对之策,导致军心动摇,士气低落,溃散之兵成为两金川战役的一个重要特点。从这个角度来解读两金川战役的,谈及者甚少。

---

① (清)昭梿撰,何英芳点校:《啸亭杂录》,中华书局1980年版,第23页。《啸亭杂录》卷一"食鱼羹":"金川用兵时,累岁未得进,至乙未冬,始克勒乌围,阿文成公桂以捷书进。上方用膳,因念将士用命,潜然泪下,適落鱼羹中。上即命封鱼羹以赐文成,并申明其故。文成泣曰:'臣敢不竭死以报上之眷也?'"

② (清)昭梿撰,何英芳点校:《啸亭杂录》,中华书局1980年版,第98页。《啸亭杂录》卷四"金川之战"条在派傅文忠时,乾隆帝"上亲祷明堂,张黄幔以宴公,亲酌之酒。命于御道前上马,设大将旗鼓,军容颇肃,命将之典,实近代之所罕觏"。

③ 西藏学汉文文献汇刻第一辑,西藏社会科学院西藏学汉文文献编辑室编辑:《平定两金川方略》1991年版,第17页。

④ 西藏学汉文文献汇刻第一辑,西藏社会科学院西藏学汉文文献编辑室编辑《平定两金川方略》1991年版,卷首一,第18页。

据学者们的研究,第一次金川战役,最高决策者乾隆帝并不了解
嘉绒地区的信仰,以为是与西藏的藏传佛教等同。[①]所以,当清军出
现对藏兵的惧怕时,威武的皇帝完全不能理解,包括他的亲信大臣
们,都没有对两金川特殊的宗教文化给予高度重视。这一点可以从
《啸亭杂录》卷一"杀讷亲"条看出:

上即位初,以果毅公讷亲为勤慎可托,故厚加信任。讷人亦敏
捷,料事每与上合。以清介持躬,人不敢干以私,其门前惟巨橐终日
缚扉侧,初无车马之迹。然自恃贵胄,遇事每多谿刻,罔顾大体,故耆
宿公卿,多怀隐忌。戊辰春,金川蠢动,张制军广泗率兵攻之,因其地
势险阻,不获克捷。上命讷往为经略。讷自恃其才,蔑视广泗,甫至
军,限三日克刮耳岩。将士有谏者,动以军法从事,三军震惧,极力攻
击,多有损伤。讷自是摄服,不敢自出一令,每临战时,避于帐房中,
遥为指示,人争笑之,故军威日损。有三千军攻碉,遇贼数十人哄然
下击,其军即鸟兽散。上知其不足恃,然欲其稍有捷音,然后召还,以
全国体。讷乃毫无举措,惟日乞增兵转饷,至有欲乞达赖喇嘛、终南
道士为之助战之语。上大怒,立褫其职。初尚令其往塞外效力,后因
其匿败事闻,立封其祖遏必隆之刀,即于中途斩之。故众皆悚惧,每
遇战伐,无不致命疆场,罔敢怀苟安之念也。[②]

讷亲,全名钮祜禄·讷亲,满洲镶黄旗人,出身高贵。乾隆亲信,乾
隆十三年(1748),以经略头衔主持大小金川之役。讷亲初到金川前线
时,令三日下刮耳岩,有敢向他谏言者,动以军法从事,结果三军慑慑。
然在经历了官兵极力攻击,多有损伤,仍然苦攻不下后,讷亲从此慑服,
不敢自出一令。讷亲的前后变化,可见金川不是寻常的战场,而从他给
乾隆的奏章中"乞达赖喇嘛、终南道士为这助战之语。"可见金川战场的
诡异。诡异在哪里呢? 讷亲提出的请喇嘛请道士的要求,是在了解战
场的现实后提出的。这个现实就是这一民族地区的特殊宗教信仰以及

---

① Roger Greatrex "A Brief Introduction to the First Jin chuan War"in Alex Mc Kayed.
The History Of Tibet London & New York Rout ledge Curzon Press,2003,615.

② (清)昭梿:《啸亭杂录》,北京:中华书局 1980 年 12 月版,第 14 页。

山地作战自然条件综合起来,给作战的清朝军队心理上造成的打击。

可惜,乾隆帝没有意识到这一地区的特殊性,闻之大怒,剥夺了讷亲的官职。乾隆开始一味地怀疑是绿林军的不肯尽忠,感叹还是满族人尽力,至后来,满族兵同样溃败,乾隆皇帝对此也无可奈何。大小金川之役,逃兵和溃散之兵,非常严重。翻检史书,"胆寒"与"溃散"二字是两金川战役中经常出现的。即使在清政府用了换将调兵,严明军纪,加大奖励等措施之后,溃散之兵仍是两金川战役一个值得关注的现象。诸如"有三千军攻碉,遇贼十数人阒然下击,其军即鸟兽散"①成为两金川战场的常态。又如木果木战役,将军温福也为枪所伤,坠马身死。对乾隆皇帝打击很大。温福军营中,民散在前,军溃在后,乾隆以为,温福没有用好这些匠役,应该打开军营的栅栏,将这数千人收在营内,包括营中的用人,都可以助军威。而温福关闭军营大门,让匠役自行散去的做法则向番兵示弱,同时,也致摇惑众心。乾隆一气之下,认为温福应当问斩,当前所有封赏都应该被夺去,念其阵亡,给他保留了五等的赏封。乾隆感叹"兵数不为不多,何以贼番一至,手足无措"。②"至温福军营失事时,众几二万。兵数不为不多。虽云疏于预防,亦何至于溃败若此"。③"致温福独领百人。冲出殁于战阵。其事为向来所无。其理亦太不可解"。④阿桂报乾隆帝的奏书中说"美诺、鄂克什的相继失守,是兵丁自行逃散"。⑤癸巳年(1773)六月,海兰察奏报,美诺西北栅内有贼百余。清军本占优势,而戏剧性的一幕出现了:正在接战时,"大营撤出绿旗之兵纷纷逃向明郭宗而去。禁之不止"。⑥直到海兰察同乌什哈达赶至渡口,射杀

① (清)昭梿:《啸亭杂录》,北京:中华书局1980年12月版,第14页。
②③ 《平定两金川方略》六十六卷,西藏学汉文文献汇刻第一辑,天津:天津古籍出版社,1985年版,第920页。
④ 《平定两金川方略》卷六十七卷,西藏学汉文文献汇刻第一辑,天津:天津古籍出版社,1985年版,第939页。
⑤ 《平定两金川方略》六十六卷,西藏学汉文文献汇刻第一辑,天津:天津古籍出版社,1985年版,第934页。
⑥ 《平定两金川方略》六十三卷,西藏学汉文文献汇刻第一辑,天津:天津古籍出版社,1985年版,第880页。

数人,始行止住。海兰察向乾隆奏报说:"此胆落之兵。未战先奔。
若仍留在军营。反致摇乱新到之黔兵之意"。①又说"此等溃散之
兵,本当尽加诛戮,但兵役相杂,且尚有照常打仗及得病受伤者。
碍难尽辨"②。这里不再一一枚举。温福曾报打仗中"官兵受伤及迷
失者甚多,且有遗失枪炮之事"③。"今营内现存兵一千七百余名,经
连次挫之后,兵气颓懦已极"。④士兵毫无士气,纵然人多,也无法战
胜藏兵。

　　在第二次金川战役中,乾隆皇帝注意到"邪术"对清军军心的影
响,相当重视用宗教的力量来鼓舞士气。比如他嘱咐阿桂:"凡遇经
过高山,务当竭诚祷祀。冀山神之默为相佑。利我军行"。⑤两金川地
区的极端天气本属正常自然现象,清军中人心惶恐,认为是苯教扎达所
为。阿桂将军致书乾隆皇帝,要求派喇嘛在军中念经。后来丰升尔给
乾隆的信中,再次提到喇嘛的"邪术"。并指出,雨雪天气,道路泥泞,行
走不便,夜间守卡之兵,不无少累。要求"自应破其邪术,方于军营有
益",并请求派喇嘛到军营备用。乾隆的态度大变,回复中也认为,"四
五月间尚大雪,其为扎答无疑。指出此等邪术,不过欲使人怖畏。人若
见而生怯,则其术愈逞。惟能处以镇定,视之淡然,其技穷而法亦不灵。
所谓见怪不怪,其怪自败也。温福阿桂当晓谕营中将士等,令其共知此
意。"乾隆皇帝此时已经注意到"邪术"对士兵的心理的影响。阿桂给乾
隆的信中提及五月初五后,雨雪交作,日夜连绵。以致无法进攻,而敌
人又趁机修建新碉。乾隆皇帝的回复中谕阿桂等"凡遇经过高山,务当
竭诚祷祀。冀山神之默为相何。利我军行"。⑥又说金川用兵,"朕实本

---

①②　《平定两金川方略》六十三卷,西藏学汉文文献汇刻第一辑,天津:天津古籍出版社,
　　　1985年版,第880页。

③④　《平定两金川方略》卷十一卷,西藏学汉文文献汇刻第一辑,天津:天津古籍出版社,
　　　1985年版,第222页。

⑤　　《平定两金川方略》卷九十六卷,西藏学汉文文献汇刻第一辑,天津:天津古籍出版社,
　　　1985年版,第1301页。

⑥　　《平定两金川方略》卷十一卷,西藏学汉文文献汇刻第一辑,天津:天津古籍出版社,
　　　1985年版,第1301页。

无欲办之心。乃逆酋索诺木等，敢于负恩反噬。罪恶贯盈，实有不得不办之势。并非朕黩武穷兵，是曲在贼而直在我。仰邀上于照鉴。自必嘉祐官军。而潜褫逆贼之魄”。①又说：“若非时雨雪，必贼扎达所为”。②乾隆继续说：“岂在正神，听贼人驱使，为此背理妄行之事”。③清朝的将军们已经虔诚祷告而仍然天气恶劣，乾隆认定“即是邪氛”，命令阿桂将军“于雨雪来处，用大左石右骏迎击。如韩愈之驱鳄鱼”。④

喇嘛在苯教中有着很高的地位，他们掌握着嘉绒地区的政治军事。苯教喇嘛有一项术术即诅咒之术。第二次金川战役中，文献记载“噶拉依、勒乌围两处喇嘛，共一千多人帮同打仗。又有许多喇嘛，在噶拉依寺里，每日念经诅咒官兵”。⑤阿桂曾指出：“奔布尔邪教专事咒诅镇压，实为众番滋事之端”。⑥第一次金川战役中，沃日土司诅咒小金川土司，致其唯一的孙子被咒死的传说在金川地区广为传播，在清军与被俘的藏民的口供中，也有喇嘛诅咒官兵之事。嘉绒地区文化相对落后，民风多信巫鬼妖怪，由于战争期间所得到的文献有限，结合屯兵时期的文献，可见这一地区的文化特殊性。在屯兵时期，尚有各种山妖女怪的传闻，甚至还有番人变鬼吃人的传闻⑦，还有不尊重佛像致死，其所住的喇嘛寺庙无人敢住的传闻⑧。这些都

①②③ 《平定两金川方略》卷十一卷，西藏学汉文文献汇刻第一辑，天津：天津古籍出版社 1985 年版，第 1302 页。

④ 《平定两金川纪略》卷九十六，西藏学汉文文献汇刻第一辑，天津：天津古籍出版社 1985 年版，第 1302 页。

⑤ 《平定两金川纪略》卷六十一，西藏学汉文文献汇刻第一辑，天津：天津古籍出版社 1985 年版，第 857 页。

⑥ 中国科学院民族研究所四川少数民族社会历史调查组：《金川案》，1963 年复制本，第 93 页。

⑦ 夷俗能为变鬼法。或男子或妇女。变形作羊骡驴之属。啮人至死。吮其血。见诸南中纪闻。予初未之信。自承乏绥靖。士人云，黑帐房夷类，惯行是术。学其术者，授咒日诵之。渐能变化，自后或猫或狗，随其意为之。以盗窃人财物。间有被执及击毙者，与畜兽无别。惟齿牙如人。不能改变。然则太平广记所载，板桥三娘子易饼变驴一事，未足惊异矣。(《金川琐记》卷罘，变鬼术)可见此地风气。

⑧ (清)李心衡：《金川琐记》卷五甲咱汛衙署，记载甲咱汛衙署设在喇嘛寺中，汛官信仰回教，“素不信佛，亵慢尤甚。旋病不起，濒危始悔。迁之塘坊，越日死。”这个事情造成的后果是“其署至今荒废，莫有敢居者。”

可以看出小金川特殊的地理环境,特殊人文环境给异质文化的人所带来的心理的恐惧。在第二次金川战役中,乾隆非常重视消除诅咒之术的影响。金川番人班第斯嘉布来投,乾隆皇帝的御旨中特别强调不要让士兵听见,并指示"传谕各将军等,嗣后凡有自两金川来投番犯,俱唤进营盘,严密讯供。切勿宣泄。令我官兵土兵闻之"。^①甚至连翻译的通事,也"留其在营,勿使与众兵聚处谈论"。^②还特别强调,从敌营中出来的人"其供词中有及贼人如何抵御官兵,语涉张大者,总须镇静。留心防范。其语亦当慎密,勿令众知。"凡是从敌营中出来之人,都送往省。^③

嘉绒地区的苯教喇嘛不仅念经诅咒清兵,而且有的喇嘛直接参加战斗,喇嘛寺庙不仅是宗教场所,同时也是军事设施,与碉楼相呼应,重创清兵在战斗中常有苯教喇嘛帮助两金川土司抵御清军。在第二次金川战争中,雍忠拉顶寺曾派出三千僧兵与清军作战;在清军攻打卡丫山梁时,喇嘛寺中的喇嘛和土兵联合抗拒。苯教寺院还派喇嘛与百姓一道防守要隘,"南路庚额特梁子上因是紧要口子,派了大头人喀思巴酣、宗制朋塔尔甲两个,将噶拉依一带百姓尽数带来看守,还添有塔思丹喇嘛寺里和尚二百……在那里看守"^④。大金川土司被围得走投无路时,苯教寺院曾派遣僧人暗中赴西藏,欲帮大金川土司求取达赖喇嘛等的援助。藏兵借助熟悉的地势、成熟的军事设施,特别是碉楼,往往在险要处与清军作战。如阿桂逼近勒乌围的进程中,多与在喇嘛寺庙中的藏兵交战。他在给乾隆的奏折中提到藏兵所守"昆色尔喇嘛寺"者,其位置在"拉枯喇嘛寺之上。地最险。"清军迂回包抄,"截其岩洞",最后纵火烧了拉枯寺。^⑤在进逼勒乌围之前,阿桂与藏兵在"冷角寺"交战,获得胜利,扫清了障碍。投降的藏

---

① ② ③　《平定两金川纪略》卷六十一,西藏学汉文文献汇刻第一辑,天津:天津古籍出版社1985年版,第1070页。

④　中国第一历史档案馆藏(军机处录副奏折)(民族类)乾隆三十八年十月初四日,阿桂奏折中附呈拿获活口屯兵纳太口供。

⑤　《平定两金川方略》,西藏学汉文文献汇刻第一辑,天津:天津古籍出版社1985年版,第1645页。

族土司从喇嘛寺庙发兵。如进军闸噶拉依的过程中，投降的土司"由玛尔当噶、克舍斋雍中两喇嘛寺，于十二月十七日统兵进闸噶拉依"。①在进攻勒乌围官寨时，勒乌围的"官寨垣固碉高"位置又居于要害，而且"转经楼"与官寨为犄角之势，中间设层层障碍，并与"冷角寺"在位置上形成呼应之势。清军先已拿下"冷角寺"，又在"转经楼"附近截断援路，方得最后胜利，拿下勒乌围官寨。喇嘛寺与碉楼往往相近，互为支持。在攻克山梁之后，清军考察，必需要攻夺喇嘛寺后，"既无返顾之虞，间道复有可通之径"，喇嘛寺三面俱为陡险难行。其中"各土司喇嘛居住"。②桂林奏言"臣等督兵进攻卡丫地方。因喇嘛寺贼人尚在据险防守"。有二百多名藏兵与五名喇嘛。清军攻打下来后，由于这五名喇嘛与藏兵同处一处，导致清军无法区别他们是否是一伙的。这五名喇嘛也被押送到内地。③第二次金川战役中，乾隆皇帝支持在清军中派喇嘛念经。明亮富德奏言："查德尔额忒境内，大喇嘛斯都胡土克图，先经遣人禀称，闻大兵攻剿金川，为众土司除害。现今前藏后藏喇嘛，俱各讽经神佑。我愿亲自来营，虔诵得胜经。以展诚心等语。臣等查西南各路土司，于斯都胡土克图，最称信服。为向来求见而不可得者。今既愿来营，以坚各番助顺之心。未始无益"。④斯都胡土克图不顾七十多的高龄，约同拜玉寺大喇嘛于玛扎什等一同前来。"现在南路各番民，闻知该喇嘛等，俱肯来营念经。必系金川当即日灭亡。其踊跃奋兴之意，更倍往时。借以鼓励伊等，出力打仗，自易见功"。⑤明亮下令沿途各站，量为照应。事毕之后，视其精力，令其到西路念经。乾隆皇帝称"此亦甚好。"谕"此事应令各路军营士兵等。广为传播，使金川贼众，隐怀疑惧。足懈其守御之心"。⑥乾隆四十年乙未，公元1775年

---

① ② 《平定两金川方略》，西藏学汉文文献汇刻第一辑，天津：天津古籍出版社1985年版，第12页。

③ 《平定两金川方略》，西藏学汉文文献汇刻第一辑，天津：天津古籍出版社1985年版，第22页。

④ ⑤ 《平定两金川方略》，西藏学汉文文献汇刻第一辑，天津：天津古籍出版社1985年版，第1240页。

⑥ 《平定两金川方略》，西藏学汉文文献汇刻第一辑，天津：天津古籍出版社1985年版，第1241页。

十日丙子(6月27日)乾隆帝谕军机大臣:"噶尔丹寺为金川第一大庙,喇嘛众多。莎罗本在彼聚集念经已久,意在诅咒官兵。其地必有镇压之物,阿桂等当留心察验。于寺基内外及附近方圆地面,如有可疑形迹,即行刨空,刨得镇物,即速投之水火,以破其法。此等原属邪不胜正、本无能为,今若据发而尽除之,自足使人心畅快。设或无实迹可凭,即将寺内外地皮刨起数尺,遇有木石等物形迹可疑者,悉行取出焚烧、亦足以释众之疑而壮其胆"。[1]

　　第二次金川战役时,乾隆皇帝对嘉绒地区的宗教高度重视,不论是他下旨祭祀嘉绒藏族的神山,还是命令阿桂深挖噶尔丹寺寻找喇嘛所埋藏诅咒官兵之物,不论是专门嘱咐隔离俘虏,要求返回内地的士兵与新派往前线的官兵隔离,还是乾隆皇帝同意派喇嘛到各路军中念经,其态度与讷亲给他提出请喇嘛道士念经时有天壤之别。由此再来反观第一次金川战役,从军事上说,两金川地区天气恶劣,时常变化,行军困难,作战困难。清兵在与藏兵交战之中,清军多属于仰攻,缺乏山地作战经验,多次被藏兵冲下受伤,甚至士兵把武器都遗失了。高山作战本身的艰苦性与复杂性使得两金川战役给清军很大的挑战。但是另一方面,乾隆皇帝对这一地区的宗教情况不了解,前线的清军缺乏苯教的认识,任由喇嘛诅咒之说传播,加剧了士兵的恐惧,清兵士气极低,导致了作战中清军虽然装备精良,但在战争中出现多次大面积溃散,甚至出现打仗时将领冲出军营,而士兵却溃散奔逃的滑稽场面。乾隆愤怒讷亲请求喇嘛、道士助战之语,却没有深究其中原因,这是第一次金川战役失败的不可忽视的原因。

二、战神关帝与两金川战役

　　战神关帝历来都是军队的精神力量,从皇帝到士兵心灵的庇护。在清军进攻中原,进军西南,平定回部,击退噶尔丹等的战役中,都有

---

[1]　《平定两金川方略》,西藏学汉文文献汇刻第一辑,天津:天津古籍出版社1985年版,第1636页。

关帝显灵保佑的传说。面对令官兵心生畏惧的藏兵和喇嘛,官兵们自然地会向战神关帝祈求保佑。

在攻打大小金川的将领中,将军中有很多是信奉关帝的。如温福、傅恒、阿桂、阿尔泰等攻打大小金川的大将,都是关帝的信仰者。阿桂在伊犁之战后上书皇帝修建关帝庙,傅恒北京的公馆旁边就是关帝庙,他曾经主持重修关帝庙,他和其子福康安都写有《重修关帝庙碑记》。庙内原有乾隆二十一年(1756)傅恒撰文及四十三年(1778)福隆安撰文的两座《重修关帝庙碑记》石碑。又如阿尔泰,攻打大小金川时任四川总督。据乾隆《历城县志》卷十一"关帝庙"条收录了乾隆二十五年时任山东巡抚阿尔泰的碑记《关帝改谥新庙记》。在大小金川战事险恶的背景下,这些虔诚的官员必定会向关帝祈求保佑。虽然攻打小金川的官兵是由蒙、满、汉、回等族群组成,各有自己的信仰,但是关帝信仰在多个族群中都有传播,早已为蒙古族、满族信仰,同时他又是军队的战神,为众多官兵祭拜,从现存关帝庙来看,当时官兵有可能自发捐助建立关帝庙。

在最艰难的木果木战役中,在军队中,流传着关帝助军打仗显灵的故事:

关壮缪显圣

金川之役,关壮缪尝于卡撒显圣。頳面长髯,横刀立马,番兵为之辟易。军中即其地建立庙宇,至今巍然如新庙在半山,为往来必由之道。部民有曾在军营贸易者,尚能历历言之。壮缪麾下周将官,亦尝显神登春沟(地名属抚边屯),方降番劫掠大营,遂乘胜而袭登春也。贼势张甚。官兵及站夫被围数重。力敌不能出。四无援兵,而贼众络绎至者如蚁附。正仓皇急遽中,忽有一巨人,持大刀,横扫杀数十人,贼众稍却。兵夫等遂得势撤回。当力战时,咸见其皤腹睅目。一足着靴,一足着铁屦。如草鞋形。及归大营,遍寻其人,已不见。莫不对天叩首谢神助。后有回成都省城,游文庙街关庙者。见周将军塑像。即登春所见巨人也。服饰亦同。劼灵边塞。实藉将军神威也。今各屯武庙中塑将军者，著一铁制草履。盖存其圣迹也。①

木果木大战役，清军将领温福在抚边殉难。清军溃败之狼狈，笔者也同意与两金川喇嘛的邪术的传播引发的恐慌有关。②关帝在这时显灵的传说，非常有利于挽救溃败的军心。这则材料中提及关帝在卡撒（在今天的金川县境内）显灵。由此可见，在大小金川战役的过程中，清军军营中就修建了关帝庙。笔者大胆推测，清军在南线、西线的军营之中，应当不止一座关帝庙，关于邪教的传闻越多，那么清军营中修建关帝庙的可能就越大。材料中详细描述的周仓，是关帝信仰体系中的一员，与关帝、关平同时出场，关帝居中，关平捧印，周仓举刀。嘉绒地区也有羌族的部落散居住，周仓显灵的故事的传播有利于清兵借助羌族帮助，从另一个角度来看，关帝没有到过嘉绒藏族地区，而周仓却是附近地区的羌人祖先，其神勇也可帮助他们。周仓的出现实际上也是关帝的莅临。另一则材料也可以证明，清军在军营中，就已经修建关帝庙。"川省美诺地方。向有旧建关帝庙一座。原系军需驻兵之时创修。历今（经）年久风雨飘淋。将次倾颓。自当修整坚固。用肃观瞻。当经转饬筹项办理去后"。③这里对关帝庙修建的原因一笔提过，仅说是"系军需驻兵之时创修"，可见在清军攻打大小金川时，就已经开始修建关帝庙，而不是大功告成之后。令清官兵心里恐慌的，是会各种法术的喇嘛。对关帝庙的需求，其功用自然是再清楚不过了。

三、大小金川战后嘉绒地区的多元宗教融合

大小金川战役中，清朝在整个藏东建立起绿营塘汛体系。与内

---

① （清）李心衡：《金川琐记》，（清）吴省兰辑，徐秉懿校，丛书，清乾隆刻本影印本。
② 徐法言：《金川战役与大、小金川地区官主山川祭祀的兴起》，《四川大学学报》2017年第2期，第56页。
③ 《平定两金川方略》，西藏学汉文文献汇刻第一辑，天津：天津古籍出版社1985年版，第1666页。

地的军事系统连结为一体,"藏东边地由此被纳入全国的讯息和军事网络中"。①在战争结束后的屯兵时期,如何治理这一地区,使其在文化认同、价值观等意识形态方面与内地逐渐一致,是乾隆政府必需面对的。

屯兵时期,大小金川已经成为藏传佛教、回教、道教等多元宗教共存的地区。就是军队中,也保持着多元宗教信仰,归顺的藏族士兵,依然被允许保持自己的信仰:"吗密旗以白绸或白布为之。长或数丈,朱书番字其上,立竿数仞,立蛮寨碉房之巅。嗣予于湖南苗疆湖北来凤营见降番(两金川降人,今服征调者也)屯练(四川五寨番人□维州协)及瓦寺沃日(沃日亦名鄂克什)土兵帐房均竖吗密旗"。②

在宗教上,清统治者将苯教定为邪教,推行黄教。黄教,也就是藏传佛教格鲁派,与清政府一直关系紧密。在大小金川战役中,格鲁派就多次帮助清军祈祷。如乾隆三十六年(1771),清军攻打金川的战事激烈进行,章嘉若必多吉又多次奉乾隆帝之命举行为掷食子供食供神的法事,祈祷清军胜利。③战后,格鲁派的影响在嘉绒地区的影响日益增加。乾隆皇帝不愿意他辛辛苦苦打下来的大小金川,轻易的落入西藏喇嘛之手,这也不符合他一贯的制衡策略,对格鲁派,他也有意制约。大小金川战役后,金川不留喇嘛寺庙,不招喇嘛。乾隆四十一年,阿桂在奏章中请问"金川地方现已设镇安营,所有喇嘛寺庙不必留住喇嘛住持"。④"莫若将所有之寺,即令兵丁屯驻,毋庸安设喇嘛,即欲作兴黄教,亦不在乎此"。⑤乾隆皇帝表示同意。最终,大小金川地区只有雍忠寺、美诺喇嘛寺庙得以重修。乾隆修建广法、胜因二寺,推崇黄教,而不推广黄教,下令金川不驻喇嘛,还拆下

---

① 邹立波:《清初土司政治秩序在嘉绒地方的重建及其影响——兼论金川之役爆发的缘起》,《四川大学学报》(哲学社会科学版)2016年第6期,第138页。

② (清)周蔼联:《西藏纪游》藏学汉文文献汇刻第一辑,天津:天津古籍出版社1985年版。

③ 洛桑却吉尼玛:《章嘉国师若必多吉传》,北京:中国藏学出版社2007年版,第10页。

④⑤ 《金川案》,中国科学院民族研究所四川少数民族社会历史调查组本1963年版,第93页。

雍仲拉顶寺的顶部送往京城。这样,大小金川的喇嘛寺被驻军占领,被拆除,数量大大减少。

清政府一方面抑制苯教,一方面特别重视修建关帝庙,用关帝的忠义思想来维护统治是清政府的一项国策。有清以来,中央政府对关帝崇敬,达到历朝历代以来的顶峰。对关帝的信仰内涵,强调"忠勇",乾隆皇帝曾撰文《御制重修关帝庙碑记》指出"将阐夫神与圣之所从来,所以为人道扶持纲常,助宣风教,即致祀之原,胥不外是"。①乾隆皇帝特别重视从儒家的角度,将关羽奉为至圣,为世人做出了行为的表率,风化全国,他也绝不会放弃他刚刚获得的新疆域。所以,战后的大小金川地区,关帝信仰在神道设教上的功能更为清朝统治者看重,在清代档案《工部议复准修关帝庙》②中可以看出。这则档案如下:

　　乾隆五十一年正月十二日准。

　　工部咨善司案呈。工科抄出。本部等具题前事内开。该臣等会议得四川总督李疏称川省美诺地方。向有旧建关帝庙一座。原系军需驻兵之时创建设。用录观瞻。当经转饬筹项办理去后。此时不容废祀。查新疆广法、胜因二寺,及建造各屯墙防烟燧哨楼所需工料银两,并跳演布扎佛寺香灯,均经先后咨明,在于茶息项下动支。造报请销。此次美诺建立关帝庙。事同一例,所需工料,翼请于茶息银内动支银五百两。余饬令一面估计一面照建。如有不敷。各官捐添。保固十年后始准补葺。至庙宇既设,祭祀宜增。应请照依内地之例。春秋二季,于本年省盐菜存公银内。动支银一十六两。以供祭祀等语。其五屯俟开垦成熟,屯民繁庶后,再行办理。情详请会核具领前来。臣复核无

①　(清)周家楣,缪荃孙修,张之洞、缪荃孙撰:(光绪)《顺天府志》,清光绪十二年(1886)刻本。
②　中国科学院民族研究所,四川少数民族社会历史调查组:《金川案》,1963年复制,第140—141页。

异,谨会同将臣成保合词具题,等因闪来,查四川省美诺地方。旧关帝庙。该既称系军需驻兵之时创修,历今(经)年久将次倾颓。应修整坚固。请于茶息银内动支银五百两。一面估计一面兴修。如有不敷,各官捐添,保固十年后,始准其补葺等语。应如该督所题办理。其所需银两,准其在于茶息银内动支。至该督疏称,庙宇既设,祭祀宜增,应请照依内地之例。春秋二季,于本省盐茶存公银内支有(银)一十六两。以供祭祀等语。亦应如所请。照依内地之例。春秋二季支银一十六两。以供祭祀。所需银两,应准其在于盐茶存公银动支可也。

乾隆五十年十一月二十二日奉

旨依议。钦此。

在乾隆五十一年,国家出资将美诺关帝庙修整坚固。此次修整的理由,一是"历今(经)年久风雨飘淋。将次倾颓"[1],"关帝被视为内地正祀,不容废祀";二是"美诺等新疆总汇之地。附近各土司人民往来颇多。虽有广法、胜因二寺引其归同正教。而关帝庙更为内地正祀。从前军需既已创立。此时不容废祀"[2]。这第二条理由,明确将关帝庙与广法、胜因二寺并提,并指出关帝是内地的正祀,在土司人民往来众多的地方建立,其教化作用不言而喻。并且指出,"其五屯俟开垦成熟。屯民繁庶后。再行办理。"也即是在其他五屯也将建立关帝庙。并规定了祭祀的规格、时间,"应请照依内地之例春秋二季。于本年省盐菜存公银内。动支银一十六两。以供祭祀等语"[3]。

根据这个材料,大小金川在屯兵时期当有国家出资建造的关帝庙6座。实际上,仅当前小金的关帝庙就远远多于这个数字。在清代,除了国家出资修建外,还有官兵自发捐钱修建的关帝庙。

---

[1] 中国科学院民族研究所,四川少数民族社会历史调查组:《金川案》,1963 年复制,第 140 页。

[2][3] 中国科学院民族研究所,四川少数民族社会历史调查组:《金川案》,1963 年复制,第 141 页。

2017年，笔者访问老营关帝庙，庙中有一匾，上为维修关帝庙时，捐款人及一些捐款寺庙的姓名，所捐钱数目。营盘关帝庙也有碑文显示修建时官兵有捐款。"窃维我懋功自乾隆年间金川善后营中建修武庙一所。余下功德银两曾由前辈同事等置买户地街房"。[1]据此，当时所捐功德银在修建寺庙过后尚有盈余，还购买了铺面、田产，以此来作为庙产。

从现在嘉绒地区小金县存在的关帝庙来看（详见第三节），现存关帝庙的分布与懋功厅驻军的分布高度吻合，老营、高店子、达维、滴水岩、沙坝现在都仍然有活跃的关帝庙。这些关帝庙多在原址上重建，位于路边，交通方便之处，据当地百姓说这些关帝庙在历史上就位于驿道附近。营盘关帝庙，从当地居民所描述的情况来看，应该就是历史上的小金川土司的官寨地所修的关帝庙，也是历代屯政府的所在地。从关帝庙的规模来看，或大或小，从可见的碑文也发现在小金屯兵之时，关帝庙多有兵丁捐资修建的情况。屯兵之地，即使没有官家修建，兵丁们也在筹款建庙。笔者推测在清代小金的关帝庙当比现存的更多。

需要特别指出的是，藏传佛教格鲁派是较早把关帝纳入其信仰体系中的教派。土观活佛两次梦中出现关帝，后又为关帝写铭文，关帝正式成为格鲁派中的古佛，被格鲁派供奉，有成熟的经典和完备的仪式[2]。笔者曾在金川的格鲁派寺庙中寻找庙里面有没有关帝塑像，有没有相关的经文，然而没有找到。但这并不表明历史上不曾有过。也就是说，在屯兵时期的大小金川，在官方的公开的宗教格局上，关帝信仰通过格鲁派寺庙还有关帝庙向藏族地区传播，其重要性和显著性都凸显出来。在战后的多元宗教格局中，清政府要用关帝的忠义精神来统一这一地区的思想。关帝作为战神，对清军起到了稳定军心的作用。战后，清政府不仅要继续巩固胜利成果，用战神的

---

① 笔者录小金营盘关帝庙碑文。
② 加央平措在《关帝信仰与格萨尔崇拜》一文中有很详细的论述。

威力为清政府镇守新的疆土。

乾隆在金川的布局虽然理想,乾隆朝时关帝信仰就这样传播到了嘉绒藏族地区,但是文化的积习却不是一朝一夕可改。清代的李心衡在其《金川琐记》一书中,描写了当地人的生活情况、民风民俗。李心衡是清代光绪年间的人,此时距离金川战役已经过去百余年了。从他的描述中可以看到藏族依然保留着自己的文化。"夷人不知有儒教,读书识字,皆奉藏经为授受。如中华四书五经。"读书好的孩子,去西藏班祥佛处览群经,十数年后回来,其社会地位,家族在经济上也多有提高。众人以喇嘛视之,其地位与土司酋长相当,徭役赋税俱免。具有一定的社会号召力,为亲戚朋党所追捧。若请到家里去念经,还要加倍地赠赂。藏民一家如果兄弟多者,必有一二人为僧。由俗所尚也。①婴儿出生请喇嘛念经祝福,结婚请客,都要请喇嘛念经礼忏。家中有人生病或有事,都会请僧人来家念经,家家都设有经堂。法广寺在藏族地区影响力很大,"每年正月十五日及十月十九年,四方土司头人等挈妻孥,携百姓以万计赴寺诵经。檄佛福,进献牛羊,肉脯如山积,酥油酪浆以斗量"。②其广法寺奉旨特派堪布喇嘛桑载敖特咱尔宣扬黄教,现今远近番众,靡不归皈依。各土司遣子弟喇嘛学习经典都共有一百二十余人。番人崇奉正教。实为倾心信服。③甚至有汉族移民受到影响,想去喇嘛寺为僧。《金川琐记》卷五风变条,记载了一位受到藏传佛教影响的屈姓文书的十九岁的养媳,忽然"合掌诵经咒数十语",趁着起大风的时候,想要逃离屯营,被抓获时"戴僧帽,衣僧衣,足穿男子鞋履"。④在文化融合上,汉人受藏文化影响也比比皆是。

两金川战役后的嘉绒藏族地区呈现出多元宗教并存的格局。苯教虽然被清政府抑制,仍然保持实际上的影响力,藏传佛教各派继续

---

① ② (清)李心衡撰:《金川琐记》卷一,王云五主编,《丛书集成初编》,民国二十五年初版。
③ 《金川案》,中国科学院民族研究所四川少数民族社会历史调查组本 1963 年版,第105 页。
④ (清)李心衡撰:《金川琐记》卷五,王云五主编,《丛书集成初编》,民国二十五年初版。

在这里发展。回教、佛教、道教等宗教也随着屯兵、移民传播到嘉绒藏族地区,从而改变了嘉绒藏族地区以苯教为中心的宗教格局,而呈现出多元宗教并存,互相影响的状态。到了清末民国时期,基督教也传播到这里,传教士在城边修建了教堂,红军长征时曾征用,现在这个教堂已成为红色革命教育基地。

第三节　战后清政府对嘉绒藏族地区的管理

大小金川战役后,清政府专门设立了"成都将军"一职,直接向皇帝负责,加强了对新疆的治理。田野调查表明,清政府在嘉绒地区统治时,修建了大量的关帝庙。关帝庙的建立,是清政府崇尚关帝信仰的表现,同时清政府也将关帝的"忠勇仁义"这样的精神传播到嘉绒藏族地区。

一、成都将军与战后两金川地区的管理

成都将军,乾隆四十一年初置,全称镇守四川成都等地方将军、统辖松建文武、控制苗彝、提调汉土官兵、管八旗事,是大小金川战役后,乾隆皇帝为治理西南而建立的一个非常有实权的管理体系。乾隆帝对成都将军的设置非常重视,成都将军直接对皇帝负责,并专门为此作了详细而正式的规定。乾隆四十一年三月辛巳上谕:

"所设之将军,若不委以事权,于地方文武不令其统属考核,仍与内地之江宁、浙江等处将军无异,尚属有名无实。但番地事宜仍由地方文武办理,仅禀知总督而行,而将军无从过问,非但呼应不灵,即于绥靖蛮陬之体制,亦不相合。现在文绶为总督、明亮为将军,自不虞有掣肘。若将来接任之员,或彼此稍存意见,即不能资和衷任事之益,且恐不肖员弁,久之故智复萌,不免仍蹈前辙,尚不足为一劳永逸之计,此乃善后事宜之最切要者,不可不及早酌定章程,俾永远遵守。自应令成都将军兼辖文武,除内地州县营汛不涉番情者,将军无庸干

与外,其管理番地之文武各员并听将军统辖。凡番地大小事务,俱一禀将军,一禀总督,酌商妥办。所有该处文武各员升迁调补及应参、应讯并大计举劾各事宜,皆以将军为政,会同总督题参,庶属员有所顾忌,不敢妄行,而番地机宜,亦归画一。若日后将军或因事权专重,擅作威福,扰及地方,干与民事者,总督原可据实陈奏。又或总督轻听属员之言,于番地情形动多牵掣,致误公事者,将军亦当据实奏闻。朕惟按其虚实,秉公核办,以定是非,必不肯有所偏向。"①

从乾隆的这道谕旨可以看出,清政府对成都将军高度重视,其职权由管理大、小金川地区扩大到了管理整个川边的藏族地区,成为西南边疆的最高统领。成都将军被清政府视之为西南边疆管理的重要制度。首先这个军事最高指挥官不仅拥有实际的军权,谕旨中明确规定成都将军除统帅成都八旗,节制绿营外,同时还拥有实际统治地方的行政权力,是金川地区(即懋功屯务厅)的最高地方行政长官。乾隆为防止成都将军职权过于高了,又用四川总督分权分工,既避免其互相掣肘,又令其互相制约,互相监督,以达其相互支持,又令其相互制藏的目的。在重要的边塞要地,明确由成都将军来管理,大权独揽。规定"四川川东、松茂道、有政司、按察司、建昌道、水宁道遵将文职,松茂,建昌二道及松茂道所属之理番厅,松潘厅茂州。汶川县、保县、建昌道所属之打箭炉厅,天全州,并新疆各屯员,均归属将军统辖所有应会办事件。至新设将军、原议驻扎雅州、将成都副都统一缺议裁。今思各省驻守将军具有副都统协同办事,其成都副都统自应仍留驻扎省城,所有额兵二千名酌量一半在成都,同副都统驻守,止须移一千名随将军在雅州镇守,于体制既合,即移建兵房等事亦较为省便……又,将军驻扎雅州,原为番地初定,新设营汛,资其控驭弹压,是以令将军节制绿营。将军每年自应至金川新设营分巡查一次,并当巡阅成都驻防之兵、即副都统亦当每年往来巡历,至二三年后,则令将军移驻成都,副

---

① 《清高宗实录》卷一〇〇四,乾隆四十一年三月丙戌,辛巳条。

都统移驻雅州,尤为妥协。"①在此,乾隆帝正式明确规定,将军、副都统各率成都八旗兵 2 000 名,分驻雅州、成都,以联络声势,控制全川。还规定了将军的巡查制度和成都换防的办法:明确由将军节制四川绿营,扩大了将军的军事指挥权,以加强其统治权威。乾隆四十一年(1776)三月,清廷任命明亮为首任成都将军,移驻雅州节制,而令四川提督桂林移驻美诺。后来考虑到将军、总督两地相距甚远,遇紧要情况,不能即刻商榷,同时,雅州地方地势狭险曲折,条件艰苦,特别是家眷难以随行。于是令将军移驻成都,而命提督桂林移驻雅州。

在清军获得大小金川战役的胜利后,嘉绒地区实行文武两套管理体制,由成都将军与总督统领。武职官员在成都将军总督下设总兵,千总、把总、守备。文职管理人员也归属成都将军和总督之下,最高行政长官总理屯务由朝廷三品大员担任,下设同知,为县级,在下为粮务。嘉绒地区有章谷、底木达、大板昭、勒乌围、美诺、噶拉依、马尔邦七个粮务、文武官员,守备和粮务为基层官员,是政策的实际执行者。土屯守备是由归顺藏族土司的头人转换而来,成为藏民新的统治者,拥有全屯军政处理权力。土屯守备为世袭官员,如无子,可由兄弟女儿继承,只要通过中央政府的同意,得到文书即可。粮务则负责支放官兵粮饷,一切屯政事理。至于两金川战役后,嘉绒地区有多少屯兵,根据乾隆四十一年(1776)初七月二十一日明亮等给皇帝的奏报:在桃关至明郭宗之间的瓦寺、沃日等袤延 600 里地方,无塘汛管理,请于桃关至巴朗山共设 14 塘,每塘各绿营兵 5 名,并于适中之卧龙关,酌派千总 1 员,带兵 10 名驻扎,俱于内地存营额兵内拨设。巴朗山以外,自松林口至沃日官寨计 5 站,俱于小金川屯防兵内拨设,归美诺新营管辖;在两金川留驻兵屯计共 6 500 名。

二、懋功厅军屯政府与关帝庙

官兵们远离家乡戍守新疆,修建了大量的关帝庙。关帝庙的落

---

① 《清高宗实录》卷一○○四,乾隆四十一年三月丙戌,辛巳条。

成,维修,也是屯政府的重大事件,一些重要的关帝庙的活动,军政要员都要出席,从成都将军到清政府赏赐的勇士,从文官到武官,无论是番屯还是汉屯,守备们都要参加。在营盘关帝庙的房梁上,尚有清代修建此庙里刻的文字。庙中还有两块碑,其中一块碑记录了营盘关帝庙的修建历史。根据这些文献,可以看出当时关帝庙在清政府的屯政府的重要作用。

现在的守庙人许爷爷,展示了从房梁上拓下来的一段文字:

1. 正中中梁　　　大清乾隆十六年岁次
2. 一中梁　　　　钦赐二品顶戴四川懋功协镇都督府绰克绰欢巴鲁　许国栋
　　　　　　　　钦赐三品顶戴花翎总理懋功屯政府记大功十二次赵櫂
3. 一中梁　　　　钦赐花翎特授懋功衡都阃府花翎游府　刘思□
　　　　　　　　钦赐同知衔管理懋功屯政即补县正堂朱荣先
4. 中梁　　　　　钦赐花翎游府衔特捡懋功领哨部厅
　　　　　　　　总领五营官弁兵民领旗首事
5. 一中梁　　　　进士出身署四川　懋功中衡都阃府　杨建勋
　　　　　　　　四月朔七日奠建
6. 二次中梁　　　大清乾隆四十八年,癸卯年甲子月癸丑日
7. 三中堂右梁　　四川成都将军统辖松建文武控制苗彝提调汉
8. 三中堂右顺梁　军功纪录一十八次当加一级刘□
　　　　　　　　军功纪录三十四次当加一级张□
　　　　　　　　四川　懋功协标右哨千总蔡□□
　　　　　　　　四川　懋功协标领哨千总候掣守备王□
　　　　　　　　四川　懋功协标左哨千总候掣守备杜南□
　　　　　　　　管理　美诺屯粮务移州府经厅　王□
　　　　　　　　阃　管理章务军粮厅　冯□
　　　　　　　　管理美诺军屯粮务成都县分县　吴□

　　四川懋功协标头哨头司外委把总　何□

　　　　　　左哨二司外委把总　李□

　　　　　　左哨外委把总　罗□

　　　　　　左哨头司外委把总常□

　　　　　　左哨头司外委千总　王□

　　　　　　右哨二司外委把总　何□

9. 四中堂左顺梁　协政四川懋功等地方都游府绅克绅欢巴鲁记
　　　　　　功七等

　　　　　　军功纪录三十五次承纪录一次　张□

　　　　　　总理两金等处粮饷屯临四川重庆理民府加三
　　　　　　级纪录五次　王□

10. 四中堂左梁　阆营马步兵丁等　向格宗屯守备安□

　　　　　　　　　八角碉屯守备木□

　　　　　　　　　别思满屯守备向□

　　　　　　　　　汉牛屯守备　工□□

11. 公□　　左哨额外外委　梅□　领哨头外外

12. 委王□　右哨额外外委严□

　　　　　右哨头司把总　何□　左哨头司把总马□

　　　　　领哨头司把总刘□

　　　　　左哨二司把总　陈□　右哨二司把总岳□

　　中国建筑中有在梁上记事的传统,根据此庙梁上的记载,可以看出此庙的一些修建情况。此关帝庙经历过两次修建,根据"正中中梁文字:大清乾隆十六年岁次",也就是第一次金川战役后,清军就在小金川地区建关帝庙了。在二次中梁上有"大清乾隆四十八年,癸卯年甲子月癸丑日",大清乾隆四十八年即公元 1783 年,农历的一月十二日完工。在一中梁上,还有"四月朔七日奠建",再根据梁上刻的人的名字,其中"朱荣先"为光绪二十四年戊戌科(1898)进士,可知,这个关帝庙在光绪年间还经历了一次修建了一次。另外,根据守庙人许爷爷所说的,他的父亲在民国年间曾经捐 60 担鸦片,修建了关帝庙的外墙。可见在民国时期,关帝庙还在被百姓自发的维护。营盘关帝庙一中梁所刻的当是光绪年间维修此庙的内容。

营盘关帝庙其余大梁所刻,当是乾隆四十八年此庙的一次重要事件。懋功厅军政人员都参加了,并在大梁上篆刻为记。大小金川战役后,乾隆四十一年(1776)年设立美诺厅、勒乌围厅,分别管理小金川和大金川。勒乌围厅于乾隆四十三年(1778)改为阿尔古厅,第二年,又被裁撤,与美诺合并,成立懋功屯务厅,简称懋功厅,为清代四川省管辖的直隶厅,治所在今小金县。下设立五屯即懋功屯、抚边屯、章谷屯、崇化屯、绥靖屯。除军屯外,清政府在大小金川先后设置了六个番屯,分别是河西屯、河东屯、底木达屯、八角碉屯、僧格宗屯、汉牛屯。辖区大概相当今四川省的小金、金川二县和丹巴县东部地区。

从大梁上的文字来推断看,这次修建的落成仪式,是一次重要的仪式。参加者包括了懋功厅所有的军政要员。根据小金营盘房梁上的记载是乾隆四十六年,从不完整的文字"四川成都将军统辖松建文武控制苗彝提调汉",当是指成都将军,那么在营盘关帝庙的修建落成大典上,首任成都将军明亮一定是参加了的。从"向格宗屯守备安□,别思满屯守备向□,八角碉屯守备木□,汉牛屯守备□□"可以看出,这几个屯当属于番屯。可见当时番屯也要参加关帝庙内的重要活动。房梁上太极图不知是何时刻上。据此表明这座庙是道庙,所以祭祀活动按照道教仪式进行。从现在小金多数关帝庙都是请道士,从青羊宫购买经书,可知这当是历史留下的传统。

三、懋功厅关帝庙褒扬阵亡将士的功能

营盘关帝庙中还有一块光绪年间的碑,在四清运动时被铲,字迹漫灭,只余少许文字,对这座庙的历史及维修情况做了一个介绍:

　　窃维我懋功自乾隆年间金川善后营中建修武庙一所,余下功德银两曾由前辈同事等置买户地街房。每年收纳租麦地皮银钱等项,以作庙内香火应用之需要,兵丁历年奉调遣各省,打仗阵亡以及故丁等,均系为国捐躯,殁于王事,迨军务肃清后,凡我在营守事等忠魂寂寞,是以倡首捐资银两在于龙王庙后殿内,新设盂兰会,将历起阵亡故姓氏设立牌位供奉于此。先后置买街坊菜园以及戏厢等项。每年收纳银钱作为会内清明中元经□,并焚献等项应用之需。以彰祀典而慰忠魂。但此二庙向来由营中拣派领目充当首事,其庙地内有修造房屋者每年纳租点钱。嗣因会内有不肖首事陡起觊觎之心,或佃客□□□谊,私将钱项减数付给或全行不付,兼之有将庙地化为乌有,并将原立簿据涂改杂乱,抑且将庙内所收银钱私行肥之。难以考察。较之上年所收租项有减无增。每年入不敷出。是以予等窥破其中颠末。再三筹划。恐生车鉴。伊于胡底,惟有会商当事人等逐层陈明各上司准饬,将各佃户现纳各项银钱,租卖数刊碑泐石,以垂永远,免致日入弊隙。业□生禁止将来以为永志。(以下为捐款者名单,略)

　　此段碑文记录了营盘关帝庙原属清金川善后营,由此推断出大小金川战役是关帝信仰传播到这里的原因。军队中的将士是关帝信仰主要人员。关帝庙不仅是祭祀关帝的处所,也是军中士兵的祭祀所。这里会举办盂兰会,在传统祭祖的时间如清明、中元节,这里都会举办纪念去世的官兵的祭祀活动。

　　对于关帝庙的这一功能,是为以前的研究者很少提及的。查阅文献可以发现,以关帝庙为场所,褒扬阵亡将士倒是并不少见:"贤良祠在白马关帝庙旁,雍正八年(1730)敕建。世宗皇帝御书额曰:'崇忠念旧',祀王公大臣之有功国家者"。[1]北京的贤良祠在关帝庙旁,

① (清)英廉等奉敕编:《钦定日下旧闻考》,(清)乾隆五十三年(1788)武英殿刻本。

是皇家祭祀对朝廷有功的人员,相传有 99 人,其中包括参加过大小金川战役的福康安、额尔泰、阿桂等。又如"[昭忠祠]在关帝庙右,廊嘉庆八年,奉祀阵亡兵丁三名。邹正魁,清江人;王中明,新喻人;乐平,峡江人。久废"。①这一条记录了清江县的关帝庙在嘉庆八年,在关帝庙右边建立昭忠祠,祭祀三位阵亡的兵丁。"昭忠祠在朝天街关帝庙内。嘉庆九年。奉旨建祀,阵亡官兵乡勇,门上恭悬敕建昭忠祠匾额。司册"。②广东的昭忠祠堂就直接建立在关帝庙内,为祭祀阵亡的将士而建立。阿桂在平定伊犁后,因为班第、鄂容安战死,要建关帝庙以扬其忠,向皇帝上书。"丙午参赞大臣,阿桂等疏奏,伊犁恭建关帝神祠。阿桂等奏言,臣等因伊犁建造城垣公署,谨择地恭建关帝绘像供奉,每年春秋致祭。又原任将军班第、参赞大臣鄂容安,在伊犁竭忠全节,应否制造神牌于庙后房屋,设位致祭,伏候钦定。奏入报闻,寻赐名双烈祠"。③

从小金营盘关帝庙的碑文可以看出,关帝庙在屯兵时期发挥着重要的作用。这里举行大型的祭祀活动,军政首领都会参加,重要的事务会在关帝庙立碑为证,另外常常被忽略的一个功能是祭祀亡故将士的功能。普通士兵也有愿望在关帝庙中有一个牌位,受后人纪念。而关帝庙旁边的龙王庙会安放普通士兵的牌位。小金营盘的关帝庙在历史上也具有祭祀官兵的功能。

第四节　大小金川现有的关帝庙

小金县和金川县是大小金川战役发生的主要地点。小金县现在还有活跃的关帝庙,这些庙宇联系着附近的群众,不仅有汉族人来祭拜,也有其他族群,如藏族人。在祭祀关帝的日子的,藏族同胞还要

①　(清)潘懿、胡湛修:(清)朱孙诒等撰:(同治)《清江县志》,清同治九年(1870)刻本。
②　(清)阮元修、陈昌齐撰:(道光)《广东通志》,清道光二年(1822)刻本。
③　(清)傅恒等撰:《平定准格尔方略续编》卷十七,清乾隆三十五年(1770)武英殿刻本。

来跳锅庄。2017 年、2018 年、2019 年,笔者多次深入小金县和金川县,实地考察了这里的关帝庙。

一、嘉绒藏族地区现存的关帝庙

1. 营盘关帝庙

位于小金县美兴镇营盘村街道。海拔约 2 367 米,距成都 293 公里,离马尔康 143 公里,藏族称此地为"美诺"(嘉绒语,意为底下地方)。美兴镇为清乾隆时期美诺直隶厅(懋功屯务厅)厅治、懋功屯屯治所在地,民国三年(1914)设为县治所在地。解放前,美兴镇辖现在的美兴、崇德、美沃和老营乡部分地区。解放后,1952 年成立美兴镇人民政府,1954 年划出崇德、美沃两地,另建乡人民政府。这里的居民为藏、汉、回等民族,营盘村以回民为主。

这座庙宇修建于乾隆十六年,1964 年四清运动,毁掉了古景和关圣帝君的面貌。1983 年,由当地的善信们再次维修了庙宇,重塑金身。庙为一进一出的平房建筑,里面有三间,没有隔断。房前有一座钟楼。2018 年,庙宇重新翻新,重新修建了鼓楼。一进庙,是关帝的正面塑像,红面长髯,头上戴的帽子,帽子中间还有一个红色的绒球。此关帝不是常见的身穿绿袍,而是蓝袍。左手上有玉镯一只,右手的拇指和中指上捏着一个红色的小球。在关帝的左右两边是关平和周仓。关平红袍加身,而周仓是黑袍加身。在正殿的后面供奉着各类菩萨,其中包括西藏的菩萨,两侧的房间里面供奉着道教的一些神,有雷神、王母、太上老君、玉皇大帝、三婆娘娘、鲁班、观音等。据牛爷爷、梁爷爷等人讲,这个关帝庙以前是一个封闭的四合院,门外有拴马桩,有一个大影壁,进门处就是一个戏台,从戏台下面的通道进去就是一个大的院落,可以站三五百人。左右两边是二层的厢房,左边是厨房,右边有可以住人的房间。院子的中间左边是鼓楼,右边是钟楼。院子正面是大殿,大殿前面是香炉,大殿里面就塑着关爷、关品(小金人把关平写作关品,当是音误),周昌。出大殿后门又是一通院落,是三婆娘娘殿,大殿的右边是龙王庙,仅一间屋子。以前关

219

帝庙附近有一个大碑,比金川的碑还大(指金川的乾隆年间的御碑),还要高,在破四旧时被毁坏了。现在的粮站就是以前驻军的地方,而现在的学校,则是以前的演练场。

图 86:翻修后的营盘关帝庙

图 87:民国时许子友父亲捐 60 担鸦片钱修的外墙

图 88：翻修前的营盘关帝庙

图 89：钟楼

2. 老营乡关帝庙

老营乡位于小金县的腹地，是城乡的衔接点，是成都至小金、马尔康至小金的交汇点，是康藏地区进出成都的必经之地，辖老营、大水沟、甘家沟、下马厂。据当地居民讲，这四个地方都有关帝庙，但是大水沟和甘家沟的被毁。

老营关帝庙是当地人所称,此庙实名为"武圣宫"。老营关帝庙依山而建,是个庭院式的建筑。山门为二层的一个建筑,进入后是一个四合院子。庙中有一木质牌匾,上书内容为修建武圣宫时所耗费的银两和财务的支出情况。从这块牌匾上可知:当时的武圣宫在清代不仅塑有关帝,还有观音、药王、龙王的站像等共十四尊。花费银两拾肆两,酬客用银四两贰钱,这笔钱也主要是众人集资。如观音庙帮银拾贰千佰千文,武庙称入租贰斛,高荣寿捐银三两,李顺扬捐银陆钱,胡玉龙捐银五钱。建庙所需银两主要靠捐款,既有个人,也有其他部门。如培修路工需要银两,屯政于大老爷捐叁千文,副府江大老爷捐叁千文,营汛官兵捐银拾捌两,部厅所捐银贰两,武圣宫捐银四千九百三十文,石观音捐贰千七百叁拾文。匾上写明此匾为光绪二十年促春月吉日立。由此可见,老营关帝庙的修建时间应该早于光绪二十年,当时此关帝庙的维修已经是主要靠官民集资了。

据庙主介绍,这座庙比营盘关帝庙还老。四清运动时被毁,在改革开放后当地村民集资重新恢复。庙中有一石碑,在四清运动时被铲,漫灭不可辨认。

图90:老营关帝庙正殿

图 91:老营关帝庙正门

3. 抚边关帝庙

图 92:抚边关帝庙后殿

抚边关帝庙在小金县抚边乡。这里平均海拔 2 400 米,坡高路陡,峰高谷深,是边远落后的贫困乡镇。抚边旧属底木达县,现位于小金县抚边河左岸,境内有粮台老街、万里城等古迹。抚边是小金川门户,因地势险要,历来为兵家必争之地。乾隆年间在嘉绒地区进行的两次金川之役,抚边是重要的战场,乾隆三十六年(1771),大将军温福战死于抚边象鼻山,另有 2 000 清兵阵亡。这里还是红色教育基地,1935 年 6 月 18 日至 23 日,毛泽东率中央机关进驻抚边,朱德曾经住在关帝庙。现存的抚边关帝庙为两排,有四间房子。前一排房子是空屋子,里面有红军标语,曾经的塑像都在破四旧时毁坏了。后一排房子里面供着关公、周仓和关平的塑像,他们都是改革开放后重新塑的菩萨。据当地的百姓讲,抚边关帝庙原来很大,有影壁、钟鼓楼,有大殿、偏殿等。与这里的火神庙、城隍庙等毗邻。

4. 木坡关帝庙

木坡乡位于县城以北抚边河中游,包括木坡、登春、青春、康乐、达木、大梁、招牛、木龙,95% 的农牧民是藏族,属藏族聚居区,关帝庙在木坡乡木坡村 1 组。

图 93:木坡关帝庙俯瞰图

关帝庙据说是在以前关帝庙的地基上恢复的。整个建筑呈汉藏混合风格。是一个封闭的四合院形式的建筑。建筑的材质主要是石头和泥土混建。在墙上有嘉绒藏族标志性的海螺的绘画。墙壁都是黄色,进去两边是二层的楼房建筑,中间是一个院子,正对大门是大殿,里面供奉着关公、周仓、关平,还有西藏大神、观音菩萨。庙中挂了很多藏传佛教的经幡。

当地百姓说此庙为

图 94:木坡关帝庙大门

清朝乾隆皇帝打金川时期修建。庙中有一个香炉,依稀可辨乾隆二字。据当地群众讲,此庙在民国时香火非常旺盛,有几十亩地的庙产,种植鸦片,关帝庙里面有学堂。阴历 5 月 13 日,本村本乡的群众就会自发前来,已经形成一个习惯了。1982 年改革开放后,当地居民重新筹建关帝庙,每年 5 月 13 日开庙会。

图 95:木坡关帝庙墙上藏传佛教图案

5. 结斯关帝庙

结斯乡位于县境南部,距县城 32 公里。全乡面积 459.83 平方千米,辖廖家院村、大坝村、王家寨村、木洛村、九扎村、向花村、小尔普村,为藏族聚居乡。

关帝庙位于结斯乡大坝村土岩窝。庙主自称祖上是来自成都郫县的道士,帮助当时驻在这里的清兵守庙,延续几代。解放后庙宇失修,逐渐垮塌。改革开放后,庙主自己筹款建庙。整个庙有 800 个平方,12 间房子。是一个封闭的四合院平房。庙里悬挂了很多藏传佛教的经幡。供奉的菩萨有观音,四尊牛王、马王、孔夫子、山神、关爷、周仓、关平、牛王、老君、毛主席、西藏大神、墨尔朵山神、地藏王菩萨。

庙主介绍,关爷是 5 月 13 日做会,提前几天庙里就要开始念经。

庙主介绍这里本来就是汉藏地区,会期时和尚道士庙主都要请,请的是大喇嘛念的就是西藏佛经,请的是道士就念《桃园明圣经》《玉皇经》。庙主说他们庙的经多,每次做会都要把经念一遍。除了给关爷念之外,遇到哪个菩萨的会期就念那个菩萨的经。会期时要请几十个庙子,小金的庙子都要请,庙与庙之间做会会互相请,就像农村做喜事,大家都来朝贺,周围来朝拜的一般都是本村本组的,也有山上的藏族群众来。

图96:土岩窝关帝庙正门

图97:土岩窝关帝庙内的藏式装饰

6. 达维镇滴水关帝庙

位于小金县达维镇,小金县东面,紧临四姑娘山。

滴水关帝庙,因为旁边有一块岩石,常年湿润,故称滴水。关帝庙在滴水岩旁边的坡上。庙极其狭窄,由石头和水泥砌成。庙主说原来有一个清代香炉和匾,被收荒人收走了。此庙靠着岩

图 98:滴水关帝庙的汉式香炉

图 99:滴水关帝庙的藏式香炉

石,仅有一个小间,里面供奉着关帝、周仓、关平。庙中悬挂着藏传佛教的经幡。

村民介绍,滴水关帝庙是清代所建,民国时期这里是袍哥活动的场所。这里也是 5 月 13 日的会期,所有的村民都会来参加,约一二百人。

图 100:滴水关帝庙的正门

7. 高店子关帝庙

位于小金县老营乡下马厂村四组,当地名高店子上,地势险要,占地 250 平方米,有正殿、偏殿、厨房,前有一个坝子。清代这里就是

关帝庙,距今200多年,后庙毁村民集资在原址上重建。高店子的位置在旧时成都通往小金的要道处,为军队商道的要塞。它的对面就是进入小金的第一道险要。当地村民流传着一个清军攻打的故事,传说清军用了3年没有攻下这第一碉,最后攻打下来,发现守山的仅一对夫妇和一群羊。他们晚上在羊尾巴上绑上香,看上去就好像很多兵,迷惑了清军。传说往往是真实的折射,大小金川战役的险恶由此可见。高店子关帝庙也供奉了多尊菩萨塑像有四个观音、观音老

图 101:高店子关帝庙的俯瞰图

图 102:高店子关帝庙的正门和后面的呢嘛堆堆

母、地母、女娲圣母娘娘、佛祖、孔夫子、关爷、周仓、关平、牛王、马王、老君、三个娘娘、财神爷、药王、土地两尊、墨尔朵山神。活动,五月十三关爷会,有二三百人,有祭祀活动,念观音经、地母经。

8. 八角关帝庙

八角乡位于小金县境西部,辖农光、八角沟、桥头、太阳沟、大坪、藏青、巴木 7 个村委会。

八角关帝庙是一个两进的院落。庙宇有十几亩。中间是一个宽阔的坝子,两边是厢房,分别为厨房和会客厅。正殿中供奉着关公、关平、周仓。殿前有一碑,字迹漫灭不可辨识。

图 103:八角关帝庙俯瞰图

图 104:八角关帝庙正门

图 105:八角关帝庙中光绪年间的牌子

9. 日隆镇沙坝关帝庙

日隆镇是四川省阿坝藏族羌族自治州小金县辖乡。位于四川小金县境东南部,距县城 55 公里。东与卧龙自然保护区接壤,北与理县杂谷脑为邻,南与雅安地区宝兴县蜂桶寨自然保护区交

图 106:沙坝关帝庙

界,西与达维乡相连。总面积 480 平方公里,辖金锋、长坪、双碉、双桥、沙坝 5 个村委会,居住有藏、汉、回等民族。沙坝关帝庙在路边,一间小房子内。里面供奉着关公、关平、周仓,还有猪八戒。门口有一个大的化纸炉。沙坝关帝庙是石头砌成的,墙上有藏传佛教的图案。

10. 两河口镇涛翁关帝庙

两河口镇,位于四川省阿坝州小金县城以北,面积为 1 035 平方公里,有牧草 56.3 万余亩,是全县占地面积、牧草面积和林地面积最大的一个乡镇,海拔 3 060 米,全镇辖 8 个村。

涛翁关帝庙的名字不是以地名为名,当地居民说是根据历史上的流传沿用的名字,很有可能是纪念历史上的某一个人物。此庙有两棵古老的柏树。庙由石块垒起,庙是一间屋子,打了一个院墙。里面供奉着关公、周仓、关平。据庙主说,是关公托梦给他要他恢复此庙。由众百姓集资出力重建的。

图 107:涛翁关帝庙的古柏

图 108:涛翁关帝庙的正门

图 109:涛翁关帝庙的藏传佛教"万"字符

11. 两河口关帝庙

现在为两河口会议纪念馆。关帝庙几个字尚在,但其中已无关公塑像。门口有关公、周仓、关平的牌位。有百姓烧香。

图110:两河口关帝庙　　　　图111:两河口关帝庙的全景

12. 安宁关帝庙

安宁在金川县,清时属于崇化屯,管了5个屯,名字叫格勒依,这里以前有城隍庙、关帝庙。崇化营500人为一个屯,崇化有5个屯,有2 500清兵。离此不远的金川,在清代是绥靖屯,驻有5 000兵,绥靖屯也有关帝庙,位于金川县内,现已改作他用。刮耳崖,因风大,民间以可以刮掉耳朵命名此崖。又有一说刮,谐音为"寡"清时崇化营

图112:安宁关帝庙旧址　　　　图113:安宁关帝庙残存的石碑

官寨是面向刮耳岩。民间传说当
时大金川土司有称帝之意,引起
清朝皇帝的不满,才发动两金川
战役。安宁关帝庙当前已毁,但
是有石碑,地基也能看到当时关
帝庙的规模宏大。当地村民说那
个关帝庙是照着外面的(注:金川
当地说外面指的即是汉族地
区)修的,门口插旗杆的石墩依
然在。

图 114:关帝庙与刮耳岩

　　13. 安宁山陕会馆

　　安宁山陕会馆是由在这里经商的陕西人集资所修。这个会馆也
融合了藏地的文化,它那个万字符,见图 116,就是苯教的标志图案。
这个会馆在这里建成后,这里就有做会的,后来到民国时期,逐渐成为
袍哥聚会的场所。梁上有藏传佛教的图案,体现出藏地的建筑特点。

图 115:安宁山陕会馆

图 116:会馆中的
藏式装饰

二、嘉绒地区关帝信仰的特点

1. 供奉偶像的多神崇拜,汉藏融合的信仰形式

在小金现存的关帝庙中,所塑神像五花八门,林林总总。有自然

崇拜,有佛教,有道教,有民间巫教。共同的一点是,每个关帝庙是都塑了藏传佛教的神,信众并不知名,而统称"西藏大神"。庙中主祀的均为关帝和他的两个随从。至于在清代曾经加封关公三代,在此处未见,一可能是军队作为战神为崇拜关公,比较特殊,没有按照政府的规定来。一是可能是在破四旧中一起被毁。据访谈内容,就是营盘关帝庙这样的官方修建的庙宇,也并未塑造关帝三代,而是旁边有龙王庙,还有一个喇嘛庙。

嘉绒藏族有供奉山神的传统。墨尔多山神是嘉绒藏族崇拜的山神,每年的转山节,都是向山神祈祷和平安宁,清代于四川懋功厅立墨尔多山专祠,进行祭祀,定制每年春秋二季致祭,由守土官主祭,祭品用少牢。届时,上香、读祝、三献。迎神、送神,承祭官与陪祭官俱行三跪九叩礼,非常隆重。小金的关帝庙都供奉有这个山神。

图117:许子友展示营盘关帝庙收藏的西藏菩萨唐卡

根据笔者所了解的情况,每一个关帝庙除了供奉关帝外,还有大量的别的神像,体现出多神崇拜的特点。

自然崇拜:墨尔朵山神、太阳神、月亮神,风神、风婆婆、雷神、高山大王、龙王。

动物崇拜:牛神、马神、猪神。

道教的神:姜太公、太上老君、观音、吕洞宾、豆婆娘娘、送子娘娘、王母、九天玄女、地母、接生娘娘、梨山老母、土地婆婆、土地公公、周仓、豆婆娘娘。

佛教的神:观音菩萨、西藏大神、佛祖、西藏大神、阿弥陀佛、文殊、普贤、韦驮。

人物崇拜:毛主席、鲁班、寒林。

藏族的神:墨尔多山神、西藏大神、四臂观音、古鲁什礼山神、伯嘎山神、阿巴吉山神、马尔诺山神、苏俄山神、沙俄山神。

2. 会期的多神崇拜,汉藏融合的特点

在小金,给关帝做会是每个关帝庙隆重的事情,一般会期 3 天。做会的时间多为农历 5 月 13 日。除此外,关帝庙做会不会只给关公做会,也会给供奉的别的菩萨做会。观音会是每个关帝庙必做的会。其他会期如果要做会,会事先向关帝打卦占卜,别的菩萨过生时,会给那个菩萨点灯。

营盘关帝庙做过的会期如下:正月初一弥勒佛圣诞,正月初三孙真人圣诞,正月初六风婆婆会,正月初九玉皇会,二月十五老君会,二月十九观音会,二月二十一普贤菩萨会,三月三娘娘会,三月十五雨王会,四月初八释迦牟尼佛圣诞,四月二十八药王会,五月十三单刀会,五月十八张天师圣诞,六月十一龙王会,六月十九观音会,六月二十三关帝圣诞,七月初七土地会、墨尔多山神菩萨会,七月十八王母会,七月十五中元会,八月初一五谷会,八月十五月娘会(敬月亮),十月十八地母会。涛翁关帝庙做过的会:四月十五牛王会,五月十三单刀会。木坡关帝庙做过的会:正月十五燃灯会,二月十九、六月十九观音会,三月三三婆娘娘会,五月十三关爷会,又称关刀会,过去叫袍哥会。六月十九朝山活动节,藏传佛教比若赞拉会,藏民说有 4 000 米高的坐身像。七月十五地藏会,九月十三关爷行军会。九月十九八关斋戒经会,哑巴经会。

汉藏融合特别体现在关帝庙也会给藏族的菩萨做会。嘉绒藏族朝山会的时候,各个关帝庙会去参加,也会去送礼。木坡关帝庙的理事们还四处建佛塔,拉经幡。关帝庙会期的时候,藏族同胞也来参加。吉斯关帝庙的庙主说藏族住在山上,他们会下来拜,他们有会期的时候,我们也上去拜。木坡关帝庙的庙主则说,我们嘉绒藏族,好多爸爸是汉人,妈妈是藏人,关爷会是爸爸这边的节日,我们当然要热闹。藏传的佛教,红教黄教我们都拜。木坡街上的是黄教,那个庙子在苯教的时候就有的。我们关帝庙募到钱,就在学校旁边修塔子。我们做会他们来,他们做会我们去。我们关帝庙里供了四臂观音,那是藏地的菩萨,也供在我们庙子里。

图 118:2018 年营盘关帝庙会期来敬拜的藏族同胞

3. 雕塑造型的藏汉融合的特点

图 119:营盘关帝庙中的关帝塑像　　图 120:营盘关帝庙中的关平塑像

图 121：营盘关帝庙中的周仓像　　图 122：小金抚边关帝庙关帝像

图 123：小金抚边关帝庙关平像　　图 124：小金抚边关帝庙周仓像

图 125：沙坝关帝庙关帝像　　图 126：沙坝关帝庙关平像

图 127：沙坝关帝庙周仓像　　图 128：两河口涛瓮关帝庙的关公、周仓、关平塑像

图 129：木坡关帝庙的关帝和周仓像　　　　图 130：木坡关帝庙的关帝像

　　小金的各关帝庙中的关帝等塑像在破除四旧时均已遭到破坏，现在的塑像均为改革开放后所修。小金的关帝庙中，抚边关帝庙、木坡乡的关帝庙、沙坝关帝庙是特别具有藏区特色的。

　　塑像上的汉藏融合，在木坡关帝的塑像完全是藏族的样子，面庞类似藏族人的特征，所戴帽子也是藏式的。所穿的衣服也是藏族人特别喜欢的蓝色。他们特别注重庙宇的菩萨多，"我们庙里什么菩萨都有"是他们的口头禅。

　　小金关帝庙在建筑上也具有汉藏融合的特点。关帝庙在建筑材质上多用石材，如沙坝关帝庙、木坡关帝庙、涛翁关帝庙。关帝庙的装饰上深受藏传佛教的影响。如藏传佛教的"卍"字符，多次出现在各个关帝庙的装饰上；藏传佛教的经幡在结斯关帝庙、滴水关帝庙、木坡关帝庙等都有悬挂。关帝庙的建筑样式也呈现出汉藏结合的特点。

3. 关帝信仰在小金有浓厚的群众基础

小金大多数关帝庙的恢复都在"文革"后，改革开放初期。"文革"中，所有的关帝庙都遭到破坏，各种菩萨塑像都被毁坏，庙宇都改作他用。改革开放后，这些庙宇大多都由群众自发捐钱，出工出力，重新修建。

营盘关帝庙的庙主谈到自己是如何信仰关帝的，又是如何恢复营盘关帝庙的："我八几年因为喉管的疾病，我不吃牛肉，也不吃鱼肉。前面我的爱人没死的时候我是一点都不信。遇到了灾难，我男人死的时候我才37岁。我有2个娃娃，还有老人婆，还有一个侄儿，都靠我一个人。日子太难了。仙足关帝弟子天天来劝我，我就信了。身体也好了，孩子也拉扯大了。我们营盘的关帝庙，破四旧的时候就打得稀烂了。文革的时候这里是猪圈。所来菩萨的仙足们出来，要恢复庙子。我和罗大姐（营盘关帝庙的会首）把猪屎扫出来，有那么厚。那个时候大家都是晚上出工去拉土拉砖，干劲大得很。塑菩萨的时候，我就说要用哪个工匠，才塑得好！你看，现在这个关爷、周仓、关品（平），就是那个工匠塑的。我们这个关爷说是四川第二大的关爷像。我们这个关帝庙刚开始的时候还是穷哟，没得钱。做了第一次庙会，还欠了3 000多块钱的债。然后我来了就管钱。第2年，又开始塑菩萨，大概增（欠）了7 000多块钱的账。这才过后慢慢地好起来。你想那个时候上功德，一家才2角，1块。2角3角都有。那个时候才烧一根香，烧3根香都烧不起。1包香5角，那时烧3根香都烧不起。这些菩萨都塑起两三年了，才开始烧3根香。庙子上还是恼火，罗孃，特别是老庙主，她遭得凶（指罗孃自己垫了很多钱）。这个庙子大家斗（凑）钱来修，（斗钱的居民）到处都有。营盘村是回民居多，营盘村是两教，道教和回教。（旁边还有喇嘛庙）我们全部是借的钱修的。老庙主罗娘都借了2 000元，给菩萨修的披衫都是大家斗的钱来修的。营盘村的汉族和回族各占一半。老庙主不允许化功德(即是化缘),都是靠大家斗。"

土岩窝关帝庙庙主介绍:我们老人是成都郫县的道士,外面就战事了,他就到这里来做鸦片烟,后来他就来到了观音阁,他的手艺好。后来这边(土岩窝)请,他就来这里安家了。这个庙一直是关帝庙,我们老人念了30多年的经。这个庙子有多大,整个一起都是关帝庙。里面主要塑的关爷,小金主要是塑关羽。合作社做伙食团。改革开放后我撑头把这个庙子恢复起来。这周围是沟里面是汉族,在高地有一大队100多户人,山上主要是藏族。这些庙子是分给人了的,这些人听说修庙子,就把土地让出来。我们这里二大队、三大队都来帮忙做工,我去沟里弄木料。万民凑成了这个庙子,大家都做义工。

木坡关帝庙的庙主说,到改革开放后,这里出了很多仙足,仙足要大家恢复庙子,居民们就凑钱重新修建了关帝庙。涛翁关帝庙的庙主说我们这个庙子是村民们一分分、一角角捐钱,大家出力出工修的。

三、嘉绒地区关帝信仰的功能

旧时关帝庙为战争而建,军队中从将领到士兵主要是把他作为战神来信仰的。而到了现在,已经不再有当时的社会背景,关帝信仰的内涵也发生了很大的变化,成为社区特别是老年人的活动平台,交流平台,维护了社会的稳定,救助了弱势群体,这些当前是嘉绒地区关帝庙的功能。

关帝庙是老年协会的活动场所,是宣扬尊老爱幼、孝敬老人的场所,发挥着敬老爱老养老的功能。关帝庙的负责人也多是老年协会的负责人。比如涛翁老年协会有1 000多人,关帝庙的负责人谢裁缝也是两河口乡老年协会的负责人,老年协会的人也多会去关帝庙。木坡老年协会包括四个村的老人,关帝庙的理事樊德华也是老年协会的会长。滴水关帝庙也是村里老人的聚会场所。

木坡乡樊德华介绍了木坡关帝庙的功能:我们捐款重修了关帝

庙后,老年人有了一个聚会的地方。还可以教育年轻人敬老爱老。我们修建了关帝庙后,这一方清静了(指治安),年轻人尊老敬老。我们这里的藏民常常为着村界、林界、草原界起矛盾,争柴山、争草山,啥子矛盾都有,都是引起割裂。划了界他要去砍,砍了主人家要挡,挡了就要打锤。村与村之间也要发生矛盾。村上是各人负责各人,也管不了。我们就不管哪个是哪个村的,我们是大家都必需平等来。我们老年协会有 420 人,我们有能力调和这些矛盾。那些放牧的在山上乱砍,这些老汉就要到林子里面去看,你不能砍他们的,他们不能砍你们的。平时居民有什么那矛盾我们就为他们调解,现在没有矛盾了。调解好了没有打锤的。我们修了这个庙子,教育年轻人不可打锤,教育年轻人尊老爱幼,办会时年轻人都来。

滴水关帝庙上届庙主:我们关帝庙主要是老年人在经管,年轻人在会期的时候会来。我们这里有个五保户老人,我们推荐他当庙主。他每天来开个门,上个香,他就有地方住,有人看管。

营盘关帝庙许子友:我们这里都是老头老太太。大家白天都到庙子里来坐一坐,说一说话,晚上回去。我是每天 6 点过到庙里,打开门,烧上香,打扫庭院。孩子们都成家了,就我们两个老的在屋里,我到庙子里面来不孤单。

挖掘嘉绒藏族传统文化也是关帝庙的一项功能。除了维护地方的清静,木坡关帝庙的理事们还开发了藏族传统的德尔蹦舞蹈,把老年人组织起来娱乐。木坡关帝庙的理事同时也是木坡老年协会会长的樊德华介绍:"木坡是汉藏融合之地。清朝时属于别思满屯,别思满屯是这里政治经济文化中心,古时衙门就离我们木坡不远。那个时候嘉绒文化和汉族文化(里县过来的)就开始融合,衙门实行的是封建帝王,也就是皇帝的,我们这里还有土司的农奴政策,清朝时就融合了。那时的守备权力很大,相当于营级编制。他的兵,我们喊的'猫猫儿'兵,他们的头衔,级别,有好大的官,拨多少银两,这都是由国家,由皇帝供的。这些猫猫兵,到浙江、到西藏去打仗。德尔蹦是古守备打仗前,军队搞祭祀,在衙门口跳的舞。猫猫兵建立了功勋,得到了当时的国家的认可,德尔蹦文化一直传承下来。为啥我们可以传承古守备的文化,因为我们这里离他很近。我那时只有几岁,看到跳德尔蹦。我们这里挖出来的德尔蹦,是失传的文化,现在已经问世了。我们是四个村的老年协会组织起来搞传统文化的传承。一个我们是挖掘德尔蹦,一个我们弘扬这里的锅庄。我们现在有'感恩锅庄',这是历史上有的。我们还创新出方正锅庄。我们能够得到政府的支持。我们修塔造庙是为了和谐发展,是为了弘扬宗教传统文化。愿意来拜的就拜。"

藏民们祈求免除自然灾害也是关帝庙的一个重要功能。小金属于高原地区,天气变化多端。藏民们的科学知识不多,多认为这些是神灵或是妖怪做怪。高店子关帝庙主:我们这里经常下冰雹,打雷。我们那一年,三个人在坡里做活路,一个雷打过来,直接打了几米远,都打焦了,还有一个多高就甩下去了,甩得多远,身上还打了一个月亮弯弯。修了庙子后,就都没有了。

营盘关帝庙的庙主说,今年我们这里大旱,几个月都不下雨。我们在庙里念了几天经。那天刚刚念求雨经,晚上就下雨了。

保佑子女读书顺利是关帝庙为藏民提供的一个重要功能。随着教育的普及,嘉绒地区的藏民们多希望子女能够读大学。信众到关帝庙里求的内容之一就是保佑子女学业顺利。嘉绒地区无论是哪个民族,都非常看重子女的考试读书。每一个关帝庙的信众所去求的,都能听到这个内容。

营盘的许子友爷爷说,我们庙里非常灵,考试前好多藏族的、汉族来给娃娃求考试,都求准了。涛翁关帝庙的庙主孩子都考上了大学,他们认为是恢复关帝庙的原因。

第五节　小金县木坡乡关帝庙的祭祀仪式

2018年农历5月13日营盘关帝庙因为翻修,没有做关爷会。笔者在木坡关帝庙通过田野调查,记录了关爷会的仪式过程。

一、火冠道士与仙足

小金关帝庙在做会时,主要是请道士来主持。但是这里出家取得道士资格的很少。主持祭祀的主要是一些民间的在家的人士,人称"火冠道士"。有的关帝庙还请佛教人士、喇嘛来主持念经。

"火冠"道士是小金民众对没有出家的民间道士的称呼。这些人平时从事农业,庙里有事或是有事家时,他们就担任道士的职能,由于他们没有出家,所以被称为火冠道士。2018年关爷会营盘关帝庙所请的均是火冠道士。他们都是中学毕业后回家务农的。李道士是小金比较出名的火冠道士,他平时务农,还开有一家切面店。他说:"我从小就对法术比较感兴趣,读了很多经书,主要是从青羊宫买来的经书。也拜了很多师傅,各个门派的师傅都拜。后来师傅说可以出师了,我就开始接活路了。(主要指各种法事祭祀一职)在祭祀前,我要更衣,要沐浴,不能同房。这些年请的人很多,忙不过来。"

在小金关爷会中,有一个值得关注的"仙足"现象。他们不是神职人员,不担任祭祀的职责,但是他们具有一定的影响力。是关爷会中不可忽视的现象。"仙足"是小金县民间对一些特别的信众的称呼。这些信众他们往往皈依某一个神,做弟子。比如,弥勒弟子,孙悟空弟子,三婆娘娘弟子,普贤弟子,观音弟子,关爷弟子等等,只要供奉有的神,信众都可以选择做其弟子。这些人有自己的职业,一般是务农或是牧民,或是小手工业者,或是小商小贩。平时主要是劝人行善,传播自己的神有多么灵验。他们在某个特定的时刻会被神灵"附体",附体的时间通常是在庙会时,信众一起吃饭的时候或是一起坐着守夜的时候,有时候会有十多个"仙足"同时附体,附体时他(她)们会情不自禁地又说又唱,又跳又叫,有时候可以跳几天几夜,说几天几夜,不吃不喝,说出一些神所要他们说的话,等到附体结束,又恢复常态。因他们神奇的表现,在普通民众中显得神秘而具有一定的号召力。小金县的群众都说,改革开放初期,仙足出来的特别多,那是因为当时菩萨都被打烂了,没有地方,菩萨让仙足出来说话,要安神位。现在菩萨都安了位,归了位了,仙足就很少出来了。据木坡乡樊爷爷回忆说:"在70年代仙足,也就是神仙的脚就出来了。他们出来后,他们就帮助恢复庙宇。在那个年生,凡是有庙会的时候,不是藏族的仙足,就是汉族的仙足出来,在庙会上,他(她)就抖,抖上个十几分钟,二十几分钟后,他(她)就开始说话。他(她)说的话就是菩萨说的。就好像我们这里是关爷,关爷就要附他(她)的身,他(她)们说的老百姓就相当相信。木坡关帝庙的恢复也靠仙足。仙足定下关帝庙的位置,划下了关帝庙修的边界。后来匠人挖开,和老关帝庙的位置不差一丝。这几年仙足就不多出来了,因为所有的神灵都有了位置。我们小金道教的恢复全靠是神仙差来的仙足。庙会时看今天有没有神灵感应,如果有,就可以看到仙足显灵。他(她)说的他自己也不知道,他自己说的是什么他一点都不知道。现在神灵都有位置了。"

营盘关帝庙的薛伍孃(名字不详,大家都称他伍孃),是关帝庙的理事,56岁,在家休息。她是关爷的弟子。她谈到自己做仙足的经历:

"我以前身体非常不好,几乎都死了,这里医那里医都医不好。在家里睡了好几年。后来就走庙子,拜菩萨,做了关爷弟子。所谓仙足仙足,就是神仙在天上走过,他有话说,就借弟子显灵说话。神仙来的时候,就不停地抖,不停地抖,自己都不能控制。抖到抖到,就开口说话了,或者是唱歌,过后人家问我,说的啥子,唱的啥子,自己根本都不晓得。"

伍孃在2018年滴水关帝庙关爷会,在大家吃饭的桌子上,众信众都请她说两句。说两句的意思就是请她请神。只见伍孃先默默埋头念念有词,然后站起来,开始唱歌,歌词听不清楚。然后说了一段话,也听不懂,有信众说她说的是藏语,这是藏地,要对藏地表示尊敬。菩萨会让仙足说一段藏语。伍孃平时不懂藏语也不会说藏语,只有仙足的时候说得来。接着,伍孃开始说汉语:我是那桃园结义关云长,过关斩将好威风,忠心保汉不二心,又有情来又有义。四川那小金好地方,我今就在这里住,其他地方我不去,我坐在小金保一方,哪个鬼怪胆敢来。没有灾来没有祸,没有虫来没有怪。(众人作揖称好)

你们这里太狭窄,我千千兵马进不来。你们大家听好了。现在的社会好制度,共产党领导的好人民。大家有饭吃来有衣穿。(众人答:是)你们在家也平安,出门也平安。(众人答:是)你们家有老人要孝敬,要供衣来要供吃。(众人答:是)你们子孙多来多享福,读得书来做得事。(众人答:喔。鼓掌。)

然后伍嬢又唱了一段藏语,然后她抖一抖身体,又正常如初。

二、关爷会的仪式

木坡关帝庙的理事会的组成:会首:王成碧,樊德华,樊德贵。

管家:贺泽芳,魏世兰(支客司),罗兴秀,贺泽勋,贺泽香,刘文玉,杨正香,王树仙,邓在萍(出纳,管经济),张福珍,曾继英。

整个关爷会就是由他们在操办的。

关爷会准备仪式:

① 五月初一开始准备,打扫庙堂,擦蜘蛛网,纸 5 件,香 8 件,清油,居士们会送来。黄蜡 7、8 斤,蜂蜜的蜂房提炼的蜡,用紫草熬油。1 斤清油 5 斤蜡。粘衣服,纸衣服,关公 3 套,地藏王 2 套,三婆 3 套,衣服 14 套。

② 马粮(五色米,玉米,荞,青稞,油麦子),马草(山上的红山草),盘香柏枝。弓箭,桃弓柳箭,越多越好。

③ 贡天所需要的物品:108 枝蜡,108 枝香,36 杯茶,36 杯水,36 杯酒,10 大贡,天桥,竹子搭的拱桥。

④ 宴席准备的物品:面(1 袋),米(1 袋),肉(2—3 斤),海椒,黄瓜等蔬菜。

⑤ 请道士:王德义(八角),许仙有(木坡),沈文仲(八角),樊德华,陈良仲,李德茂。

⑥ 祭祀的器物：法衣，木鱼，铛铛，钹，鼓。

⑦ 经书：念的佛经有《观音经》《地藏经》《金刚经》《阿弥陀佛经》《药师经》《洒水经》《心经》；道教的经有《桃园明圣经》《北斗经》《地母经》《皇经》。念的经由先生安排，然后用文书把这些记下来，贡天的时候要化掉。

仪式过程：

① 初十早上 8 点，道士穿上法衣开始念经。先要开光解郁，念《桃园明圣经》，安神。整个念经要持续 3 天，从初十一直念到初十三。

三个道士跪在关帝神龛前念经。居士有点香的，有跪香的，请来的客和朋友都要跪香，跪满一屋子。居士非常虔诚，他们眼睛盯着菩萨，都不眨一下。抚边的几个老婆婆，年纪大了，但是跪香一动都不动，会连续跪一天。整个庙里面烟雾沉沉的。

图 131：藏族妇女在跪香

② 吃午宴。所有来的村民和客人都参加聚会吃一顿。宴席都是当地的农家菜，有荤有素。每个关帝庙都要请几十桌。有一桌是摆在神像面前的，有酒有饭有菜。

图 132：午宴上仙足唱歌

图 133：为关爷备的酒席

③ 农历 5 月 13 日下午 3 点过，烧烟烟。

王德义，樊德华背着柏枝，柏华树，4 背枝丫，盘香，酥油糌粑，马草马粮，酒，兵将，来到庙后的泥马堆堆。把这些物品堆放在泥马堆堆前。然后王德义开始口中念念有词,他们称之为"招呼":千千诸佛,万万神将,四大将军,五方山神(藏族的山神)请礼受烟烟,保佑一方平安。十方三世一切佛,请礼受烟烟。这些藏族的山神包括古鲁什礼山神、伯嘎山神、阿巴吉山神、马尔诺山神、苏俄山神、沙俄山神,小金的山神。墨尔多山神,是当地的土神,是乾隆时期封过的山神。被木坡的藏民认为是嘉绒地区的总山神。然后点燃烟烟,开始焚烧。

④ 农历5月13日下午3点过,跳德尔蹦。

这个时间有道士出去烧烟烟,留在庙里的人开始跳锅庄。这个锅庄是古老的仪式,名叫德尔蹦,音译,是清代流传在小金木坡地区

图134:跳德尔蹦时放的祭祀物

的一种祭祀舞蹈。据当地人回忆,德尔蹦是在军队出征之前在军队中跳的。关爷会上,很多村民穿着节日的盛妆,大家围成一圈。跳德尔蹦之前把一坛酒放在院子的正中间,在坛子口蒙一块红布,坛子口放一把米,插三枝香,一枝松柏枝,和一个藏式的铃铛。开始时领舞者手中拿着一串摇铃,摇动三次,大家开始齐声唱歌。围成圈的人手牵着手跳舞。这个舞蹈可以跳整个下午,直到晚饭时。

图135:跳德尔蹦时起歌

图 136:跳德尔蹦

⑤ 5 月 13 日下午 17 时左右问经仪式。

由道士向关爷汇报,通过打牛角卦来看结果。一本经一本忏,打卦。从卦像看开始念经是否令关爷满意。

⑥ 农历 5 月 13 日晚上 10 点过,送夜仪式。

仪式的过程是:3—6 人参加,洒水饭仪式,几位理事(男性)各端一个盆子,里面装着洒水饭的东西,都是白天吃的东西,一样都不能少。活人吃什么,送夜时就送什么。白天吃的东西要宰的很细,用水泡起。晚上十点过,几位理事走到河边送夜,送夜的时候边洒边念:码头上的千钱兵马,万万神将,千千兵马,万万神将,孤魂野鬼,地盘历祖,寒灵菩萨,古老前人,请你们前来领受。

⑦ 农历 5 月 13 日晚上 12 点,贡天仪式。

晚上 12 点,道士率领庙里的所有居士、释迦弟子、善信群众,祈福消灾,十供,接着开始传递 10 大供。四位道士一人手里拿着一样供品,捧在手中,然后一起唱经。然后传到居士手中,居士手捧供品,转身行鞠躬礼交给下一个居士,居士行鞠躬礼接住供品,依次传递。最后一名居士接住后把供品放在桌子上。

一叩首、二叩首、三叩首、四叩首,又请起。

香献礼,七叩首、八叩首。

三礼已毕,道士接受文书,双手托盘,左手拿着三支香。

唱经。

道士手中端着一碗水,口唱:星移斗转,红黄之彩,灿烂成章,光飞日月之华,为善是修,有志有为,义云空而上,今为全县众生消灾解郁,玉烛生烟,华烛散彩。道士手中一直握着一块木头在画符。接着道士手拿蜡烛,行四方礼拜,把手中的两个烛台相碰到一起,继续走禹步,转了两圈后,道士面向正门,左手举起,宽大的衣袖遮住了半边脸,他不断地点头,左右摆头,口中念念有词。然后放下手,两手执烛台,对着门鞠躬,然后转身面向关帝鞠躬。向左前方迈进一步,然后向右前方迈进一步,再退回一步,又向左前方迈进一步,再退回来,然后向关帝再鞠躬,向前迈进一步鞠躬,再上前一步,跪在蒲团上,左右手交叉胸前,烛台分别在身两侧,两位关羽的仙足弟子接过两个烛台,放到天坛上。道士继续在关帝面前念经,天坛上插 108 支香,108 支蜡烛,108 杯香油,10 大供品。

然后道士走出来,把文书化掉。供天结束。

三、木坡关爷会仪式汉藏融合特点

木坡关爷会呈现出汉藏融合的特点,既有巫术也有宗教,自然山神崇拜与多神崇拜的特点突出。

祭祀仪式的佛道巫藏多种文化融合特点。反映了儒家"事死如事生"的观念。表现在吃饭时要给关爷摆一桌,晚上要送夜食给鬼吃,吃的食物是与筵席上的食物一样的。从木坡关爷会期间所诵的经文的名称来看,多是佛教经文,也是道家的经文。从仪式上来看,供天仪式是道家仪式。关公信仰最初的起源就是荆楚一带的巫文化。"送夜仪式"就是这种文化的表现,小金地处巴蜀地区,巴蜀地区毗邻荆楚,"送夜"这种巫文化的仪式也影响了这里。烧烟烟仪式与跳锅庄仪式是藏族的仪式。烧烟烟仪式时要向众多山神敬拜。

关公祭祀仪式与传统宗教混合的现象,可以考虑受到以下原因的影响:一是源于关公信仰是清代由乾隆皇帝的部队带过来的,必然受到当时军队中祭祀的影响和官方影响。二是佛道,包括藏传佛教中的格鲁派都有把关公纳入,佛道寺庙也有供奉关公的传统。木坡关帝庙祭祀活动时有时会请喇嘛来念经,也会请火冠道士来主持,参加的信众有佛家居士,有道家弟子,表现出多元宗教融合的特点。

第六章　西南少数民族地区的关帝传说

对关公文化的传播,除了政府的支持,佛道的推动,民间传说也是需要关注的一个维度。林继富先生曾说"以忠、义闻名于世的蜀国战将关羽,被汉民族和许多民族奉为战神、保护神、财神等,佛教、道教、儒家都将其纳入自己的神系,他是凭借传说和信仰互动走向全国的"。①

正是民间传说,使得关公文化一直鲜活地存在,大量的传说交织在信仰中,不断地丰富信仰的内涵,不断地赋予信仰新的内容,强化关公的神性与异能,最终成为中华民族的深层的文化心理结构。可以说,传说与信仰交织着,穿插着,互为表里,传说借助一定的故事,在流传的过程中将意义与价值不断地传承。传说的接受者是庶民百姓,传说的传播者上自帝王将相,下至黎民百姓,传说的传播方式是口口相传,传说分为口头传播的故事和文人书籍中的故事。传说具有广泛的传播力,跨越地区,跨越民族,不同的民族会因为共同的传说而发生联系,在共同的讲述中求同存异,通过故事达成认同。

学者们对此有一定的研究。据俄罗斯学者李福清的研究,关公传说在三国归晋后便开始在民间流传。②三国故事有大量的关公传说,胡小伟先生认为《三国志·蜀志》中记载的如刮骨疗伤等一些故

---

① 林继富:《神圣的叙事——民间传说与民间信仰互动研究》,华中师范大学学报(人文社会科学版)2003年第6期,第13页。
② (俄)李福清:《关公传说与关帝崇拜》,《民间信仰与中国文化国际研讨会论文集》,台北:汉学研究中心编,1993年9月,第308页。

事应该属于传说。特别是三国系列著作,如陈寿《三国志》(裴松之注),元代的《三国志平话》,罗贯中的《三国演义》中对传说故事的渲染,加上这些书广泛的流传,对关公传说起到了推波助澜的作用。《三国演义》中的关公故事,既是文学故事,通过说书等形式,也已与民间传说交织在一起,口口相传,这些已有专门的章节讨论,这里不再展开。关公传说是关公信仰的重要内容,大量的关公传说故事都是在神化关公。据马昌仪先生的研究,当代流传的关公民间传说可分为十类:"一、神奇的诞生;二、红脸关公;三、桃园结义;四、忠义大将军;五、关公磨刀与风物传说;六、关公与周仓;七、关公显灵;八、关帝庙的传说;九、关公与灶神、土地爷、海神的故事;十、青龙偃月刀与赤兔马的传说"。①

关公传说在满族、蒙古族、羌族、藏族等少数民族中早已流传。满族特别信奉关公,满族有关玛法传奇流传,关玛法就是关羽,他"出世于东海、盗耶鲁里神马、与超哈占爷比武等,吃穿用具及礼节均已女真生活化"已经成为一个"满汉杂糅、民族融合型的传说人物"。②蒙古族高僧RObi-dodi说,甘肃省的蒙古人也宣传关帝与战神相同的说法。据他的门徒为其撰写的传记中说他去西藏时经过四川。有一天在高山上过夜,梦见一位大红人,大红人邀请他到山顶宫殿中。那有很多大红人的妻子及儿子,大红人对他说。我是下面的中国土地君王,在西藏也有不少人崇拜我,从今我要保护你,大红人即关云长。藏人称他云长王。蒙古人不只在庙宇中拜关帝,也编不少书,如门徒用藏文撰写了《关老爷祭祀》一书。③藏族也有类似的传说。

在西南少数民族地区也有关于关公的传说故事流传,这些传说在既有的故事中又加入各民族的特有的文化要素,与关公信仰文化互构与互建,呈现出浓郁的西南地区的特色。比如大量的关索、关三

---

① ② 马昌仪:《论民间口头传说中的关公及其信仰》,来自胡小伟老师转给笔者的邮件。
③ 　这个传说转引自李福清先生《关公传说与关帝崇拜》一文。

小姐的传说,是西南关公传说的重要组成内容,这些传说故事都是以关公的神勇忠义、护国佑民、保佑信众为核心信仰价值,丰富了关公传说的内容,也是西南少数民族贡献给关公文化的宝贵财富。

关公的传说故事在西南少数民族地区流传的时间很早,至少在唐代,已经有大量的民间传说故事。段式成《酉阳杂俎》中记载了一则传说:

> 武宗元年,戎州水涨,浮木塞江,刺史赵士宗召水军接木。约获百余段。公署卑小,地窄不得用。因并修开元寺。后月余,有夷人逢一人如猴,着青衣。亦不辨何制。云关将军差来采木。今被此州接去。不知为计。要须明年来取。夷人说于州人。至二年七月,天欲曙,忽暴水至州城临江枕山。每大水,犹去州五十余丈。其时水高百丈,水头漂二千余人,州基地有陷深十丈处,大石如三间屋者,堆积于州基。水黑而腥。至晚方落。知州官虞藏玘。及官吏缠及船投岸。旬月余,旧州地方干。除大石外更无一物。唯开元寺元宗真容阁,去本处十余步。卓立沙上,其他铁石像,无一存者。

戎州为隋炀帝所置,唐高祖武德元年(618),复置戎州,州治在今宜宾市李庄镇。太宗贞观六年(632),置戎州都督府,治所迁回今宜宾市。高宗时,罢都督府。唐时戎州辖域范围跨云贵川三省,俗称"西南半壁古戎州"。这里为回、彝、苗的主要聚集地。传说中的"夷人"作为"关将军"信息的传递者,表明至少在唐代,这一区域已经传播着关公的故事。这则故事中关公的形象是不可侵犯的,威猛可惧,杀人如麻。因此地截了关将军的木头,发洪水"水头漂二千余人",发生地陷"十丈",堆巨石毁城基,直接毁掉开元寺。与后世传说关公的忠勇爱民很不相同,更与荆州一带的"厉鬼"形象的关公吻合。

关公传说是以一个体系的形式在西南少数民族地区传播的。历史上的关羽没有来过西南地区,在西南地区,关公的传说是以关公为核心的儿子、部将、坐骑(赤兔马)等交织在一起的,关公总是以率阴兵的形式出现在战场上,保佑蜀军获得胜利。关公是以勇武著称的,在西藏、蒙古的宗教界有不少关于他的传说,而且地点都在四川境内,以关公托梦的形式发生。以关索故事为题材的各种传说在苗族、彝族、布依族等地流传,传播范围遍及云南、四川、贵州。赤兔马是关羽的坐骑,在明清时期也有关于它的传说,传说关公的坐骑在成都府温江县城南附近显灵,城里的居民晚上听到庙中泥马发生真马一样的嘶叫,于是大家捐款,在康熙七年重建三义祠。

第一节　四川藏族、羌族地区的关帝传说

在关帝信仰向西南地区传播的过程中,传说故事也大量的涌现出来。无论在新疆、西藏还是云南的少数民族的哪一个关帝庙,都有一个故事,一个传说。传说为信仰提供了载体。关帝信仰进入藏族地区,是从清代开始的,军事打击廓尔喀以及活佛将关帝吸收入藏传佛教中,成为护法神,加上驻藏大臣的祭拜等活动,关帝在藏族地区获得了传播。值得注意的是,无论是军事行动还是佛教领袖,在接受关帝信仰的过程中,都留下了种种传说。就是藏族地区广为流传的格萨尔王的故事,也被传为"蛮关公",呈现出藏汉文化的交融。这些传说本身,也成为各民族文化与代表汉民族儒家文化的交融。关帝的信仰与崇拜,推动了蒙、满、藏、汉等族群的文化交流。

一、藏族地区的关帝传说

从传播学上讲,作为宗教领袖,活佛充当着意见领袖的角色,具有"晕轮"效应。西藏的多位活佛,如章嘉·若必多吉国师、土观·洛桑曲吉尼玛、阿嘉活佛等对关帝信仰在西藏的传播做出了突出的贡献。撰写经文,组织祭典,而他们中与关帝有关的传说,更是流传广远。直接把关帝纳入为藏传佛教的护法神。

　　五世班禅大师罗桑益西进京的时候,见到一个红脸长须的武将来迎接。但在金銮殿上,并未见到,就问乾隆皇帝,皇帝说:"那可能是关公吧。"五世班禅大师曾说:"凡作为汉地国师或者呼图克图者,都要供奉这个护法。"这一说法在《王子义成证道记》中得到了印证,自此以后,关公就成为藏传佛教护法。

　　清雍正十二年(1734年),格鲁派活佛二世章嘉若必多吉为大国师。土观洛桑曲吉在四川藏区记录了章嘉活佛梦到关公的事情。记述:

> "龙年(即乾隆元年)之吉日良辰……章嘉活佛自(拉萨)大昭寺附近起程(赴京),……途经四川地方一座叫襄陵的大山(即玉泉山),山下有'关云长显灵处'石刻,在山下住宿。章嘉活佛夜里梦见一位红脸大汉时对他说:此山山顶便是我家,请住小憩。言讫,一步跨上山巅。章嘉活佛也随至那里,只见那里有许多富丽的房舍,红脸大汉将章嘉活佛请到中间屋中,献上各种食品,还将妻子儿女引来拜会,说道,从此地以下的汉地都属于我管辖。给我布施食物者,西藏也不少,特别是后藏的老年高僧一再供我饮食。从今天起,我作你的保护者。明日你在途中将遇八难,吾可排除。次日途中,有猴从树林里抛出一块石头,打在侍臣楚臣达杰头上,只是受了点轻伤,并不要紧。据说那个红脸大汉就是汉人所说的关羽云长,译成藏语称为珍让嘉布。"[1]

　　在这个传说中,章嘉活佛梦到关公说"给我布施食物者,西藏也不少,特别是后藏的老年高僧一再供我饮食。"表明了对关帝的供养已经在藏族地区实施起来。而且,关羽还有了藏族的名字珍让嘉布。

---

[1]　土观洛桑曲吉尼玛著,陈庆英、马连龙汉译本:《章嘉国师若必多吉传》,北京:民族出版社1988年版,第130页。

章嘉活佛若必多吉在北京生病,关公显灵救活了他。对此《章嘉国师若必多吉传》中有明确的记载。当时章嘉国师得了病,"巴桑曲杰举行了天女圆光占卜(一种特殊的占卜法。——引者),幻景中只见章嘉国师身边拥聚了很多非常大的蜘蛛,欲与章嘉国师抗衡较量。一个威风凛凛的红脸大汉手持宝剑,将那些蜘蛛赶往他处。那天晚上,章嘉国师梦见一个红脸人对他说:'伤害您身体的那些小鬼已被我驱赶'。他问:'你居何处?'答:'我住在皇宫前面大门外右方。'次日,打发侍从前去察看,被称为前门的城内有一座关帝庙,内供奉塑造的关老爷即关云长的塑像,历经各代,香火不断。想必是这位关帝保佑章嘉国师,遂举行了大祭。后来在达察杰仲活佛的鼓励下,章嘉国师还撰写过一篇祭奠文。"①

从时间上看,"在十八世纪中叶,(西藏)章嘉·呼图克图乳贝多吉(公元 1717 年—公元 1876 年)在北京皇宫中最高级别的喇嘛教官济仲呼图克图的倡导下,为关老爷写了一卷祭祀祈愿文,以藏文、满文和蒙古文版本发行。"②

西藏的寺庙中也大量的将关帝作为护法神供奉。土观活佛认为关帝也曾示现过藏地护法"尚论多杰东都"等很多护法形象;尤其在《三界伏魔大帝关云长之历史和祈供法·激励事业雨流之雷声》一文中,他将关帝列入喇嘛教的神灵体系中,称为"大战神""尊赞神""护法神",并给予了"三界伏魔大帝神威远镇天尊关圣大帝"的封号,还建立较为完整的祭祀仪式。他认为:"关公为守护汉地之殊胜护法,在遣除违缘增上福报方面对汉族弟子有不共之加持,应经常修持之!"甘丹寺附近的关帝庙,是一个附设在藏传主寺的关帝堂,就不是一座独立的庙宇。

清代徐轲的《清稗类钞》中,记录了一则"蛮三旺"的传说,一直被

---

①　土观洛桑曲桑吉尼玛著,陈庆英、马连龙汉译本:《章嘉国师若必多吉传》,北京:民族出版社 1988 年版,第 5—146 页。

②　(德)海西斯:《西藏和蒙古的宗教》,耿升译,天津:天津古籍出版社 1989 年版,第245 页。

认为是流传于西藏的十分重要的有关关羽信仰的传说：

> 西藏神话，以蛮三旺为最古。谓中古时，妖怪横行，民受其害，刘备、关羽、张飞出而治之，战数十年，各不相下，遂鼎峙焉。蛮三旺之名，盖以此也。妖之尤者，名杜，三头六臂，能变化，虽数百家之村落，皆能吞之。杜眠时，鼻孔出长蛇一条，为人所害，蛇即入人鼻孔，杜遂惊觉。故杜之横行，人莫能制。刘关、张中，惟关之神行能变化，每与杜战，则刘、张守营，刘张不能守，往往为杜所袭，甚至掳关之妻子。后为关所夺回，怒妻无耻，欲杀之，将妻发系马尾以拖死，马不前进，鞭之，亦然，痛鞭之，马遂作人语："夫人罪不当死，虽杀我，亦不走也"。关不得已，遂将妻同载而归。后杜亦骄横，关变为牛屎，被杜家人拾作柴料，关始入杜家。关又变为炉中杠炭，遂近杜身，杜不知也。杜眠时，蛇出，关先杀蛇，后斩杜，妖患遂平。蛮民感其德，至今犹供奉之。[①]

胡小伟先生精彩地分析了这则传说后面的宗教文化内涵，其中杂糅了藏传佛教的内容。

第一，故事中的"牛粪"在藏族的密宗中是洁净的，在藏文化中也是具有洁净功能的。他以密宗经文为证，阐明了"牛粪"的这一意义：

如《大藏经》收录的唐三藏义净制译《金光明最胜王经》卷七《无染着陀罗尼品第十三》中，就有"应作坛场方八肘，可于寂静安隐处，念所求事不离心。应涂牛粪作其坛，于上普散诸花彩。当以净洁金银器，盛满美味并乳蜜"的说法。

又慈贤译《妙吉祥平等秘密最上观门大教王经》卷四：

> "四门左右及四隅，安置以乳牛野粪，于坛场海水外。据坛

---

① （清）徐轲撰：《清稗类钞》第九册，台北：商务印书馆1917年，第162页。

上随方尊位,以乳牛粪涂成小坛,用水净之"。①

第二关羽又"神通变化""三头六臂"云云,本为密宗"现量发圣"的变相。第三,杜鼻子中钻出的蛇,"在西藏的原始宗教苯教中,认为人活着时灵魂可以离开躯体远游,并能寄附在某种物体上",具有西藏本土宗教的特点。

这则故事中又有浓厚的汉文化的特点。首先,刘关张三人,取材三国演义的传说,这一点毫无疑问。第二,关羽夺回妻子后欲杀之,马为夫人求情一节,是程朱理学的观念,是正统的儒家观念。

这一则流传在西藏的传说,"情节曲折,神灵色彩浓厚,可以说它保留了汉族传说的明显痕迹,笔者以为该传说是流传在汉藏民频繁接触或汉藏民族杂居的文化边缘地带。"②已具有汉藏文化交融的特点。

与这则故事相近的,是近代一位著名的人物庄学本在这一区域调查时所记录的一些民间传说故事。庄学本的名气是来自他拍下了大量的康藏地区的照片,同时他写下了一些文字,他的照片和文字,成为研究这一地区的文化、历史、民族的珍贵史料。无独有偶,他也记录了一则民间的关于蛮关公的传说:

格萨王

格萨,俗名蛮三国,共有十八部,弹词体裁,是西康最盛行的长篇神怪小说,里面描写明朝时代青、康、滇、藏一带许多番邦小国互相征讨并吞的故事。主角名叫格萨,他是当时一个领国的国王,精通奇术,本领高强,俗称他蛮关公,下面即是蛮三国中的一节。

话说格萨自从赛马得胜以后,登了领国的王位,率领他手下

---

① 胡小伟:《花关索与格萨尔》,见于作者发给笔者的论文。
② 林继富:《神圣的叙事——民间传说与民间信仰互动研究》,华中师范大学学报(人文社会科学版)2003 年第 6 期,第 13 页。

的兵将，东征西讨，战无不胜，攻无不克，不料现在正遇到一位强敌，他是雪山上喷噶国的国王，提起此王手下的兵强马壮，他乘格萨不备之时，去将他王后孙祝妈抢入国中，结成花烛。格萨赔了夫人又折兵，不禁大怒，誓死报复，于是向天立誓曰："我必使王后口饮喷噶之血，手提喷噶之头，方雪我恨。"

一天，喷噶国里草坪上来了一批茶商，住歇几十天走后，附近山村里的人见他们形迹可疑，便去察看，在一大堆熬过的茶叶渣滓之下拨出一个裸体的小孩，村中年轻人说道："这个小孩恐怕即是我们的敌人格萨的化身，我们乘此把他杀了，以除心腹之患。"将要动手，一个老铁匠出来阻止道："我想他决不是格萨，他是已被人抛弃的孤儿，我们不能杀他，现在我年老无儿，无人传学手艺，不如由我抱回去抚养长大，传他手艺。"众人无言，老铁匠于是把他抱回去了。不料这个小孩正是格萨的化身，因此就闯下大祸。

铁匠把小孩抱回家去，他有一条牦牛，先叫小孩和他自己的女儿天天去放牛砍柴，小孩上山把牦牛杀了，牛肉剥下挂在林中，和那个女儿慢慢分食等要下山，小孩把牛骨捡起来接起，于是牛在地上打滚，立刻复活。光阴迅速，这样过了几岁，那个女儿天天看着有些疑惑，一天小孩正在接牛骨的时候，她就悄悄的偷了一根牛腿骨，不料这牛打滚起来，就成了一只跛牛，那个女儿回去告诉铁匠，明天铁匠就不许他上山放牛，叫他在家打铁，小孩非常聪明，无论钉刀黎镰，都一学就会，一天喷噶国王为充实武器，防格萨打来，下令给老铁匠叫他"打三千把腰刀，在三天之内打完"，老铁匠接到命令，急得没法，小孩道："此事不难，三天我能打齐，但是送刀入宫时我要同去。"三天期满，三千把腰刀果真打出，铁匠就领小孩进去把腰刀交给国王，小孩一路把进宫的路线动静，侦察在胸中，回去就做一个长梯。

格萨化身入宫侦察明白以后，就开始报仇的工作，一天他用法术变了许多跳弦子的人，在喷噶国王的寝室，喷噶一见，呼唤臣子前来帮助,但是他的臣子都在宫外,格萨仇人相见分外眼红,就向喷噶猛扑,喷噶不敌,跌倒在地下,格萨抽出宝剑,一刀把他研成两断,取一杯子把左口右贡噶头上的血滴了几点,又把喷噶的尸首抱在床上,把衣服盖好,格萨变成一个小鸟飞在梁上,一会王后孙祝妈看了跳弦子回宫,自言自语的说道:"今天心头发渴,饮一杯酒吧。"说着端起桌上的杯子一喝,觉得一股血腥气,他很诧异,于是到床上去拉喷噶,不料一手说将喷噶的头提了起来,正在惊愕之间,格萨见都应了他的誓言,从梁上跳下来,揪起王后的头发,跑出宫去,拴她在马尾上,一直跑回自己的国里去。①

　　这则故事反映了康藏地区的社会结构,婚俗习惯,民风民俗等等。如少数民族"夺妻"的习俗,在西藏、蒙古都经常看到。格萨在这个故事里面是非常善于变化的,变婴儿,变跛子,变许多跳弦子的人,变小鸟。在藏区流传的法术故事中,常常可以看到人变动物的记载。

　　庄学本在书的序言中写道:"这七十八篇故事显然不全是康藏当地的产物,有若干传自内地,若干来自印度,使我们明了这片高原是中印文化交流之地,尤其是宗教信仰受到印度佛教的影响极大。故事的背景大多是游牧,樵采,经商,和现在他们的生活游牧,樵采,经商以及幼稚的农耕相对照,他们的进化实极迟缓,许多工艺还依赖内地的匠人"。②

　　这则故事的格萨尔王,与关公的传说故事没有文本上的相关性,但是在精神上具有相通过性。关公年少时锄强扶弱,出走涿州,此时的关公是一个侠士。而故事中的"蛮关公"中的格萨尔王,直接具有侠文化的特点,其崇尚的个人英雄主义,无边的法术和勇敢、智谋,又增加了侠的内涵中。格萨尔王与关公,一直有着密切的联系,在藏族

①　(民国)庄学本:《康藏民间故事》,上海:上海时代书局,1950年版,63—65页。
②　(民国)庄学本:《康藏民间故事》,上海:上海时代书局,1950年版,第2页。

地区,群众多把格萨尔王与关公混淆。庄学本也在这里说主角名叫格萨,他是当时一个领国的国王,精通奇术,本领高强,俗称他"蛮关公"。明确当时民间把二人当作一个人的。民间如此,当时的统治者也是如此。著名德国学者海西希(Walther Heissig,1913—2005)曾认为,在中国的边疆少数民族地区:"关帝被当作战神,而过去早就有人把喇嘛教中的格萨尔汗当成了此神。他们作为战神,在肖像方面的相似性是不言而喻的。因此在边防地区的关帝庙中,把伟大的关圣帝当成关氏家族神圣的格萨尔汗,这完全符合嘉庆和道光时代的宗教民族融合政策……稍后不久,关帝的神启不仅仅被当成了战神,而且还被说成是格萨尔汗"。①

值得注意的一个现象是,藏族确实有格萨尔,汉族确有关公。很多学者都注意到在藏族地区,很多藏民都分不清格萨尔与关帝。西藏拉萨的关帝庙,同时也叫格萨庙,这两个人物是如何被混淆的呢?

任乃强先生讨论过格萨尔何以叫蛮关公,颇有见地。他指出,格萨尔的故事被称为"蛮三国"。据考察,其实其内容与三国故事毫不相干。格萨也被认为是蛮关公,其实两个人也非同一人。任乃强先生提出了三个原因,是有道理的:此书(指藏族地区流传的《格萨朗特》一书)在藏族社会中,脍炙人口,任何人皆能道其一二,有似三国演义在汉族社会中之成为普遍读物。汉人闲话,必指奸人为曹操,鲁莽人为张飞。故俗为闲谈为"说三国"。藏人闲话,必涉格萨故事,故汉人亦呼之为"说蛮三国"。他提出的第二个理由是,两个故事都是历史故事。最初听格萨故事的汉人,就其人物性情,随意比附。遂谓格萨为蛮关公,甲萨为蛮关平,濯堆为蛮周仓。格噶为蛮曹操……任先生还记录了他在八邦寺见关羽、关平、周仓三小像。喇嘛指关帝云谓"甲格萨",指关平曰"甲甲萨",周仓曰"甲濯堆"。甲为汉人在西藏不同的地方,藏人都是认为关帝是藏族的格萨。任先生认为,"使藏

①　(意)图齐,(德)海西希著,耿升译,王尧校订:《西藏和蒙古的宗教》,天津:天津古籍出版社1989年版,第231页。

人粗解三国演义,或亦将呼之为'甲格萨朗特矣'。另外,格萨的故事,以平定霍尔三国为中坚。这也是被叫做蛮三国的原因"。①

他还认为从造型上看,格萨与关帝的造像接近,从情节来看,命运接近:

> "藏人绘神像,各有定型,万手一致,人目可辨其为何神。格萨像,皆骑马,左手仗戟,右手扬鞭,马现侧面。人首与胸正面,甚英武。盔上有四旗。顶缨为幢形。着甲与靴,皆同汉式。臂上腰间,复有袍与袖,戟缨下有长帐与风带。盔白色,帽旗红地绿缘。脸暗红色,甲金红色。腰绿闹。袖袍绿色。白裤。绿靴。马赤色,蓝鬃白腹。是为定式。与关帝造像相较,赤脸,绿袍,赤马,金甲,绿靴,皆全吻合。但盔与武器异耳。蛮关公之名,由此而得。若其一生事迹,则与汉关羽殆无同点。即蛮曹操,蛮关平,蛮周仓等名称,亦皆由蛮关公三字引申而得。比较其各事,并无似处。关羽在历史上,并非如何特出人物,经罗贯中演义,特笔描写,大受满清帝室崇拜,列入祀典。提倡哥老会者,亦复借题发挥,推为圣人。死后尊荣,实出小说家力。格萨在西藏,亦不过中古时代若干大西长之一员。连宋拒夏,足以安定疆土,成名一时。不过尚恐落一流,并非卓绝。一经文学家特笔描写,遂成为家户户祝禁不可止之神。佞佛者亦复借题发挥,推为首屈之大护法。其在藏族之地位,正与关羽在汉族中之地位相当,死后成名之途径,亦出一轨。人马腹鄂又不约而同。此难怪汉人呼格萨为蛮关公,藏人呼关羽为甲格萨"。②

如果从跨文化的角度来讲,格萨尔王和汉族汉帝在民间的被混淆,或者藏族地区蛮关公,这种现象,恰恰反映了汉藏文化在历史上

① (民国)任乃强:《蛮三国》的初步介绍,《边政公论》1945 年第 4—6 期,第 21 页。
② (民国)任乃强:《蛮三国》的初步介绍,《边政公论》1945 年第 4—6 期,第 27 页。

的交融。这两位神祇所传播载体,一个是格萨尔王人民间传说,一个是三国演义的故事,都是脍炙人口,妇孺皆知。格萨与关公都是神勇的大神,其神格极其相似。实际上,不只是关羽,藏族同胞在接受汉文化时,连曹操、周仓等,都在藏文化中找到了相对应的对象。两个民族人民互相找到彼此共同认同的历史文化,共同崇拜的历史偶像,共同体验彼此的民族文化心理的一种表现。文化融合本来就有三种模式:一种是强势的文化完全取代弱势的文化,一种是两种文化彼此交融,互相进入,一种是两种文化互相抵抗。庄学本先生收集到这个故事的所在地的康藏地区,也恰恰是藏汉杂居区域。属于文化融合的第二种情形,两种文化互相交融,关公文化在藏族地区,从信仰入民间生活,由民间传说再加强民间信仰。藏汉百姓在共同的生活中,在不同的民族故事的跨文化传播中,也逐渐地寻找族群文化的共同点,彼此认同,和谐共处。关公信仰,通过这样的传播途径更广泛的传播,更成为藏汉民间的共同信仰。

图 137:拉萨关帝庙的碑,左藏文和右汉文

二、羌族地区流传的关羽的传说

在羌族中也流传着有关关羽的传说,有关帝崇拜。羌族的"白石崇拜"中,有的地方房顶上的五颗白石,有一颗就是关帝。

关公文化进入羌族地区比较早。从故事来看,《三国演义》第九十四回"诸葛亮乘雪破羌兵司马懿克日擒孟达",描写了关羽助关兴战羌兵之事,关兴、张苞二人与羌兵作战,形势危急,关公前来助战:

> 兴就水中挣起看时,只见岸上一员大将,杀退羌兵。兴提刀待砍越吉,吉跃水而走。关兴得了越吉马,牵到岸上,整顿鞍辔,绰刀上马。只见那员将,尚在前面追杀羌兵。兴自思此人救我性命,当与相见,遂拍马赶来。看看至近,只见云雾之中,隐隐有一大将,面如重枣,眉若卧蚕,绿袍金铠,提青龙刀,骑赤兔马,手绰美髯,分明认得是父亲关公。兴大惊。忽见关公以手望东南指曰:"吾儿可速望此路去。吾当护汝归寨。"言讫不见。关兴望东南急走。至半夜,忽一彪军到,乃张苞也,问兴曰:"你曾见二伯父否?"兴曰:"你何由知之?"苞曰:"我被铁车军追急,忽见伯父自空而下,惊退羌兵,指曰:'汝从这条路去救吾儿。因此引军径来寻你。'关兴亦说前事,共相嗟异。二人同归寨内。"

在历史上关羽没有到过西南地区,在蜀政权的核心地区,关羽并没有参与。只有他的儿子关平、关兴有参与西南地区的各种军事行动。在《三国演义》成书的年代,关帝信仰已经比较普遍。关羽率阴兵助阵的故事在军队在民间多有传播,《三国演义》当是吸纳了当时的民间传说故事。

周仓,是一个虚构的人物。在《三国演义》中,周仓是黄巾军地公将军张宝手下。张宝死后,周仓和裴元绍率部占山为王。在卧牛山附近,裴元绍率众抢关羽的马,其间周仓被关羽收服,他命裴元绍率部众回山,从此追随关羽,成为关羽贴身侍卫。之后周仓屡立战功,他在关羽镇守荆州时,对抗曹魏名将于禁与庞德的战斗中,他熟悉水性,水中生擒庞德。最后周仓在关羽父子被斩之后自刎而死。周仓是在民间宗教关羽信仰中的"周大将军",是关圣帝君的旁边拿刀的那一位。明神宗万历四十二年(1614)被封为"威灵惠勇公"。在明代关帝庙中,关羽的塑像旁边有了关平、周仓两个随从。周仓成为了关公信仰体系中的一员。成都的小关庙,是为了纪念关平。在成都有大关庙和小关庙的地名,现在亦然保留着。

道教典籍中有周将军宝诰,内容如下:

志心皈命礼

扶天勇将,察地勐神,铁须银齿,黑面朱唇,精忠特立,劲节惊人,稽查善恶,纠察凡尘,冥冥显赫,处处游巡,锄奸锄恶,救世忧民,忠臣义士,扶彼超伸,乖儿逆子,不胜怒瞋,维持世教,匡正人伦,斩妖护法,大道常存,最灵真宰,最显神君,护朝护国,刚直忠勇大天尊。

周仓被四川地区的羌族人认为是自己的祖先。在民间关帝塑像中,站在关帝后面的黑髯,手持大刀的形象是周仓。羌族地区关羽的传说多是与周仓有关系的。羌族研究专家王明珂先生收集了两个故事:

第一个故事说,三国时的周仓是一个本地人,气力大,但是有勇无谋。他见到汉人来得越来越多,欺侮本地人。于是他就想把汶川外的雁门关堵住,让汉人无法进来。雁门关是一个紧狭的隘口。周仓计划用一个大岩石把这隘口堵起来。周仓是个阴间的神,像鬼一样,只能在夜间行动。他在夜间把一块大岩石背到岷江边上时,关羽知道他的计谋,便学鸡叫。周仓是个又笨又老实的人。听到鸡叫,他以为是天亮了。于是他匆匆的把岩石丢下就跑。所以现在"周仓坪"那儿还有一个大岩石,像个房子那么大。①

---

① 王明珂:《蛮子、汉人与羌族》,台北:三民书局 2001 年版,第 61 页。

　　在王明珂收集到的另一个故事里面,谈到了周仓与关羽的关系。为了保持完整性,把王明珂先生的相关记述都录下来:

　　　　周仓被羌族视为祖先或神,事实上还有其他意义。在中国民俗故事中,周仓与关羽有主从关系;周仓永远手捧着关羽的刀,忠心耿耿的站在后者身边。这个形象,符合许多羌族人民心目中,"我们是汉人的忠实帮手"此一自我意象。一位汶川龙溪羌族说:周仓是三国时,东汉末年的人。那时威州雁门关有一个洞子。周仓这个人气力大,有勇无谋,他跟关云长在一起的。据说他是个本地人。西京,三国时代,孔明刘备征西的时候,周仓这个人温厚,老实气力又大。刘备征西蜀的时候,在我们西北征战的时候,发现这么一个人,气力很大。关云长是个文武得行的人,就把他收了,给他一些照顾。周仓对关云长怎说就怎听,就怎么干。①

　　在王先生的另一本书,故事大致相同,关羽变成了"统治阶级",故事的时间发生了变化,是"征西时"。同一页中,"理县蒲西的羌族",则把这则故事中的关羽变成了"观音菩萨",对于,周仓,也不认为是三国时的周仓,"不知是哪里的周仓"。

　　无论是《三国演义》的传说,还是王明珂先生收集的传说故事。反映的都是族群之间斗争的故事。如果来解读王明珂先生收集的故事,可以清楚地看到在汉族进入少数民族地区后所经历的抵抗与接受的过程。第一个关于周仓的故事,"他见到汉人来得越来越多,欺侮本地人。"这反映了明清时期大量的汉族移民进入,与当地的土著族群的斗争越来越激烈。周仓要堵住汶川外的雁门关,真实地反映了土著居民对汉族的拒绝。周仓和关羽的争斗的故事,是两个族群在融合之初的状况。而第二个故事,则是两个族群在融合后的状况。

---

① 　王明珂:《羌在汉藏之间》,北京:中华书局 2012 年版,第 270 页。

在汉族凭借强大的军事和文化力量,两个族群在摩擦中达到了最后的和谐。于是,第二个故事里面,周仓就变为一个"温厚,老实气力又大"的老实人了。他被关羽收了。"周仓对关云长怎说就怎听,就怎么干。"他们之间的上下关系,顺服关系就确定了。周仓被羌族视为祖先或神,关羽是汉族的神,在这两个神的关系确定后,实际象征的是两个族群的关系从仇视、对抗、抵挡到接纳、合作、共存。

第二节　其他西南地区关帝信仰的民间传说

在民间,百姓是把关羽作为神圣帝君来敬仰崇拜的,关公的诞生、红脸长须、死后显灵,甚至他使用的兵器青龙偃月刀,坐骑赤兔马等,无不充满了神奇的色彩。在西南地区的关公传说中,除了他的神勇外,还有一类把他神话的传说,强调他是火神下凡,强调他的龙血的出身,让他一出身就具有神力。

一、关羽是火神的传说

在苗族流传着关羽是火德星君下凡的传说①:

相传,火德星君是天上的一个大神。有一次,玉帝命他下凡去烧百万之家。火德星君想:去烧百万之家,皇城都要烧去好几座,那不可惜? 干脆啰,玉帝叫我烧百万之家,又没有讲清楚到底是去烧多少家,我不如光烧百家万家这两家算喽。于是,他赶往凡间,烧了姓百的家和姓万的家。

玉帝晓得后鬼火踔,说火德星君有欺君之罪,要把他斩首。火德星君听到玉帝要斩他的头,晓得是在劫难逃,就赶紧托梦给马王庙的二僧和尚,说:"为了使天下人脱难,我违背了玉帝的旨

---

① 马昌仪:《关公传说》,北京:中国社会出版社 2008 年版,第 2 页。

意。现在玉帝要斩我的头,将我打下凡尘。万望老师公开恩,明日请将大小殿堂打扫干净,燃香秉烛,再拿七张桌子长长摆起,金盆打水放在上面,我午时三刻要在你庙中落脚。"

二僧和尚醒来,天已大亮。他赶紧吩咐小和尚按梦中火德星君所托的一一准备好。二僧和尚看看天,晴天朗朗。心想这火德星君咋个在这点落脚呢?

午时三刻,突然一堵剑云遮住了太阳,顿时天昏地暗,"喀嚓"一个火闪,玉帝斩了火德星君,滴了几滴血恰恰落在那金盆头。七天七夜后,把那金盆抬下来,里边有一个娃娃……

这是关于关羽身世的传说,这个传说在西南西北汉族地区也广为传播。流传于四川雅安地区汉源县大田乡有火文星关羽的传说①:

关羽为火龙星降生

天上的火龙星是位善良正直的天神。一次玉帝命其到凡间放火烧毁万户村,他见那里的百姓朴实忠厚,辛勤耕耘,一连三次都不忍心施火,最后只烧了村里一户作恶多端的财主回去交差。玉帝见火龙星屡屡违抗天命,欺哄上天,敕令冥王星将其捉拿归案问斩。火龙星在临赴刑场时托梦给他的棋场老友——仙山寺主持老僧,嘱请其在六月十七日午时用铜盆接住从天庭断头台滴下的血水,密封存放七天七夜,如是,他便可以转世凡间为人。老僧同情朋友的不平遭遇,遵嘱而行,把接得的血水用寺内一口大钟严严实实地盖了起来。转眼六天过去了,寺内的几个小和尚等待不及,趁主持不在时抬开大钟,看到盆内血水已凝结成一个血球,有碗口般大小。小和尚们正在惊奇之时,突然一

---

① 四川雅安地区民间文学集成办公室编:《火文星关爷》(原题《关爷》),《中国民间文学集成·四川雅安地区卷》,第68—69页。李友华讲述,李国君等采录。

团红云冲起,血球变成了一个小儿。因为还差一天不到期限,血球的血气尚未消完,故而孩子脸色赤红,如同重枣。此儿即是日后的关羽。

这样类似的传说在西南地区还很多,大概情节相仿。流传在重庆走马镇的神话《关羽降世》中说,天上有位火龙神,就是关圣人的前生,没有下凡那阵子他还在天宫侍奉。一天,玉皇大帝心血来潮,把他叫去,命令他下凡去烧川东中一方住户的一百万家房子。关羽是火龙神,玉帝命令他去烧百姓的房子。火龙星不愿意烧那么多房子。与上一个故事有差异的是文曲星给火龙星出了一个主意,让他去烧一家姓白的,再烧一家姓万的,合起来就是"百万家"。结果玉帝非常生气,非让御前刑官定火龙星一个死罪,开刀问斩!……火龙星死后变成一个脸膛绯红的奶娃娃,后来这个娃娃建功立业,义薄云天,终于成为了万代称颂的关羽关大圣。四川南溪县留宾乡李树成讲述的关云长传说《火神菩萨》,说关公原是天上的火神菩萨,因不忍心火烧人间被斩。他的一滴血落到人间,掉在一姓冯的人的洗脸盆里,这滴血遇到水,变成一个娃儿,被姓冯的把他抱养,取名云长。[①]四川奉节县是一个多民族杂散居县,有土家族、回族、藏族、苗族、满族、水族、布依族、仡佬族等23个少数民族。当地流传的一则故事说,关公的前身是火龙太子,他给开元寺长老托梦说,他为救浣城百姓,有斩头之危,请长老在第二天午时前,在门前挂个七星灯,灯不能减,烟火不能熄。这样七天以后揭开灯盏一看,里面是个小娃儿,送给了卖豆腐的洪姓老两口,取名叫洪云长。[②]

四川南溪县留宾乡李树成讲述的关云长传说《火神菩萨》,说关

① 四川南溪县民间文学集成办公室编:《火神菩萨》,《中国民间文学集成·南溪县卷》,四川南溪县民间文学集成办公室编印,1988年,第12—13页。李树成讲述,邓上玉采录,流传于四川南溪县留宾乡文化村。
② 中国民间文学奉节县卷编委会编:《关云长姓洪》,《中国民间文学集成·四川奉节县卷》(上册),奉节县卷编委会编印,1989年,第50—51页。冉志根讲述,谭发斌采录,流传于奉节县尖角乡忠台村。转引自马昌仪,《论民间口头传说中的关公及其信仰》。

公原是天上的火神菩萨,因不忍心火烧人间被斩。这时,人间一姓冯的人正在坝子洗脸,天上落下的一滴血正好落在他的洗脸盆里。血在水里变成一个娃儿,姓冯的把他抱养,取名云长。

四川雅安地区汉原县流传的传说《火文星关爷》里说,关羽原是天上的火文星,因为犯了天条被打下凡间,给大佛寺和尚托梦。于次日午时点上九秉蜡烛,用金盆接他。第二天中午,从天上滴下三滴血,落在金盆里。过了一天,金盆里长出一块血泡,和尚用刀、剑都划不开,后来借大佛手上的木刀划开来,里面是个小娃儿,这便是关羽。另一则四川流传的传说《火龙星下凡》也说金盆里的几滴血成了一块血砣砣,长老和尚把它倒在大佛的胯脚下,隔了三天,爬出一个红脸娃儿。①四川涪陵地区南川县的一则故事说,关公是天上落下来的娃儿,落在五台山的一座庙里,被和尚收留。和尚说,这娃儿是掉在门内的,身上缠有两条丝带,早晨天上有云,离地又这么高,不就是长嘛,于是就说:"这娃儿就叫关云长吧!"②

流传于四川雅安的传说中,关羽原名禩寿昌,是河东解良一个老实庄稼人的儿子,十多岁时,因杀死害死母亲的吕老财而外逃,梦中得峨眉山齐云长老的点化,称"汝乃天神,亦自有羽,无关不过,无阵不破矣!"醒来变成红脸长须,便改名关羽。③

这些故事流传在四川,四川是道教的发源地,巫鬼的传说也很多,这些传说中有六则提到了关羽是火德星君——这是道教和民间信仰之中有的神。《太上洞真五星秘授经》对"火德星君"中有这样的叙述:"南方火德星君,主长养万物,烛幽洞微。如世人运气逢遇,多有灾厄疾病之尤,宜弘善以迎之"。火德星君是为人解灾难,去疾病的。这些传说道出了关羽非凡的来历,生而具有解灾除厄的神力。这样通过传说就把关羽从一个人变为一个神,以人形来到人间而具有神性的神人。他经过僧人、道士的帮助,投身人间,他甚至不是投

---

①②③　转引自马昌仪,《论民间口头传说中的关公及其信仰》,论文来自胡小伟老师转给笔者的邮件。

胎来的,而是从血、血球、灯这些介质来到人间,凡此种种,强调突出的就是他不同凡人。这个传说怎样流传进苗族的,没有记载。从"火德星君"这一属于道教的称谓来看,很有可能是通过道士传播到苗族地区的。

二、"磨刀节""单刀会"与"关公祭"

每年农历五月十三日,是一个特殊的日子,清朝时,这一天会举行一年一度的中祀,祭祀关公。而在民间,这一天则留下了很多传说。农历五月十三日,各地都举行关帝庙会祭祀关公,有的地方称关公磨刀节。我国民间以"农历五月十三"为磨刀节,从现在看到的方志材料来看,时间为清代,我国的东南西北等地都已有这一民俗。《顺德县志》:"邑人最重祈祷,每乡必有神庙,谓之'乡主庙'。邑中香火之最盛者,县城西山之关帝庙……尤著灵应,乡人往祷者刑牲献醴,焚燎如云"。①

"磨刀节"又称为"磨刀雨",与众人熟知的关帝盐池斩蚩尤的故事有关。崇宁年间,三十代张天师曾遣关羽诛蛟,即时风云四起,雷电交加,关羽即斩蛟于盐池上。关羽也就与雨有关了,逐渐的,在多地的祷雨记载中,会到关帝庙去祈雨。民间五月十三日关公诞辰的日子,也正好是雨季。万县的民俗在五月十三日及六月二十三日祀关帝,十三日尤盛。其日多雨,称"磨刀雨"。这种民俗,反映了农业社会里,人们对于天气农事的关注。

农历五月十三日,这个日期为明世宗嘉靖皇帝钦定的关公生日,后来逐渐演化为一个民俗。华北《宛平县志》:"进刀马于关帝庙,刀以铁重 80 斤,马以纸高二丈许,鞍鞯绣文,衔辔金错,旗鼓前导之"。②《遵化通志》:"关帝神诞。闾里多牲醴。演剧致敬"③。《保靖

---

① (清)梁朝俊,黄文蔚编:《曲江县志》民国十八年刻本。

② (清)王养濂修,李开泰、张采纂:(康熙)《宛平县志》,清康熙二十四年(1685)刻本。

③ (清)何崧泰等修,史朴等纂:(光绪)《遵化通志》,清光绪十二年(1886)刻本。

志稿辑要》"十三日,祀关圣帝君,俗谓之'关会'"。①《湘乡县志》:"五月十三日祀关帝"。②

农历每年五月十三日,通常处于夏至或小暑季节间的前后,正常的气候都有降雨的过程,气候不正常的年份亦有不下雨的。而民间称此日若下雨,便是"关公"为民间降福。民间向关帝求雨并不只在农历五月十三。《南皮县志》中记载了民间求雨的习俗。"遇天旱之时,农民有求雨之举。请关帝或龙王像,设坛三日,舁像铙鼓游行,门插柳枝,人藏柳帽,且执柳酒水作雨状,雨降则演戏酬神"。③《封丘县续志》记载了当地向关帝祈雨的民俗:"旧时遇旱,知县令淘翟母井,或亲诣城隍、关帝庙焚香祈祷。不应则率僚属及胥吏徒步捧香至庙岗百里使君桶,迎使君入城,在关帝庙棚休驾,设坛攻条,朝夕焚香,期如使君在徐甘雨随车之事。且禁署宰杀,闭南门,令各家门首设水缸,插柳枝,悬'沛然下雨'等吉语,以求甘霖之下降。应则具仪送神于庙,或献戏,或悬匾勒石以酬之。此邑宰祈雨之大概也。若民庶,多搬关帝神像于庙外,朝夕焚香,必落雨后方入庙致奠,或金神献戏。所奇者,有置辇棚迁关帝驾于其中,设坛喊佛,发牒跪祷,燃炮鸣鼓,以神附人体,日(乘)马匹,执大刀,二人扶之往玉皇庙中领旨取水,定下雨时日。应则游街夸官,且约邻村携资以演戏剧。远近妇女供旗伞、进香塔。然此举近来以鲜行之者矣"。④《沧县志》:乡民祈雨五六月间旱,乡民乃祈雨。先有一二无赖子夜入关帝庙,负偶像置村外。翌晨,村人相惊曰:"关帝至矣!"乃结芦棚,击铙鼓,抬香案至偶像前。罗拜祈祷毕,舁偶像置之香案上,折柳作冠加像首,抬入棚。村人每日铙鼓进香者四五起。若斯三日。名曰"坐坛"。四之日,乃出巡,意使关帝见旱稿之景象也。先一人执大锣,带黄纸符数十张,书"祈雨"二字,入村粘树上或人家门户。大群之行前,二人鸣锣开道,——一

① (清)周玉衡等修,杨瑞珍纂:(同治)《保靖志稿辑要》清同治七年(1868)刻本。
② (清)胡钧,朱晋麟修,张承纂:(道光)《湘潭县志》,清道光五年(1865)校补本。
③ (民国)王德乾,尹铭续修,刘树鑫纂:(民国)《南皮县志》,民国二十二年(1933)铅印本。
④ (清)姚家望修,黄荫柟纂:(民国)《封丘县续志》,民国二十六年(1937)铅印本。

品执事列其后;再后为童子扮雷公、闪将、风婆、云童,壮者肩之行,再后十余鼓,再鼓铙钹四五随之。再后为龙公、龙母,手车一轮,上置大缸,贮水插柳,龙公推之,龙母挽之,作丑装丑态,以乐观者;再后为僧道,逢井泉或路祭者,则击法器诵经,笙管和之;再后为关公仆从,俭者四、奢者八,乘马作清官僚口崽子装,再后为赤兔马,赤色骏马一匹,鞍辔陆离,马童作剧场装,抢大刀,挽绦级步;再后为神案,四人舁之,关帝偶像在其上,社首四五人,长衫摇扇,安步左右,最后有治大柳钵者,收祭品杂置钵中。出巡三日,归复安坛三日,如坐坛礼,前后凡九日。九日内微有雨,则归功于羽,演剧以酬之。或未出巡,雨已需足,则仍具仪仗出行,名曰"夸观"。九日不雨,则日:"吾村关帝不灵。"次年复旱,则窃他村偶像以祈之。或两村出巡相遇,则争道曰:"吾村之帝,不让汝村之帝也"。①"今俗以五月十三日雨为关帝'磨刀雨'。乡中多相率为'关帝会'祀神者,古传其日为'关帝生日'也。又,二月三日为'文昌会',亦以为'帝君生日',士人多为之,若六月六日为'杨泗神会',尤无稽也②。《广济县志》:"十三日,敛钱作会祀关壮缪。是日雨,俗谓关公磨刀雨"。③《咸宁县志》:"十三日,敛钱作会祀关壮缪。是日雨,俗谓关公磨刀雨"。④《江夏县志》:"十三日,关帝庙为'单刀会'。俗呼是日雨为'磨刀雨',云晴则麻熟,盖谓不雨则磨以油也"。⑤《淮宁县志》:"十三日,'关圣庙会',祭赛尽礼。是日多雨,俗谓之'磨刀'"。⑥《淮阳县志》:"十三日,'关圣庙会',祭赛。是日多雨,曰'磨刀'"。⑦《淮阳乡村风土记》:"十三日,关帝庙会赛祭。是日多雨,谓为关爷磨刀斩小妖之日"。⑧《许昌县志》:"十三日,'关

① (民国)张凤瑞,徐国桓修,张坪纂:(民国)《沧县志》,民国二十二年(1933)铅印本。
② (清)严鸣琦,潘兆奎修,吴敏树纂:(同治)《巴陵县志》,清同治十一年(1872)刻本。
③ (清)刘宗元,朱荣实修,刘燡纂:(同治)《广济县志》清同治十一年(1872)刻本。
④ (清)陈树楠,诸可权修,钱光魁,余益杞纂:(光绪)《咸宁县志》,清光绪八年(1882)刻本。
⑤ (清)王庭祯修,彭崧毓纂:(同治)《江夏县志》,清同治八年(1869)刻本。
⑥ (清)刘侃纂修:(道光)《淮宁县志》清道光六年刻本。
⑦ (民国)甄纪印,朱撰卿纂:(民国)《淮阳县志》民国二十三年(1934)铅印本。
⑧ (民国)蔡蘅溪撰:《淮阳乡村风土记》,民国二十三年(1934)铅印本。

圣庙会'祭赛。是日多雨,曰'磨刀'"。①《曲江县志》："十三日祀关帝,作圣诞会,遇雨,曰磨刀雨"。②《滑县志》："十三日。祀关帝。是日雨则三农相庆,以祝丰年,谓帝泽之遗也"。③《清丰县志》："十三日,祀汉前将军壮缪关侯,明时加封为帝,国朝因之,改谥忠义。自通邑大都至穷乡僻壤,莫不奔走恐后,勒祀惟虔。是日雨,则三农相庆以为丰年,谓帝泽之遗也"。④《蕲水县志》："自十一日起为'关帝会',为'张王会',至十八日为'送船会',至二十八日为'城隍诞辰会'"。⑤西南四川省《德阳县新志》："五月十三日为'磨刀会',俗称关圣磨刀之辰,前后数日必有雨,以为验。各市村有庙像处,莫不演戏礼敬焉"⑥。西北甘肃省《花马池志迹》："十三日,竞演剧,祀关圣;先日,备仪仗迎神,前列社火,周游城中"。⑦《长阳县志》："十三日,俗名'关帝磨刀会'。是日有雨,名'磨刀雨'"。⑧东北也早有民俗活动,"十三日为关帝会,俗谓关帝以是日单刀赴会。此日常有雷雨之应,故谚有云:大旱不过五月十三。然亦有不应者"。⑨《铁岭县志》："十三日为关帝庙会期,俗谓是日帝只身入吴,为英雄黜敌之纪念日。又曰雨节。俗曰:大旱不过五月十三。旱年不应"。⑩五月十三日又称为"单刀会",相传武圣关夫子是日过江饮宴。在四川井盐这一天要演《水淹七军》故事,傍江边搭戏棚,看周将军水中擒操将庞德、于禁为欢谑。铜梁县的军民百姓会到关帝庙拜谒庆祝。在云南宜良,五月十三日这一天,编竹贮香,饰以五彩人物、花卉,新奇工巧,高二三丈,大可以围,约三四对,名"三香会"。有迎台阁彩亭,绣幡珠盖。自

①　(民国)王文秀,张庭馥纂:《许昌县志》,民国十二年(1923)石印本。
②　(清)陈志仪修,胡定纂:(乾隆)《顺德县志》清乾隆十五年(1750)刻本。
③　(清)姚德闻增修,阎永龄、吕夹钟、朱骅等增纂:(康熙)《滑县志》,清康熙二十五年(1686)刻本。
④　(清)楊爆纂修,(清)高俊续修:《清丰县志》,清同治十年(1871)增补康熙本。
⑤　(清)多箕纂:(光绪)《蕲水县志》,清光绪六年(1880)刻本。
⑥　(清)裴显忠修,刘硕辅簒:(道光)《德阳县新志》,道光十七年(1837)刻本。
⑦　作者不详:(清)《花马池志迹》,一九六五年甘肃省图书馆手抄本。
⑧　(民国)陈丕显主修,(民国)《长阳县志》,民国二十五年(1936)石印本。
⑨　(民国)孙维善,王绍武纂:(民国)《台安县志》,民国十九年(1930)手抄本。
⑩　(民国)黄世芳、俞荣庆修,陈德懿等纂:《铁岭县志》,民国二十二年铅印本。

十三至十八演戏敬神,始燃大香,观者如堵,称盛会焉。这一天也是各地贸易交流的集会。四川安县百姓们在城南的塔水场,四方货马毕集于此,以数百匹计。非常热闹。而江油的彰明县兴隆场祭祀关圣君,鬻农器,骡马,会事极繁。直到民国期间,袍哥组织这一天会隆重祭祀关帝。后来,又称关帝诞辰在六月二十四日,罗平又俗号"星回节",白天要举行祭祀,晚上儿童燃炬夜戏。到今天,云南凤仪每年农历六月二十三日,人们都要祭关公。

各地的农历五月十三日民俗活动多有祭祀活动,同时也是庙会时期,是周围乡民进行物质交流,娱乐的会期。《荆州府志》:"'上元'张灯,自十一日起,至十三、十四、十五三夜尤盛。影灯裁绘,剪纸像人物、花果、鱼龙、禽鸟,聚于南门关庙,谓之'灯市'。妆演故事,俳优百戏,箫鼓喧闻,列户悬灯于门,宵分始息。十三日,谓之'单刀会'。是日类多风雨,俗谓之'磨刀雨',列户祠祀关庙"。①《顺义县志》:"十三日演戏,关帝庙赛会"。②"十三日,为关帝诞。自初一至晦日,王朔园关帝庙有庙场香会。陈积百货,互相市易,演戏,礼神,游人杂沓"。③每年有两个庙会,一个是交易百货,一个是贸易骡马。在关帝庙举行的庙会,"每年六月中旬举行,均以售百货为主。往岁各会,均各演戏以佐兴,三日至九日不等。所演之腔,乃山西北路梆子(有时亦演弦子腔,略近昆曲,但百不一次),与蒲陕调大同而小异。所演故事,概多忠臣孝子一类,庄严悲烈,适合我县民性,故社会颇欢迎之,虽在农忙,台下亦无隙地。观剧时,男立坐于前,女坐于后,大家眷属则各坐于自备轿车中,秩序井然,无需官宪维持也。演员概为男子,张垣坤伶亦有来者,偶演秦腔(即京梆子),声悲音锐,未若晋调之幽雅,县人未甚欢迎也。北京马戏,每至会期,亦恒远来奏演,间有女子,亦能表其武艺。吾县女身皆弱,观此精神一振,妇女装饰往往亦

---

① (清)倪文蔚,蒋铭勋修,顾嘉蘅、李廷斌纂:(光绪)《荆州府志》,清光绪六年(1880)刻本。
② (清)黄成章修,张大酋纂:(民国)《顺义县志》,民国四年(1915)铅印本。
③ (清)高建勳等修,王维珍等纂:(光绪)《通州志》,清光绪五年(1879)刻本。

缘以变进。娱乐之中,更有移风易俗之效,殊雅事也。惜近十年来,匪乱民穷,庙会虽仍举行,各系莫能捧也。所陈百货,亦均减色多多矣。每届会期,当地及附近村堡,无论贫富,均给子女会资若干,用购玩物以及妇女装饰各品。为家长者,亦皆赴会备办全年衣料以及其他用品,若有婚嫁,并购郎妇需物。终岁所积,率多备费于数日中,然求仁得仁,其乐固融融也"。①"五月初五、十三、十七等日。至期演杂剧,陈百货,男女杂沓;执香花诣庙求福,烟焰涨夭,钟磬声不绝。各村又饰儿童为百戏,执戈扬盾,如傩状。导以幡幢,肃以仪仗,钲鼓喧阗。衣冠者一人,背黄袱而垂其两端若绶,盖神之画像,并进香者姓名榜文也。后拥大纛,尾以金鼓铙铙,擂吹聒耳,挨村迁绕,跳舞讴歌"。②《清丰县志》:"独十三日祭壮缪侯,城市街巷皆张彩设剧,穷昼达旦,不减'元夕'。间值诊旱,必以是日为雨征"。③"十三日,俗谓关帝诞辰,若有雨,名洗刀水。是日,西南风甚,旬日麦必槁"。④"十三日,必有微雨,俗为关帝洗刀。十三日,祀关帝、城隍庙"。⑤

五月十三与军事有着密切的关系,有一些民俗活动还遗留着军队的某些遗风,如关公巡游,走马射箭,河北省《宣化县新志》:"五月十三,是日,武人多出甲胄晒之,故名晾甲会"。⑥"十三日,商民各争赛愿祈福,有戴纸枷或铁锁者,又有将铁钩挂臂膊,系长链随地拖走者,谓之装军"⑦,与当地的端午节联合起来过。"是日,将军会教场,插柳枝走马射箭,曰剪柳,越六日,十有一,军民迎关夫子出游。十三日,集庙中,具体(醴)酒,备牲仪,祭毕会饮,谓之饮福"。⑧"十一日,扮杂戏,迎关帝君会。十三日,毕集庙中赛愿,祈保者各戴枷锁,有执刀伫立神前三日,曰站刀,甚有剪肉焚香,腰臂各刺剑刀者"。⑨"十一

① (民国)刘志鸿,李泰芬纂:(民国)《阳原县志》,民国二十四年(1935)铅印本。
②⑤ (清)吴士鸿修,孙学恒纂:(嘉庆)《滦州志》,清嘉庆十五年(1810)刻。
③ (民国)徐家璘、宋景平纂:《商水县志》,民国七年(1918)刻本。
④ (清)蔡志修等修,史梦兰撰:(光绪)《乐亭志》,清光绪三年(1877)刻本。
⑥ (民国)陈继曾,陈时隽修,郭维城纂:(民国)《宣化县新志》,民国十一年(1922)铅印本。
⑦ (清)聂缉庆、张延修,桂文炽、汪瑔纂:(光绪)《临高县志》,清光绪十八年(1892)刻本。
⑧ (清)胡端书修、杨士锦、吴鸣清纂:《万州志》,清道光八年(1828)刻本。
⑨ (清)李文烜修,郑文彩、蔡藩纂:《琼山县志》,清咸丰七年(1857)刻本。

日,卫所扮装关王会游街,至十三日毕集庙中,因演所装游会之戏。军士每于是时为赛,祈保武官心愿,各带枷锁,有执刀仵立神前三日,曰站刀,甚有剪肉焚香,膊刺大小刀剑,腰背签枪者"。①《续修永定县志》:"前二十年,具卤簿仪卫迎关帝至观音桥给竞渡者食物,谓之'赏标'。竞渡者并力争先,上领食物,谓之'抢标'。今因关帝祀典尊隆,寝不复迎"。②《慈利县志》:"十一日迎关帝,仪仗鲜丽,沿街游历,城中各扮杂戏,务极奇巧,观者如堵,十三日乃止"。③《永州府志》:"外神惟祭关忠义最盛,乡村市镇皆立庙。五月十三日多设乐舞,具羊豕,用三牲,则户祀家祠矣"。④《佛山忠义乡志》:"十三日,乡人士赴武庙祀武帝,凡结会供祀事者曰'武帝案'"。⑤"十三日,寿亭侯诞,设醮,盛装故事赛愿,祈保者各戴枷锁,有执刀仵立神前三日,曰站刀,甚有剪肉焚香,膊刺大小刀箭者"。⑥

五月十三也有和种竹有关系的一些民俗。民间"十三日,为醉竹日,载竹易活"。⑦《宁乡县志》:"十三日多约祭关庙者,园丁沿竹醉之说多栽竹。是日先后雨;曰'磨刀水'"。⑧传说关羽曾经作五言诗以言志:"不谢东君意,丹青独立名。莫嫌孤叶淡,终久不凋零。"在多地的关帝庙中都有此绘画。民间演化出此日种竹易活的民俗,表达了对关帝高尚品德的纪念。

在荆州民间就把关公当成城隍。胡小伟老师考证有把关帝当成城隍,本指护城河,后指阴间的地方官,相当于县令。这一民俗不仅在荆州,也在其他地区存在。在农历五月十三的节日中,《定安县志》

---

① (清)唐胄纂:《琼台志》,明正德十六年(1521)刻本。
② (清)万修廉修,张序枝纂:(同治)《续修永定县志》清同治八年(1869)刻本。
③ (清)嵇有庆,蒋恩澍修,魏湘纂:(同治)《慈利县志》清同治八年(1869)刻本。
④ (清)张云,朱晋麟修,张承纂:(道光)《湘潭县志》,清道光五年(1865)校补本。
⑤ (清)毛维锜,陈炎宗纂:(乾隆)《佛山忠义乡志》清乾隆十八年(1753)刻本。
⑥ (清)谢斋韶,李光先纂:(嘉庆)《澄迈县志》,清嘉庆二十五(1820)刻本。
⑦ (清)王福谦,江毓秀修,潘震乙纂:(同治)《盐山县志》,清同治七年(1868)京都文采斋刻本。
⑧ (清)郭庆飚修,童秀春纂:(同治)《宁乡县志》清同治六年(1867)刻本。

中有："二月二日,关帝,城隍两庙开凭"。①东南地区的《定安县志》中农历五月十三,有一个特别的民俗:"十三日,稚子先对县城隍神颈挂纸枷,后适西楼关圣神前烧之,以祈保安"。②

第三节　西南少数民族地区流传的关索及关三娘的传说

明清时期,正是关帝信仰高度发展的时期,关公生前没有到过西南地区,而这里是蜀汉政权的中心。在西南少数民族地区,关公与关索父子关系的身份,关索故事在西南地区流传恰好弥补了这一遗憾。

一、西南少数民族地区的关索传说

关索的名字最早出现在宋朝。元代,关索出现在三国讲史故事中。虽然不是正史记载的三国人物,然而,他的故事在元明及其后代的传说很多,他若隐若现的存在,让不少学者去搜寻他是否是一个真实的历史人物。

《三国演义》对传播关羽故事有非常大的作用,其中也有对"关索"故事的传播。《三国志演义》的诸多版本中,有的有关索故事,有的又没有,这个人物就更显得扑朔迷离。1967年发现的《成化本说唱词话》其中的一个作品《花关索传》让人了解了虚构的关羽的儿子关索的故事。这个作品早于《三国演义》。《三国志平话》中有关索,嘉靖本《三国志通俗演义》无,而毛宗岗改定本《三国演义》和学界认定为古本的《三国志传》也有关索事迹。联辉堂刊本《三国演义》第53回"关索荆州认父",对关索的身世做了合乎情理的描述:

---

① （清）吴乔龄修,李栋纂:《获嘉县志》,清乾隆二十一年(1755)刻本。
② （清）吴应廉修,王映斗纂:《定安县志》,清光绪四年(1878)刻本。

……张飞带轻骑，前往荆州，见云长曰："哥哥令吾特来替守荆州，欲兄建功。"云长大喜，设宴叙情。酒至半酣，忽有小校报曰："门外有一小将军姓花名关索，身长七尺，面似桃花，他要进见，特来报知。"关公曰："唤他入来见吾。"小校传令与索，索谓母曰："母亲与妇，暂且在此片时，儿先入见爹爹。"关索入见关公，双膝跪下，垂泪言曰："儿得大人之遗体，未尝侍奉，不幸之甚，望父恕罪。"关公正容曰："汝是何人，敢来错认吾耶。"索曰："儿三四岁时，见父不在家，常问于母，母道父亲自杀本处豪霸，逃难江湖，雁杳鱼沉，不知何所。又值家贫，只依外公胡员外家抚养长成，指教说父昔日桃园结义。今闻在荆州，特来寻见。"关公迟疑不信。索曰："父不认儿，儿无所依。"哭昏于地。张飞扶起，谓云长曰："吾看此儿，必不妄认。只出外日久，家中事恐忘怀了。可仔细思想，逃难之时，嫂嫂有怀孕否？"关公沉吟半晌曰："吾逃难时，妻小另有怀胎三个月，但此子既是吾儿，宜姓关，如何姓花，名关索？吾故不敢遽认。"张飞复问其故，索答曰："七岁时，元宵节玩灯，闹中迷失，索员外拾去，养至九岁，遂与班石洞花岳先生，学习武艺，因此兼三姓，取名花关索。"关公听毕曰："原来如此耶？"掩面而哭，"吾儿若不来，吾怎知汝母子艰辛。"随问曰："今母何在。"索曰："就在门外。"关公曰："快请进相见。"索出门外，请母进府。关公一见胡氏，遂二人掩面大哭。张飞曰："今日兄嫂父子相会，骨肉团圆，真如古镜重明，缺月再圆也。请收双泪，且做喜庆。"胡氏遂命儿妇三人拜见关公，复拜翼德毕，红日西沉，张飞告退。是夜设宴以叙夫妇之情。谓胡氏曰："吾家贫，汝又在岳父家住，为孩儿娶一妇，尚不能，因何娶得三个媳（脱妇字）？"胡氏曰："先过鲍家庄，遇鲍三娘，后过卢塘寨，遇王桃、王悦，皆与孩儿斗演武艺，比儿不过，愿成夫妇。"关公曰："吾有此子，如虎添翼矣。何愁汉室不兴乎。"

这就构成了完整的关索生世的故事。关索通过《三国演义》的传播,他与关羽父子的关系得以确认。他高超的武功,大有继承父亲的风范。关羽一生以匡扶汉室为己任,可惜英年早逝,关索这一个神勇的儿子的出现,正可以成为完成父志的代表。关索的故事主要在武侯征南时可为证。再从关羽的儿子关平、关兴等来看,在制造神话传说上,均不及关索这个似有似无的人物让传播者有空间发挥。

结合笔者所能看到的方志,关索的传说流传于现在河南、湖北、四川、贵州、云南等地。

笔者根据方志统计了关索庙及相关的风物,关索庙及相关风物在四川、云南、贵州都有分布,其故事在彝族、土家族、苗族中广泛流传。

柳田国男在《论传说》中指出,民间传说的一个特点是"有其中心点","传说的核心必有纪念物,无论楼台庙宇,寺社庵观,也无论是陵丘墓冢,宅门户院,总有个灵异的圣址,信仰的靶的,也可谓之传说之花坛,发源的故地,成为一个中心"。①传说的一个重要特点是与区域风物结合。特别在云南、贵州等地区,有关关索的风物非常丰富,一是地名直接以关索岭命名。云南贵州地区叫关索岭的地名很多。在云南澄江府西二十里,贵州永宁州,安顺府永宁州西三十里,叙州府永宁县七十里都有关索岭。一是关索庙多所。关索庙分布在云贵川等地。云南澄江地区记载的最多,关索庙有五个。相传关索曾随诸葛亮南征,在滇黔一带留下很多传说遗迹。贵州关索岭在地理位置上易守难攻,在军事上具有重要位置。洪武十四年,傅友德征云南,大将陈桓、胡海、郭英分道攻赤水河。郭英部队斩木为筏,乘夜济。攻克曲靖、陆凉、越州、关索岭、椅子寨。由关索岭开箐道,攻打诸苗。在平定云南的过程中,诸苗反叛,也多首先攻占关索岭,与明军展开拉锯之势。贵州省关岭县县名即是以其县城以东山脉"关索岭"来命名,在县城西南山顶上还有一洞穴当地人称"关索洞",民间传为关索受伤时的养病之地。关索岭东半山上有一寺,名"双泉寺",原寺中供

---

① (日)柳田国男:《传说论》北京:中国民间文艺出版社 1985 年版,第 26 页。

表一　关索传说统计

名　称	地　点	有关传说故事	出　处	备　注
关索城	潼川府昭化县	索屯兵于此	王元正《四川总志》	现在昭化古城里有关索妻鲍三娘墓
关索坪	中江县北四十里，宽平无际，	相传说关索驻兵于此	黄廷桂《四川通志》	
关索岭	叙州府永宁县七十里	相传关索过此，因道险，令兵填土为岭	黄廷桂《四川通志》	
关索庙	宁远府会理州南七里		同上	
关索桥	会理州南八里		同上	
保子关索山	茂州南西		同上	
射洪山	夔州府开县南二十里	上有故城址，相传关索尝射于此	同上	
花岳山（一名华岳山）	达州太平县北四十里	世传说汉花岳大隐之地，关索受兵书于此。上有烧丹台，樵者无心而入，则获药物，少失声则雷雨立至。宅山麓者常于宁清夜闻铭钺声	同上	
关索寨	云南永昌永平县东北四里周围二里	俗传蜀汉关将关索寨下有洞、首尾相通、樵牧者尝闻洞洞中有支戟声	明一统志 云南通志	
关索岭	云南曲靖府　马龙州	东南有木箐山，洪武二十四年十二月置宁越堡于此。山下有木容溪，下流即潇湘江。又关索岭，一名关索山，上有关	明史　卷四十卷《地理志》 云南通志	
关索岭	在云南澄江府西二十里	山势高峻南有故城，崇祯七年纪于水，迁于旧江川驿，即今治。又有星云湖，东南入抚仙湖。北有关索岭巡检司	云南通志 明史　卷四十卷《地理志》	

（续表）

名 称	地 点	有关传说故事	出 处	备 注
关岭泉	在江川县关岭之麓		云南通志	
关素庙	在云南澄江府西二十里关索岭上	关素庙一在府城西北，一在江川县城北关索岭，一在新兴州城东南，一在州城北	乾隆元年编修澄江府志	明代设置九卫所，编户八里
关素庙	在云南鹤庆府西南半里		云南通志	
关素岭	贵州永宁州，在顶营长官司洽东嘉靖十一年三月正州治洽关索岭守御千户所旧城，所历三十年九月属府，洪武二十五年置，属安庄卫	势极高峻	贵州通志 卷四十六《地理志》七"贵州" 明史	元以打字夷地置，属普定路。洪武十五年三月属普定府，普八月属普定卫，后侨治卫城。正统三年九月直表贵州布政司
关岭	安顺府永宁州西三十里	山势壁立，曲折而上数里，方至山顶，山极陡峭，上有汉关索庙。《旧志》："素汉寿亭侯子，从武侯南征有功，山简有马跑井，云素统兵至此，渴甚，马踯刢地出泉，故名"	贵州通志 《古今图书集成》	山半有马跑井
关素城	思南府㵲（下面是女字）川县治五十里		贵州通志	
关素插枪石	威宁府治瓦甸站北	武侯征南还，留素守此	贵州通志	
关素镇	威宁县毕节		贵州通志	
关素庙	寻甸府（今云南回族彝族自治县）	关素庙在府治六十里，大门三间，正庙三间，穿堂室在一间，寝室三间	明嘉靖寻甸府志	

283

有关索像。寺有两泉，传一为关索宝剑所凿，故名"刀把泉"，一为关索战马刨出，名"马跑泉"。向县城以西行约六七公里，在徐霞客称为"北斗铺"之地的后山岭上，有一洼地，百姓叫作"马圈地"，是关索妻引女兵驻兵养马的所在，至今还遗有大量瓦砾、砖石。另在云南省马龙县城西南约三十公里，在马龙的梁家田村委会与寻甸易隆交界处的山岭上，最高处为大关索岭（海拔 2 138 米），迎东梁家田村背面为小关索岭。也是因为三国时诸葛亮南征蜀将关索在此驻扎而得名。还有名字叫关索寨的，也是与军屯有关系。关索在玉溪各地民间影响较大，旧时玉溪、澄江、江川都有关索岭和关索庙，关索庙仅玉溪就有两座，一座在离州城 20 多公里的关索岭下（今已不存在），称上关索；一座在城南三公里处（今红塔集团所在地），称下关索。明清时期，云南贵州的关索庙记载于方志的不少于 6 座。笔记小说中也有关索征云南的讲述。谢肇淛《滇略》卷二云，"汉昭烈章武元年，以李恢为庲降都督，随丞相亮南征，大破蛮兵，功最多，封汉兴亭侯。时前将军之子索亦有战功，开山通道，常为先锋。今黔滇有两关索岭，永昌关索寨是也"。①可见，关索在云南的传播与明朝的军事行动有关。

关索传说的内容主要是关索随诸葛亮征的英勇传奇，包括关索带兵打仗，留下的种种故事，还有他浪漫的爱情故事，则在少数民族地区口口相传，流传至今。在四川境内流传的关索故事主要是关索和鲍三娘的故事。于一先生告诉笔者他曾经采集到的一个在彝族地区流传的关索的故事。关索随诸葛亮去南征。这大王的小姐和关索交战，两人都看上了对方。每天来打仗，两人假打一会，就跑到一边谈恋爱去了。诸葛亮看出了其中端倪，就问关索。关索如实回答。当下，诸葛丞相就派人去提亲，大王倒也爽快，只要关索一天一夜修起一座城池，就把女儿嫁给他。关索依丞相之计，用布一夜就围了一座城。第二天，大王一见此城，大笑，就把女儿嫁给关索了。小两口就随诸葛丞相继续南征了。

---

① （明）谢肇淛撰：《滇略》，影印文渊阁四库全书第 494 册，第 148—149 页。

当今广元流传着关索与鲍三娘大战魏兵的故事。建兴五年(公元227年),鲍三娘随夫屯兵汉寿(今昭化古城),炎兴元年(263年),曹魏大军三路十万之众伐蜀,兵临葭萌关下。关索战死,鲍三娘也在土基坝与魏军展开血战,壮烈殉国,鲍三娘殉国后,葬在距昭化古城北5公里处白龙江畔的曲回坝。其墓高2.3丈(约8米),周围1 422.8丈(76米)。据传明代墓前有一石碑,上部脱落,唯存"关夫人鲍三娘"字样。1914年,法国人对鲍三娘墓进行了发掘,墓室长6.45米,宽2米,高1.29米,墓系曲室,由汉代画像砖拱砌而成,并盗走额骨、画像砖等,复立石碑,上书"汉将军索妻关夫人之墓"。鲍三娘墓现为省级文物保护单位。此处谈到关索之死,而云南澄江地区流传着关索在俞元(属于今云南澄江)与少数民族作战的过程中,中毒箭而死。

在云南澄江苗族地区,关索被奉为神灵,为明清时的战士所恭敬。现在当地群众把关索奉为药王,每年正月初二或正月初五祭祀,都要唱戏三天。华宁县则在农历九月二十日在关圣宫祭祀。澄江县阳宗镇小屯村不但有祭关索活动,还有与祭关索有关的"祭药王""踩街"等活动。百姓对他非常敬仰。连关索戏的戏壳都不可随便碰触。关索戏在戏剧一章有讨论,此处不展开。

与关索民间传说相呼应的是关三小姐关银屏的传说。在澄江县抚仙湖畔旧城村的山坡上,有一座澄江人叫的关三小姐墓。这座古墓的碑是宣统二年三月由阁邑士了敬立的,上刻:汉忠臣兴亭侯子李公讳,寿亭侯女关氏三姐之墓。墓碑上联是:墓近圣人宫父女相睽只数武,下联是:神游荆襄界魄魂长恨于千秋。

传说这个墓是关羽之女关银屏与李恢之墓。澄江地区流传着一位携带珍珠的关三小姐的故事。一个故事是风摇石。传说关三小姐出嫁时带着出生时张飞送的一颗明珠。就有贼人想抢。送她的哥哥关索回去时,兄妹二人一展武艺,哥哥关索把一块巨大的卧牛石给举到山上,妹妹关三小姐吹口气,差点把卧牛石吹到山下来。顿时引起众人的钦佩。另一个故事是关三小姐的身世故事,从关银屏出世,到父死投刘备,后由诸葛亮做主嫁给李恢的儿子李蔚,夫妇二人为平定南方,给蜀国一个稳定的后方做出了贡献,她深受当地百姓爱戴,死后百姓还在清明这天祭奠她。历史上并无李蔚,陈寿《三国志·蜀志》中李恢的儿子是李遗。有学者以为,蔚与遗是谐音,实为一人。在澄江当地的传说故事中,关银屏出手与摆夷部落的首领娄虎打架,救出被抢民女。李家与娄家为世仇,这个故事实际上是反映了明朝统治之初,与土著发生的矛盾冲突。

在云南,关羽一家有着极强的影响力,群众非常信任他们一家。关索与关银屏的传说也是这种信仰的一种深化,是信仰得以在更广泛的人群中得以传播的介质。关索的传说除了继承关羽的神勇英武之外,他与彝族小姐的婚事,在激烈的战争故事上增加了浪漫的色彩。这个传说反映了当时军队与本地土著通婚这样的现象。关三小姐的故事已经完全褪去了战争的色彩,但仍然有着兄妹两个武艺高强这样的元素。在藏、羌及云南少数民族地区流传的关羽及其家族的系列传说,突出的都是关羽等人的武功高强,神勇英武。

二、关索故事与封建王朝一统西南

关索传说风物在西南地区的大量出现,在时间上多在明清时期。关索是当地本来的信仰还是外来的神灵,现在尚存在争议。至少没有文献表明,在明以前,这一片区域有关索这一个人物存在。为什么又有这么多关于关索的风物和传说流传在这一带呢?谁在传播关索的故事呢。

在前文的统计中可以看出,西南少数民族各地的关索风物的统计均在官修的正史当中。甚至关索少年读书学艺的所在,关索领兵打仗的地方,都有记载。这不会是一种偶然。正史中安南有关索饮马池,思南有关索城、威宁有关索镇、关索插枪岩,马龙州、江川县、平越州有关索岭三,寻甸州、晋宁州亦有关索岭二。在云贵土地上,关索岭、关索风物总是与明清时期对西南的军事行动路线有关。关索岭、关索庙无一不排在明清军队的分布路线上。如果联系明万历四十二年(1614),敕封关索为"义勇威武感应顺忠王",就可以看出在推动关索神话传说之中,政府是一个重要的力量。明清时期对西南地区而言,是一个社会剧烈变化,中央政权向各少数民族地区推进的时期。关索庙、关索岭等地的记载,笔者统计的皆为明清时期的文献,目前没有发现宋代的文献。再结合笔者对文献中关帝庙的修建时间的统计可以看到,明代洪武年间,是云南贵州大量的关帝庙修建的历史时期,这个时期,也是明军大举进攻西南地区开疆扩土时期。关羽为军队中的战神,他没有来过西南地区,而关索作为关羽的儿子,他的勇武不亚于其父亲,他的忠义完全继承了父志,在当地有更久远的影响力。在身份上,关索是与少数民族的女子结婚的,鲍三娘在西南地区的传说中已经是一名少数民族的贵族女子。在对当地百姓的调查中,云南澄江等地的百姓认为关索戏的传人及关索戏是明洪武年间传入。这两个时间的重合绝对不是偶然。如果结合当时的社会背景来看,关索传说在西南少数民族地区的传播,是与明清王朝的统一全国的战争与改土归流的现实结合在一起的。

梅铮铮先生认为关索的故事是因为关公从来没有来过这里(云南),要设置这一个儿子来完成其继续父志的。父亲的志向是什么,那就是恢复汉室。关公的忠义,就是忠于汉室,忠于一统。关索的记载不见于明以前的文献,而大量出现在明以后的文献中,这并不是一个偶然。明清时期,是中央政府向这一地区改土归流的时期。三国中蜀国为完成一统而进行的南征,诸葛亮与各少数民族良好的关系的建立,"七擒孟获"换来的少数民族对中央政权的心悦诚服,诸葛亮南征后西南各民族团结在蜀汉政权下,使得北征有了稳定的后方。诸葛亮也已成为各族供奉的神,在西南少数民族地区广为供奉。诸葛鼓、诸葛碑等散见于西南少数民族地区。这些历史的文化很有可能被明王朝借鉴,关索这个忠义之后与王权的代表(诸葛亮),已然具有了象征意义,除了标榜中央王权的威猛与势不可挡(关索的勇武),也象征了这一地区在中央的管理下长治久安,表明了中央政权对这一区域权柄的信心和决心。关银屏的故事,则是统治西南少数民族的故事,里面有民族冲突,而最终是取得当地百姓的爱戴,实现的是一统。

在明清向西南开疆扩土的过程中,不仅是军事上的统一,还需要制造一些共同的文化,创造一些共同的价值。使得新开疆域的民族与现有的民族达到价值层面的共识,这样,整个王朝就实现了思想上的一统。关索与关羽相比,更具有象征性的代表符号,是汉族与少数民族友好和谐、共同效忠中央政权的典型。这样,关索随诸葛亮南征的故事就有了新的内涵。关索代替了关羽,而他又是关羽信仰体系中一员,忠义精神在西南少数民族地区,当时中央政权的新的边疆,在没有关羽这一形象的地区,继续得到延续。还有研究认为,"通过对关索信仰的利用,明王朝成功地将关帝信仰融入了云南本土信仰,使中原为父、边地为子的关系得以确定,云南社会被整合进中央王朝,为以汉人为主的社会所取代"。①不仅云南如此,贵州地区、四川等地区也是如此。

---

① 范哲昱、乔文娟等:《关索是否为关羽之子云南玉溪地区关索信仰调查实录》,《法人》2017 年第 11 期,第 86 页。

第七章 西南少数民族地区
祭祀戏剧中的关帝信仰

第一节 西南少数民族地区的戏剧与关帝信仰的传播

明清时期,随着社会经济的发展,在一些商品经济发达的城市,娱乐业也发展起来。小说《三国演义》的成熟,为戏剧创作提供了丰富的题材,中国戏剧的民间性特点,使得三国戏达到了无地不有戏,无人不知戏的特点。关帝信仰也随着三国戏的传播而家喻户晓,妇孺皆知。

一、三国戏与关公戏

在中国戏剧中,以人名而命名一种戏的,仅仅一个人而已。这个人就是关羽,这种戏或称为"关戏",或称为"夫子戏""老爷戏",或称为"红生戏"①,其流传范围之广,民间影响之大,成为中国戏曲界一道独特的风景线。

关羽作为中国古代的一位英雄,而且是一位失败的英雄,悲剧的英雄,在寥若星河的古代将士中,实在难以算得上是最耀眼夺目的那一颗。在戏剧表演中,演绎这些英雄故事的戏剧也多如牛毛,著名的

---

① 红生戏是以化妆来做为划分标准的,红生所包含的不仅仅是关羽,还有赵匡胤、姜维、广成子……。笔者曾经在《试论川剧关公戏》一文中讨论过这个问题,但是通常,业界还是习惯把红生戏认为是关羽戏。

《三国》戏剧中,关羽也难说是武功最高强的,但是,清代的宫廷戏《鼎盛春秋》,后来各大戏剧流派中《三国》戏中基本上形成了以关羽为主角的系列戏。而且没有别的人物能够像关羽一样,能够以其姓氏命名一类戏剧,而且这一类戏剧形成了自己独特的程式,这些已经成为一种文化现象,不能不引起研究者的关注。

由于三国题材的戏剧受到观众喜爱,因而杂剧家格外重视。关公题材戏剧的传播、流传与元明清时期三国戏的发展有关系。元代的戏剧创作,甚至出现了不同作家都创作同一三国故事的情形。明清时期戏班众多,而三国戏成为很多戏班的支柱,三国戏剧非常繁荣,梨园中流传着"无三不成班,烂三要饿饭,三国铁门槛,翻过道路宽"的说法,还有"唐三千、宋八百,数不清的三、列国"。

历代三国戏中关公戏都占有重要的比例。比如元杂剧中尚存的二十一种剧中,有关关公的戏剧有:《关大王单刀会》《关张双赴西蜀梦》《虎牢关三战吕布》《关云长千里独行》《刘关张桃园结义》《关云单刀劈四寇》《寿亭侯怒斩关平》,在二十四出戏中占了七出。现在已知的明杂剧三国戏有14种,现在存有关公戏五种,其中朱有燉的《关云长义勇辞金》一种仍存。明传奇三国戏中《古城会》有二十九出,其内容主要是关羽义勇辞金,五关斩将,与刘备、张飞古城相聚,《桃园记》演的是刘、关、张桃园结义等事。《荆州记》演的是关公镇守荆州的故事。《双忠孝》的内容为关兴、张苞跟随刘备伐吴,为父复仇之事。清传奇中的三国戏《鼎盛春秋》共有二百四十出,以蜀汉为中心,从桃园结义开始,到刘禅设宴庆祝诸葛亮征南凯旋。其中关羽的戏份很多,二百四十出戏,有关关羽的达四十出。清代各种地方戏开始发展,到清中叶至清末,民间地方戏曲发展迅速,如徽剧、豫剧、河北梆子、桂剧、湘剧、晋剧、粤剧、淮调、蒲剧、越调等,这些剧种中,涉及关公的剧目有230多种,涉及的地方剧种多达67种。综合流传各地的三国剧本,其中有关公的主要剧目占了《三国戏》剧目的很大比例。其中有:《关大王单刀会》《关张双赴西蜀梦》《虎牢关三战吕布》《关云长千里独行》《刘关张桃园结义》《关云长单刀劈四寇》《关云长古城聚义》《关大王月下斩貂蝉》《寿亭侯怒斩关平》。

从族群传播的角度来看,三国戏还传播到了各少数民族中。云南白族有大本曲演唱三国故事者,如《东吴招亲》,还有"打歌"唱《诸葛亮》等曲目。壮族的"蜂鼓"有长篇传统曲目《三国》。蒙古族的"比图"好来宝中,有三国故事的节目。朝鲜族、回族、侗族、维吾尔族、哈萨克族、藏族、白族、傣族、德昂族等,也有以三国故事为内容的说唱。西南地区丰富多彩的各种戏剧中,与关羽有关的戏剧种类繁多,内容丰富。在西南地区,川剧《三国戏》是非常有名的,川剧三国戏中,关公戏也占了相当的比重。流行于云南地区的滇剧,仅关羽戏就占了二十七出。西南少数民族傩仪源远流长,而在四川酉阳阳戏,射箭提阳戏,梓潼阳戏,贵州安顺地戏,云南关索戏,广西师公戏中,作为傩神的关羽,或作为主神,或作为陪祀神,都赫然在列。在西南地区,传统戏剧中的关公戏主要是流传于四川川剧中的关公戏,通常称为"红生戏"。在另一维度上,笔者又关注了关羽在西南地区的傩戏中的情况,讨论傩神关羽。

必须指出的是,除了戏剧这种形式,还有清代流行在满族贵族中的子弟书、快书中有大量的关羽故事的文本;因为满族贵族在清代遍及全国,很容易将自己的爱好带到各地。在四川流行于民间的竹琴艺术中也有大量与关羽有关的内容。

二、关戏的祭祀性、宗教性因素

戏剧是一种重要的艺术形式,同时它又与宗教的关系非常密切。马丁·埃斯林说:"戏剧和宗教是密切相关的,他们的共同根源是宗教仪式"。①正是这种同源性,使它们之间的关系一直交错生成。

戏剧产生于宗教仪式,这一论点已为戏剧界广泛认可。英国学者弗兰希斯·爱德华在《仪式与戏剧》一书中指出:"任何研究戏曲史

————————

① （英）马丁·埃斯林:《戏剧剖析》,罗婉华译,北京:中国戏剧出版社1984年版,第19页。

的著作必先涉及仪式,因为这种或那种仪式形成了所有流行剧场性娱乐的基础,和戏剧艺术本身赖以生长的根源"。①英国女学者简·爱伦·哈里森(J.E.Hsrrisno)的"哈里森仪式假定",日本学者田仲一成、牛津大学龙彼德教授对中国戏剧的研究,以及我国大量的学者的研究,从各个学科的角度所进行的阐释中,得出了同样的结论,也即在戏剧艺术起源的阶段,与宗教仪式互相交错。

而戏剧与宗教仪式的区别何在?苏珊·朗格说,当两位艺术家从合唱队里走出来的时候,他们既不是向神祈祷,也没有同信徒说话,而是相互交谈着,他们创造了一种诗的幻象,于是,戏剧就在这种宗教礼仪中问世了。②苏珊·朗格是从表演者的角度来谈论的,也就是说,当表演者与宗教礼仪保持了一定的距离后,没有投身其中过后,戏剧才成为戏剧。同样的,对于观众而言,当他们以欣赏的、把玩的态度去看待这一仪式时,仪式已经转化为戏剧了。还有的学者认为"祭祀性包括三层意思:(一)祭祀为演出的目的,整个目连戏是祭祀仪式的组成部分。(二)演出具有驱邪纳吉的祭祀功能。(三)目连戏演出自身就具有'开台'、'扫台'等仪式"。③

如果结合这两个标准来看,那么关戏在中国传统戏剧中是非常特殊的。前文中已说,存在着两种维度的关戏,一种是传统的关戏,另一种是傩仪的关戏。第一种往往在城市之中传播,而第二种,活跃于广大的乡村。无论是哪一种类型的关戏,都有着浓郁的宗教特点。比如"安徽贵池殷桃村姚傩戏演至最后,有'关公舞大刀',太平军失败后改为关公命周仓驱赶疫鬼。周仓挥大刀舞罢四方,台下跑上两个壮汉将周仓扶住,并口中念道:'多谢神圣。'问其究竟,回答是:'神的力量有多大?要是不扶,就会一直舞下去,舞

---

① 转引自吴光耀:《戏剧的起源和形成》,《戏剧艺术》1985 年第 3 期。
② (美)苏珊·朗格:《情感与形式》,刘大基等译,北京:中国社会科学出版社 1986 年版,第 373 页。
③ 刘祯:《目连戏与中国民间戏剧特征论》,《民间戏剧与戏剧史学论》,台北:国家出版社 2005 年版,第 201 页。

刀人会累死。'"①

以戏曲作为传播媒介,演员则是传播者,其对《三国演义》的理解便会直接影响到接受者。而关公演员对关公的崇拜,那是一种神圣的心理,演关公的演员也绝对不同于演出其他戏剧的演员。近代剧评家周剑云认为:"关公戏乃戏中超然一派,与其他各剧,绝然不侔。演者必熟读《三国演义》,定精神、艺术二类。所谓精神者,长存尊敬之心,扫除龌龊之态(伶界对于关公,崇拜之热度,无论何人,皆难比拟,群称圣贤爷而不名),认定戏中之人,忘却本来之我,虔诚揣摩,求其神与古会。策心既正,乃进而研究艺术。以予所见,第一在扮相之英武。要求扮相之佳,尤在开脸之肖。关公之像,异乎常人之像,眼也、眉也、色也,皆有特异之点,可以意会,难以言传。第二在做工之肃穆。要求之好,尤在举动之镇静。关公之武艺,异于常人之武艺,儒将风度,重如泰山,智勇兼全,神威莫测。用力太猛,则荒于粗野;手足无劲,则近于萎靡。以是舞刀驰马,极不易做,此则勤习无懈,方能纯化"。②

演员们在表演关公时也非常努力地演绎关公的神韵,扮演出关公的神性,然而能达到这一标准的演员屈指可数。绰号"三麻子"(即王洪寿)的演员扮演关公,"须发苍白,两鬓已斑,双目忽开忽合,严威凛然……一若其人足以代表关公者"③。这段描写足见演员在追求一种神性的外表。"三麻子"在表演关公刮骨疗毒时"与马良饮酒对弈。华元化且刮且窥,防其痛也。三麻子于此仅蹙其眉,暗示疮疼,遂即不以为意,此场态度最佳"。再如"败走麦城,几个趷马姿势,非常遒劲,一跃被擒,关公、周仓横插而下,尤见精彩"④。

在关公的面相上面,特别注意"破脸"。也就是在演员的脸上点

① 王兆乾:《仪式性戏剧与欣赏性戏剧》,台湾《民俗曲艺》第130期(2001年),第148—149页、第160页。
② 周剑云主编:《菊部丛刊》,见朱一玄、刘毓忱编:《三国演义资料汇编》,第297页。转引自刘平《三国戏与三国演义的传播》。
③④ 周剑云主编:《菊部丛刊》,见朱一玄、刘毓忱编:《三国演义资料汇编》,第793页。

上一颗痣、二颗痣，甚至七颗痣，有时候演员会在面谱上面加一个黑点或一条金线。"因为关羽是所谓的圣人，演员不画破脸，就会与真关羽搅在一起"。①所以有人这样评价这种现象："在关公的红面上加抹些白色，表示既扮了戏中的关公，又不与关圣大帝雷同，从而狡狯地阻断了鬼雄借身显灵的途径"。②这个禁忌表明了关羽在演员的心中是有着像神灵一样的崇高位置的，他们在饰演关羽时是带着敬畏的，因而会有破脸之习惯。

演员们在表演关公时是有一些仪式的。"三麻子"对关羽推崇备至，每当演出之前，都要面对关羽神像焚香礼拜。登台亮相，就如同关羽英灵附着其身。齐如山在《戏班》中说："比方一人已经扮成关公，因无座位自搬板凳，则似关公搬板凳，有亵渎矣，故不许"。③三麻子当然是演出关公的佼佼者。在清代，还形成了演出关公戏的很多规矩。关戏表演的演员是非常虔诚和庄重的。在演出前三天，就要斋戒沐浴，不可以有房事。在表演化妆之前，演员要拜关公，在化妆完成后不可与任何人随便讲话，在京剧表演中，演员还要怀揣神码儿，在后台毕恭毕敬地坐着，绝不能随便谈笑，神码儿在表演前焚化。演出完成后，还要恭恭敬敬地送神。甚至一些剧目的表演也有讲究。比如《走麦城》就是禁止演出的。1857 年，有新剧场请王寿鸿演此剧，结果尚未开演，剧院就被烧了，大家都认为是演此剧所致。另一个京剧表演家也有类似的故事。京剧表演家米喜子在一个新剧场的落成庆祝演出中演了《走麦城》，之后剧场失火，人们附会是关帝发了怒，米喜子吓得逃跑了，之后再也不敢演这个戏。解放前川剧戏班要演关羽戏，演员也必须沐浴净身，斋戒吃素，不能有房事。川剧戏班的后台通常要设太子神像位。演关羽的演员进后台后，先拜后台供奉的太子神像，再到化妆台前在嘴上抹一笔白粉，以示"封口"。之后，演员就不能再说话了，其他演职员也不能与他交谈。川剧表演家

① 刘奎官:《刘奎官舞台艺术》,中国戏剧出版社 1982 年版,第 116 页。
② 刘远:《关公脸谱研究》,《中华戏曲》第 28 辑,文化艺术出版社 2003 年版。
③ 齐如山:《戏班》,北平国剧学会 1935 年版,第 52 页。

刘云深,一次演出关戏,在他画了封口后弟子来问事,惹得他大怒。可见,表演者在演关戏时,是以一种仪式的状态来进行的,虔诚而庄重。

从观众来看,观看关戏与其他戏剧都是不一样的,观众往往带着很虔诚的心理。比如有清代宫廷里上演关公戏时,就是慈禧太后、光绪皇帝,也都会下座走动几步,才回到座位上。慈禧太后、光绪皇帝的这个行动就是表明的一种恭敬。前面谈到的三麻子,因为其威猛的形象,观众"观其蚕眉凤目、枣颜美髯,巍巍乎若天神由玉阙而下降尘埃,不由不肃然起敬",导致广东一带的许多人将其照片顶礼供奉,认为是关公再生。①现在存在的记载,还有在演出关戏时,全体观众跪拜的情景出现。

在传统的关戏表演中,虽然祭祀的内容已经不完整,但是还是笼罩着一层宗教的色彩。而在乡间的傩戏中,则保存着较为完整的祭祀仪式。这个仪式隆重而庄严,在第三节中将要详细展开,这里从略。

关戏在内容上也具有一定的宗教性。关戏很早就开始演出,元代著名的剧作家关汉卿在关戏创作中就刻意塑造关公的神威一面。在《关大王单刀会》中,关云长的外貌已有神的特征:"上阵处三绺美髯须,将九尺虎躯摇,五百个爪关西簇捧定个活","生的高耸耸俊鹰鼻,长挽挽卧蚕眉卧蚕眉,红腹腹双脸胭脂般赤,黑真真三绺美髯垂,内藏着君子气,外显著磣人威。这将军生前为将相,死后做神祇。"关公的相貌已宛然若神,关汉卿似乎还嫌不够,还要直接点出"神祇"二字。在明代,关戏不仅仅是以历史事实为依据来演绎,还出现了关羽显圣斩妖这个神的故事。明选本《时调青昆》中选汪廷讷《长生记》中《关公斩妖》一出,关公与周仓显灵下凡,为周小官擒斩九尾狐妖。即使是成了神的关公,其神格依然是忠义勇。关羽在清代受到清皇室的多次加封后,已成为至高无上的神。清王室组织修订的《鼎盛春

---

① 周剑云主编:《菊部丛刊》,见朱一玄、刘毓忱编:《三国演义资料汇编》,第800页。

秋》,基本确定了关戏的内容模式。

三、关戏对关帝崇拜的传播作用

关戏宗教性的内容,经由戏剧这一种形式的传播,跨越了阶级,超越了种族,深深扎根在了中国民众的心中。

在中国古代,唯有戏剧,才拥有整个社会这样庞大的受众群体。书籍是精英阶层的特权,文字阻碍了文化向社会下层的传播方向。而戏剧恰恰超越了这一切。潘光旦先生《中国伶人血缘之研究》书中,引用了美国传教士明恩溥的话:"戏剧可以说是中国独一无二的公共娱乐;戏剧之于中国人,好比运动之于英国人,或斗牛之于西班牙人"。[①]戏剧,并不仅仅是商贾阶层,也不仅仅是市民、农民的娱乐方式,也是统治阶层的重要娱乐方式。很自然的,"一般民众所有的一些历史知识,以及此种知识所维持着的一些民族的意识,是全部从说书先生、从鼓师、从游方的戏剧班子得来的,而戏班子的贡献尤其是来得大,因为一样叙述一件故事,终究是'读不如讲,讲不如演。'"[②]戏剧也就成为中国古代传播知识的最好的途径。对于那些不能识字的下层民众来说,更多是通过戏剧等来了解关羽"崇高"的形象。在旧时的文献中常常记载:"北人好听戏,尤好武戏,武戏多演三国也,然凡军人,无论南北,则谈吐间皆〈演义〉,甚矣,〈演义〉魔力之大也"[③]。

在戏剧之中,中国的戏剧家们从来支持"文以载道说"的。汤显祖《宜黄县戏神清源师庙记》:

"可以合君臣之节,可以浃父子之恩,可以增长幼之睦,可以动夫妇之欢,可以发宾友之仪,可以释怨毒之结,中以已愁愦之疾,可以浑庸鄙之好。然则斯道也,孝子以事其亲,敬长而娱死;

---

①② 转引自陈抱成:《中国的戏曲文化》,北京:中国戏剧出版社 1995 年版,第 4 页。

③ (清)俞正燮:《癸巳存稿》卷九,民国王云五主编:《民国丛书集成初编》民国 26 年(1938 年)版,第 201 页。

仁人以奉其尊,享帝而事鬼,老者以此终,少者以此长。外户可以不闭,嗜欲可以少营。人有此声,家有此道,疫疠不作,天下和平。岂非以人情之大窦,为名教之至乐哉"?①

李渔对戏剧也提出了戏剧要自觉承担起儒家三纲五常、忠孝节义、伦理立言的功能,而且统治者对于劝善的戏剧是提倡的。理所当然的,统治者所推崇的关羽的忠勇精神,也是借着戏剧这种形式,向社会底层散播。跨越了文字、语言,关戏在传播关羽的历史故事的同时,也将其中含有的道德价值传播到了蒙族、满族、藏族等少数民族中。

关公戏确实是中国传统戏剧中非常特殊的一种,其中一些剧目是具有宗教性的,是关羽信仰在舞台上的延伸。关戏从塑形的角度具体的表现了关公的外貌,动作,乃至坐骑、兵器,阐释了关羽的神格,对关羽的忠、勇、义形象的展现,生动地具象。日本的关戏研究专家田仲一成评价《西蜀梦》是"更近于平面式的咒文或祭文"。②对《关云长大战蚩尤》,容世诚认为"实际上是在戏台上重演一次古代傩祭中方相氏驱鬼逐疫的仪式"。③黄天骥评价《单刀会》是"应与金元之际民间酬神赛社的活动有关"。④正如《文化的解释》一书中所说的:"对于来访者,宗教表演理所当然地只是某一特定宗教观点的呈现,并且因而可被审美的欣赏、科学的分析;但对参与者来说,宗教表演还是对宗教观点的展示、形象化和实现,就是说,它不仅是它们信仰内容的模型,而且是为对信仰内容的信仰建立的模型。"⑤正是通过

① (明)汤显祖著,徐朔方笺校:《汤显祖诗文集》(全二册),上海:上海古籍出版社1982年版,下册第1127页。
② (日)田仲一成:《中国戏剧史》,北京广播学院出版社2002年版,第133页。
③ 容世诚:《关公戏的驱邪意义》,载《戏曲人类学初探——仪式、剧场与社群》,广西师范大学出版社2003年版,第120页。
④ 黄天骥:《单刀会的创作与素材的提炼》,《中国非物质文化遗产》第九辑,广州:中山大学出版社2005年版,第78页。
⑤ (美)克利福德·格尔茨:《文化的解释》,纳日碧力戈等译,王铭铭校,上海人民出版社1999年版,130页。

关戏不断地塑造,关羽的神格不断地加以充实、传播,不断地得到加强。

　　还必须一提的是清朝政府几次对关戏的禁演,对关羽崇拜也起到了促进作用。关羽戏由于其与政治、文化特殊的关联,其发展也受多种因素的影响,甚至清政府专门组织人写了剧本《鼎盛春秋》,成为关戏创作的模本,不许随意更改。关戏剧本中有许多忌讳。如关羽的名字,《战长沙》中黄忠说:"来者可是关公。"这种称谓在现实中是不可能的,而在戏中就得这样称呼以示敬重。关羽在自称时称自己为"某"。在表演另一种关戏时,如《斩熊虎》《走麦城》,则是将关羽作为人来写的。这两出戏所表现的是关羽的反抗官府的精神,因而历来是被禁演的。康熙初,圣祖颁诏,禁止装孔子及诸贤。至雍正丁未,世宗则并禁演关羽,从宣化总兵李如柏请也。①雍正禁演关公戏,是以"尊崇圣贤"的名义,在他看来,只要"搬作杂剧用以为戏"就是亵渎。这看法延续了康熙的认识,做法上也与康熙"禁止装孔子及诸贤"②相同。

　　雍正五年禁演关公戏之后,咸丰三年皇帝下谕将关公的祭祀升为中祀:

文宗显皇帝咸丰三年十月二十四日
上谕
关帝祀典伙隆仰荷

　　神威登昭显祐本年复加崇封号并入中祀。兹据礼部等衙门详覆礼节仅拟具奏着照所议,自明年春季为始悉照中祀举行,乐用六成舞用八佾,以昭崇奉而答神庥,余依议钦此③。

　　"中祀"是祭日、月、先农、先蚕、前代帝王、太岁之礼,仅次于天、

---

① (清)徐珂:《清稗类钞》册十一,北京:中华书局1986年版,第5040页。
② 大清律例按语卷26《刑律杂犯》。
③ 《中国古典小说研究资料汇编》"关羽卷",台北:天一出版社1982年版,第162页。

地、上帝、太庙和社援。与这一诏令相关的纪录,有时人杨恩寿(1835—1891)的《词余丛话》,他说:关帝升列中祀,典礼幕隆,自不许梨园子弟登场搬演,京师戏馆早已禁革,湖南自涂朗轩督部陈集时始行示禁。①四川境内唱得如火如荼的关戏也遭禁演。

光绪年间,再次禁演关戏。南部档案的一则告示中写道:"关帝福国佑民,神威显应,特加封号,升入中祀。上年曾奉文饬禁不准演唱关帝之戏。无如日久懈生,近年来各乡场市镇多有关帝之戏"②。巴县档案中有一则为"为禁演关帝戏下贴一文"③,"关帝之戏,俾免亵渎,而昭尊崇,如敢故违,定予拿案,从严究办,决不宽贷。"禁令也是非常严格的,"示到各庙值年会首住持,用木牌粘贴悬挂,或刊碑竖立,"一旦发现在唱关戏,惩罚是相当重的,"今于各乡场市镇以及庙宇等处张贴示禁,严密稽查,违则严惩"。④

对清政府而言,关帝是神圣的,不容亵渎的,无论是雍正还是咸丰,乃至光绪禁演关公戏,都是以尊崇的名义。民间对帝王圣贤关公戏的热情,并不因为政府的禁令而中止,清代尽管多次禁止上演关公戏,但是"关公之戏总未断演"⑤。政府越是禁演,民众对关公戏的期待与热情越是强烈,民间戏班对关帝的演绎越是出神入化,如光绪年间三庆班,以演关公戏而出名,而演关公的名角,如王鸿寿、三麻子等的演出犹如关公在世,真假不辨。甚至可以说,正如禁书的不绝于世一样,禁止演关公戏,恰恰促进了关公戏在民间的传播。反过来,关公戏在民间的传播又促进了宫廷的变化。实际上咸丰帝之后,清政府一面以高规格的祭祀尊崇关羽,另一方面,也放松了对民间演出关公戏的硬性规定。在光绪时,宫廷中也多次演出关公戏。

① (清)杨恩寿撰:《词余丛话》,《中国古典戏曲论著集成》(九),北京:中国戏剧出版社1980年版,第264页。
②④ 清代南部档案08-00658-01。
③ 清代巴县档案006-052-43528。
⑤ 齐如山:《戏界小掌故》,见《京剧谈往录三编》,北京:北京出版社1990年版,第432页。

第二节 川剧关公戏

一、川剧与红生戏

现在通常认为,川剧是产生于明代。蜀地之民爱戏,其历史更为久远。现在能见到的最早的记载,出于《三国志》卷四十二《蜀书》第十二《杜周杜许孟来尹李谯郤传》。许慈为蜀国大臣。许慈、胡潜经常争吵,刘备就在宴请群僚的宴会上,"使倡家假为二子之容,效其讼阋之状,酒酣乐作,以为嬉戏"。用戏剧的形式表演他们的争吵的事情。

唐代时,成都已有"杂剧"之称,而且有了"五人为火"的戏班,有"蜀戏冠天下"之誉。川剧大约是在明末清初发展起来的。当时,北边的陕西、甘肃和南方的湖广等省大量移民流人四川,随之带来了具有各地乡土气息的戏曲艺术。它们与四川本地的艺术相结合,而逐渐形成的。

四川属于盆地,旧时陆路交通不便,有"蜀道之难,难于上青天"之说。往来交通多依靠水路,戏班也沿水路流动,他们以嘉陵江、岷江、沱江和乌江四大长江支流所在区域为主干进行活动,从清代晚期到民国年间,川剧形成了川西坝、资阳河、川北河、下川东四大流播区域(如图)。其传播范围并不限于四川省境内,还包括陕西、贵州等地。

川剧的演出场所不拘一格。在田间地角、空场坝等地,用木板并成台子就成了表演的场地。而在每年的各个祭祀时节的神会,多在庙宇前表演川剧。一年四季,络绎不绝,如"城隍会""药王会""单刀会""文昌会"等等,四下的乡民,来看戏者万头攒动,则摩肩接踵,不怕日晒雨淋,披星戴月,热情极高。这样的庙宇戏台各地都有。

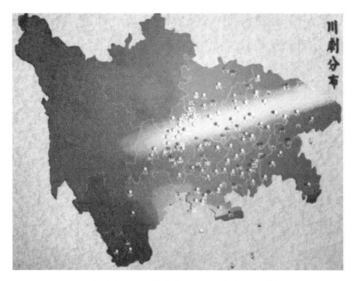

图 138：川剧分布图(笔者摄于四川成都川剧博物馆)

　　会馆是川剧演出的一个重要场所。四川的移民多,所建会馆数量为全国之首。四川广大的乡镇,建有很多庙、祠、寺、宫。这些庙、祠、寺、宫都有一个共同的设施:戏台、乐楼,专供迎神赛社演出戏剧。在会馆落成时,均举办"开光仪式"(就是为新塑的所供奉的神像),请戏班酬神。会馆的"戏台""乐楼"建成时,也要请戏班来"踩台"演出。在各会馆中,以陕西会馆的戏剧演出最为火爆。清乾隆时六对山人(杨燮)在其《成都竹枝词》中:戏班最怕"陕西馆",纸爆三声要出台。算学京都戏园子,迎台吹罢两通来。下有注:那里在成都省城演戏,戏班开场不限时间,唯独"陕西馆"约了放纸爆为节,一爆二爆三爆,三爆后不开场,下次即不再复召其班。清定晋岩樵叟作的《成都竹枝词》写道:"会馆虽多数陕西,秦腔梆子响高低。观场人多坐板凳,炮响酬神散一齐。"清吴好山作《成都竹枝词》中写道:"秦人会馆铁桅杆,福建山西少者般。更有堂哉难及处,千余台戏一年看。争修会馆斗奢华,不羿金银亿万花。新鲜翻来嫌旧样,落成时节付僧家。"四川全省近千座会馆建于清代(特别是清前期),可见酬神戏剧演出之繁荣。

茶园是川剧演出的另一个重要场所。四川茶园是在晚清时出现的。据《成都通览》记载："在前并无戏园。光绪三十二年吴碧澄创立于会府北街之可园,成都人故好观剧,故官许之,入览者甚多。"成都的悦来茶园、锦江茶园,也相继兴起。而各地也纷纷效法成都,茶园看戏因此蔚然成风。各地的会馆中也有川剧戏台。以邛崃为例,"全县(戏台,笔者注)不少于二三十个。至于有钱分为唱家因婚、丧、祝寿、贺庆等事由,在自家院子里演堂会、唱玩票友者,更是不胜枚举"①。"泸州所属戏台总数在567个以上,城市有109个,乡村有(包括祠堂、庙宇)458个。其中明代的41个,清代的307个,民国时修建的43个,1949年后改建及创建的165个,有11个修建时间不详"②。当时的大都市成都,则更是戏曲繁荣,悦兴茶园是其中最著名的一个。

川剧关公戏有几种称谓,或称为"红生戏",或夫子戏,也有的称为"五绺",这是从关公的扮相"面如红枣须五绺"③中来的。现在很多川剧界人士认为"红生戏"就是"关公戏"。细究起来,把关公戏和"红生戏"画等号似乎有点牵强。

要讲"红生戏",先要谈谈"红生"。据《川剧词典》"红生"条:"红生:川剧正生的一种。开红脸,讲究工架,有英雄气度,唱腔较一般正生高亢,多用唢呐伴奏,主要扮演三国戏中的关羽,《下河东》中的赵匡胤,《大盘山》中郭大寿等,也属于红生"。④这一定义,从化妆、表演方面界定了红生的概念。红生一方面是从演员化妆的角度来说的。红生演员在化妆上主要是以红色为主,称为"红脸"。在川剧脸谱中,"红脸"又分为四小类。第一是全红——即"大红脸",脸上全为红色油彩,主要扮演关羽。此外,《斩黄袍》中的赵匡胤、《碧游宫》中的广成子、《盗红绡》中昆仑奴、《收姜维》中的姜维等,也属此类,只是眉眼

① 邛崃县政协文史资料研究委员会编:《邛崃文史资料》第7辑(内部资料),第158页。
② 杨超主编:《泸州戏曲志》,成都:四川人民出版社1992年版,第328页。
③ 陈国福:《天府之花》,重庆:重庆出版社1983年版,第136页。
④ 胡度、刘兴明、傅则:《川剧词典》,北京:中国戏剧出版社1987年版,第124页。

勾画各别。另外还有紫红,如专门扮演孙权、魏延等人物。肉红色,亦称"正生花脸",如《将相和》中的廉颇、《二进宫》中的徐延昭。半红色,即"红霸儿脸"。全红也就是正红,这种色彩是最适宜于表现人物忠、义、勇、武的性格特点,红生也是从其化妆上来区隔人物性格,象征人物的品质的,从川剧化妆艺术上看,也有多人用红脸,红生戏也应该是具有这样一些共同性格特征的人物的。另外,红生演员要在气度、架势上注重表现人物的英雄气概,展现人物的英雄精神。关羽在川剧中当然属于红生,但还包括赵匡胤、郭大寿等人。李德书老师编的《三国戏汇编》中,关羽的儿子关平、关兴、关索,也都被认为是红生。

当梳理清楚红生的概念后,川剧红生戏就十分好理解了。红生戏显然是以其面部全红的标志性化妆特点以及表演特点来称谓某一些川剧的。再看其他剧种,也确实有把红生戏定义为关羽戏的。如齐如山先生在《国剧艺术汇考》中指出,弋腔中也有红生这个名词,乃专演关公戏,且专唱弋腔,遇到关公道昆腔戏如《训子》等,他便不唱。在京剧中,红生戏则更重视从声腔来区分。"这类戏十之八九都是唱唢呐腔,而且都是翻高唱,所以难唱。例如《青石山》的关羽、《龙虎斗》的宋太祖、《采石矶》的徐达、《攻潼关》的姜子牙、《双包案》中的夜行帅、《五花洞》的天师等等,或红脸或不红脸,但都算红生戏,非有好嗓子万不能唱"。[1]化妆倒不是区分红生戏的首要条件,反倒是声腔是京剧红生戏非常强调的。

之所以出现认为关羽戏就是红生戏的看法,大概是因为三国戏中的关羽戏和其他民间戏中的关羽戏比重比较大的原因吧。从概念的准确性上讲,川剧红生戏是不能与演关羽的戏画等号的。应该说,关羽戏是川剧红生戏的代表,我认为才妥帖。

---

[1]　中国京剧网,京剧红生,http://www.china.com.cn/culture/zhuanti/zgjj/2007-09/11/content_8855613.htm,2012年7月31日。

二、川剧关公戏的剧目

三国戏是川剧的重要内容。在解放前,川剧界流传的说法是"唐三千,宋八百,演不完的三、列国"。三国戏是非常受欢迎的。由于红生戏是三国戏中的重要内容,各个戏班都非常重视红生戏的演出。在解放前,一个戏班会演三国戏,就不怕没饭吃了,如果再有演红生戏的角儿,就可以行遍天下了。

在三国剧目中,大多有关羽这一角色。以《三国戏汇编》例,以关羽为主角的红生戏占了相当部分,该书收入了160多部三国戏,是目前收录三国戏最多的书。而有关羽这个角色的戏那就更多了。可以说,仅有少量的几出戏没有关羽。川剧红生戏(这里的红生包括了关平、关兴、关索、周仓)的主要剧目有:《大宴赐马》,《水淹七军》(《水擒庞德》),《古城会》,《关羽盘貂》(又名《盘貂》《月下盘貂》),《温酒斩华雄》,《虎牢关》,《走麦城》,《坐帐单刀》,《刮骨疗疾》,《单刀会》,《河梁会》,《战长沙》,《桃园结义》,《玉泉山》,《步月杀熊》等。

在川剧关公戏的演出中,形成了各种声腔荟萃的局面。在全国的各类戏剧中,川剧以声腔多样而一枝独秀。昆腔、高腔、胡琴、弹戏和灯戏这五大声腔也极大地影响了川剧关公戏的表演。如高腔有《大宴赐马》《河梁会》《水淹七军》等,胡琴有《桃园结义》《战长沙》《临江宴》等,弹戏有《刮骨疗疾》等。有单折戏,有大幕戏,甚至竹琴艺术中也有三国戏,也有关公戏。另外,从文戏与武戏的角度来看,川剧关公戏不仅有武戏,也有净扮关公的文戏。

川剧剧本一方面与当时的主流保持了一致,主要是歌颂其忠义勇武的精神,将之塑造为崇高、伟大的神!但是在20世纪40年代,在川剧目连戏中,曾经有过《丑辞曹》《丑赐马》两出戏。川剧研究专家杜建华曾经在不同地方提到过这两出戏。

在戏中,关羽一改往日形象,而以小丑的形象出现。这是非常另类,也是非常值得探讨的。在戏中,关羽、曹操是以川剧襟襟丑的形象出现:"他们穿纸衣、戴纸帽、纸口条,脚穿草鞋,也有的用棕叶做口条"，川剧关公戏的演员形象要求凝重沉稳，而这种小丑形象出现的关羽所塑造的另类形象，显得非常独特，在其他剧种中鲜见。因而具有一定的艺术价值，反映了川剧独特的艺术审美。据杜建华老师的研究①，《丑辞曹》和《丑赐马》一般是做为垫台戏放在游十殿前或在游十殿中演出，基本形成了正目连中的一出固定剧目。其内容是曹操和关羽为多喝酒、多吃胡豆而相互拉扯。最后两人竟然把衣服都拉扯坏了，光着上半身跑下场去。这与演关公戏的神圣完全不同。在传统关公戏表演中，除了上文谈到的一些规矩外，还有关公所穿的甲靠要用馨香熏过，演完戏后擦脸的油纸不能乱丢，或是放在太师壁上，或伙同纸钱纸马一道焚化，"送上天庭"；如要演《走麦城》等戏，还要提前设香案先行谢罪……其庄重恭敬如此。而目连戏中所出现的关公形象，所表演的故事情节，是对关公戏固定的英雄故事的一贯模式的反动，带有浓郁的四川地方特色。如果关注一下川剧小丑戏，就会发现小丑戏中常常用来逗趣的就是争吃争喝的情节。如非常著名的《九流相公》，就是一个不学无术、骗吃骗喝的小丑形象。

语言也一改关公戏对关羽名字的忌讳。关羽上场后白道：

"弟兄结拜在烟馆，

杀鸡宰狗祭祖先，

大哥古城要吃酒，

特到曹府交圈圈，

某关羽，字扯长（云长）"。

将桃园结义改为"烟馆结拜"，将"古城会"改为吃喝会，将关羽与曹操的交往改成酒肉之交。不仅直呼其名，而且还谐音其名为"扯长"。

---

① 杜建华：《巴蜀传统文化与四川目连戏中的独有剧目》，《四川戏剧增刊》《目连戏与巴蜀文化》1994 年，第 5 页。

曹操的念词也值得玩味：

> "当初许田射过狗,
> 收来关羽封猴猴
> 有心要夺玉皇位,
> 一切烂账我都收,
> (白)老夫曹操,字莫得(孟德)。"

封关羽为寿亭候在这里变成"封猴猴",对曹操挟天子以令诸侯,改为曹操要夺玉皇位,从人间说到天上,与史实似是而非。曹操自称时,将"孟德"谐音为"莫得",也很幽默滑稽。

杜建华老师在分析此二剧时,提出"这类丑戏插入目连戏中之后,使十殿的阴森恐怖气氛得以缓释,喜乐情绪油然而生,起到了调节舞台演出节奏及观众心理节奏的作用"。这固然是非常有道理的,但是加入的丑戏以"关羽"为对象进行创作表演,这无论如何是值得关注的。

在时间上,这种戏应该出现的比较晚,这种丑角的关羽形象,是在全国关羽崇拜已有所降温时所产生的。关公戏的宗教性已经大不如前代,其戏剧性、审美性大大增强。据杜建华老师介绍,"《丑辞曹》和《丑赐马》这两个小戏是典型的艺人改编的丑戏,是正戏丑演的讽刺喜剧,意在讽刺抽大烟的烟鬼。这样的剧目在川剧中数量不少,属于垫台的玩笑戏"。①杜老师的分析,正可证明川剧关公戏的创作与演出融入川剧"小丑戏"的特点,增添了川剧讽刺喜剧的内容。

三、川剧关公戏的名角

20世纪初,各地区的戏班多有自己的红生演员。他们往往有一两手绝活,多是一个戏班的台柱子。当时,专攻关羽的红生戏,可谓

---

① 来自与杜建华老师的访谈。

名角蜂起，异彩纷呈。萧长老、褚安平、赵悦清、魏庭香、鲜耀三、张明德（张德成之兄），以及刘荣深、龚建章、廖盛奎等，都是深受欢迎的红生演员。

资阳河流域的自志科班、绍俊科班是 20 世纪初这一地区的两个著名戏班。自志科班的徐志宾、绍俊科班的刘俊卿（原名刘云深），都是这一区域红生戏的名角。刘俊卿，他七岁进古蔺县绍俊科社，后参师魏香庭、赵悦卿，擅演《临江宴》《古城会》《华容道》《挑袍》《走麦城》《白马坡》等剧。在长期的演艺生涯中，他对关羽的造型和表演都做出了突破。如，他一改眉笔画眉毛，而用胶粘眉毛，这样体现关羽特有的卧蚕眉，突出了英雄形象，使他扮演的关羽，双目炯炯有神。在其代表作《临江宴》中，在唱"独驾孤舟气概雄，子敬请某过江东"，交替使用生行嗓音和净行嗓音，突出了关刚柔相济的特点。在表演中，他还将《临江宴》中关羽假醉改为关羽抢过鲁肃话头，历叙自己的战功，以气势压倒鲁肃。这一改动，似乎更符合关羽的性格逻辑。他的表演受到观众的喜爱，被称赞为"一旦雄赳赳一丈虎躯摇，恰似六丁神簇捧定一个活神道"[①]。

川北河这一带的戏班中，有一个太洪班，咸丰末年，太洪班吸收胡琴腔，同时演唱弹戏与胡琴两种声腔，太洪班主要演三国、列国戏，剧目的增加丰富了三国戏的演出内容。另一个戏班义泰班的生角中专演红生的有鲜耀山，他是西充县人，讲口遒劲，气度威严，擅演关羽、诸葛等历史人物。还有董清平，在川北专唱红生，非常有名。川西坝子以成都为中心，包括南路与北路，是早期川剧发展的一条重要河道。无论北路南路，戏曲都非常活跃。连三岁的孩童，都能哼唱。广汉旧名"汉州"，素称"川剧之乡"，绵阳至今都被称为"三国戏窝"之称。而旧时这些地方袍哥舵爷盘踞，为敛财而大兴戏班，客观上也促进了戏曲了繁荣。玉清科社的杨玉宾，素有"活关公"之称。他在《临江宴》《战袁林》中的绝技表演叫做"大刀走路"，即手中大刀推出后，

---

① 　王开华：《刘云深关羽戏散论》，《四川戏剧》1990 年第 4 期，第 34 页。

由台口正中自行跳进下马门。名震一方,有他的名牌在,场场爆满。

特别值得一提的是魏庭香先生。他少入戏班,在玉顺班、龙泉班、彩华班学习过。先后师从名角张碧桃、刘育三、肖楷成、朱四红、李绍白等,自费旅行到汉口、南京、上海,向京剧、汉调、滇剧广泛学习,大胆革新。1927 年在贵阳集资筹办天曲社科班,培养了川剧科生近百人。他在川、滇、黔三省都享有盛誉,被尊称为"盖三省"。他嗓音洪亮,行腔有韵味,念白有力,在红生戏中所扮演的关羽,气度雄豪,神态生动。他融合京、滇、汉各剧种之长,形成了自己的风格。《辞曹挑袍》等是他的代表作。其他如下东川的富春班的褚安平,也是著名的红生演员。

第三节 傩戏与关帝信仰

一、少数民族傩神系统中的关羽

在中国的多神信仰系统中,除了作为主流的儒、释、道外,巫傩这一系统一直在中国的广大乡村流行。傩戏也因其浓厚的宗教祭祀色彩,也被一些学者认为是"宗教剧""祭祀剧"和"仪式剧"。

傩戏中有大量的傩神,中国的傩神系统是复杂而混乱的。"中国的傩神系统是一个庞杂无序的神系,没有统一的神谱,代有更迭,祀奉各异,转换交叉,流变纷繁。特别是受历史各时期的神话传说、佛道二教、民俗风尚等各种文化的渗透和影响,使傩仪派生出诸多神格迥异、形貌驳杂的傩神来"。[①]如果从历史的角度看,傩神经历了从自然神到佛、道神这样一个过程。最初的傩神除方相氏外,还有来自神话传说的"十二兽"。随着道教、佛教的发展,道教、佛教傩神也逐渐进入到傩神系统中。道教与巫傩本就有千丝万缕的关系,傩神系统

---

① 　叶明生:《宗教与戏剧研究丛稿》,国家出版社 2010 年版,第 57 页。

中的道教神更是为数众多,玉皇大帝、王母娘娘、王灵官、哪吒、城隍、土地、文昌、真武、雷公等等。有佛教神如观世音菩萨、弥勒佛、金刚力士神。在傩神系统中,关羽也赫然在目,而且广为流布。以关公故事为主题的千里独行、五关斩将、战蔡阳等,都成为不同地方傩戏的重要演出内容。

关羽是何时进入傩神系统的,没有明确的说法,但这个时间应该很早。唐范摅《云溪友议》卷上《玉泉祠》:"余以鬼神之道难明也,视之不见,听之不闻。……蜀前将军关羽,守荆州,梦猪啮足,自知不祥,语其子曰:'吾衰暮矣,必不还尔!'果如吴将吕蒙麾下所殛,蜀遂亡荆州。……玉泉祠(在湖北省当阳县,传说关羽曾在那里显灵)天下谓之四绝之境,或言此祠鬼兴土木之功而树。祠曰:'三郎神'。三郎者,关三郎也。允敬者,则仿佛似睹之。缁俗者,外户不闭,财帛纵横,莫敢盗者。厨中或先尝食者,顷刻大掌痕出其面,历旬愈明。侮慢者,则长蛇毒兽随其后。所以惧鬼神之灵,如履薄冰,非斋戒护净,莫得居之。"五代孙光宪《北梦琐言》卷一一:"唐咸通离乱后,坊巷讹言关三郎鬼兵入城,家家恐悚,罹其患者,令人寒热战栗亦无大苦。"清俞樾认为上述两条史料所说的"关三郎"就是关羽,他在《茶香室丛钞》卷一五《关三郎》条中说:"此则关帝之神唐时已洋洋乎如在其上,如在其左右矣。"关三郎即关羽。也就是说唐代时,关羽在荆楚之地已进入厉鬼的传说。关羽为当地的老百姓们祭祀,是出于惧怕,他应该是属于凶神而不是庇护神。

西南少数民族地区的傩神关羽是另一种形象、另一种性质,他是以主神的形象,以护佑神的形象出现。在酉阳阳戏中,供奉的戏神是关羽,在酉阳地区的秀山、壁山等地区,虽然关羽不是主神,但也是重要的神。而在贵州地戏中,关羽是主神。

关羽也出现在土家族的傩神系统中。土家族傩文化是土家族原始宗教巫祀行为与道教文化融合的结晶,从土家族傩戏唱词中所提及的众多道教神灵及悬挂的"三清图"就可以看出。土家族傩戏中敬奉的神祇有两大系统,一大系统是道、儒、释等宗教神灵,另一大系统是土家族原始宗教中的神灵。贵州德江、思南等地土家族傩戏正戏内容有:唐氏太婆、金角将军、关圣帝君、周仓猛将、十洲道士、李龙神王等,集土家族原始宗教诸神与道教神于一起,并以戴面具形式演出。从"关圣帝君"这就称呼可见关羽是以道教神的形象进入土家族的傩神系统的,而周仓作为关羽的陪祀神是在明代开始的。由此笔者推断,土家族傩神信仰中的关羽的时期应该是明代。

云南瑶族的神祇系统庞杂,庙中塑的神像却很少。不少村寨都建有庙房,一般建在村子后面的神林中,或就近建于村子旁边。神庙建筑非常简陋,多为土墙,草顶或瓦顶。关羽也进入了瑶族的神祇系统中。如 20 世纪 50 年代金平城关镇路黑红头瑶的庙内供奉有观音、关圣和土地神,或塑成泥像,或写成木牌,每年由三个寨老轮流主持祭祀活动。[①]

贵州思南县土家族的傩坛戏里,关公也是一个突出的表演角色。傩堂戏共二十四出,上半堂戏十二出:唐氏太婆、金角将军、周仓猛将、引兵土地、押兵先师……需要强调的是关公和周仓的傩戏,是一种驱邪的仪式:"……例如出关羽、周仓的戏,原意是请关爷来扫清东、南、西、北、中五方邪魔,开五方道路,以过五关斩六将的英雄气概,象征横扫妖魔鬼怪。如果演员较多,就可以演出《古城会》,戏里出现刘备、张飞、二皇嫂、颜良、文丑、蔡阳等角色。在演出这台戏时,还给关羽配了一位叫胡金定的妻子,她被张飞作人质留在古城,关羽斩了蔡阳,张飞消除了误会后,才让她与关羽、二皇嫂等人相会。戏里的蔡相被尊称为大将。"据艺人说:"他忠于曹操,不怕关爷武艺高强,敢于死战。没有蔡阳上场,张飞和关爷就没有古城相会之战了。所以我们向来不把蔡爪当妖鬼看待,尊称为大将"。[②]关羽在其中具有非常突出的角色。他的面具,周仓的面具都是专用的。他"出场的唱腔,铿锵有力,加上土长号和牛角,以及打击乐的声响,很有古战场

---

① 徐祖祥:《瑶族文化史》,云南民族出版社 2001 年版,第 132 页。
② 庹修明:《贵州德江土家族地区的傩堂戏》,《中央民族学院学报》1989 年第 3 期,第 88 页。

的气氛"。①贵州侗族的傩戏中"关羽斩蔡阳"的剧目,而且这个剧要放到最后一天才演,是整个演出中的高潮。

在贵州地戏中关公戏也是非常重要的。康熙三十一年(1692年)修订的贵州通志卷三十,附有"土人跳鬼画图"。图上可看到两个武将手持大刀对阵,均戴面具,都有四双眼睛,旁边两人一人击鼓,一人打锣,周围有村民在观看。这幅图专家们研究认为是"关公斩蔡阳"或是"战长沙"。

必须提到的是关索。傩戏关索戏供奉傩神关索。关索与关羽是父子关系,尽管关羽的这个儿子不见正史,但是在中国民间却一直流传着他的故事。在安徽的傩戏中、在川戏中、在《三国演义》中都出现这一人物,其影响是广泛的。

关索的故事在安徽傩戏中也有,但是以关索命名并以之为戏神,却只有关索剧。关索剧在演出时举行的"领牲"仪式中,要由主持者念"领牲词":"关索药王关索经,传与世人众生听:刘备关羽张翼德,桃园结义万古名。东奔西走无基业,三请孔明作圣君。四川成都兴王室,五虎大将保朝廷,只因刘家天下满,忠臣谋士枉费心。忠臣去世归天界,上帝封为三圣君,十八大将封成神,保护人民得安宁,哪处顶戴保哪处,善男信女要齐心。"关索虽然是传说人物,最终"忠臣去世归天界,上帝封为三圣君,十八大将封成神",关索却得当成"神"。

二、西南地区傩戏中的戏神关羽与关索

在西南地区的土著居民的信仰中,本来没有关羽这一形象。关羽作为傩神是汉族与少数民族融合,文化传播的结果。在四川酉阳地区以及重庆以南,贵州以安顺为中心一直到云南澄江小屯村一带,贵州土家族等少数民族地区,关羽以傩神的形象出现在其中。

在西南地区现在的傩戏中,根据笔者掌握的资料,其中有傩神关

---

① 庹修明:《贵州德江土家族地区的傩堂戏》,《中央民族学院学报》1989 年第 3 期,第 91 页。

羽的是贵州安顺地戏,云南澄江关索,四川、重庆、湖南、等流行的"阳戏"。尽管它们名称迥异,但实际上都是傩戏。这几种傩戏中,都将关羽纳为傩神加入其崇拜系统中。而作为傩神的关羽,也都是在民族文化的交融中,传播入这一地区的。

以现在重庆地区的土家族酉阳面具阳戏为例。根据历史记载,在蜀汉时期,重庆地区的土家族酉阳已经有傩戏的活动。傩神关羽显然是后来进入这一区域的傩神系统的。但是到底是何时?如果是蜀汉时,但至今未见任何文献记载。而结合道教在这一区域很早就有活动来看,关羽进入道教系统是在宋代的事情,如果关羽从这一渠道进入到酉阳地区的傩神系统中,也是有可能的。可惜的是这也只是一种推断,缺乏材料佐证。而从现有的文献来看,比较能够确定的是,在明代,这一区域的傩神关羽就开始传播了。

众所周知,朱元璋派傅友德率领征讨云南梁王的部队,就是从"江南"一带征调的大军。明初称做"江南"的地区,就包括江西、皖南。一个地区居民的构成成分是分析这一地区文化构成的基础。目前酉阳地区的吴姓,是"明洪武年间(1368—1399),从江西新喻县入川到酉"。很有可能,他们从南方带来了傩神关羽。从酉阳与该地区其他地方,如秀山、壁山等地区中傩神关羽的地位是不一样的,关公是酉阳阳戏的主神。在傩坛戏、提阳戏、梓潼阳戏等傩戏中,也是重要戏神之一。酉阳地区是川东的政治、经济、交通要冲。

从祭祀的牌位上看,牌位上写的是"古伏魔大帝关圣帝君",纵观历代对关羽的封号,明神宗万历四十二年(1613年)是单刀伏魔、神威远镇天尊关圣帝君。这一封号与酉阳阳戏牌位上的内容是最接近的。如果酉阳阳戏的主神牌位并没有发生变化的话,那么在时间上更可以确定这一区域的傩神关羽是在明代万历年后进入这一区域的。综上所述,笔者推测酉阳阳戏很有可能是在明代通过军队移民的方式而传播到这一地区的。

贵州屯堡的安顺地戏一个是以关羽为主神,一个是以关索为主神。安顺地戏由军队带来。詹家屯保存的《三国》戏队地戏谱书上记

有："家族詹曾武师,禅头各代家传。众儿孙须知,……洪武十八年,
我詹达(注:詹氏始祖詹嗣宗之子),曾珉(注:曾氏始祖曾德一之子),
密传家庭武艺,防止反乱,为了密为不宣,以跳神为名,传艺为实,家
族神,祖传艺",非跳神之故也。朱元璋于洪武十四年(1381)任命颍
川侯傅有德为征南将军,永昌侯兰玉、西平侯沐英为副将军,率三十
万出征云南,于年底抵达普定。这支军队也是一支移民力量,他们
修建了城池,安顺即是此时修建。明初安顺的居民主要是布依族、
苗族、乞佬族,历代留居贵州的汉人,仅十之一二。军事移民改变
了贵州"民夷杂处而夷居十八九"的居民成分和闭塞局面。屯堡人
所崇敬的神灵:汪公、关羽、岳飞、闻太师、郭子仪、杨老令公等,关
岳二圣是屯堡人家家户户都要供奉的。傩神关羽主要在演出《三
国戏》中出现。沈福馨、帅学剑1992年曾进行了一次调查,其中演
《三国》的有这样一些地方:后山、杨柳哨、上羊场、安脚寨、陈亮堡、
龙屯、陈官屯、龙家寨、三棵树、上老谭堡、余官、蒋易寨、白旗堡、郭
家屯、董官屯、新寨、湖坝坡、小寨、大王下《三国》、洋西《三国》、穿
石《三国》、大狗场、老郎寨、黄家院、新堡、天台。在周围的少数民
族聚集区演《三国》的有:新场布依族苗族乡场坝《三国》;黄腊布依
族苗族乡黄腊《三国》、长土《三国》;紫云苗族布依族苗族自治县猫
营《三国》。①

　　云南玉溪澄江阳宗小屯村的傩戏关索戏,供奉关索为戏神。关
索是传说中关羽的儿子,为军队所崇拜。云贵间有很多以关索命名
的地方。澄江境内龙街镇有关松(索)庙、下关松(索)庙。江川有关
索岭、关索庙玉溪也有关索岭、关索庙,相传关索在那里驻过兵。澄
江境内还有名为关地、关庄的村子,都与关家有关;并有十多处关圣
宫、关帝庙。从历史记载看,阳宗境内居住的主要是彝族人。明洪武
十四年,朱元璋的部将傅有德、蓝玉、沐英平定云南,重兵屯戍,大量
江南汉族富户迁至云南经商屯田,其中部分到了阳宗一带,逐步与当

① 根据帅学剑编:《安顺地戏》,杭州:浙江人民出版社,第46—48页整理。

地的彝族相互融合,形成现在阳宗的汉族。据《关索戏志》一书,小屯发生瘟疫,人畜遭受严重损害,医治无方,请来花灯、搬打(当地流传的一种武术)、龙灯队压邪,都不见效。这时有个从外地来的风水先生说,这个地方的地脉是"五虎撵羊",要保清吉平安,只有"玩关索",才能压住邪,关索戏中有五虎大将,可保人畜兴旺。于是村里便派龚兆龙、李成龙二人外出打听哪里有"玩关索"的,最后龚姓人在路南大屯找到了玩关索的班子,请他们到小屯来教大家玩关索,小屯人很快就学会了唱关索戏。如果这一传说属实,那么小屯村的关索戏也是外来文化。而且很有可能就是军傩。明代大规模在云南实行军屯,当时的河阳、阳宗两卫(都在今天的澂江境内),就都分别设置了左、前、广、后四卫来安置屯军。关索戏的剧目,与关索有关的只有《花关索战山岳》《三娘公主战》《花关索战三娘》等三个。关索戏的内容主要是三国戏,剧目近一百个,主要是三国中刘蜀的故事,关羽戏在其中占有很大的比例。从以上对现在保存傩神来看,傩神关羽是随着军队的大量进入,由军队的崇拜神而逐渐为当地的居民接受,成为傩戏的戏神。

三、西南地区傩戏关公戏、关索戏的象征意义

无论是酉阳阳戏还是安顺地戏,以及关索戏,其宗教性都非常强。酉阳面具阳戏,是四川土家族苗族地区的咒舞求佑的还愿戏,有一套完整的仪式。贵州屯堡的地戏专家研究地戏在明代时本就是军傩,现在成为苗族的傩仪中的一种,在其戏剧本体中就包含着诸多的祭祀因子,祈福纳吉的祭祀仪式就自然而然地构成了地戏的组成部分。

酉阳阳戏是以关羽为主神的,贵州屯堡地戏、云南关索戏中,对关羽也是格外重视的。根据研究的需要,笔者选取了酉阳阳戏、贵州地戏、云南关索戏为探讨对象。探讨傩神关羽的有关仪式中的象征意义。

（一）面具

酉阳阳戏的全称是酉阳面具阳戏,顾名思义,演员表演时要佩戴造型各异的人物面具。面具对阳戏表演具有重要的意义。当演员们戴上面具时,他就不是日常生活中的自己,而是面具所代表的那一个神了。

参加阳戏表演的只能是男性,而且在面具的分配上,也有特殊的规定,表演的角色是男角,则佩戴造型各异的木制面具,如果角色是女角,是不能佩戴面具的,而是涂面化妆。面具的保管和使用也是特殊规定:不用时,用专门的樟木箱子贮存;使用时,班主要燃香朝敬,方才能从木箱中请出使用。

关羽是酉阳面具阳戏的主神,因此关羽的面具又更比别的面具不同:首先,关羽面具不是和别的面具放在一起的,而是单独供在班主家堂屋的神龛上,平时班主要香烛敬供。如果要进行表演,则要请关羽面具下神龛。班主也要焚香朝拜,然后恭恭敬敬地将关羽面具供在坛场正中。需要佩戴时,演员又要再次行大礼,方才能从坛场正中取下面具。这个演员,通常也是由班主担任。节目演完后,演员要行大礼,再把关羽面具放在坛场正中供奉。

（二）傩坛仪式

无论是酉阳阳戏、贵州地戏、云南关索戏,虽为戏剧,但是实际上是傩仪。其程式有很多模仿道家的仪式,具有象征意义。

在表演之初,都有一个请神仪式,请神的地点略有差异。贵州地戏、云南关索戏在寺庙之中,酉阳阳戏在场坝之中,或在主家的院坝里。

酉阳阳戏在确定好表演的位置后,要精心的布置,悬挂幕布,通常为红色或灰色的幕布。幕布的作用为区隔,划分出了前台与后台。象征着这里是关圣帝君降临的道场,具有神圣的意义。

前台的布置如同道场一样,正中摆放一张香案,香案上点着高香与蜡烛,摆设着"三牲"或瓜果等供品。香案正中则端正地挂着一幅神灵牌位。牌位正中用粗体黑体写着"盖天古佛伏魔关圣帝君位",

其两旁标有"左站关平合棚戏子","右立周仓了愿仙官",牌位右侧列着"姜郎相公风火殿内"字样,左侧列有"庞氏夫人老郎太子"字样。神牌位右侧下方则写着"唐朝启教千千师祖万万师尊位"。牌位尺寸,通常为高40厘米,宽30厘米,其格式如下:

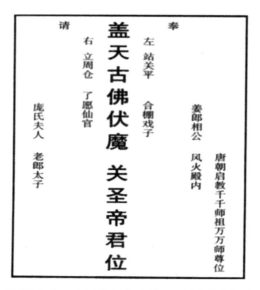

资料出处:严福昌主编《四川少数民族戏剧》,四川大学出版社2007年版。

（三）镇坛仪式

关羽是酉阳阳戏的主神,《关爷镇殿》是镇坛仪式的主要内容。关爷镇殿,旨在迎请无比神威的除魔驱妖的关帝圣君,临坛镇坛,以关帝之神威,震慑邪魔,降魔除灾,以了却主家愿信酬谢神灵,祛灾迎福。其仪式是:掌坛法师宣称:百拜"盖天古佛伏魔关圣帝君……领纳信士之馈忱,济拔患者之病灾,勾销愿信之……愿了病愈,凶星退位,吉星降临"。

接着法师们需要迎请关帝:"金州金县,银州银县。紧打锣鼓,关爷扫殿"。在紧锣密鼓的锣鼓声中,关帝走进堂屋。他赞颂了自己的大刀之后,表彰自己的功劳:"威震乾坤第一功,辕门战鼓响咚咚。辕门战鼓咚咚响,酒尚温时斩华雄。威震乾坤第二功,曹操兵败走华容。只因当初恩情重,敞开金锁走蛟龙。威震乾坤第三功,大朝人马过了河。人马过得千千万,把我将军莫奈何。威震乾坤第四功,要去河北会长兄。他今拜我大元帅:万马营中逞英雄。"这些唱词和表演象征着关帝武功高强,具有驱除邪恶的力量。

接下来法师在坛场内追逐劈砍,这些表演象征着关帝力迫邪魔,施展神力,为事主家扫除瘟魔,使愿家信士宅清安泰,祸去福来:

"一扫东方甲乙木,诸邪百怪尽扫除。二扫南方丙丁火,扫除妖魔就是我。三扫西方庚辛金,引出西方金德星。四扫北方壬癸水,扫除邪魔鬼妖精。"接着,即扫进家财:"银子扫在家堂上,五谷扫在仓内存……"然后辞别众神、事主和围观者。关爷走出堂屋(坛场),法师关门,关爷念关门咒,边唱边用大刀在门前画符。唱画完毕,向事主家道谢离去。

（四）关索仪式的象征意义

关索戏虽名为"戏",但是从历史来看,它实际是一种驱除瘟疫的仪式。关索戏一开始就是由于瘟疫四起,玩关索,其作用是镇瘟疫。关索戏当时流传的范围是非常广泛的,云南澄江小屯、大屯、昆明这些地方都有,面具也是极为普遍的。关索戏内容以三国蜀汉故事为主,也包括杨家将的故事。主要是武戏,只演打胜仗的戏。形式以双方对打为主,主要角色有 20 个,分别有刘备、孔明、关羽、张飞、周瑜、黄忠、赵云、马超、关素、鲍三娘、百花公主等,加上马童、龙套、锣鼓手,共计 40 余人。在剧目上,与关素有关事迹的曲目有《花关索战山岳》《三娘公主战》《花关索战三娘》等,其唱腔有专门的板式和曲调。

在每年春节演出前和演出结束时,都要举行祭祀药王的仪式。仪式的举行地点在小屯灵峰寺,寺始建于清康熙二十七年(1688),重修于道光七年(1827),坐东朝西,全寺由前殿、正殿和两厢房组成。以五显灵官主神,同时祭祀本地的一些神等。

祭祀药王的仪式主要在跳戏前和跳戏后。在祭祀之前要做很多准备,包括写牌位、供面具、放柏枝、清水和草席。仪式是在吃过早饭后,燃起寺前的柏枝,然后由一个演员抱鸡和别的演员从柏枝火上跳过去以驱邪,用先前放置的清水洗鸡嘴、鸡脚,然后抱鸡入殿,交给主事者。之后演员和主事者同跪于神位前的草席上。主事者让鸡在三个碗里有顺序地啄吃,在鸡啄食领生时,由抱鸡的主事者念领生词:

关索药王关索精,传与世人众生听,刘备关羽张翼德,桃园结义万古名。东奔西逃无基业,三请孔明做圣居,四川成都兴王室。五虎大将保朝廷。只因刘家天下满。忠诚谋士枉费心,忠臣去世归天界,上帝封为三圣居。十八大将封成神,保护人民得安宁,哪处顶戴保哪处,善男信女要齐心。若有不幸冒犯者,当时灾星降来临,善男信女齐敬信,保佑人畜得清平。

鸡领生后,就在神面前杀鸡,在每个面具上抹上一点鸡血,每个参加演出者都要在神面前喝鸡血,鸡则煮好后供在神位前。经过这一番仪式,到了晚上演员们正式来请神:"药王大将,今年我们大家诚心诚意替你家去玩玩,请你家保佑我们清洁平安,五谷丰登,六畜兴旺"。拜完后,演员们分鸡肉吃时。分鸡肉吃时还特别规定了关索吃鸡头,马超吃鸡脚,张飞吃鸡翅膀,其他就不再作规定。之后,演员经过沐浴,就可以跳关索戏了。但是仍然有一些特别的忌讳,如演员都住在庙里,每天演出完毕要供面具。

关索戏的演出是以队戏的形式进行。"开演前艺人们化好妆走家串户去祈祷祝福,角色队伍由两面戏旗(上绘飞虎)导入各户,于是这人鸣放鞭炮,点燃柏枝以示驱逐疫鬼。……演出时,先是二十几个演员绕场数周,行走呈圆形,之后又呈半月形,最后分两排相对而站,接着诸葛亮先唱,意在点将,他一边唱,角色一边变换队形,最后是角色每两人成一组向诸葛亮报到,完毕,开始演戏"。①

关索戏通常都是在春节期间进行。送"药王"是在正月十六日,送药王的一个仪式是演员们还戏装,敬过神后把戏服放入大木箱中来年再用。吃过晚饭,还要举行送"药王"的仪式。在送"药王"的途

---

① 薛若邻:《关索戏与关索》,《戏曲研究》1984年第12期,第213—214页。

中,演员要耍香,前边的演员上下耍,象征为药王开路,后面的演员则耍成圆圈,象征已圆满完成了整个活动。最后,由主事人念"药王大将,我们已诚心诚意为你老人家玩了,现在送你家回天上去,保佑我们来年清洁平安,五谷丰登,六畜兴旺"。鸣放鞭炮,把手中的香插于泉边,并把红纸牌位烧掉。所有演员返回。

第四节　族群融合视野下的关公戏

一、族群叙事与历史记忆

无论是酉阳阳戏,还是关索戏、安顺地戏中,都是在明代民族大融合的背景下产生的,这些傩戏,在历史上是与大量移民进入新的地区的不安焦虑,继而要驱除邪恶,求得新的秩序与生存,这种集体无意识体现在傩戏中,成为明清时期向西南地区大移民中的突出文化现象。

那么,如果把这些仪式都看成是明代乃至清代的向西南移民而产生的一种文化现象,如果我们将之看为一种文本,那么问题就是:谁在叙述? 这一仪式是向我们讲述了什么? 这一叙述的意义或者说目的,或者说作用是什么?

在酉阳阳戏、屯堡地戏、澄江关索戏中,叙述者的身份是非常清楚的,那就是来自汉族的移民。

所有这些仪式剧都包含着民族历史英雄的故事。这些仪式与历史、与族群记忆深刻地捆绑在一起。关于历史与族群记忆,学者们有大量的研究成果可以供我们参考。这些表述包括:记忆和历史存在着一个"概念化的重建"现象(are-conceptualization)。因为对过去的记忆与社会进程无法截然分开,而社会进程是特定群体的集体记忆价值的保留和传送的结果。表现出相应的策略性特征:族群的"集体性记忆"与"结构性失忆"或"谱系性失忆"(genealogicalamnesia)都可以理解为"强化某一族群的凝聚力"。历史的记录不仅使之成为历史构成的一个部分,也使这些被记录的部分成为无数发生过的历史事件中的"幸运者"和"幸存者"(survivals),属于人类主观因素和文化漂移视角的选择对象。在"族性"的研究中,历史记忆、社会记忆等常被诊断是凝聚族群认同这一根本情感的纽带。"透过'历史'对人类社会认同的讨论,'历史'都被理解为一种被选择、想象或甚至虚构的社会记忆。"这些表述告诉我们,对于一个族群来讲,对于他们的历史的讲述是有选择的,在讲述的过程中必然要放弃什么,这个讲与不讲的内容是根据当下的社会需要来决定的。对于一个族群来讲,历史是联系整个族群,构建并强化某种社会价值的重要的纽带。

二、戏剧仪式与族群话语权的建立

在移民与土著的关系中,仪式往往是权力建构的工具。在酉阳阳戏中,开戏的仪式非常值得关注:每逢演出"正戏"之前,在请神祭祖的仪式中,头一句就念唱道:"白马堂上,唐朝启教。"据说因为关羽最初骑的是白马,所以说白马堂上。显然第一句是酉阳戏的主神关羽。而唐朝启教,时代是唐朝。

为什么会把关羽与唐朝联系在一起? 有两种解释:一种是唐朝时,这一区域已经有了关羽崇拜,但这一点还只能是推测。另一种解释就是后人的一种附会。但是为什么要把两者拉到一起呢? 如果分析一下这一区域的族群构成就容易理解了。一这区域的冉姓家族是大姓,为唐代驸马冉人才的后裔;而我在前面的分析表明,这一区域的戏剧中的傩神关羽,很有可能是吴姓的江西移民带来的。这两个家族又有联姻。这样,祭祀开头的话其实是非常富有权力指向的,维护两个家族的权威的一种象征性话语了。正如委萨林斯在他的另外一部重要的著作《历史的隐喻与神话的现实》一书中为人们做出的一个具有逻辑性的解答。他提醒人们一个貌似悖论的道理:"真实"与"虚构"原来并非完全的泾渭分明,不可逾越;二者间的界限是可能被打破的。最粗浅的解释可以这样：那些"虚构"（非事实）的叙事——无论是其言说的内容抑或是言说本身都是"真实"的,而在历史事件或者事件这些无需证明已经属于不争的"历史事实"当中却经常交织着"隐喻性神话"。同时,"历史的隐喻和神话的现实"还包括不同的民族、族群、人群共同体在同一桩历史事实,同一件历史真实中所赋予的政治意义和诉求。在关爷扫殿的仪式,也是具有象征意义的。通常认为是去除不吉祥的仪式。使用"关爷",也就是提倡关羽的仁义精神,用这一精神来规范整个社会行为。

在屯堡地戏、云南关索戏中,以关羽戏在内的这一些仪式戏剧,就成功地、有效地链接了移民的历史文化与当下生活,成为他们族群记忆的核心。这既是他们的信仰,是他们维系这一社会群体的精神纽带,也是他们与土著区分的一个重要标志。在安顺,周围的少数民族也在学习跳地戏之后,屯堡人所说的话非常值得分析。他们说这些少数民族只能学到皮毛（意思）,并不能领会其中的精髓。在文化融合中,其实一直伴随着的是文化区隔,是一种文化固执地要与另一种文化划出界线来,以表明"我""你""他",这样泾渭分明的界线。

三、关羽符号与移民社会

无论在酉阳阳戏、安顺地戏、澄江关索戏,关羽都是一位重要的神祇。从符号学的角度来看,关羽符号也是这些仪式中的一个象征性符号。

酉阳阳戏奉关羽为戏神,其面具的保管与使用与别的面具不同；在安顺地戏中,关羽的面具和岳飞等的面具在制作时就有特别的仪式和讲究；在澄江关索戏中,至今还有专家认为关索实在是关羽的谐音,关索戏实际就是关爷戏,也就是关羽戏；将关索认为是药王,是从"关三郎"化用而来的。这也是一家之说,表明了关羽在关索戏中的重要性。

李亦园在谈到台湾社会的关帝信仰盛行时讲道："在一个移殖而初定居下来的社会中,人际间关系网络的建立,特别是商业性的相互交往之间,极需一种讲信用重义气的象征作为行为的准则,此时'关公'的崇拜就凸显出来了"。①这一段话也非常适合明代西南这一块移民土地的情况。各个族群的汇合、交融,土著与移民,移民与移民,新的社会环境、新的社会关系需要重新建立。

奥贝赛克拉认为:"一个文本其自身不可能独立地存在,它必须借助于一个语境。"(Obeyesekere, 1990:130)这个语境就是明清时期的大移民。由关羽所代表的忠义、勇武等等,都是这一新的社会秩序建立时所非常需要的。明代,在贵州原有的族群结构中,突然加入这样大规模的汉族人口,完全打破了以前的族群生态环境。这一汉族的信仰文化是经历了漫长的时间才被当地的少数民族群众接受的。做为优势文化的进入者的屯堡人与周围的少数民族是没有来往的,而少数民族对屯堡人也是充满了戒备与仇视。明到清初,双方没有族群交流,清代中叶以后,双方开始有了交流。此时,王朝更迭,屯堡人也已经成为新的文化的边缘者,其文化地位与当地的少数民族无异。民族之间的敌对关系减少,而交融关系增加,文化的互动增加。最先接受的是布依族,之后是苗族与仡佬族。他们邀请汉族去他们的村寨唱地戏,在看的过程中也逐渐学习。他们逐渐接受了汉族的信仰,相信了地戏的驱邪祈禳的功能。地戏,成为了双方交流的介质。少数民族完全接受了地戏的宗教功能,认识了解并信仰了地戏中的神祇:关羽、张飞、杨家将等,在表演中,迎神、敬神与送神仪式与汉族地戏几乎无异,只是穿的衣服为各自民族的服装,有的加入自己民族的武术,有的用自己民族的语言来表演。以宣扬忠、孝、仁、义为核心的地戏价值观也逐渐被周围的少数民族认可和接受。地戏被他们别有特色地叫为"玩新春""跳米花神"。地戏铿锵的音乐,富有动感和气势的表演,在偏远的山村,还具有娱乐的功能。成为了贵州一些少数民族本族的生活方式。族群文化融合通过地戏找到了联结点。②

---

① 李亦园:《人类的视野》,上海:上海文艺出版社 1997 年版,第 297 页。
② 参考吴晓萍、杨文谢等:《地戏文化在少数民族地区的传播与黔中族群关系的演变》,《教育文化论坛》2010 年第 5 期。

第八章　典籍系统中的关帝信仰

儒释道系统中的关帝研究,成果已如汗牛充栋。佛教、道教典籍中的相关内容在前文中已分别提及,这一部分就不再单独论述。这一部分结合西南地区关帝传播的特点,选取对传播关公文化有重要作用的典籍《三国演义》,西南地区的鸾堂与善书,藏传佛教的典籍等进行分析。《三国演义》对关帝信仰的传播具有重要的意义,《三国演义》向满族的传播,满族对关帝高度认同和接受,在统一全国后全面推进了关帝信仰有重要作用。"关帝"当玉皇的传说,是云南洱海地区流传的《洞冥宝记》善书传播的核心思想,至今仍影响者台湾地区、东南亚地区;藏传佛教将关帝纳入其中,在其典籍中明确了关帝的供奉法,护法大神的神格。

第一节　《三国演义》与少数民族的关帝信仰

《三国演义》与关帝信仰的关系,这个话题并不新鲜,以沈伯俊先生和胡小伟先生为代表,分别代表了学界现在持有的两种看法:

一种认为关羽崇拜是《三国演义》研究的子系统。"宋元以来的三国题材戏曲小说、民间故事,特别是《三国演义》的成功塑造和反复讲说,对关羽形象的渲染和普及起了很大的作用。从大文化的广阔视野进行观照,可以说,没有三国文化的巨大影响,关羽崇拜就不可能达到如此的广度;甚至可以说,以关羽崇拜为主要内容的'关羽文化',乃是广义的'三国文化'的一个子系统"。①

另一派认为关羽崇拜自有其规律。"有一种流行的偏见,认为关羽崇拜得益于《三国演义》的传播流行,甚至有学者演为论文专著,以清末民初材料连篇累牍,试图证明之。此说固然为服膺梁启超'新民说'之产物,毫则时矣,可惜对于此前史料既懵懂无知,且于关羽崇拜何以会在三国史实中孤兀特出了无所晓,竟然率尔立论。殊不知关羽崇拜自有由来演变,传承发展。比如忽必烈之盛大仪典,关乎《三国志》何事? 嘉靖'抗倭'中三吴地区崇敬关公风习大盛,于《三国通俗演义》何为因果? 满洲入关之前,所奉关帝究由何来? 等等等等。尝闻有小说学者据现代系统论立说,以为关羽崇拜系《三国志演义》流行之'子系统',无非推论,不举证据"。②

两位前辈的论述侧重点各不相同:沈先生注意到《三国演义》对传播关公文化的作用,胡先生则重视从信仰的维度去谈论关公文化的独特性。笔者不揣浅陋,认为两位大家所论都极有道理,窃以为,《三国演义》在传播关公文化的过程中确实起到了推波助澜的作用,是关公文化传播中不可不谈的一个因素。而于另一个问题,关羽崇拜与三国文化的关系,我则赞成胡先生的关羽崇拜是另一个系统的观点。

一、《三国演义》完善了关羽的神格与神像特征

与明清时期的统治者对关帝信仰的推崇和对关羽的多次加封相呼应的,是通俗小说《三国演义》在此一时期的广泛传播。精英阶层以收藏《三国演义》为雅趣。文人以《三国演义》为母本进行改编创作的各种艺术形式,借以戏剧、评书等形式传播于市井乡野,为关帝信仰向社会各阶层各族群传播奠定了基础。清人王侃《江洲笔谈》说:

---

① 沈伯俊:《关羽崇拜研究》序,蔡东洲等:《关羽崇拜研究》,成都:巴蜀书社,2001年版,第3页。

② 胡小伟:《关公信仰研究系列》,《自序:寻找金钥匙 探索中国传统文化价值系统构建之谜》,中国香港:科华图书出版公司,2005年9月版,第12页。

"《三国演义》可以通之妇孺,信天下无不知有关忠义者,演义之功也"。[①]以三国故事母本的戏剧、说唱文艺等将关羽的故事传播到了没有文化,不能进行阅读的普通百姓中,以至妇孺皆知,可见其广远的传播范围,深厚的传播力度。具体说来,《三国演义》确定了关羽神像的造型,强调了关羽忠义的伟大人格,战神的神格内涵。《三国演义》在不断的传播过程中,推动了关羽信仰不断地向社会各阶层,各族群弥散。

《三国演义》具有曲折的故事情节,深厚的内涵文化,其中包含着中国传统的历史伦理、道德价值观念,既迎合统治阶级的需求,又符合各阶层、各族群的价值选择,道德评判。《三国演义》中的关羽,符合中华民族的文化心理和道德理想,其人格与信仰体系中的神格高度一致,成为中华民族精神文化的象征。《三国演义》中的关羽有这样一些特点:一、勇:《三国演义》的作者在书中通过桃园结义、温酒斩华雄、诛颜良、文丑、过五关斩六将、单刀赴会、刮骨疗毒、水淹七军、擒于禁、斩庞德等一系列故事将关羽塑造成了一位盖世英雄。二、义:当关羽被困土山,进退无路,欲为忠义赴死时,被张辽"三罪"之说所动,立下"三约",然后下山投降。在华容道上义释曹操。当他得到刘备的消息之后,便挂印封金,强辞曹操。三、礼:曹操欲乱其君臣之礼,使关羽与二嫂共处一室,他无越轨之举,而是秉烛立于户外,自夜达旦,毫无倦色,美女前来奉侍,关羽使其转侍嫂夫人。四、智:熟读《春秋》,兼通经史,儒雅绝伦。成为了儒家所推崇的完美的道德表率!

史家考证,《三国演义》中关羽初显英武的《温酒斩华雄》是虚构的,其他如《挂印封金》《过五关斩六将》也都是虚构的。有学者分析了 11 个关羽故事,总结过《三国演义》对关羽故事的加工改造:"第一类是以历史事实为基础进行渲染增饰,如'斩颜良''水淹七军''刮骨

---

① （清）王侃撰:《江洲笔谈》,朱一玄、刘毓忱编《三国演义资料汇编》,天津:南开大学出版社 2003 年版,第 618 页。

疗毒'等；第二类是依据史事进行演义移植，如'斩胄赚城''古城聚会''单刀赴会'等；第三类纯属无中生有，如'义赴涿郡''温酒斩华雄''降汉不降曹''月下斩貂'等。无论是哪类情况，宋元艺术家或儒学家的加工改造都起到了完美关羽'忠义''神勇'形象的实际效果，都是关羽崇拜形成的重要表征"。①《三国演义》所强调的关羽的勇、义，恰恰是中国人的民族文化性格，也是关羽神格中核心的特质。只要看一看历代对关羽的加封的封号，就可以对比出关羽的加封中无不强调其"勇"与"义"。

《三国演义》塑造了关羽神像的造型。在《三国演义》对关羽形象的细致描摹之前，史书中对关羽的形象是点到为止，语焉不详的。《三国志》卷三十六《蜀书·关羽传》对关羽外貌的描写，仅有长髯。关羽所用兵器，最初所见材料是用的剑而不是刀，到了宋代才出现了关羽用刀的记载。在元杂剧和《三国志平话》中，刀成了关羽形象的组成部分。《三国演义》给关羽的刀起名为"青龙偃月刀"。"随着《三国演义》故事的广泛传播与关刀神异传说的增多，人们对关羽用刀毫不怀疑，故中国民间有这样的俗语：'关公门前耍大刀'"。②赤兔马，在《三国志·吕布传》中有"布有良马，曰赤兔"。到了元代流传的三国故事里面，赤兔成了关羽的坐骑。在《三国演义》第二十五回，吕布被杀后，曹操得此宝马，后为收买关羽，转赠关羽。在关羽离开曹操去寻刘备时，所有东西尽数归还曹操，唯独留下此马。从此，赤兔马随着关羽南征南战，直到关羽被杀，赤兔马也绝食而亡。现在寺庙中关帝的造型是：卧蚕眉，丹凤眼，赤面长须，手提青龙偃月刀，坐跨赤兔马，左有关平，右有周仓，或是右手执《春秋》，左手捋长须。这一形象，来自《三国演义》的渲染。《三国演义》第七十七回，关羽遇害后，一魂不散，荡荡悠悠，来到荆门州当阳县玉泉山。老僧普净在庵中默坐，忽闻空中有人大呼曰"还我头来"，普净仰面谛视，"只见空中一

①　蔡东洲、文廷海：《关羽崇拜研究》，成都：巴蜀书社2001年版，第146页。
②　蔡东洲、文廷海：《关羽崇拜研究》，成都：巴蜀书社2001年版，第122页。

人,骑赤兔马,提青龙刀,左有一白面将军,右有一黑脸虬髯之人相随"①。左边白面将军是关平,右边黑脸虬髯者即是周仓。后来关帝的神像均按《三国演义》中所描述的这一形象来塑造或绘制。后人也会根据对关羽的崇敬,或是各个民族的风俗进行一些修改。比如四川梓潼的关帝为金面,一些帮会组织里有黑面黑袍关公,藏族的关帝造型则与格萨尔拉康类似。在越南流传的关帝形象则不很魁梧,而是类似于越南人的体型,显得苗条。不论如何变化,关羽的基本形象特征比如红脸、卧蚕眉、长髯是不变的。

长篇小说《三国志演义》问世后,成为其他文艺形式的母本。如现存乾隆元年至二十年间的抄本《三国志玉玺传》,就是明末清初一部以三国历史为题材的弹词,内容改编自明嘉靖本《三国志演义》。流行于京剧、蒲剧、川剧等中的关羽戏,也多从《三国演义》中获得灵感。如关羽的装扮,在元杂剧三国戏中他是穿红袍,而到了明代的三国戏中则穿绿袍了,这个改变就是受嘉靖本《三国志通俗演义》的影响所致。如嘉靖本卷五《云长策马刺颜良》中小子注云:原来颜良辞袁绍时,刘玄德曾暗嘱曰"吾有一弟,乃关云长也,身长九尺五寸,须长一尺八寸,面如重枣,丹凤眼,卧蚕眉,喜穿绿锦战袍,骑黄骠马,使青龙大刀。"因为绿袍衬红脸要优于红袍衬红脸,所以在明清的戏曲中,绿袍变成了关羽服饰的固定模式了,这也在一定层面上说明了《三国演义》对三国戏的影响体现在更加细微的方面了。

可以说,"宋元关羽像稳固下来,当时《三国志平话》《三国演义》和三国戏曲起了决定性作用"②。形象的稳固为关羽的偶像崇拜提供了一个共同的标准。从这个意义上说,《三国演义》为关羽信仰崇拜起到了积极的推进作用。

二、《三国演义》向少数民族传播了关公文化

明万历二十四年(1596),冯梦祯在任南监祭酒时,不仅整理了

① (明)罗贯中:《三国演义》,北京:人民文学出版社1979年版,第660页。
② 蔡东洲、文廷海:《关羽崇拜研究》,成都:巴蜀书社2001年版,第124页。

《十七史》旧版,而且重新校订刻印了新版《三国志》。社会名流对小说的接受,使得小说阅读成为文化界的时尚。嘉靖元年,《三国志通俗演义》由官方刊行,这个版本《三国志通俗演义》的传播主要在社会上层,林瀚《隋唐演义序》曰:"罗贯中所编《三国志》一书,行于世久矣,逸士无不观之"。①可见当时《三国志通俗演义》一书在士人读者圈中的风靡情况。

从明中期到清初,文人的大量改编,官方私人书坊的大量印刷,《三国演义》出现了多种版本。嘉靖元年(1522)刊行的《三国志通俗演义》是《三国演义》现存最早刊本。这其间除了嘉靖壬午本之外,尚有高儒于嘉靖十九年作序的《百川书志》卷六《史部野史》著录的《三国志通俗演义》二百四十卷;嘉靖时晁瑮《宝文堂书目》著录的注云"武定版"的《三国志通俗演义》;嘉靖进士周弘祖《古今书刻》著录的都察院刊本《三国志演义》等。光是版本就有周曰校刊本、夷白堂刊本、夏振宇刊本、双峰堂余象斗刊本、评林本、郑少垣本、刘龙田本、杨美生本、黄正甫本、美玉堂本等。明末著名的李卓吾评本也包括吴观明刊本、宝瀚楼刊本、绿荫堂刊本等。清朝初期出现了李笠翁评本、毛宗岗父子评本。逐渐的大体分为供上层士人阅读的《三国志通俗演义》,和向社会下层传播的《三国志传》两种类型。清代康熙年间,京城的租赁图书业比较发达,"租钱五天一交,那是没有例外的,如同当地的旅馆业,五天一清算的例……出租《三国志》者五家,济公传、锋剑春秋者各三家,可知这些书当是最为人所喜欢"。②《三国志》是排在租借图书的第一名的。

每一种文化都有其典型的标志性的符号要素。在与其他文化接触时,典型的标志性的符号要素非常容易被发现,被捕捉,被学习和接受。为什么长篇累牍地介绍明清时期《三国演义》的传播,乃是因其在汉族地区的广泛传播,已经融入了百姓的日常生活之中,成为这

---

① 林瀚:《隋唐演义序》,北京:中华书局1985年版,第44页。
② 张静庐辑注《中国近代出版史料·补编》,北京:中华书局1957年第一版,第138页。

一族群精神文化生活中的符号标志,在其他族群接触到汉文化时,《三国演义》以戏剧、图书、评书等形式呈现在异族文化面前,非常容易跨族群传播。

《三国志通俗演义》是一部脍炙人口的章回小说,书中描写关公的神武忠义,既生动,又感人。清太祖努尔哈赤好看《三国志通俗演义》,从中吸取军事谋略,关公的勇武形象,也成了努尔哈赤心目中的楷模,还视红脸的关公为自己的祖宗。清太宗皇太极也非常喜爱阅读《三国志通俗演义》。这部小说几乎成为努尔哈赤、皇太极父子制订内外国策、作战方略,甚至为人处世所不可或缺的依据。太宗崇德四年(1639),皇太极命达海等人将《三国志演义》等书翻译成满文,供八旗子弟和官员学习。《清史稿》卷三四四载海兰察曾对乾、嘉时期将领额领登保说:"子将才,宜略知古兵法,以清文《三国演义》授之,由是晓畅战事"。①多尔衮摄政期间,又命满族学士查布海等人继续翻译,校订刊刻,颁给八旗将领,作为他们学习兵法的秘籍。传说清初统治者曾以《三国志演义》中"桃园结义"的故事与蒙古约为兄弟,"其后入帝中夏,恐蒙古之携贰也",于是累封关羽"以示尊崇蒙古之意。"蒙古人信仰喇嘛外,最尊奉关羽,在清朝二百余年中蒙古能安居于北疆,是效关羽之事刘备。②《缺名笔记》云:"本朝羁縻蒙古,实是利用《三国志》一书。当世祖之未入关也,先征服内蒙古诸部,因与蒙古诸汗约为兄弟,引《三国志》'桃园结谊'事为例,满洲自认为刘备,而以蒙古为关羽。其后入帝中夏,恐蒙古之携贰焉,于是累封忠谊神武灵佑仁勇威显护国保民精诚绥靖翊赞宣德关圣大帝,以示尊崇蒙古之意;时以蒙古人于信喇嘛外,所最尊奉者,厥唯关羽。二百余年,备北藩而为不侵不叛之臣者,尚在于此。其意亦如关羽之于刘备,服事唯谨也"③。有清一代对关羽的推崇,《三国演义》对满族贵族的影

---

① 赵尔巽等撰:《清史稿》,北京:中华书局1977年版,第11146页。

② (清)徐珂:《清稗类钞·丧祭类·以祀关羽愚蒙》,北京:中华书局1986年版,第356页。

③ 蒋瑞藻:《小说考证拾遗》,转引自孔另境编辑《中国小说史料》,上海:上海古籍出版社1982年12月版,第62页。

响功不可没!

满族社会普遍地崇奉关帝,确实是受《三国志通俗演义》满文译本的重大影响。清人王嵩儒在《掌故零拾》卷一中就说过,"本朝未入关之先,以翻译《三国志演义》为兵略,故极崇拜关羽。其后有托为关神显灵卫驾之说,屡加封号,庙祀遂遍天下"①。满族对关帝的崇拜已进入到他们的日常生活中。辽宁省《凤城县志》记录了满族祭祀民俗生活的情形:

"祭礼(满族)满人祖先位在西墙,下有窄炕极洁,平日不容人坐卧,惟祭将缚牲口,就此拈绳。祖像不轻绘,每以各色绫条代之,长盈尺,藏之木匣,置净板上,板贴黄挂钱,纸中刻满字,以别为满族。其左为佛头妈妈,有位无像,惟挂一纸袋,内贮五色线绳,长可六七丈,以'锁'名之。又南橹下偏西供长木匣,内藏关帝及观音像,皆绢画者。其常祭,春秋两次。至吉日。净扫西炕,立小木架,先请关帝像悬之,前设几,陈酒三盅,列长方木炉,撒达子香烧之,以黍米面蒸饼裹芝麻以荐,三叩首已,撤像复位。乃祭祖先及佛头妈妈,礼悉如前。其大祭,惟富家年行一次,在冬季;余或因病许愿,或弟兄析居自立祖像,乃祭。三日为节:第一日,晨起亦先祭关帝,烧香荐饼如常祭礼,或用红马一匹,鞍鞯悉具,牵入庭中,名'他合马',家长捧炉绕走三匝,乃去马撤像。既以雄鸭一。至榆下杀而烹之,登盘三举,谓'祭神树'。是晚,乃悬祖像,烧香荐饼如初。旋扛猪至位前,合眷皆跪,家长向猪耳浇酒,令摇头播耳,名曰'领牲'。杀之,去毛、去脏、去蹄,按规零割,煮熟以荐,仍合为全体,遂掩灯。家长跪位前,摸搠(索)酽酒,高举过顶,子弟立后接饮者三。昔人孙为祖尸以代饮食,此节近之。饮已,家长作满洲语数百言,族人助祭者以箸敲碗,口作嗷嗷声应之,殆歌唱侍宴之意。有顷,张灯如前,老幼男妇悉跪行三叩礼,便撤俎;老少团聚啖肉,以碎肉少许置锁龙杆上与乌鹊食。杆树院内左

---

① (清)王嵩儒:《掌故零拾》,沈云龙主编:《近代中国史资料丛刊》第一辑,台北:文海出版社,第328页。

侧,高足八尺,上贯锡碗,能容物。次日,遂祭杆献牲。既领,剥皮燎
毛,熟则烂切炒饭,铺油布院中,聚族食之。路人亦可来餐,行时客勿
谢,主不送,如赠燎皮一方,为非常敬意。次晨,祭佛头妈妈,取袋中
锁绳,由堂门拖出系锁龙杆上,及献牲已,宰割熟荐与祭祖同。礼毕。
又有挂锁、改锁之说。于祭之明日,令男女未婚嫁者咸跪佛头妈妈位
前,老主妇以柳枝蘸净水遍洒之,以彩线各套其颈,谓之'挂锁'。越
三日,取贮纸袋中。逢再祭日,既拖出锁绳,取前套之彩线拴之。女
已字人,令夫家备猪酒来祭佛头妈妈,为去锁绳彩线一缕,名曰'改
锁'"。①在这个复杂的大型家族祭祀活动中,关帝与佛头妈妈是放在
同一位置的。在祭祀祖先之初,要祭祀关帝,将关帝像请出来供奉。
富裕人家祭祀祖先三天,第一天是祭祀关帝,主家牵马捧香,绕行三
圈,方可撤去关帝像,之后才可以祭祀自己家的祖先,这反映了满族
已接受关帝是自己的祖先,按照祭祖之礼来事关帝。

　　《三国演义》在向少数民族地区传播的过程中,对许多少数民族
的小说、故事、戏曲、曲艺的创作都产生了重要的影响。满洲称"爷
爷"为"mafa",汉字音译作"玛法"。《三国志通俗演义》中"关爷爷",
满文译本作"guwan mafa",翻译过来就是"关玛法"。在满族长篇说
部中,"关玛法传奇"占有重要一席,用满洲语讲述,边讲边唱,唱念相
合,满族老幼多喜闻乐听。在满族社会中讲述的关玛法故事,内容丰
富,包括关玛法出世于东海,盗马、比武等情节,其饮食用具、穿着服
饰及礼仪等都已满族化,在中国北方少数民族社会中,关帝就是一位
颇具北方民族个性的神话人物。在北方少数民族心目中,关帝和岳
飞不同,岳飞饥餐胡虏肉,渴饮匈奴血,直捣黄龙的民族意识,引起北
方各少数民族的抵触。在关帝的传说中,满洲化的关玛法,颇能为蒙
古、达呼尔、锡伯等族所接纳。满族曲艺形式"子弟书",就有《凤仪
亭》《东吴招亲》《单刀会》《诸葛骂朗》《叹武侯》等段子。东蒙古的说
书人讲唱《三国演义》的故事中,有相当数量是讲唱关公的故事。蒙

① （民国）马龙潭,沈国冕等修,蒋龄益纂:《凤城县志》,民国十年(1921)石印本。

古族作家尹湛纳希描写成吉思汗的小说《青史演义》,就借鉴了《三国演义》中"草船借箭""七擒孟获"等情节。在东北西部以及新疆伊犁地区居住的锡伯族那儿,流行满文编写的有关关羽的歌,其中有《关老爷过五关歌》《单刀赴会歌》,还有一些歌颂关公老爷的短歌。《三国演义》被锡伯族以"念说"的方式传播,在民间极为盛行,其中的众多情节均改编为锡伯族汗都春(曲子)加以传唱,每当农闲或茶余饭后之际无论男女老少便聚集说唱,听众随着"单刀赴会、刮骨疗毒"的曲段而振奋感慨,随着"败走麦城、断首捐躯"而热泪盈眶。[①]傣族、白族、壮族、侗族、布依族等少数民族的戏曲,纷纷把《三国演义》和京剧三国戏改编成本民族的剧目,包括《连环计》《古城会》《三顾茅庐》《长坂坡》《失街亭》等。

总之,关帝信仰是《三国演义》的子系统固然有些偏颇,《三国演义》广泛的介绍了三国时的英雄人物,并未特为关羽而书写。但是《三国演义》为关羽故事进行了普及,使之在儒士阶层,以及在广大的百姓中得到了广泛的传播,并为后来戏剧等其他形式的文艺作品提供了素材和原料。从这个意义上说,《三国演义》对关羽崇拜,是有推动作用的。

第二节　西南地区鸾堂善书对关帝信仰的传播

在关帝信仰的传播体系中,政府的推崇,儒释道的吸纳,是为关帝信仰体系在主流精英文化中的传播。宋代以来,随着正一派、神霄派的发展,关帝进入道教神谱之中,道教开始编制关帝的相关经书。《太上大圣朗灵上将护国妙经》《三界伏魔关圣帝君忠孝忠义真经》《关帝觉世真经》《关圣帝君应验桃园明圣经》《太上忠武关圣帝君护

---

① 孔果洛·穆腾慕:《透视锡伯族的关羽崇拜》,http://www.cbcr.ccoo.cn/culture/whdt-show.asp?id=7247,塞布查尔在线,文化长廊版,2013 年 2 月 1 日。

国保民宝忏"与《关圣帝君穷理尽性至命上品说》等,都收入官修的《正统道藏》、民间增补纂辑的《道藏辑要》与《藏外道书》之中。

这些经籍的传播,在清代有一个重要途径是鸾堂。鸾堂是将扶鸾作为例行性的宣教活动的民间宗教机构。在西南地区,鸾堂众多,活动频繁,他们宣讲传播道教关帝经籍,也自制善书,广为印送,使关帝信仰在民间妇孺皆知,直接制造了"关帝当十八世玉皇"的神话。"关圣帝君崇拜信望之普遍深入人心,与关帝君善书之大量著造,流通、奉持,存在着相当程度之正关系……如此多扶鸾著造的关圣帝君善书,对于他之后继续普受民间崇拜信望亦具有一定程度的作用"。①

一、扶乩与鸾仙关羽

扶乩在世界各国都有。英语是 Coscino-mancy,Mancy 的意思是占卜法。在中国,扶乩是道教的一种占卜方法,又称扶箕、扶鸾、挥鸾、降笔、请仙、卜紫姑、架乩等等。占卜者会观察箕的动静来断定所问询事情的动向与吉凶。后来逐渐发展为用口说出或是用笔书写。在扶乩中,鸾生或乩身扮演被神明附身的角色,扶驾前众生须先净身,仪礼庄重,供奉祭品,禀告神明。地点可以是庙宇,也可以是家中。扶乩时,由正鸾生手持鸾笔(又称乩笔、柳枝等),待神灵附身后,鸾笔就会自然挥动起来,在预先准备的沙盘上题字,通常两旁有一人判读神意,并转为一般话语,另一人担任记录,最后一人(校正生)负责校正鸾文。所有鸾生均须具备相当的学识、教养与表达力方能达成任务。

扶乩大约从南北朝起就已出现,而唐宋以后渐趋兴盛。《图书集成·神异典》第三百十卷《江西通志》:"文孝庙在吉安府东,祀梁昭明太子统。有飞鸾,判事甚灵应"。②"飞鸾"就是扶箕。在道教的典籍

---

① 郑喜夫:《关圣帝君善书在台湾》,《台湾文献》第 34 卷第 3 期,第 115 页。
② (清)刘坤一等修,刘铎、赵之谦等撰:《江西通志》,清光绪七年(1881)刻本。

道藏中,记录飞鸾降笔的事情很多。有关扶乩的记录在文人的文集中也有很多。宋沈括的《梦溪笔谈》、苏轼的《东坡集》、宋洪迈的《夷坚志》、宋张世南《游宦纪闻》、周密的《志雅堂杂钞》等,都有记录。周密的《志雅堂杂钞》里面还详细记录了宋代请仙的方法。清代的纪晓岚在其所著的《阅微草堂笔记》中,记述了数十例扶乩事例。清代另一位大才子袁枚,其书《子不语》中亦不乏扶乩事,如其中名篇"关神下乩",记叙了关帝君借由乩笔,以幽默的口吻,责备士人不够尽忠的故事。扶箕仪式中降临的神祇都是历史上曾经出现过的人物。这些人或为冤死,或为凶死,甚至狐仙树精都可降临。有时候,占鸾者并不知道请来了什么仙人,甚至要等鸾仙降临了,才知道请来了什么仙人。历代请来的仙人中,有陈平、宋钦宗、岳飞、光远、叶小鸾、张宾、史可法、何仙姑、巫山神女等等。

关羽降鸾,许地山先生认为最早是在宋朝,关羽向皇帝显现。"宋真宗祥符五年(1012)十月十七日夜,有神人自空而降,奏曰:'臣乃上天直符使者,玉帝有赦,后八日有圣祖轩辕降于宫阙。'言讫而去……"①明末时,崇祯皇帝向关帝问国运。"明崇祯皇帝请仙问国祚。吕祖降乩曰:'当问之伏魔帝。'崇祯曰:'若何致之?'云:'可遣大兴令往正阳门庙中迎请'……俄而帝降,拜行君臣礼。崇祯亦答拜,以国事问。帝曰:'妖魔太多,不可为矣。'(周)延儒问:'妖魔何在?'帝微笑曰:'你就是第一个妖魔!'延儒惊骇不能起"。②如果说宋代关帝向宋真宗的显现还不能看出是否是扶鸾,那么崇祯皇帝是真实的请关帝降鸾以问国事了。在民间请关帝降鸾的故事就更多了。明田艺蘅《留青日札》(卷三)"武安王"条:"……有客为余召箕。一日降坛,其势甚猛。书云:'威镇华夷,义勇三分。四海才兼文武;英雄千古一人'。余曰:'公乃武安王耶?'复书曰:'诺。'余曰:'闻公之灵誓不如吴,何以至此?'又书曰:'赤兔腾霜汗雨零,青龙偃月血风腥。晓

① 叶德辉辑:《郋园先生全书》第108册,长沙:中国古书刊刻社1935年版。
② (清)陈梦雷编:《古今图书集成·神异典》第310卷,北京:中华书局1986年版,第62909页。

来飞渡乌江上,始信天亡最有灵。'客皆愕然。盖不独见公之英灵千古不昧,而隐然非战之最自寓于言表矣……"田艺蘅生活在明嘉靖、隆庆和万历这段时间内。他生性放荡不羁,嗜酒任侠。他"七举不遇"后,遂放浪西湖,优游山林,收集了大量的见闻故事。这当是作者亲自经历的一个关帝降临的扶箕活动。

而在《续子不语》(卷四)则记述了关帝降临并答应复仇的事情:

> "桐城姚太史张长云:曾于北直观察署请乩仙判事,署中亲友齐集,惟观察年家子某静坐斋中不出。或邀之,曰:'乩仙不过文鬼耳。我事关圣者也,法不当至乩坛。'客曰:'关帝可请乎?'曰:'可,并可现相。'遂告知观察,观察亲祈之。年家子愀然曰:'诸公须斋戒三日,择洁净轩窗,设香供。诸君子另于别所设大缸十口。满贮清水,诸君跪缸外伺候。'年家子遍身着青衣,仰天恸哭,口谆谆若有所诉。忽见五色云中,帝君衮冕长须,手扶周将军自天而下,临轩南向坐。谓年家曰:'汝勿急,仇将复矣。'某复叩头大哭。周将军手托帝君足飞去,只见瑞云缭绕而已。诸公为金甲光眩射,目不能开,皆隔水缸伏地……"①

在这个故事里面,关帝不仅降临,还垂听了年家子的呼求,答应了他的请求。

清贵州《玉屏县志》记载了神灵通过一个不识字的人获得降下鸾笔,关帝显灵保佑了正直的人:

> "袁良佐授徒关帝庙,门首有土地祠,梦童不时污秽其下,一日,有人初不识字,在庙忽大书云:'袁良佐! 土地告汝。汝临财无苟得之心,见美色有不迷之美,阴骘一十八种,阳寿二十三年。阳世之功名有限,阴司之享用无穷云云。'且云:'土地诬告已受

---

① (清)袁枚:《续子不语》卷四,上海:进步书局1930年版。

谴矣。'盖帝君神凭之也。时蒙童微闻殿上有银铛曳地之声。良佐正人,叨获神庇,理或然也"。①

在封建社会,扶乩在文人层面非常流行,许地山先生认为扶箕是随着科举盛行起来的。扶箕盛行后,问科举、问功名、问生死、问国事的都多起来。对扶箕有这样的记录:"扶箕本是占卜的一种,它的流行多由于文人官僚的信仰。文人扶箕大概起于宋朝,而最流行的时期是在明清科举时代,几乎每府每县的城市里都有箕坛。尤其是在文风流畅的省份如江浙等省,简直有不信箕仙不能考中的心理。扶箕时为问试题,问功名,一次的灵验,可使他终身服膺。居官时,有不解决的事,也就会想到扶箕。像叶名琛因信箕示而失广州一类的事,恐怕也不少见,不过记载缺乏,后人不能尽知罢了。年来北平某公因信箕示而不出去当傀儡,广州某公因信箕示而举兵造反,利害虽然不同,信箕示的势力可以说不比科举时代减少"。②这则记述中,可见明清时期扶箕的普遍与影响力。社会的达官贵人、乡绅达人都是社会精英,他们对扶箕的热情对社会产生了极大的影响。根据晕轮效应③,文人和官员本是一个社会的精英阶层,社会名流。名人效应就是最大的晕轮效应。他们的信仰必然在整个社会产生影响力,他们对扶箕的热衷,促进了扶箕向社会下层的扩张,他们留下的大量的扶箕的诗文,流布四方,对社会道德的促进,对社会规则的规范,成为整个社会的一种思潮和文化现象,从深的层次影响了中国的文化。

---

① (清)赵沁修,钟德善等注:(乾隆)《玉屏县志》,清乾隆二十二年(1757)刻本。
② 许地山:《扶箕迷信的研究》,北京:商务印书馆1999年版,第34页。
③ 晕轮效应指人们对他人的认知判断首先主要是根据个人的好恶得出的,然后再从这个判断推论出认知对象的其他品质的现象。如果认知对象被标明是"好"的,他就会被"好"的光圈笼罩着,并被赋予一切好的品质;如果认知对象被标明是"坏"的,他就会被"坏"的光环笼罩着,他所有的品质都会被认为是坏的。晕轮效应是在人际相互作用过程中形成的一种夸大的社会现象,正如日、月的光辉,在云雾的作用下扩大到四周,形成一种光环作用,常表现在一个人对另一个人的最初印象决定了他的总体看法,而看不准对方的真实品质。

二、清末西南地区善书中宣扬"关帝当玉皇"

"鸾堂"广义的说,是指以"扶鸾"进行神人沟通,扶鸾著书是鸾堂团体性的仪式活动,以传达神谕的灵媒为核心,组合信徒共同参与神圣降坛因缘说法的神秘宗教体验,在庄严隆重的仪式气氛中,感染着神灵附体的悸动情绪。因此大部分鸾堂以着造鸾文、刊印鸾书作为自己代天宣化的神圣职责。

扶乩本是道教的基本仪式。东晋哀帝年间(公元 362 至 365 年),江东一带天师道(道教早期的分支)盛行,时任护军长史的许谧举荐能够通神的杨羲,到会稽王司马昱(后为晋文帝)府上做事,许氏世代信奉天师道,他们在京都建业(今南京)设立乩坛,许谧为坛主,杨羲为乩手兼记录人,最初的道教《上清真经》三十一卷,就这样出自他们扶乩之手,但后世多疑他们假托神明自己造作。至北周武帝天和年间(公元 566 至 569 年)时,有一位叫王灵期的道徒通过扶乩,增修《上清经》达到 186 卷,其中 127 卷已经印行,成为道教上清派的基本教义,可见道教历史上扶乩活动之盛。上清派到隋唐时期曾盛极一时,后来,天师道和上清派逐渐演变融合,在明朝早期发展成为正一道。

从明末开始,扶乩对我国佛教的发展开始产生重大影响。清朝中叶时扶乩对佛教的影响,出现又一个鼎盛期,各地纷纷设立乩坛。到民国初年,北京城里乩坛林立,甚至出现了专门刊载扶乩消息和乩文的期刊,当时的佛教净土宗著名高僧印光法师,和天台宗著名高僧谛闲法师、倓虚法师等,都曾经涉足扶乩。扶乩产生了大量的经卷,大致可以分为两种类型,一种是对佛法的注释和批注形式,另一种是依托经名著述而实际上内容并不完全相符的。民国初年湖南邵阳县世代信佛的雷应期居士,拜读佛教乩文之后,感叹地说"不谛如来耳提面命",强调扶乩有阐释佛法的卓越功效。扶乩对佛教的影响,一是表现在形式上,通过扶乩诸佛降临"亲宣"佛法和阐释教义,对佛教教义产生很大影响;二是佛教和扶乩出现了互相渗透、相互促进的局面。

道光庚子年（1840），第一次鸦片战争，中华民族从此进入了屈辱的近代史。在民族危机不断加重，各种思潮纷纷涌现，是清代中叶以后"鸾堂运动"的肇始。范纯武在《清末民间慈善事业与鸾堂运动》中引用北京青云坛鸾书《起生丹》说："溯自道光庚子开坛以来，神圣仙真垂书训世，固已汗牛充栋。"各地的鸾堂纷纷建立。清代中叶后的善书，多托关帝、吕祖、文昌降笔。每当国家遇到大事，就会有关帝降笔的各种鸾书出现。如，咸丰六年重庆大疫设瘟醮时，有《关圣帝君新降警世文》《救劫新论》；在西南地区亦然。王见川先生指出"庚子年的扶鸾救世运动在中国近代宗教史上具有重要的地位"，"这是一场由关帝领衔的扶鸾救世运动。由于清末民初西南地区成百的鸾坛，大都从此运动衍申而生。"同治五年（1866）鸾堂赞运宫降鸾书《了然集》，书的序言《关圣帝君降序》："某自庚子以来，迄今廿余，飞鸾降象，著书已过百部，垂训不止一行，无非欲反世道于太古之时，救人心于已溺之中，……择向化之地开坛阐教"。在云南公善堂降有《返性图书》，四川群英堂在咸丰十年有鸾书《救生船》。这些鸾堂所降的善书，多是以"关帝飞鸾显化"开坛设教，教化百姓。

关帝被各地鸾堂频繁借用，四川龙女寺就是其中一个比较有影响的。台湾学者王见川认为四川龙女寺可能是儒家人士所组成的鸾坛，因明嘉靖三十五年（1556）此地建有龙女寺而得名。龙女寺建自明初，道光庚子岁，寺中占鸾者灵，降丹经秘籍数十种，间亦有诗文可诵。寺有楹联为关帝鸾书，每幅数十字，成于一笔。豪迈飞舞，墨迹尚存。当时教匪滋乱，所示神谕多力避妖异，颛以修性命觉民。据王见川先生分析，日本学者武内房司教授首先指出"龙女寺"这一扶鸾宗教结社，并认为宗教结社人士利用扶鸾著作宗教文献书，最早可能就是龙女寺的宗教活动。这样的推论不正确，根据清代官方档案，道光元年四川中江、乐至县覃万年等人，即假托神人降笔，著成《飞鸾集》等书，假托关帝降临飞鸾。当时参加此一活动的，已有一些人的身份是"监生"。清同治十二年（1873）复刻的《关圣帝君明圣经注解》

序上写着:"《明圣经》乃帝君扶纲常,代天宣化书也。愚先兄正治子谅性成,布施不惓,于《觉世真经》等篇,佩服有年,自愧合上升少一撇鄙。尝以不能注释《明圣经》为憾。稿未成而兄已赴玉楼也。越今孟夏胡携注稿而来……延十月朔二日,忽梦兄为湘潭县城隍催刻《明圣经》注释来。帝于龙女寺临鸾书出,愚即捧搞入坛。帝命天君高讳守仁,将笔批改作序,凡三日夕始定……时道光二十年庚子季冬合阳赵正康正雍正来偕侄德腴等序"。①龙女寺托关帝降鸾,传播了大量善书。

在诸多善书中,记载"关帝当玉皇"的有《新颁中外普度皇经》《玉皇普度尊经》《洞冥宝记》等书。《玉皇普度尊经》记载,三教道主元始天尊、大成至圣、牟尼文佛保举关圣帝君荣登中天玉皇大帝,统摄诸天诸地,管辖八部三曹,抚绥万灵苍生。"无极天尊曰:尔等所叩,其意深远,回忆鸿蒙肇判,天开地辟,两仪既分,万物生焉,尔时特命尔等,立地成天,分治三曹,永乐咸亨,渐至人心不古,又命妙乐国王,极建大中,摄行八部,赏善罚恶,而今三龙将至,运数将周,皇胎灵种,不日将归,妙乐国王,功果圆成,理合上证,惟尔等共议保荐何神,统摄三界,管束万灵,以慰我心。""三教道主上禀,无极天尊曰:我等奉命,选举季世,天皇,商之各圣真,惟通明首相,欲选天皇,惟通明首相相合其宜焉,不识慈悲赏准否。天尊曰:尔等所举,得其神矣,即传诰命,普谕诸天诸地,十极九霄,四府三曹,万国九州,钦奉施行"。②

民国初年的扶乩,也是非常兴盛的,关帝降鸾的事情时有发生。民国七年(1918),谛闲法师应北京徐蔚如居士之邀,到北京讲经说法,当时北京乩坛很盛,曾经有白城隍(旧时城市的守护神叫城隍)降鸾自称要去听谛闲法师讲经,如果有不懂之处,还要请谛闲法师解说。后来,谛闲法师应邀而至,白城隍和关圣帝君相约如期降鸾,并对谛闲法师大加称赞,当时这件事在北京社会引起很大反响。

---

① (民国)罗兴志等修,杨葆田、孙国藩等撰:(民国)《新修武胜县志》,民国二十年(1931)铅印本。

② 作者不详:(民国)《玉皇普度尊经》,民国十八年(1929)刻本。

　　西南地区的此类传说也很多。民国十四年(1925)在云南洱源成书的《洞冥宝记》,其特别之处是一改过去的劝善宣讲方式而采用民众乐见的章回小说体形式,通过乩生游冥,下历黄泉,上穷碧落,举凡人间善恶,地府惨状,天宫妙景,靡不凿凿言之,从而以"天宫"和"地狱"之间的绝对悬殊划定一上一下两种不同的人生归宿,以死后的去向来约束生前的行为,以当世的品行制定来生的幸福,由此引导世俗人生向着以"五伦八德"为核心的伦理生活与社会秩序回归。

　　《洞冥宝记》借乩生游冥而叙述宣讲开始于民国九年(1920)冬天,到民国十年(1921)春天便已经"回数大备",至迟在民国十一年(1922)已经有了最初的版本流传。其内容主要是清朝末年,人心已坏,孔教不遵,纲纪渐废。是岁庚子元旦,上皇驾坐凌霄,下望黑气腾腾布满世界,不禁拍案大怒,欲降下灾祸,惩戒人类。其时班中有关帝、文帝、吕帝、颜帝、大士等五圣为民请命,请上皇开恩赦宥,使下界劫难从轻减免,情愿临凡分省飞鸾阐教,以化万民。于是凡有设坛之区,靡不降像示乩,藉警狂悖。五圣又降出各种善书,然下界人民沉迷酣睡,大呼不醒。关圣帝召集诸天仙佛圣众,在五圣行宫开万仙会,欲特传一奇书,名曰《洞冥记》,要将地府各烦恼苦情和天宫各种妙景一一传出,使世界之人知天堂之乐趣,踊跃为善;知地狱之苦恼,不敢为恶。此书付于滇省洱源东南两乡豫、绍、婉三坛诸子颁演。众仙同声合掌称颂。《洞冥记》第三十七回中已经有了"上皇退位"的说法。到1924年,这种说法显然已经得到了洱源鸾堂的共同认可,《洞冥宝记》第三十八回《上表章天皇登帝极,面圣母众女宴凌霄》,写到玉皇大帝辞职退位:

　　话说前辛酉年三月十五日,《洞冥记》草草告成。各仙抄录百部,先为进呈。颁发三曹之后,又奉老母懿旨,要赶办三次龙华收圆大会,事故繁冗,责成上皇。乃上皇以多年御宇,备极勤劳,兹值此重大事件,万端待理,恐误事机,因向老母上表辞职。蒙慈恩鉴其苦衷,俞允所请。立命三教圣人会议,拟以关圣居摄,议定于甲子年元旦受禅登极。

　　关帝拥有了极高的权力,成为了第十八世玉皇。"管天地人三才之柄,掌儒释道三教之权。上司三十六天星辰云汉,下辖七十二土垒幽丰。考察诸佛诸神。监制群仙群职。卓哉允文允武,伟矣至圣至尊。迺本岁上元甲子元辰,恭奉老母慈命,升调上皇,召回西天同享极乐。即以我圣帝赞承大统,正位凌霄。特上尊号曰:苍穹第十八世圣主武哲天皇上帝。"潘显一先生认为,由于善书的"关帝玉皇"观念的形成使得"鸾堂"拥有了自己的崇拜主神,从而得以从民间以"玉皇"为核心的崇拜体系中分离出来。"关帝"于甲子年(1924)受禅为玉皇的观念随着《洞冥宝记》的流行而传播开来,并广为各地鸾堂所接受。潘显一先生在研究松潘的关帝信仰时发现民国时期松潘的"关帝玉皇"观念达到顶峰。至迟在 20 世纪 30 年代,"关帝玉皇"这一观念已经为松潘当地鸾堂所接受。这是一个开始于梓、最初以"紫霞坛"为名并以"孚佑帝君"为崇拜主神的鸾堂组织。当其发展到松潘,显然为松潘当地浓厚的关帝崇拜所影响,并由此而接受了传播到此地的"关帝玉皇"观念。于是,在 20 世纪 40 年代初期,在松潘漳腊观音山崇善阁诞生了一部劝善鸾书《醒迷太平新经》(经忏共八卷),其所尊奉的神灵体系正是以"关帝玉皇"为核心的富有地方特色的民间崇拜体系。"醒迷太平"是自明清以来民间教门共同的宗教取向,以唤醒迷人、同归太平家乡为其终极追求,而之所以命名为"新经",一是以"观音收圆"(观音是松潘除关帝外的另一个主要崇拜对象)取代长期流行的"弥勒收圆",另一个就是以"关帝"为"第十八代玉皇大天尊"重新构建了神灵体系。[1]在民国初年,"关帝当玉皇"的传说在四川西南非常流行。1935 年,卫惠林在四川丰都调查,县城里面有百多所扶乩的鸾坛,善书传播就是"关帝被诸神选为玉皇大帝,统治世界"。[2]

　　20 世纪 30 年代末,潮汕地区建立的德教,就受到"关帝当玉皇"的

---

① 潘显一、汪志斌:《四川松潘的关帝信仰》,《世界宗教文化》2009 年第 2 期,第 37—38 页。

② 卫惠林:《丰都宗教习俗调查》,李文海主编:《民国时期社会调查丛编:宗教习俗卷》,福州:福建教育出版社,2004 年版,第 328 页。

说法的影响,尊关帝是"玄冥高上帝玉皇赦罪大天尊",关平任德德社协天阁主裁。德教的大量教义都摘录自《洞冥宝记》与《中外普度皇经》。①台湾从 20 世纪 70 年代起至今,流传着"关帝当玉皇"传说。

善书的经文,是通过印送的形式传播的。1930 年,欧阳籍在《桃园明圣经》重印的序言中写道:"籍蜀人也,幼时曾见吾乡,莫不家供关帝圣像,而念诵明圣经者,全家几占多数。吾先君素好施与,家母最爱斋素礼佛,以致吾家男女人等,无一人不虔诵《明圣经》者,因此经文浅理深,令人易诵也"。②善书的传播地区,主要是在湖北、湖南、四川等沿着长江流域地区,说善书主要是以讲唱的方式进行。通常由说书人讲故事,以劝善为主题,面对观众,照着本子,对台宣讲。善书的听众都是穷乡僻壤、识字不多的民众,在寓教于乐的形式中,将关帝的经文和故事传播出去。

第三节 清代藏传佛教典籍与关帝信仰
在藏族地区的接受

藏族地区是政教合一的地区,在政治上、军事上对清政府的依赖,使得藏族地区的宗教领袖接受并引进清王朝的护国大神关帝。可以说,西藏的关帝信仰,是在军事进入,藏传佛教著名高僧的推动下,进而从部分民众信仰到全民信仰。在 18 世纪由西藏的高僧们所著三部重要经典:《洛桑慈成文集》《三界伏魔大帝关云长之历史》、《祈供法·激励事业雨流之雷声》。

一、章嘉·若必多吉国师与《关老爷之祈供法》

"章嘉呼图克图乳贝多吉"为清代著名活佛,曾被封为国师,在他

---

① 李光照编:《德教起源》,曼谷:泰国德教会紫真阁,1997 年版,第 65 页。
② 欧阳籍:《关圣大帝桃园明圣经》,台北:中华桃园明圣经推广学会,2008 年 7 月再版,第 20 页。

的文集中,有一篇《关老爷之祈供法》。这是公元1748年,第七世达擦活佛受皇帝之命,担任雍和宫的堪布,委托章嘉·若必多吉为雍和宫的护法神关帝而创作的煨桑祈文,全文如下:

在此想做简短的祭祀煨桑,备齐不掺杂任何污垢的药、珍宝、谷物、缎子等纯净的煨桑用物,冥想自己为集密、胜乐、大威德等金刚本尊中的任何一个,以虚空藏百字咒、六咒六手印、三字金刚诵为加持:统领中国大地的大战神,自己曾允诺要守护佛法,出自"色"种称为云长帝,大神眷属等临此地而安住。血肉饮食似大海汇集,及无漏甘露加持请享用。请做瑜伽圣法修炼之助伴,息灭所有违缘而助顺缘无余成,使佛法广弘国境平安。瑜伽师徒及献资施主等,无论住家、外出、做事皆平安,愿做心意如法成就之助友。这则中国大地号称战神关老爷的护法神托付事业之祈文,是因遵从达擦杰仲活佛之嘱托,由章嘉·若必多吉速写,愿吉祥圆满![1]

煨桑,是用松柏枝焚起的霭蔼烟雾,是藏族祭天地诸神的仪式。文中提到"药、珍宝、谷物、缎子",是煨桑用物,煨桑者在祭祀时调整自己的心态,进入到一种祭祀的状态中:"冥想自己为集密、胜乐、大威德等金刚本尊中的任何一个",这显然是一个藏传佛教神灵环绕的场域,用"虚空藏百字咒、六咒"的咒语,手印也就是手势是"六手印",诵"三字金刚诵"。这是一套富有藏传佛教特色的祭祀程序。

从"统领中国大地的大战神"来看,章嘉活佛将关公看做是汉地的大战神,接下来讲述关公从佛教大师受戒而成为佛教护法神的传说,第三句中作者称"云长",据才让的解释是用藏文对应直译。后面为请关公降临,享用祭祀者所奉献的丰盛祭品。祈求他帮助修炼圣

---

[1] 章嘉·若必多吉:《关老爷祈供文》,《章嘉·若必多吉文集》函,西藏自治区图书馆藏文古籍收藏室。文献与译文引才让:《藏传佛教中的关公信仰》,《中国藏学》1996年第1期,第80页。

法、提供顺缘、佛法广弘、国泰民安、瑜伽师徒施主平安。这次的祭祀的地点是在北京雍和宫,此时的关羽已是清朝的护国大神。章嘉活佛是请一个汉传佛教的大神,祭祀一个汉传佛教的大神。整个祈祷文中,找不到在藏传佛教给关羽护法神地位的定位。"章嘉创作《关老爷之祈供法》大概时间是在 1748—1750 年左右。也就是说,关帝在 18 世纪中叶正式进入了藏传佛教护法神灵体系"①的说法,值得商榷。但是这确实是关帝信仰进入藏传佛教的开端。

二、土观·洛桑曲吉尼玛活佛与《三界命主贡玛赤尊赞祈文》

如果说章嘉活佛、达擦活佛开始了藏传佛教对关帝的祭祀,那么,土观·洛桑曲吉尼玛活佛(1732—1802),则是将关帝纳入藏传佛教的神灵系统的关键性人物。

土观·洛桑曲吉尼玛活佛撰写的著名的《三界命主贡玛赤尊赞祈文》,祈文介绍"三界命主尊赞战神之王"的简历:

> 首先说,释迦牟尼成就佛果之时,此神带领众夜叉眷属奉献饮食侍供,顶礼膜拜,立誓护法。其次说,佛祖圆寂后,……先前在"中国大地","汉室宗王玄德"有一个勇猛无比称作"羽"的大臣。他勇武异常,所向无敌,闻其名者无不降服,征服过无数大小邦国,似同转轮法王。晚年在一次战事中由于极度愤怒而去世,逐变成四川云长县一座大山的一位神通广大的"鲁"类非人,危害地方,甚是厉害,使人很难走进其所在之处。大约四百年后,有位守持龙树师徒中观学的大师"智子熙"至该地,当地百姓虽说此地非常凶煞,大师依然坐于山中静修。此神幻变为一条大蟒蛇,绕山三圈,并引来属鲁神之族的千万个军兵,显示大山倒塌,日月沉没,兵器似雨降,霹雳电闪不断等种种恐怖景象。

---

① 加央平措:《关帝信仰与格萨尔崇拜——以拉萨帕玛日格萨尔》,《中国社会科学》2010 年第 2 期,第 207 页。

而大师入于三摩地,终不为所动。于是领其穿戴铠甲的八部兵众向大师顶礼并陈述了自己的本生,说自己曾做大将军时终因愤怒死亡,幻变成这般蟒蛇形象,又因行事磊落光明拥有了神通广大之能。大师则向其讲述佛教因果法,从此感悟,应诺自己将做佛教护法神,请求在有佛像的庙殿大门或左右房舍塑造自己的身像,发誓守护佛法和僧众。再次说,这个大王和卫则姐妹是同一心识,卫则姐妹在古文中有做汉地怨鬼的记载,而后来人改作印度之怨鬼,卫则赤身、手握蝎柄长剑与其历史谋和。继而说,这个大王与藏传佛教护法神"尚论多杰东都"也是本质同一之神。然后说,文成公主入藏时此神跟随公主和觉吾来到吐蕃,就是现在拉萨赤地方的赤尊赞神。最后交代,此文由土观·洛桑曲吉尼玛根据真日杰布之历史书写,在此神灵居所叫尊赞大夜叉之山,故称尊赞神。

这个故事对于将汉文化中的关帝信仰纳入藏传佛教中至关重要。在章嘉活佛的《祈供法》一文中,关羽始终是中国的大战神。而在土观活佛这里,关羽已经成为了与释迦牟尼成就佛果同时的神,这样,其存在的空间与时间都大大的超越了汉文化中的关羽,超越了历史上作为汉将的关羽,超越了汉传佛教玉泉山关羽皈依佛门成为伽蓝神的时间,成为了来自远古佛教中的一尊古佛。这就褪去了关羽外邦神、异教神的外衣,为进入藏传佛教做好了准备。在后文中,佛祖圆寂后的故事,就是历史上的关羽故事与汉传佛教中的关羽揉合在一起,只是将关羽做巫鬼传说的湖北荆州一带,演化成四川云长县。而鲁,在藏族地区有鲁神,关羽在冤屈死后化为了藏地的神又是藏族的文化,在他皈依佛法后,能够为藏族僧侣及广大信众接受。

关羽在汉文化中最初主要是作为战神受到膜拜的。在土观活佛这里,关羽这个战神的神格,战神的神格向佛教护法神的神格发展。"此神带领众夜叉眷属奉献饮食侍供,顶礼膜拜,立誓护法",在佛祖在世时,此神就有护法誓愿。"大师则向其讲述佛教因果法,从此感悟,应诺自己将做佛教护法神,请求在有佛像的庙殿大门或左右房舍塑造自己的身像,发誓守护佛法和僧众。"在此神归向佛法后,再次发誓守护佛法和僧众。其藏传佛教护法神的神格就确定下来。

接下来,土观活佛提出了此神的三种渊源:一是关公与密宗"卫则姊妹护法"在早期的有关"卫则"的文字记述中,有"做汉地之冤鬼",与关羽的经历相似,"卫则姊妹护法神"的脸面是红色(又称红面狱主)手执蝎柄长剑,与关羽外貌相同,兵器接近。二是关公与藏传佛教的护法神尚论多杰东都。三是关公即西藏的尊赞神。这三种说法,无非是将关帝信仰藏传佛教化。至今,以介绍关帝来历为前言的《三界命主贡玛赤尊赞祈文》,目前还在八角街绕赛赞康内给主供护法神"鲁赞图夺旺丘"即"赤尊赞"祷诵着,还有信众把一个小的关帝塑像奉献给八角街绕赛赞康,此关帝像现仍然放在"鲁赞图夺旺丘"的左边一角。①

土观活佛还撰写了《三界伏魔大帝关云长之历史和祈供法·激励事业雨流之雷声》,其历史部分与《三界命主贡玛赤尊赞祈文》类似,第二部分则是祭祀的轨仪。关帝献祭仪轨与给其他护法神的献祭仪轨相同,接下来迎请关公及其妃子、公子、属下大臣、将军和军队降临。关帝出现的场面隆重庄严:"前面之珍宝黄金座上,层层铺设各式锦缎坐垫,上坐统辖所有地方之守护者:三界伏魔云长大帝君。形体红色容貌端庄,胡须如炽长眉显威严,傲然之态双手置大腿。身着灿烂珍宝黄金甲,身披各种细绸所做之大堪,腰勒镶嵌宝石之黄金带,头戴羽毛装饰之丝巾宝冠。"接着是向关帝及其眷属等神灵所献供品的描述。"广如三千世界器,灿烂宝石做装饰;各种饮食如山集,献给大帝眷属……能护生命坚铠甲,能将千万凶暴头,同时砍落锐利器,献给大帝眷属等。美如帝释尊胜宫,各种珍宝所造殿,花园沐浴水池等,献给大帝眷属等。各种无价之珍宝,装满充盈财宝库,一切

---

① 加央平措:《关帝信仰与格萨尔崇拜——以拉萨帕玛日格萨尔》,《中国社会科学》2010年第2期,第205页。

用品无不全,献给大帝眷属等"。然后是祈祷关公的保佑。首先赞颂了关公对教众所做的益事,提醒关公在智者大师前所做应诺已到兑现之时,提醒关公不要忘了在大金刚持前所做诺言,其后便是托付的事业,包括护持佛法,尤其要护持宗喀巴大师的教法(即格鲁派),使政教兴旺,稳固强盛;保佑不出现战乱、饥荒、疾病、异教之邪见等,风调雨顺,粮食丰收,保佑上师顺利修习圣法,消除魔障,消除暇、星、赞神、土地神等所带来的损害,及争吵、强盗、放咒、人畜之病、家族冤魂等造成的损害;上师师徒无论在外行走,还是居处,皆要保佑平安,做送行者和迎接者等。①最后是送神。

值得一提的是此文附有一篇短文,即《给关帝献神饮法》,供酒的对象,包括关公、妃子、公子,以及使者、随从、关帝身后的大军,特别提到了关平和周仓。可见,藏传佛教对关羽的祭祀,也已经和内地一致,清朝曾颁布法令,祭祀关羽的五代。周仓和关平,作为关羽的随从,也一并祭祀。

正是通过高僧们的努力,关羽从一个汉文化、汉传佛教的神成为藏传佛教的神。到今天,关帝信仰不仅仅为格鲁派尊奉,也为宁玛派信奉。1999 年,诸汉族弟子在亚青寺喇嘛阿秋喇嘛面前呈献具缘起之供品,祈请法-王为宁玛派及汉族弟子撰造易受持之供祈关公略轨时,阿秋喇嘛曾略做开示曰:关公为古佛之再来,将来会以护法形象度化众生,此护法与汉地众生具备极大因缘与愿力,并已示现过多种护法的形象,其中之一便为关公。因此,此处之关公,大家已不可单纯地理解为三国之关圣帝君了。此菩萨早于释迦牟尼佛在世时,已是一位成就极大的大士了。他曾在释迦佛前发愿守护及振兴佛法、护持一切实修实证的佛陀弟子,并为驱除一切魔障远离身心,护佑一切众生并满足其善愿而使速成佛道。此大士于世间众生前示现忠义之相,并以此忠义教化众生时以关公的形象与汉地众生建立了极大的因缘,故为导化方便,此处仍称此护法菩萨为"关圣帝君"。故关公

---

① 才让:《藏传佛教中的关帝信仰》,《中国藏学》1996 年第 3 期,第 84 页。

为守护汉地之殊胜护法,在遣除违缘增上福报方面对汉族弟子有不共之加持,应经常修持之!

这一番开示表明,在今天的藏传佛教中,对关帝的接受的教派更多,而且对关帝的认同也大大加强,不必再如土观活佛,为把关帝纳入藏传佛教而在其神灵系统中煞费苦心地寻找了。

结　语

　　明清以来关帝信仰在西南少数民族地区的传播,反映了中华民族多元一体格局下,中原文化对边疆民族地区的影响。在中华民族多元一体的格局下,历史上少数民族与汉族的密切交往,各族群的迁徙及汉族移民的进入,是西南少数民族接受关帝信仰的条件。关帝信仰在西南少数民族的传播是这一信仰在祖国西南地区空间上的延展。在族群大融合的背景下,信仰的群体迅速地在藏、羌、苗、土家等族群中扩展的一个动态的文化传播现象。同时,各民族在接受关帝信仰的过程中,又不断的丰富与发展其内涵,为关帝信仰文化提供了新鲜的血液。

　　关羽崇拜在社会各阶层中是由下向上传播的。[1]如果这种观点是关帝崇拜在全国的特点的话,那么在西南地区的关帝信仰,在初期还是主要由政府和军队直接推动的,是由上而下的传播为主导。关帝信仰在西南地区传播者是军队、各级政府的长官,以及基层一线的儒生和乡绅,逐利西南地区的崇拜关帝的商人群体。明清统治者加强了对西南地区的用兵,明清时期西南少数民族地区关帝庙的建立与洪武年间、"大小金川战役"等一系列封建王朝统一战争联系在一起。明洪武年间,朱元璋的大兵压境,作为战神的关帝,也随着大军的推进在西南地区的关隘、哨所一座一座地耸立起来。清代的大小

---

[1]　刘海燕:《关羽形象与关羽崇拜的演变史论》,博士论文 2003 年,见中国知网,第230 页。

金川战役,清政府稳定了对嘉绒藏族地区的统治,大大小小的关帝庙也在各屯兵所建立起来。明清时期政府不断地派兵镇压少数民族的起事,军事行动频繁,无论是将士们在作战前的祈祷,还是战后的答神庇护,都促进了各个边关卫所的关帝庙不断的被翻修、重修和新建。"改土归流",将很多少数民族区域直接变为中央管辖的区域。正是统治者的提倡,在封建体制下,各基层政府组织以县令为中心的底层的官吏、士绅,共同推动了关帝信仰在西南少数民族地区的传播。以各个县令为代表的基层官僚团体,在各自的辖区里推进关帝庙的修建,不惜捐俸修庙宇,置庙产;乡绅阶层、民间秘密组织,各地商会组织,则把关帝请进了各个会馆和组织之中。就这样,在军事首领的信仰和推动下,在改"土官"为"流官"后,以地方县令官僚集团对关帝庙的推动,以及民间秘密组织、商业会馆等,进一步将关帝庙向少数民族集中居住的地区推进。需要强调的是,西南地区的商会、民间秘密组织的关帝信仰没有表现出影响上层的特点。倒是在向少数民族地区的传播中,这两种传播形式并存,共同发挥作用,影响了西南各族群对关帝信仰的认知和接受。

关帝信仰文化向西南少数民族地区的传播,也是儒家文化向这一区域传播的过程。关公夜读《春秋》,是《三国演义》里面经典的片段,关公的"忠义"精神也是儒家的核心理念。在明清封建王朝向西南进军的过程中,不论是文臣还是武官,这些官僚体系中的官员,本身就深受儒家文化的影响,为维护帝国的军事稳定和地方的长治久安,借助自己作为文化精英的地位,传播儒家文化所倡导的"仁义礼智信",为规范社会全民普遍遵守的道德礼仪,不断地强调关帝的"忠勇仁义"精神。在经历大规模的移民之后,与大军推进同步进行的,还有学校的建立。明洪武年间有大量的学校新建起来,或是重新建立起来,这些学子们读书参加科考,接受儒家思想的全面教育,即使是少数民族的子弟,也自愿地加入。

"生番"变"熟番"是一个文化融合的过程。"番"的小篆字形,上面像野兽的足掌和爪,下面的"田"像兽足踩出的印子,本意是兽足。

旧时对西方边境各少数民族和外国的称呼。清代史书中的"番西"，指的是四川西部少数民族地区。"番"是封建统治者对异族文化的侮辱性称呼。"生番"是与"熟番"对举的一个词语，明清时期，西南地区的人口结构发生根本变化，族群关系发生深刻的转变，一些交通便利地区变为以汉人为主，少数民族杂居其间，这一地区的整个文化结构变化为汉文化为主导的多族群文化共存的局面。族群之间的融合已经是你中有我，我中有你，也就是土著与汉族等移民在一起，共同创造、共享一种新的文化。少数民族逐渐接受了汉族的生产方式、语言、服饰文化、社会习俗等，与汉人无异。封建统治者就称之为"生番"变"熟番"。

关帝信仰在西南少数民族地区的传播过程，也是中华民族族群意识和族群认同不断深化的过程。对关帝的共同信仰，使得传统渗透到社会生活的各个领域，影响着人们面对事物时的态度与行为倾向。关帝信仰也在很早的时候就传入了西南少数民族地区，在明清时期，这一区域的关帝信仰达到了新的高度，融入到当地文化民俗之中，深刻地影响了这一区域的宗教信仰，文化心理和民间习俗。各少数民族又将关帝信仰与本教结合，发展了关帝信仰的内涵和形式，成为关帝信仰的一个重要组成部分。在瑶、壮、苗、白、土家、纳西、彝、羌、侗、水、布依等族的传统宗教中，都供奉关圣帝君。吴泽霖《贵州短裙黑苗的概况》指出"所供奉信仰的神明中……例如玉皇大帝，观音菩萨，关圣帝君，岳武穆等等"。在一些地方的还有以关帝命名的地方。如明清时四川古迹中有"关帝古城"，现在云南还有"关索岭"，贵州还有"关岭"。在各少数民族地区还流传着关帝的种种传说，如贵州玉屏县有"关帝降笔"的传说。云南凤仪一带，每年农历六月二十三日，人们都保留着祭关公的习俗。在贵州的苗族地区，还流传着关羽是火德星君下凡的传说，仫佬族过大年的传统习俗中有的要贴关羽像，书以"秉烛达旦，忠义春秋"。而历史上这些地区在不断的屯兵的过程中，带来了汉地的文化习俗，其中也包括关帝信仰。关帝信仰在清代传入西藏，并为藏族群众接受，并将关帝与本教的格萨尔拉康融合起来，形成了具有西藏特色的关帝信仰仪式及文化习俗。从族群的角度来看，西南少数民族地区的关帝信仰不独是汉族人传播，还有蒙古族人、满族人、藏族人。如果说明代的关帝信仰还是在民族矛盾加深的情况下的一种选择，那么清代的关帝信仰则是由少数民族发起和推动的，关帝信仰的内涵是各族群众认同的结果。

道教、藏传佛教的典籍，将关帝信仰纳入各自的信仰领域。道教全真教直接影响了明中央政府，把关羽扶上了"关圣帝君"的宝座，这一称谓在民间广为流传，直到今天。作为深受道教影响的西南鸾堂信仰，更是把关帝的神格上升为"十八世玉皇大帝"，至今在东南亚和台湾地区还广为流布。在藏传佛教将关帝纳入其神灵体系的过程中，土观活佛等的宣讲和所写的文章，都竭力寻找关帝信仰与藏传佛教的契合点。

戏剧，包括傩戏，在西南地区传播关帝信仰中的作用不容小觑。关帝信仰还通过戏剧的形式传播到少数民族地区。如同蒙古族和满族民众在接受关帝信仰中借助宣讲和表演。戏剧这种形式，打破了语言交流的障碍，通过装饰、唱腔、形体动作、声调等传达信息。其受众主要是没有受过多少教育的下层民众。西南富有地方特色的戏剧中往往有关公戏的剧目。关戏红生戏在富有特色的四川三国戏中，占有重要的位置。贵州屯堡的傩戏在表演时，常常有周围的少数民族观看，有的还把关戏搬回去演出。"地戏的演出，对周边的少数民族村寨产生影响，有的少数民族同胞不仅前往观看，还仿照组建了地戏班子，在民族节日期间演出。"地戏成为了汉族与少数民族文化交流介质。

关公文化是当代文化强国、中国文化走出去的典范。关公文化很早就已经走出国门。第一，外国殖民者来到中国时，就注意到我国关公信仰的盛况。在他们的研究论文、游记当中记录了珍贵的史料。第二，无论是陆上丝绸之路还是海上丝绸之路的沿线国家，都有关帝信仰的记载和传说等，很多地方至今还有关帝庙。第三，随着明清时期华人的海外移民,关公信仰又传播到世界各地,这一文化传统得到了较为良好的保存,并从华人传播到了其他族群。如泰国的泰人中有很多关帝信徒。如今,在美国、英国、法国、日本、韩国等发达资本主义国家都有关帝庙。在东南亚地区,关公是华侨华裔信仰人数众多、节庆众多、供奉普遍的神。当代的关公信仰,与海外关公信众分不开。历史上华人远赴海外,关公的义勇精神,是海外华人生存的最佳守护。在海外华人的信仰之中,包含着强烈的生存需求,于是,威武的关公具有震慑功能,比起其他财神,他的公平正义等等商业社会所需要的功能都非常吻合,因而成为海外华人特别是东南亚地区,还有台湾、香港、澳门等地非常信仰的神灵。关公信仰也是海外华人打破以地缘、血缘为纽带的中华民族的纽带,抱团发展,共谋发展,为海外华人的生存与发展提供了强大的精神动力。而随着国内的改革开放,对台商、港商还有海外华人的招商引资,关公信仰又随着这些重新回到大陆。

关公文化节、庙会等活动是当代传播关公文化的载体。关公文化的精髓"忠义仁勇"包含着为中华民族所认同的价值理念。并且深刻的体现着社会主义核心价值观的内容,成为诚信文化的代表。在社会主义市场经济发展中,维护社会的公平公正,传递正能量,关公文化为社会正向发展做出了贡献。近年来,关公文化节呈现出欣欣向荣的景象,不仅全国多地举办,而且跨出国门,与其他国家和地区交流。据不完全统计,目前国内每年举办关公文化节60多次,如果加上佛教、道教的相关祭祀活动,数量更为可观。关公文化,属于文化软实力,是中华文明的一个重要的文化现象。关公庙会、关公文化节促进了所在地的城市文化建设,经济文化发展,促进了当地的经济文化交流,具有经济价值。在第三产业迅速发展,文化产业日益成为城市重要的经济支柱的今天,塑造城市形象,打造地方文化品牌,已经成为城市营销的重要内容,已经越来越被各级政府重视。山西解州、福建东山、贵州安顺、河南洛阳、河南赊店、湖北当阳、福建东山、广西恭城等地的关公文化节或庙会,已成为当地的文化品牌、城市名片。

　　费孝通先生说,中国西部并不因为其人口稀少而在中国文化史上无足轻重。恰恰相反,这里蕴藏着中国各民族和中西文化汇聚交融而形成的珍贵宝藏,在中华民族多姿多彩的文化史上,占据特殊重要的地位。关帝信仰在西南少数民族地区的传播,就是对费孝通先生这一论述的精彩诠释!

附录1　参考文献

一、古籍文献

[1] (晋)常璩撰、刘琳校注,《华阳国志》,成都:巴蜀书社,1986 年版
[2] (明)徐道,阐民、刘祯校注:《历代神仙通鉴》,北京:中国文联出版社,1998 年版
[3] (清)徐珂:《清稗类钞》,北京:中华书局,1986 年版
[4] (晋)陈寿:《三国志》,北京:中华书局,1982 年 7 月第 2 版

二、中文文献

[1] 龙显昭:《巴蜀道教碑文集成》,成都:巴蜀书社,1997 年版
[2] 吕宗力、栾保群:《中国民间诸神》(上下册),石家庄:河北教育出版社,2001 年第 1 版
[3] 陈支平主编:《探寻民间诸神与信仰文化》,合肥:黄山书社,2006 年版
[4] 林继富:《灵性高原:西藏民间信仰源流》,武汉:华中师范大学出版社,2004 年版
[5] 王明珂:《蛮子、汉人与羌族》,台北:三民书局,2001 年版
[6] 王明珂:《羌在汉藏之间:一个华夏历史边缘的历史人类学研究》,台北:聊经出版事业股份有限公司,2001 年版
[7] 秦树才:《清代绿营兵研究——以汛塘为中心》,昆明:云南教育出版社,2004 年版

[8] 蓝勇:《西南历史文化地理》,北京:民族出版社,2005 年版

[9] 黄成授等:《广西民族关系的历史与现状》,北京:民族出版社,2002 年版

[10] 杨树喆:《师公、仪式、信仰壮族民间师公教研究》,南宁:广西人民出版社,2007 年版

[11] 丁光玲:《清朝前期流民安插政策研究》,台北:文史哲出版社,2006 年版

[12] 吕思勉:《中国民族史》,北京:中国大百科全书出版社,1987 年版

[13] 云南省历史研究所编:《清实录——有关云南史料汇编》(1—5 卷),昆明:云南人民出版社,1985 年版

[14] 苍铭:《云南边地移民史》,2004 年版

[15] 郑正强:《最后的屯堡:一个汉移民社区的文化探究》,贵阳:贵州人民出版社,2001 年版

[16] 郝正治编著:《汉族移民入滇史话——南京柳树弯高石坎》,昆明:云南大学出版社,1998 年版

[17] 蓝东兴:《我们都是贵州人:贵州移民心态剖析》,贵阳:贵州民族出版社,2000 年版

[18] 方国瑜:《云南地方史讲义》,昆明:云南广播电视大学出版社,1984 年版

[19] 陆韧:《变迁与交融——民代云南汉族移民研究》,昆明:云南教育出版社,2001 年版

[20] 尤中:《云南民族史》,昆明:云南大学出版社,1994 年版

[21] 王毓铨:《明代的军屯》,北京:中华书局,1965 年版

[22] 徐弘祖:《徐霞客游记》,朱惠荣校点,昆明:云南人民出版社,1985 年版

[23] 黄贤林、莫大同主编:《中国人口·广西分册》,北京:中国财政经济出版社,1988 年第 1 版

[24] 邹启宇、苗文俊主编:《中国人口·云南分册》,北京:中国财政

经济出版社,1989 年 11 月第 1 版

［25］潘治富主编:《中国人口·贵州分册》,北京:中国财政经济出版社,1988 年 10 月第 1 版

［26］刘瑞主编:《中国人口·西藏分册》,北京:中国财政经济出版社,1988 年 6 月第 1 版

［27］谭崇台主编:《中国人口·湖北分册》,北京:中国财政经济出版社,1988 年 6 月第 1 版

［28］池子华:《中国近代流民》,杭州:浙江人民出版社,1996 年版

［29］沈福馨:《安顺地戏》,贵阳:贵州人民出版社,1989 年第 1 版

［30］帅学剑:《安顺地戏》,杭州:浙江人民出版社,2008 年版

［31］沈福馨主编:《安顺地戏论文集》,北京:文化艺术出版社,1990 年版

［32］玉溪地区行署文化局、澄江县文化局编:中国戏曲志云南卷丛书《关索戏志》,北京:文化艺术出版社,1992 年 1 月

［33］邵雍:《中国会道门》,上海:上海人民出版社,1997 年

［34］《中国民间故事集成》,北京:中国 ISBN 中心出版,1996 年第 1 版

［35］谭松林主编:《中国秘密社会》(七卷本),福州:福建人民出版社,2003 年版

［36］黄华节:《关公的人格与神格》,台北:台湾商务印书馆,1967 年出版

［37］胡小伟:《关公信仰研究系列》,香港:科华图书出版公司,2005 年版

［38］胡小伟:《关羽信仰文化溯源》(上下),太原:山西出版集团,2009 年版

［39］柴继光、柴虹:《武圣关羽》,太原:山西古籍出版社,1986 年版

［40］梁志后主编:《人·神·圣关公》,太原:山西人民出版社,1993 年版

［41］梅铮铮:《忠义春秋——关公崇拜与民族文化心理》,成都:四川

人民出版社,1994 年版

[42] 洪淑苓:《关公(民间造型)之研究——以关公传说为重心的考察》,台湾大学文史丛刊,台北,1995 年版

[43] 郑土有:《关公信仰》,北京:学苑出版社,1994 年版

[44] 孟祥荣:《武圣关羽》,武汉:湖北人民出版社,1998 年版

[45] 梅铮铮:《关帝之谜》,成都:四川人民出版社,1998 年版

[46] 赵波:《中国传统文化血脉——关公文化概说》,太原:山西人民出版社,1999 年版

[47] 李福清:《关公传说与三国演义》,台北:台湾云龙出版社,1999 年版

[48] 蔡东洲、文廷海:《关羽崇拜研究》,成都:巴蜀书社,2001 年版

[49] 赵波等:《关公文化大透视》,北京:中国社会科学出版社,2001 年版

[50] 卢晓衡主编:《关羽、关公和关圣——中国历史文化中的关羽学术研讨会论文集》,北京:社会科学文献出版社,2002 年版

[51] 庄学本:《康藏民间故事》,上海:时代书局,1950 年版

[52] 娄子匡编:《新年风俗志》,上海:商务印书馆,民国二十四年一月初版五月再版

[53] 陈志良编著:《西南风情记》,上海:时代书局,1950 年 3 月初版

[54] 凌纯声等:《湘西苗族调查报告》,上海:商务印书馆,民国三十六年七月初版

[55] 王明珂:《羌在汉藏之间——一个华夏边缘的历史人类学研究》,台北:联经出版事业股份有限公司,2003 年版

[56] 李强主编:《民族文学与戏剧文化研究》,太原:山西出版集团,2009 年版

[57] 俞冰:《书海蟬踪》,北京:学苑出版社,2008 年版。

[58] 薛若琳:《艺苑丛谈》,沈阳:春风文艺出版社,2007 年版

[59] 沈伯俊、谭良啸编:《三国演义辞典》,成都:巴蜀书社,1989 年版

[60] 卿希泰、唐大潮著,任继愈编:《道教史》,江苏:凤凰出版集团,

2006 年版

[61] 金重:《神人交错的艺术:西南民间艺术与宗教》,昆明:云南教育出版社,1995 年版

[62] 杨伟兵:《明清以来云贵高原的环境与社会》,北京:东方出版社,2010 年版

[63] 方国瑜:《方国瑜文集》,昆明:云南教育出版社,2003 年版

[64] 郝正治编著:《汉族移民入滇史话:南京柳树湾高石坎》,昆明:云南大学出版社,1998 年版

[65] 张原著,王铭铭主编:《在文明与乡野之间——贵州屯堡礼俗生活与历史感的人类学考察》,北京:民族出版社,2008 年版

[66] 郑正强:《最后的屯堡:一个汉移民社区的文化探究》,贵阳:贵州人民出版社,2001 年版

[67] 朱恒夫、聂圣哲主编:《中华艺术论丛》第 9 辑,上海:同济大学出版社,2009 年版

[68] 严福昌主编:《四川少数民族戏剧》,成都:四川大学出版社,2007 年版

[69]《中国方志丛书》,台北:成文出版社有限公司,1968 年版

[70]《中国戏曲志·四川卷》,北京:中国 ISBN 中心,1995 年版

[71] 于一:《巴蜀傩戏》,北京:大众文艺出版社,1996 年版

[72] 李绍明主编:《川东酉水土家》,成都:成都出版社,1993 年版

[73] 于一:《古傩神韵》,北京:中国戏剧出版社,2000 年版

[74] 段明:《四川省酉阳土家苗族自治县双河区小岗乡隆村面具阳戏》,台北:台湾省施合郑民俗文化基金会,1993 年版

[75] 严福昌主编:《四川傩戏志》,成都:四川文艺出版社,2001 年版

[76] 杨学琛:《清代民族关系史》,长春:吉林文史出版社,1991 年版

[77] 曲六艺编:《中国少数民族戏剧》,北京:作家出版社,1964 年版

[78] 青木正儿著、王古鲁译:《中国近世戏曲史》,长沙:商务印书馆,民国二十七年版

[79] 郑传寅:《古代戏曲与东方文化》,台北:国家出版社,2010 年版

[80] 王政尧:《清代戏剧文化史论》,北京:北京大学出版社 2005 年版

[81] 叶明生:《宗教与戏剧研究丛稿》,台北:国家出版社,2010 年版

[82] 罗丽容:《戏曲面面观》,台北:国家出版社,2010 年版

[83] 刘祯:《民间戏剧与戏曲史学论》,台北:国家出版社,2010 年版

[84] 詹石窗:《道教与戏剧》,厦门:厦门出版社,2004 年版

[85] 葛兆光:《中国道教与中国文化》,上海:上海人民出版社,1987 年版

[86] 倪彩霞:《道教仪式与戏剧表演形态研究》,广州:广东高等教育出版社,2005 年第 1 版

[87] 李强主编:《民族文学与戏剧文化研究》,太原:山西出版集团,2009 年版

[88] 汪晓云:《中西戏剧发生学》,台北:国家出版社,2010 年版

[89] 卢晓衡主编:《关羽、关公和关圣》,北京:社会科学文献出版社,2002 年版

[90] 乔健等编:《瑶族研究论文集》,北京:民族出版社,1988 年版

[91] 李亦园:《人类的视野》,上海:上海文艺出版社,1996 年版

[92] 童恩正:《文化人类学》,上海:上海人民出版社,1989 年版

[93] 布洛克著、冯利等译:《马克思主义与人类学》,北京:华夏出版社,1988 年版

[94] 费孝通:《江村经济》,南京:江苏人民出版社,1986 年版

[95] 绫部垣雄著、周星等译:《文化人类学的十五种理论》,贵阳:贵州人民出版社,1988 年版

[96] 吴文藻:《吴文藻人类学社会学研究文集》,北京:民族出版社,1990 年版

[97] 黄淑娉、龚佩华:《文化人类学理论方法研究》,广州:广东高教出版社,2002 年版

[98] 董晓萍:《田野民俗志》,北京:中华书局,2002 年版

[99] 钟敬文:《民俗学概论》,上海:上海文艺出版社,1998 年版

[100] 周星:《民俗学的历史、理论与方法》,北京:商务印书馆, 2006 年版

[101] 郑杭生主编:《社会学概论新修》(修订本),北京:中国人民大 学出版社,2003 年版

[102] 容观夐:《人类学方法论》,南宁:广西民族出版社,1999 年版

[103] 钟敬文主编:《民俗学概论》,上海:上海文艺出版社,1998 年版

[104] 董晓萍:《田野民俗志》,北京:中华书局,2002 年版

[105] 周星主编:《民俗学的历史、理论与方法》,北京:商务印书馆, 2006 年版

[106] 董晓萍:《全球化与民俗保护》,北京:高等教育出版社,2007 年版

[107] 黄淑娉、龚佩华主编:《文化人类学理论方法研究》,广州:广东 高教出版社,2002 年版

[108] 郑杭生主编:《社会学概论新修》(修订本),北京:中国人民大 学出版社,2003 年版

[109] 风笑天:《社会学研究方法》,北京:中国人民大学出版社, 2001 年版

[110] 谢立中主编:《西方社会学名著提要》,南昌:江西人民出版社, 1998 年版

[111] 林耀华主编:《民族学通论》,北京:中央民族大学出版社, 1997 年版

[112] 施正一:《广义民族学导论》,北京:民族出版社,2006 年版

[113] 庄孔韶主编:《人类学概论》,北京:中国人民大学出版社, 2006 年版

[114] 王铭铭:《人类学是什么》,北京:北京大学出版社,2002 年版

[115] 梁钊韬主编:《文化人类学》,广州:中山大学出版社,1991 年版

[116] 宋蜀华、白振声主编:《民族学理论与方法》,北京:中央民族大 学出版社,1998 年版

[117] 黄淑娉、龚佩华:《文化人类学理论方法研究》,广州:广东高等

教育出版社,1996 年版

[118] 林惠祥:《文化人类学》,上海:商务印书馆,1934 年第 1 版,
1991 年版

[119] 王铭铭:《西方人类学思潮十讲》,桂林:广西师范大学出版社,
2005 年版

[120] 彭兆荣:《人类学仪式的理论与实践》,北京:民族出版社,
2007 年版

[121] 黄淑娉:《黄淑娉人类学民族学文集》,北京:民族出版社,
2003 年版

[122] 叶舒宪编:《神话:原型批评》,西安:陕西师范大学出版社,
1987 年版

[123] 卢勋、萧之兴、祝启源:《隋唐民族史》,北京:社会科学文献出
版社,2007 年版

[124] 叶树声、余敏辉:《明清江南私人刻书史略》,合肥:安徽大学出
版社,2002 年版

[125] 吴双翼:《明清小说讲话》,香港:上海书局,1958 年版。

[126] 张静庐辑注:《中国近代出版史料二编》,北京:群联出版社,
1954 年版

[127] 张静庐辑注:《中国近代出版史料补编》,北京:中华书局,
1957 年版

[128] 中国历代战争年表编写组:《中国历代战争年表》(上下),北
京:解放军出版社,2003 年版

[129] 陈冠至:《明代的江南藏书——五府藏书家的藏书活动与藏书
生活》,台北:乐学书局有限公司,2006 年版

[130] 范凤书:《中国私家藏书史》,郑州:大象出版社,2001 年版

[131] 许地山:《扶迷信的研究》,北京:商务印书馆,1999 年版

[132] 王纯五:《袍哥探秘》,成都:巴蜀书社,1993 年版

[133] 淮文起:《中国民间秘密宗教》,杭州:浙江人民出版社,1991
年版

［134］段玉明：《中国寺庙文化》,上海：上海人民出版社,1994 年版

［135］吕宗力、栗保群：《中国民间诸神》（上、下卷）,石家庄：河北教育出版社,2001 年版

［136］张泽洪：《道教斋醮科仪研究》,儒道释博士论文丛书,巴蜀书社,1999 年版

［137］张泽洪：《文化传播与仪式象征》,成都：巴蜀书社,2010 年版

［138］淮文起主编：《中国民间秘密宗教辞典》,成都：四川辞书出版社,1996 年版

［139］陆韧：《变迁与交融——明代云南汉族移民研究》下篇《汉族移民的土著化》,昆明：云南教育出版社,2001 年版

［140］《藏外道书》,成都：巴蜀书社,1991 年版

［141］潘显一、唐思远、汪志斌：《黄龙地区宗教文化研究》,成都：巴蜀书社,2010 年版

［142］关公文化资料编委会编：《关公文化资料丛书》第四册,北京：华夏出版社,2008 年版

［143］詹石窗：《道教文化十五讲》,北京：北京大学出版社,2012 年版第 2 版

［144］詹石窗：《中国宗教思想通论》,北京：人民出版社,2011 年版

三、外文文献

［1］（日）田仲一成著、布和译：《中国祭祀戏剧研究》,北京：北京大学出版社,2008 年版

［2］中（英）维克多·特纳（Victor Turner）著,赵玉燕、欧阳敏、徐洪峰译：《象征之林——恩登布人仪式散论》,北京：商务印书馆,2006 年版

［3］（英）Raymond Firth,费孝通译：《人文类型》,北京：华夏出版社,2002 年版

［4］（英）维克多·特纳（Victor Turner）著,赵玉燕、欧阳敏、徐洪峰译：《象征之林——恩登布人仪式散论》,北京：商务印书馆,

2006 年版

〔5〕（美）W.A.哈维兰著、王铭铭译：《当代人类学》，上海：上海人民出版社，1987 年版

〔6〕（日）漥德忠：《道教史》，上海：上海译文出版社，1987 年版

〔7〕（美）W.A.哈维兰著、瞿铁鹏等译：《文化人类学》（第十版），上海：上海社会科学出版社，2006 年版

附录 2　西南地区部分关帝庙碑文

重 修 武 庙 记

（此据民国《万源县志》。额勒登保（1748—1805），瓜尔佳氏，字珠轩，满洲正黄旗人，清朝名将。世为吉林珠户，隶属于打牲总管。乾隆年间，以马甲的身份跟从出征缅甸及大小金川，累功擢升为三等侍卫，赐号和隆阿巴图鲁、乾清门行走。乾隆五十二年（1787），跟从福康安平定台湾；乾隆五十六年（1791），又跟从福康安出征廓尔喀，摄驻藏大臣职务。因为征讨台湾、廓尔喀的功劳，他两次被乾隆帝将画像悬挂于紫光阁功臣中。嘉庆元年（1796）参与镇压湘黔苗民起义、围剿川楚教乱。嘉庆五年（1800），额勒登保亲赴陕西追剿流匪；嘉庆七年（1802）全部镇压了川楚教乱的势力。此文是知府候补淡士灏所撰。）

淡士灏

关帝当汉季鼎剖，群雄割据之秋，力辅正统，与昭烈谊亲手足，曲尽臣节，迹其生平，喜读《左氏春秋》，所谓懔麟经之大旨，见之行事者，盖不徒智名勇功，为轶群而绝伦也。此在天之灵，所以纲维宇宙，譬如日月亘古而常昭者矣。我朝定鼎，建中表正，圣圣相承，百六十年来，重熙累洽，自三代所未有。而远方或有不靖，惟帝辄著神威，驱除芟夷，戎马之场，恌恍焉如或见之，岂非大居正翊圣明，旷百代而相感,而幽暗默赞如是耶！我朝历表圣徽,崇以帝号,隆以祀典,与文庙并重,于是天下各省府州县,靡不有武庙。太平一邑,考之邑乘,始于前朝正德十年,分东乡北界为县,今庙在南门外,其建置之始,邑乘弗详。盖邑本非古,明末国初,屡遭兵燹,记载缺如也。夫太平地僻山深,介川东鄙,嘉庆元年九月,襄汉邪教倡乱,达州、太平间有习教奸民同时附和而起,本邑邪匪经邑中义勇扑灭净尽,而各元戎剿进,各路余匪,阑入太平者不一而足,贼过焚掠蹂躏,积年频仍,闾阎一空。如楚逆齐王氏、张汉潮两次攻扑县境,旧城久圮,新葺短垣,守而御之,伤贼,贼遁,如是者再。夫太平县治,为川东门户,失此不守,则贼之泛滥胡底? 今以卑陋最不可恃之城,屯而戍之,贼虽众多,讫弗能犯,且屡要击以遏贼锋,虽曰人力,谓非神助哉? 计自近今川北贼匪如覃加耀、齐王氏、姚之富、王三槐者,悉受擒戮,其他渠魁斩除不可胜数,余党以次廓清,蒇事在即。三年七月之初,威勇侯额于剿平邪匪后,追张汉潮残丑,师次太平,周视形势,展谒武庙,敬念惟帝灵佑,所向有功。且太平小邑蕞尔,尤邀神庇,顾庙貌年久,弗壮观瞻,亟欲恢拓而增修之,遂捐资若干两,殷然委士灏经理其事,而移纛以行。士灏谨承此命,与邑中矜耆相度规模,爰改修神龛、殿门,增筑外垣、阶级,建置神道、华表其旧式之无需更易者,亦重加丹艧而辉煌焉。工兴八月十九日,成于十一月朔一日。于是始近仰远瞻,备形巍焕猗欤。休哉,夫太邑武庙几何年矣,我侯来斯,于焉增修,岂偶然哉? 额侯勇略功勋著于当代,关帝威灵辅弼显于圣朝。额侯于所过之地入庙致敬,良以夫! 从此贼平之后,后之人恭维圣帝存城之功益坚,义勇勉思神庥,则额侯之增修武庙,其表章感发于神明之间者,岂其微哉。士灏受命视工,工竣思其事不可不传,用志以言,勒之贞珉,冀垂久远焉,是为记。

忠　圣　记

(此据民国《万源县志》。马瑜,甘肃张掖人,祖籍华阳。嘉庆元年(1796)至达州,镇压白莲敬起义,数有功,历任参将、贵州安义镇总兵,调重庆镇,九年迁江南提督、云南提督,后调任直隶提督。)

马　瑜

帝君之忠,其圣矣乎?以忠心表见于行事,而流传后世如此赫赫者,盖有以也。瑜八载从戎,过太平,即谒庙虔祷。而今扫荡妖氛,凯旋征士矣,复来此地,瞻仰神武,流连慨慕,不能自已,用书忠圣以献,山可夷,谷可堙,忠圣之名,万古而长存。

城南武庙记

(此据民国《万源县志》。德楞泰,蒙古正黄旗人。清嘉庆二年(1797)奉命入川,十二月与提督杨遇春带兵驻太平县(今万源),四年(1799)授参赞大臣,八年(1803)与经略大臣额勒登保、四川总督勒保会兵于太平,镇压白莲教,事平,重修武庙,为文以记之。)

德楞泰

圣朝混一海宇,休养黎元,百有六十余年矣。遇大有之世,地方官不知遏恶扬善,以顺休命,乃致教匪勾结成群,敢于光天化日之下,诪张为幻,不得已用兵讨逆陕甘川楚之间。吾奉命师师,旌旗所到,贼即披靡,杀擒各首逆如罗其清、冉文俦、卜三聘、龚其位、冉添元、陈得俸、姚之富、齐王氏、高均德、覃加耀、王三槐,高成杰、龚文玉、张郝氏、张允寿、赵麻花、高二、陈朝观、徐添德等。当其分股四出,若火之燎于原,不可向迩。及临以兵威,大股匪徒数万,亦如摧枯拉朽,非鼠贼之诈力奸计不足也,神力有以致之耳。夫显佑本朝,莫过于关帝,前此回部、台湾、廓尔喀、苗疆不靖,皆荷威灵。今又共叨福荫,无惑乎省、郡、州、县、场市,无不立庙以享祀也。吾往来太平十有余次,心契帝君,见其庙在城南,常率诸将竭诚晋谒,精诚祷祈,以消邪孽。拔营前去,无不告捷。

语云,神依人而行,人能奋往,则神亦佑之,其理信不诬也。兹教匪败残,凯旋上而纾圣天子之宵旰,下而安亿万姓之身家,太平气象,焕然维新。虽曰指挥将弁,调遣兵士之功,而帝君之所护佑者,岂其微哉!但庙貌不甚威严,发心捐修,经钦命御前大臣太子太保经略大臣领侍卫内大臣都统一等威勇侯额勒登保嘉庆三年创之于前,吾与钦命都察院右都御史总督四川等处地方军务粮饷兼管巡抚事、前授经略大臣太子太保兵部尚书一等威勤公勒保继之于后,整其敝,补其缺,不安于简陋,不苟为华美,亦足以妥侑神灵,而邀嘉贶于无穷矣。

重修武庙碑

(此据民国《万源县志》。勒保,满洲镶红旗人。嘉庆三年(1798)授四川总督,八年(1803)与经略大臣额勒登保,参赞大臣德楞泰会兵于太平(今万源),镇压白莲教,事平,重修武庙,勒保撰文。)

勒 保

余于庚申岁奉命再制西蜀,时以教匪未靖,督兵往来于川东、川北者屡矣。师次太平,见其城池卑隘,雉堞倾圮,四周环以崇山,居高临下,势极危险,而合邑居民,率皆安堵如故。询诸土人,土人叩马而言曰:"宜民善俗,有司诚良,而得保吾侪小人者,实赖帝君神佑"。余谨按,千百年来,神圣之所运,覆冒之所周,薄海内外无不共叨灵荫,至我朝尤蒙福庇。如前此回部、台湾、廓尔喀、苗疆等处不靖,皆荷灵威显助,用能克日奏功,是以叠晋崇封,屡上尊号。今太平蕞尔弹丸,自连年教匪滋事以来,攻扰城垣不止一次,竟得安如磐石,百姓无惊,是非神灵之威镇,曷克臻此。某虔诣武庙展礼,庙在南门外里许,先经经略大臣额捐资重建大殿,复经参赞大臣德以规模不甚宏敞,商予董率文武,捐廉添建。于正殿两旁添造钟鼓楼两间,三面绕以围墙,门外建立旗杆,修造乐楼,并塑神马,用壮观瞻。伏愿神明降鉴,威助三军,齐消未净之妖氛,永护无疆之景运。是则某稽首拜手,日夕颂祷于靡已者也。今庙告成,董事者请镌诸石,爰志缘起,以志敬悃。

重建关岳厢碑记

（此据民国《万源县志》。廖震(1890—1949)又名锡贞,字雨辰,民国川军中将。袁世凯改全国关帝庙为关岳庙,廖震到万源任职,重修武庙。）

廖　震

万源县之南,距城数十武,有武庙焉。崇祀关壮穆侯,自有清中叶,历年已久,倾圮频仍。民国纪元,改修祀典,追祀岳忠武王,易称关岳庙。守土者以连年兵燹,时局靡宁,未遑改建。春秋大祭,仅临时设位而已,迩值南北构兵,摧残益甚。震于今年春,来宰是邦,既谒其庙,怅故宫禾黍,败瓦颓垣,不禁感慨歔欷。溯关岳二圣,忠义神武,汉宋名臣,正宜俎豆馨香,世崇罔替,不有以重辉之,何足以光前贤而励末俗,鼓士气而妥神庥乎! 勉于戎马倥偬之际,捐廉筹措,修理完善,自正殿及旁廉配享,改竖木主,庙外围以赤墙,殿壁廊廓,黝垩丹漆,焕然为之一新。睹堂颜灿烂,庙貌壮严,匪敢谓有功烟祀,实应尽之职也。今兹庙庆落成,尤冀后之贤者,时加尊护,踵事而增华,可大可久,其庶几乎! 援笔谨为之记。

监修东太平寨武庙碑记

（此据民国《达县志》。张锡谷,山东历城人。清嘉庆元年(1796)任射洪县盐大使。武庙,在达县柏树场东寨,此地旧有关帝庙,嘉庆二年(1797)重修功成,张锡谷为之记。）

张锡谷

寨旧有关帝神刹,地甚隘,乡民所捐建也。嘉庆丙辰秋杪,教匪滋扰达东,代办川督、刑部右侍郎英善帅师剿捕,驻节斯寨,自镇将监司,以至千夫长、百夫长,月朔望咸往瞻礼。骑从阗集,几无容足地。总理军务永宁道石作瑞,乃请于大帅,择地重建之,而以鸠工庀材之事,属之锡谷。阅半载而功始蒇。规模宏敞,视旧制殆过倍蓰焉。从此仰沐神庥,俾一方黎元共享升平之乐,是皆两宪之造福无疆也。谷不敏,幸克终其事,恐后之人典守不善,无以妥神灵而体宪意,特胪列规条如左。清嘉庆二年丁巳,时仲冬月。

东太平寨关帝庙鼎文

(此据民国《达县志》。英善(?—1809),萨哈尔察氏,满洲镶黄旗人,由亲军补侍卫处笔帖式,累官刑部郎中,湖南、广西布政使,护理四川总督,刑部侍郎,左都御史等。嘉庆元年(1796),达州白莲敬徐天德等起事,英善驻军于东太平寨,张锡谷铸钟,英善撰文。)

英　善

混元未辟兮乾坤一气,八卦既画兮运转洪蒙。大钩鼓铸兮阴阳相荡,神奸为备兮不若不逢。铛有耳天听德惟聪兮,用能协于上下,已承天庥于无穷。刑部右侍郎英善撰,四川分巡永宁道石作瑞篆射洪县盐大使张锡谷监铸题记。

马家场创修文武庙碑序

(此据民国《达县志》。达县城南七十里有马市,旧有玉皇观。光绪癸未(1883),当地人改玉皇观为文武庙,供奉文昌、武圣。达县廪生陈诗作此文。)

陈 诗

周世宗毁铜佛,唐武宗毁佛寺四千六百余所,傅奕请除释教,狄仁杰谏造大像,厥后韩子《原道》、欧公《本论》,障川回澜,震耀天下。世有谭二氏宗旨者,君子非笑之。王文正公旦册拜玉清昭应宫使,史论惜焉。唐代佛寺,充塞寰宇,霞结云构,既丽且崇。所谓过费有用之财、功归无益之鬼者也。不有英主贤臣,从而口之,其熏灼天,殆不可遏。我朝典礼有功于民者则祀之。文昌、武圣,春秋祀以太牢,京省郡县以下,各以有司掌其祭。乡曲有建庙者,亦不之禁。盖煌煌祀典,我皇与天下臣民所用敬也。县南七十里有马市,旧有荒祠,名玉皇观。盖昔土人所为也,名不正矣。塑像累累,无名可指者冗甚。孝廉谭君济安,洞鉴其失,皇皇欲正之而未有间也。光绪癸未,倡募改修,即旧址之下,鸠工度材,规模宏阔。摈诸无名之像,特祀文昌、武圣,正其名曰:文武庙,遵王章也。庸陋无知,乃有雌黄。夫郊祀上帝,天子之事。郊者不屋而坛。《祭法》:"燔柴于泰坛。"其证也。玉皇之名虽不见于经典,而后世文人歌咏中颇有之,盖指上帝言也。《黄帝内传》:"置元始真容于高观之上。"观之言可以观望于其上,此观之所由始也。厥后观名益众,悉数难终:曰玉虚、曰逍遥、曰栖真、曰四圣、曰灵台、曰鸣禧、曰冲佑、曰玉局、曰崇道、曰仙都、曰元都、曰葛仙、曰丰都、曰玉真,皆其著也。夫其崇表福区,招致神灵,无非韩子所谓诡异之观。天门放榜,玉华试文之事,信有之乎?抑在天之金阙、银楼、琼台、玉京,上帝真居之乎?渎神甚矣。《宋史·真宗纪》:"祥符五年,亲礼玉皇于朝元殿。"虽则亲祀,尚不敢以名其所栖之室。然正士犹非之者,天,帝尊而不亲,故天子但郊天,未有庙祀天者。后世之君与一时侍从之臣,不达天文之理,厌旧喜新,不经不典,其能逃无礼之讥乎?降而庶民,又何得干焉,易之是矣。至于无名之像,尤所宜汰。国朝汤潜庵为苏抚,奏毁淫祀。谭君洵有其风,可以接迹狄、傅诸贤矣。然谭君创建，厥心甚苦。墙倾阶圮，数易弗成。今夏亲督其工。土石相含，阶砌孔坚，石工听命焉，斧彼则斧，锯彼则锯，亭立其柱，桥铺其梁，木工听命焉。于是栋宇城环，廊檐井络而庙制备矣。至丹碧之兴，绘画之事，例得备书。刘君心堂司募簿，蒋君少卿佐之。蒋君辅臣司钱粟，陈君谱兰佐之。罗君凌云监工，王君凌浦度材，唐君兴发经画庙制，社君云峰相视地图。皆任劳斯役者也。后之览者得以知焉，既为序其事，而属以文曰：圣清受命，奉我宣尼。文德诞敷，万口无辞。乃立辅翼，配以二圣，一文一武，遐迩同敬。忠义在漠，星辰在天，三分翊蜀，七曲佑川。荆水汤汤，潼水洋洋。天地同流，其泽孔长。于兹近市翼作庙。湫隘嚣尘，日月亦照。爰始爰谋，则有谭君。相视阴阳，杜君之勋。士庶同心，执事有恪，董正群工，增其式廓，于赫帝君，功德在民，享我蒸尝，蔚我人文。人文蔚起，帝恩未已，荫我同方，众心则喜。

建修文武夫子宫殿碑记

（据《道光江北厅志》，巴县举人齐秉礼撰。此为乡间士绅提议，在本地高峰寺中修建了孔夫子、关夫子二位的宫殿。）

齐秉礼

渝城之北，有古刹曰高峰寺，距翠云寺数里。平冈逦迤之中，孤峦突起，上矗云霄。试一登峰送目，西则涪江左逝，飞濑可挹；东则华蓥诸山，叠耸环峙，势若星拱。晴雨烟峦，变化掩映，不可具状，洵奥壤之奇观，栖神之净域也。寺之修建，历有年所。正殿两廊，既已轮奂不新矣。惟文昌帝君、关圣大帝庙貌缺焉。乡善士同谋合议，创建七楹，规模宏整，焕如翼如。中塑文武神圣，而展礼升香，于焉大备矣。《礼》曰："有功烈于民"则祀。文昌位列三垣，灵昭七曲，灿天章于斗极，掌禄嗣于人间。而阳阴感应诸篇铭座右，桂香、桂篆诸院妥神依。薄海内外,固已入庙告虔,循墙起敬矣。而关圣之精英灵爽,震慑古今,凛凛乎忠义正直之气充塞两间,与日月同其明,川岳同其体,风雷雨露同其功用。宜乎上自通都大邑,下及山陬海澨,无地不崇其庙制,无人不竭其悃忱也。夫浮屠羽室,尚且金碧鳞攒,辉碧璀璨,况载在祀典者,其可不肃清宫殿,报享时举也哉!然则兹山祠像,当与翠云同其悠久矣。予客馆斯土,获随缙绅先生步山椒而登焉。领袖者谂予曰:"尊神重祀者,士之诚心也;轻财乐助者,乡众之义也。是役也,仁人长者,不吝囊金,鸠工庀材。经始于癸丑年七月,落成于今岁暮春。共费钱数百缗,是不可以不□。"予因熏沐而为之序,以垂不朽云。

关 帝 庙 碑

(此据民国《续修筠连县志》,并以同治《筠连县志》校之。张应楸,直隶玉田(今河北玉田)人。举人。清乾隆三十年(1765)任筠连知县,关帝庙,在筠连城北,创自明代,清雍正八年(1730)知县陈善纲补修。乾隆十三年(1748)知县沈世基重修。乾隆三十年(1765)张应楸再重修,乾隆四十三年(1778),典史朱士钰首倡重修前后两殿忠义祠,外建厢房三间,乐台一座。道光年间,知县诚斌拆去乐台,增建戟门、照墙。此文当是乾隆三十年(1765)重修功成,张应楸为记。)

张应楸

窃维一德一心,君臣并三代以上,父事兄事,情义同一体之亲,典型炳若日星,仰止永于夙夜。筠邑关帝神祠,创自有明,我朝特崇祀典,由来旧矣。应楸奉天子命,来尹兹土,甫下车,即趋晋帝君,见其节棁倾颓,旂常灰黯,心窃异之,已而问之前署令王公,业经委人修理,以为功德自有在也。久之,朔望非不谒也,钟尘鼓网,惟循阶九拜而言归,春秋岂不祀乎?豆缺笾残,仅举爵三登而礼毕。伏思事穷则变，道否乃通，随与儒学某，县尉某，驻防某会议，以继其成，特以义取象于蛊之甲，窃恐一木难支，事有类乎巽之庚，端赖十方协力。因专其事于明经尹某，而以诸生副焉。自是而绅而士，而农工商贾，岂紧效唐司马漫勒金石之文；而殿而廊而坊域门墙，辄敢谓趋司空遽下斧斤之令。爰卜某月某日，鸠工伊始，越某月某日，告厥成功。行看万拱重浮，彩映宏纲之丽；千鸢再构诚肃，祕祀之忱风生。闻赤兔嘶风，追风增色；月下见白猿啸月，偃月加新。吾因之有感矣：地因神而灵，庙以庄为重，彼夫过岘山者，犹思西望之碑；抚铜柱者，尚忆南征之绩。矧其复隆殿宇之崇，诚乎帝座，又尽神人之豫，响答尘寰者哉？敢告同心，受兹景福，是为记。

重修关帝庙前殿碑记

（据《丰都县志》。丰都关帝庙因冰雹受灾，庙宇部分坍塌。1734 年，罗其昌归省时发现此事，当地邑长捐俸倡导修庙，完工后向罗其昌求文。罗其昌，遵义人，祖籍丰都，康熙四十五年丙戌进士，官至光禄寺寺卿，后被革职。）

罗其昌

凡建立祠庙，足以植纲常，扶名教，世道人心重有赖者，最大莫如孔圣人，其次莫如关圣。是二圣者，如日月经天，江河行地，光无乎不照，泽无乎不周，以故郡县建立关庙，比于孔子，由来旧矣。况平都为黔嬴福地，蜀东名胜之区哉！余丰人也，自先府君侨寓于遵，丰都关庙，余固不之见。先君尝言平都风景、人物、碑碣、古迹，了如指掌，而于关庙独详。其庙左俯大江，右挂五鱼，前临白鹿，后拥青牛，中腾五云。前殿后阁，为廊为庑，翚翼壮丽，甲乎一山。余心焉识之不能忘。历数十年，老于宦海，始得退休林下。岁甲寅，自遵归省祖茔，而古先文献无征。及登平山，如历梦境，如过旧游，迤逦而陟峋嵝之上。关圣像岿然独存,两旁壁立如削,不知何时坍塌,一至于此。余甚异之,邑人王珏为余言:"庚戌之秋,冰雹大作,将前殿飞空而下,圣像安然无恙。"余笑曰:"我朝褒封关圣,祀以太牢,与孔子等。此之坍塌,或山灵嫌其湫隘,欲举而光大之,且以巩此基于磐石,亘万古如一日耳。"王珏云:"更新恃其力,图成待其人。"邑长何公修废举坠,百度维新,特捐清俸以为之倡,众善亦为之助,盖将固其根,厚其培,以筑以构,不日落成,因丐记于余。余曰:"汝知贤侯建庙意乎?圣帝精忠大义,炳耀寰宇。是役也,欲使尔民知有忠义耳!知忠义则知礼让,知孝弟,风益淳,俗益厚,未必不因乎此也。其有裨于纲常名教、世道人心者,岂少也哉?"余既嘉贤侯之意,而又喜所闻之独得于所见,因为记。

西门关帝像灵显记

（据《同治重修涪州志》。此文记载了明崇祯十七年六月,张献忠部队进入涪州,毁坏关帝庙,庙中两座铜铁铸的关帝像幸免于难,后重修庙宇。夏道硕担心后人不知道庙中关帝像是明代时期的,而作此文记之。夏道硕,涪州人。）

夏道硕

蜀汉前将军漠寿亭侯壮缪关公,昔称圣之烈者也。海内外率庙而祀之久矣。然性之近义者宗之,性之近勇者慕之,即未必能义能勇者,莫不畏之、爱之,庸者、劣者,亦谬而妄祝之。是故敬其烈,而亦仰其像也。像,土木也。侯即欲显其灵,亦不能使土木灵。大概或示于事,或游于梦,或发于签卜,或托于迷魂呓语,又或隐现于云雾荒渺之中,盖不能使其土木灵也。唯吾涪西门外之关像,则又土木灵焉。异哉!方前明甲申,正祯十七年六月初八日,流贼张献忠拥数十万众,溯川江而上,至于涪。涪人走,贼尽毁城内外官民舍。涪赭,凡庙之毁不待言,即铜铁之神像,亦无不毁裂熔溃。独关庙虽毁而二法身巍然。两座若未尝有变也者,二法身前后相去约五七尺许,前者高过人,后者高丈余。火大作,砖瓦厚重,零星注下如雨。而二法身者,皆土木也,无寸毫毁。近而瞻之,冠履俨然,须眉如故,金屑不剥,至左右诸侍将,则又皆毁。金刀四十余觔(斤),亦色毁卷蚀,正殿上中梁坠于二法身之间,独完不毁,其余栋、柱、椽、楹、扆、案,皆毁。余时为贼所执,虽被创在火烟中,亦得不死。贼去火熄,遥望二法身金光,露处于瓦砾焦熇之上,三昼夜火气犹蒸人。及后人民归,见之起敬,随以草篷盖护。已而鸠工庀材,构新殿居焉,即今殿是。而今人入觐下拜,以为与新造者同,而不知仍为有明来之旧身也。今余六十有八矣,恐事久弗彰,敬以问之郡守萧公,公曰:"然。"吾将勒石以传。是为记。

重建关圣庙碑记

(据同治《营山县志》。毛鸣岐,字文山,福建侯官人。顺治十一年举人,康熙七年选四川营山知县。十八年出蜀游食四方,晚主鳌峰书院以终。)

毛鸣岐

岁戊申,余令兹土,目击荒域,荆榛匝地。邑中神宫殿宇,荡然无存,日对残黎数十家,谋耕凿、课农桑,忧心如焚,遑计及先时庙宇重加创造乎?既而思学宫有建,城隍有建,忠孝节义之祠,有关国家大典。我朝定鼎,收蜀板籍最迟,倘不亟取忠孝节义者,从而列圭瓒,荐馨香,非所以励风俗、厚人心也。越二年,庚戌,召里老,访祀庙故址。指学宫基南为宣忠庙,唐太师颜鲁公俎豆地东侧,为明金宪王公祠云。宣忠庙存残碑片字,久剥落不可辨考。县志以公曾出敕咸安郡,人德之,故祀。王公讳源,山右人,祠虽毁,有遗碑岿然,记公殉难从事始末。惟关圣庙向建于东南两关外,俱遭灰烬。里老以城内无庙为请,余闻而蹙然曰:宣忠为唐太师,禄山之变,举义旗为二十四州倡,嗣希烈作乱,公守节不屈被害,迄今读对希烈数语,凛凛有生气。金事王公,值鄢、蓝寇警,四援声绝。公婴守孤城,率乡勇数十突围出战,卒以身殉,视夫关帝力扶炎汉,廓清吴魏,成三分鼎足之业,不以生死易念者安在不可同日而语哉! 余议以宣忠庙、王公祠故址合建一祠,正殿祀关帝,后殿祀宣忠、王公,并附同王公殉难典史邓俊、医官马仁、义民张添寿于侧,俾忠义之魂有所凭依,无择地之劳,无重建之扰,所云一举而三善备焉者非耶? 嗟乎,是三公者,一忠于汉、一忠于唐、一忠于明,时不同而心同,事不同而耿耿孤忠则同,以之合庙而祀,四时荐鬯。萃乾坤之正气,氤氲一堂,在天有灵,知必以余言为有合也。邑都人士,岁时瞻几筵而慨然以思,睹灌献而惕然有感,当日毛发须眉,不恍从羹墙中如闻忾息也哉! 后世知余合祀之义,有关纲常名教不浅,必不忍听其委诸草莽也。是为记。

岳池县关帝庙记

（据光绪《岳池县志》。明代万历乙未年(1595)刘之澜任岳池知县,他恢复了关帝庙的祭祀,捐俸禄置庙田,解决了关帝庙祭祀费用。）

刘之澜

邑治之东有关帝祠,不知创自何代,邑父老岁时伏腊赛者祈者,率皆磔鸡刺彘以为常云。乙未冬,余奉命来岳,越明年春仲主祀事,按令甲所载者,咸秩而祀之,独关庙无祀,心怵。然成祀礼,第祀之牺牲品馐,犹然无额措也。适有兰淳者,售田完逋,余勃勃触于衷,捐俸三月易之,得田十亩有奇,去庙五里许,给庙夫岁耕之,足备春秋之馐,而帝之祀由之永焉。先是客有谓,帝解人也,奋勇而驱驰者,荆襄居多,蜀则未履地,岳即庙帝,帝未必依,奈何祀。余谓不然,帝委身先帝,合从翊汉,生死以之,当其时控据荆州,东骂吴,北绝魏,与二雄角,以故先帝毕力于蜀,成鼎分之业,蜀之黔黎,亦藉以衽席享数十年磐石之安,帝之功讵可泯哉。谁谓祀帝为无名,昔余在里中为诸生时,尝创一舍于帝之祠左,朝夕读书其间,私心向慕帝风。讵意莅斯土也,创斯举也,犹幸。及承事俎豆,仿佛于对越之间,且俾岳之父老,世世知帝有常祀,祀有常田,而尊帝之礼不专磔鸡刺羵之为者,未必不为风教之一助也。爰砻石为记,以示后之祀帝者知所自云。

总圣宫碑记

(据光绪《岳池县志》。余家场的关帝庙在乾隆四十五年重修,历时两年,还加入了文帝像,庙名也改为总圣宫。陈三恪(1559—1653),明末邑人、著名学者,字象贤,人称玉渊先生。)

陈三恪

余家场之有关圣祠,历年五十六矣,盖自雍正五年,乡人即明苟迪堡旧址,创立数楹,以为朔望朝拜之地。阅年既久,风雨飘摇,不无朽蠹之处,而且檐宇湫隘,每逢谒祭之日,实有人满之患。乾隆四十五年某月内,某等慨然,议彻而新之,间则加旧三之二,楹则添旧四之三,堵城截巍,黝垩辉煌,又于前作台三间,以为四时报赛之所,捐资出粟,乡街一心,阅二年而其事告竣,于是众议新武帝之象,并增入文帝之象,改其名曰总圣宫。而求叙于余,盖将寿之贞珉,以告来者也。余谓国于天地,必有与立,唯此忠孝之心,根于所性,虽悍夫顽子,陷染恶习,不无悖忤之行,而一旦引之于大忠大孝圣人之前,未有不魂动神惊而悚然汗下者。古来豪杰不为少矣,独兹二圣人,一则忠贯日月,一则孝通神明,遂以臣子之身,而享万世尊帝之报,上自王侯,下达士庶,内而中国,外而四夷,凡有血气者,莫不尊亲。岂非忠孝之至,有以动乎民之秉彝也哉。今诸君崇而祀之,将以其名乎,抑将以其实乎,如以其名而已矣,则二圣人者,载在祀典,为国家春秋崇德报功之神,庶民且不敢祀,而又安在神之陟降在兹也哉。如以其实也,吾愿入其祠,瞻其像,恻然思我之所以孝于亲之心,何以不愧于文帝,我之所以忠于君之心,何以不愧于武帝,而且父诏其子、兄勉其弟,日将二圣垂训之文,口诵心惟,务求不见弃于二圣而后已。如是则一庙之设,而一乡之内,皆可化为忠臣孝子也,庶不愧于国家神道设教之意乎。若仅以为求福、禳灾、演剧之所,是诬圣也,是亵圣也,□余乌得而记之。

重修郫县关帝庙碑记

(据乾隆《郫县志》。县令李馨,因郫县没有关帝庙,而捐俸修建,改禅寺为关帝祠堂。)

李 馨

汉前将军关侯,本朝敕封大帝,锡以忠义神武之名,且追封三代,凡郡县俱有专祠其像,则冕旒享祀。而郫邑独不然,栖神于禅寺,像仍戎服,又无后殿。余滥膺守土,每春秋致祭,心焉歉之,思改寺为祠,更易神像并设三代木主,询于学博董君,驻防邓君,督捕金君,佥同。余乃捐廉修治土木之功,既竣,众谓余宜记其颠末。余稽侯以布衣从昭烈于微时,尽心竭力不避艰险,败于曹操,百縻而百辞,迄能全身而归故主。迨夫荆襄失守,抗吴不屈,大节纯心,彰彰人耳目间,兹固不具论矣。惟是侯之所成就,如此卓卓,而前史或议之而未当,流俗欲尊之而反诬,昔人已有辨及者,是可以引申其说也夫。当百战分鼎之时,操之为汉贼,天下知之矣。而孙权席父兄之业,坐抚江东,似亦一时之豪,而侯独恶其狡诈,羞与为婚,或遂以此病侯,谓其失吴之援,不知操为汉贼,而权乃附之,即贼党也。安有英风正气如侯,而甘有贼党作缘乎。至于权竟陷侯,则天不祚汉,无如何耳。岂可以成败论也哉。而或又以侯爱士卒,而骄士大夫。与阆中张侯之不恤小人,同病。余观三国之士大夫,如陈琳、荀彧辈,为操罗致,认贼作主,卒之身名俱裂,即蜀之士大夫如麋芳傅士仁,军败降敌,草间求活而不耻,此皆衣冠之玷,又何怪乎侯之菲薄之也。若夫侯生而忠贞,没而神明,所谓浩然之气塞天地,而亘古今岂有藉于二氏而传哉。而老者曰,此吾之伏魔尊神也,释者曰此吾之护法伽蓝也。于是无识之徒,且以为侯之徽号揭之,庙廷形之,赞颂以成仁取义之躬,而援入无父无君之教。侯在天之灵,其能安之乎? 此尤不可以不辨者也。今者圣朝褒嘉忠义神武之称,千古不易,既足以涤前史之义,祛流俗之见,且使世之事君者,慕其忠交友者,怀其义壮夫勇,士钦其武,村氓妇孺慑其神,斯尤为追崇往哲兴起斯人之至意也夫。

武 圣 宫 碑

(民国《三台县志》。刘家营的关帝庙创建于清同治丙寅,当地流传嘉庆五年兵乱,关帝在刘家营显灵,贼兵看见一个神人左边的头发缺了,手中大刀与日月争辉,他们进入关帝庙中,看到塑像与他们看到的神人一样,从庙中出来后惊惶胆欲丧。又传说咸丰辛酉年间,贼兵看见神人手指画黄衣人巡檄万千人,皆手握青龙偃月刀,如明月一样明亮。赵芳玉,为本县贡生。)

赵芳玉

宫于一镇之中,亦与他镇同耳。而夫子之灵爽,独神于他镇。嘉庆庚申之乱,夫子竟以像显。咸丰辛酉之乱,夫子亦以像显。岂特人心之感哉,实夫子之心,千载一日耳。夫子之心,心乎汉者也。夫子之心,心乎汉心乎刘者也。而兹镇实以刘名,于夫子专扶刘也亦宜。今千载而下,观乎夫子之像,忠孝节义之心,可以油然而生矣。虽然宫不闳,则像不严。像不严则心不生,而是宫之关乎人心也,甚矣哉。
镇之有是宫也旧矣,岁久倾颓,里人张君时亭,谋所以新之,新夫子之
庙者,心夫子之心者也。矧屡蒙夫子之眷,欲不新不得也。其用财富
取资,不得不广,惟举事顺乎人心,一时之踊跃输将,遂无不争先恐
后,于是废者起,坏者易,缺者补,不足者增。期月之间,自殿寝、门
庑、垣阙乐楼,靡不金碧焜耀,丹漆辉映,焕然为之一新,使入是宫者,
肃然敬奋,然励咸以夫子心汉之心为心,则忠臣孝子将接踵于吾乡,
我夫子在天之灵,其保佑申锡,正不知更为何如也。夫是役也,肩其
任而不畏其难售,其业而不惜其金者,张君时亭也。赞之而曲尽其智
助之,而各竭其力者,诸君子也。乐诸君子之相与有成,而尽述其详
者,乡之拙儒也。乡之拙儒为谁,温其赵芳玉也。

富顺场武圣宫碑

(据民国《三台县志》。富顺场在三台县的东部,是著名的井盐产
地。严谦临,不详。)

严谦临

盖闻雍门白马,贝叶翻经。锦里青羊,神仙驻跸。话胜因于荀
勖,宜寿闻钟;镌净果于许询,永兴推宅,绛云成盖,人间开舍利之场;
绿玉为阶,海上现辟支之果。何必莲河葱岭,给孤始解捐金;岂惟鹫
苑猿江,大士方能舍室。三邑治东,场名富顺。冠盖相连,车轮辐辏,
盐泉分火井之荣,地利甲官山之富。峰连邓蔚,缨绮岫以攒云;径转
车箱,冠朱峰而礙日。秋清独眺,龙潭之万派争流;春霁遥看,虎穴之
孤峰入画。金椎迎路,球门牙仗之家;铁浮盈衢,里僧市魁之窟。展
矣,尘寰之净域! 洵哉,欲界之仙都乎! 时有荫轩彭明府者,考察民
风,留心祀典,鬼谋人社,曹廷之赏罚甚严;星贯天衢,秦苑之尊崇最
著。祀名先稿,常喧赛鼓赞传苞;谷应公孙,高唱迎神于醉觋。盖不

独银床屈曲,徒盛玉女之浆;金镜晶莹,终类五担之石也。于是气茂
三明,情超六入,同结善缘,共勷义举。因咸泉之旧址,建武圣之神
功,乐楼寝庙,高插云天;抱厅厢房,缦回隔地;七重兰楯,代植祇林;
五色琉璃,时修莲界。览三十六峰之胜概,无限烟霞;问四百八寺于
前朝,几多雷雨。孰若兹在天不寐,乐施普济之方;创建非常,得仗皈
依之法也。然其始也,卢峰乍辟,岂能银殿飞来,汉殿初成,未必玉梁
自下,鹊毛徒秃,讵便成桥,蜃气空嘘,焉能结市,不知鸯摩之岭,既多
龙树之观。自易文武夫子,貌同佛髻之青,川主圣真,掌现仙人之碧,
向宝鸭以求诚,灾消荧惑,验青蚨之迭进,福到财神,香国濒临,似立
广寒之府。神光普照,如参上界之容,信属金仙之呵护,悉缘善士之
捐施。今者四野蒙麻,一街仰戴,善果刻之青珉,神功镂之紫篆,珊瑚
七尺,春蚕织无量之碑,鹦鹉只栖,古蚕绣头陀之碣。

高加堰关帝庙碑记

（据民国《三台县志》。高加堰在淮安府,今浙江省内。不知为何
收在县志中。作者不详。）

皇帝东巡,阅黄河至高加堰,新命总制两江,得与扈从,历丁卯量
移闽浙。及次年戊辰,奉有总督河道之命,往来堰上,固数数也。再
阅岁在己巳春正月,皇帝轸念河工关系漕运民生,复举时巡之典,驻
跸高堰,新命复得扈从。盖高堰为淮阳之门户,南捍长淮,北抵黄流,
所裨于河工甚巨。石堤之中,有帝君关夫子庙,建自明神宗时,吴兴
印川藩。公感赪面颀髯之梦,反风拒水之异。奏请祠额,岁时祭祀者
也。迄今法像巍峨而庙貌倾圮,淮安府分管山盱同知刘暄等矢心,与
复庀材鸠工。不数月间,门庑殿寝,煌煌翼翼,垣墉周密,庖湢清洁,
落成请记予。予维《传》云:"能御大灾则祀之",圣帝之灵弥沦宇宙。
何地不荐馨香?宁独于此而祀之。中外凡有血气莫不蒙休藉荫,宁
独于此而捍御灾患。或谓大山长川皆有主宰神,金龙四大王,河神

也;张将军,淮神也,各司其地。高堰襟淮带河,砥柱巨浸意者,非圣帝不足以镇之欤。按高堰为汉广陵太守陈登所筑,元龙守广陵。在建安中,正与圣帝同时,则此堰实与圣帝相始终欤。世传大禹治水有黄龙相助,开江九载而功成,又传大禹三至桐柏,获淮涡水神,形犹猕猴,力逾九象,命庚辰制之龟山之麓,淮水乃安。其说似近乎诞。及诸葛武侯总师西蜀,去大禹三千余年,乃为之记曰:"大江石壁间有神像影现,鬓发眉须,冠裳宛然如彩画,前竖一旌旗,右驻一黄犊,有董工开导之势者。因复建其庙目之曰,黄陵以显神功,龟淮犊庙有支郗井,为禹锁水神处,至今遗迹犹存。"苏文忠公有龟山下瞰支郗宫之句,且其说又非诞。大约冯彝川石,浮天载地,洪蒙震荡,靡所不有,惟赖有神以锁之,易不云乎圣人以神道设教,而天下服矣。圣帝平准五行,纲祀八维,其英灵奚啻?黄龙庚辰庙食于兹,堰固宜也。且堰之为名,取乎加高之义。兹者蜿蜒绵亘,巍然屹然,圣帝之庙高峙其上,春秋向祀奉黍稷,以告曰:洁粢丰盛为其沮洳,皆成沃壤,而民守恒产也。奉牺牲以告曰:博硕肥腯,为其霈潦不浸,而物无疵疠也;奉酒醴以告曰:芳酩澄醪,为其三时不害万宝,告成百室盈宁也。猗欤盛哉!周颂《时迈》之诗曰:"怀柔百神,及河乔岳,允王维后"。此巡狩而朝会祭祀之乐歌也,今天子圣神文武,治臻上理,万国来朝,百灵效顺,淮黄安澜,海口底绩。圣帝默运天工,保合太平,巩固无疆此堰之峙,为金汤不待言也,因拜而为之记。

倡修武庙序

(据民国《合江县志》。合江县关帝庙在县城西门外。清乾隆二十三年,知县叶体仁率同士民捐赀创建。嘉庆二年知县张金铭捐廉增修东西贤关。越十余年,邑绅郑廷臣等得国修学胡显租慨捐五百金为倡,改新后殿,道光中知县刘养锋率同士民重修,光绪二十三年,邑庠生红启昌重装圣像,并培修刀马亭及围墙。民国四年关岳合祀,改为关岳庙。)

叶体仁

尝考祀典,凡有功于国家民生者,春秋祀之,庙貌葺之如文武两圣者,又非别神灵所可同日而语也。合江为奇奥之区,独据形胜,山岳炳灵,人文称盛,旧册所载,历历可稽,有明之季,兵火焚掠,盗寇充斥,人民流离,城邑为墟。我朝定鼎以来,招抚流遗,还定安集,而逼近蛮苗,诸凡阙略,莅斯土者,以服官为寄寓,听其圮而不治,以致日积凋残,不能复振,亦司牧之过也。方今圣人在上,大化翔洽,薄海州郡,祠宇莫不崇皇壮丽。合邑文庙,虽经子衿董事兴修,尚有可观,而武庙独至阙如,毋乃不称实甚。予猥以凉德,作宰兹土,见而惴惴焉不能稍安,嗟乎,宣化承流,臣子之职也。修废举坠,官守之常也,惟是令兴斯役,虽捐廉俸未免独木难支,凡我邑人,其各鼓舞乐捐,共成盛举,务期庙貌恢宏,速于告竣,则他日神灵默佑,俾得辉映于前代之盛者,予将翘首而俟之也已。

重 建 关 庙 碑

(据民国《增修灌县志》。关帝庙,在武圣街,后名瑞莲街。清康熙年间,知县聂有吾修建,后毁于大火。雍正年间知县谭琏倡议,由陕西人捐款重新修建。谭琏,广东人,康熙五十四年(1715)考取进士,官授四川灌县知县。)

谭　琏

关侯自汉末殉国,灵威所注,沦肌浃髓,虽愚夫归咸敬畏焉。故普天之下建祠瞻礼,其感人者深矣。雍正乙巳,余奉简命来宰是邦,朔望谒祠,见其庙貌巍峨,面青城而带岷水。阅县志所载,其来已久,而问诸遗老,则兵燹之后,无复有存,前任聂公始董其事,秦民袁明春等共勷厥成。数十年来,人烟集辏,犹有古风。虽赖贤君相抚宇之力,亦神灵有以保佑之也。无何祝融肆虐,复为灰烬。余方虑鸠工庀材之难,未几而秦民慕义输财,并力期年,顿还旧观,顾而乐之。邑民因请记勒石,余乃以见诸志、询诸人者志之,俾吾民瞻仰德威,愚贱所以倾心之故,则兹祠阅千秋万岁,不且与青城并峻,泯水同流哉。

重 建 武 庙 碑

(据民国《增修灌县志》。关帝庙在东门外太平街,清乾隆二十八年创修,道光二十七年,知县史致信重建,民国十三年,驻防旅长郑世斌补修庑园亭,民国十八年庙门被大火烧毁。)

史致信

自古义烈英灵,历久弥彰者,莫如汉寿亭侯,奉敕建祀,礼独隆焉。道光壬寅春,予来守是邦,敬谒武庙,规模气象,备极宏深,惟前偪通衢,环门草舍,不能豁然开朗,拟扩而充之,有志未逮也。越三载,甲辰恪将时祀,庙祝以殿梁楹柱蠹蚀告,爰邀驻防陈君共肩斯任,以广文王□臣募捐赀,国学李烈施皓司会计,绅耆曾廷陞、张汝达董其事。鸠工庀材,起迁者数十户,造作者数百人。鸱吻不崇,罘恩不□,昭其朴也。柱以梗楠,栋以杞梓,昭其坚也,曲榭回廊,棼橑布翼,昭其卫也,三阶重级,硗碱彩致,昭其等也,崇门对峙,耸垮冲途,昭其别也,脂胶丹漆,焜耀垣墉,昭其文也。仁中区以流览,其北则冈峦起伏,蜿蜒游龙,若脉络之远接灵岩焉,西环玉叠、青城、圣母诸峰,出没隐见,若神仙排云之遥拱焉。水出离堆,奔涛雷吼,前折而浪□波恬,若流带之东。其南焉,东弼建福楼,截江固气,若文笔高插云天焉,一山一水,皆效灵于庙而毕献其奇夫。庙建于乾隆戊申,历今年五十余载,春秋之祀飨,军民之灌献,往来商旅之仰瞻,胥于是乎□在方予规画经始,惟鲜克有终是惧,陈君力任其难,固为□策,曾、张两董自携资斧,黾勉趋公,越寒暑一周而告竣,非邀默佑之灵,其能安恬效职以建此宏模也哉？予幸初愿之克遂,而众善之不容没也,谨述颠末以永贞珉。

灌县重修关帝庙碑记

（据《增修灌县志》。顾汝修资州人,官历翰林院编修、御史、顺天府尹、大理寺少卿,官至正一品。他曾出使安南,诚安南王忠心朝廷,使之不反。受到乾隆皇帝嘉奖,赐黄伞一柄,成都现在有黄伞街,纪念这位名人。乾隆三十年,此文为顾汝修受朋友时任成都司马的汪公所托而撰。）

顾汝修

学之有武也,自开元始也。其祀于学者,为太公望。庙之有武也,自我朝始也。其祀于庙者,为关夫子。中古以来,弟子于长者、掾属于府公,皆称夫子。特以致其宗仰之私,自尼山正先师之位,夫子之称,则由帝王以迄氓庶,此其尊崇为独至矣。国家于汉寿亭侯,原列祀典,职在太常,牲牢将事以五月十三日,今则春秋致祭,海内并举,其度数视学校有隆杀。而武庙与文庙固界良有司所告虔者,俨若春秋之后,至汉季而有配焉。夫文庙之在直省、郡县,未尝有二。而关庙则穷乡委巷皆有之,其在通都大邑者尤闳丽,以故两祀届期,礼无或缺,而要其用心之因循,非敬慎者所敢狥矣,灌县去成都百余里,向亦未有特庙。乙酉春,邑侯嘉公请于大府,偕诸绅士度地城东,创建之门庑殿寝、庖湢之室咸备,缭以丹垣,表以丰碑。会公摄篆简州张公来署,县事告竣,而成都司马汪公分驻兹土,谋为文勒之石。汪公昔与余同官大理,走书来乞余文。余维天地之用,和风甘雨,毒日严霜,固并行而不悖者也,吹拂濡养之泽,万物受之,而不知至于蕴隆之酷,栗烈之威,妇孺亦相顾而不敢犯。先师阐道立教,人食其德,吾见有亲之而无畏之者。其诸和风甘雨乎,关夫子舍生取义,蚩蚩者闻其名而屏息,其诸毒日严霜乎,知天地之不可而衡以人心,知不虞其过量矣。夫俗士或以其不足于文,或以其大业未就,阳为尊崇而阴实少之,此岂通人之识哉。当鼎足未成时,操挟天子之威,孙席累世之诈,倚以立名,各有人杰,夫子间关险阻,封还魏赐,拒绝吴婚,周旋期间,不挠不折,此其精心毅力,足夺老奸之魄,所谓圣人无厄地,何以文为? 即以功论,擒于禁斩庞德,曹仁势已不支,而操将迁许昌避其锐,向非糜方傅士仁之贰,虽百陆逊吕蒙,何能为此,盖天不祚刘,以致中蹶。然千万世后,犹得以蜀汉与东西汉接武,则又何恨之有夫。诸葛丞相为王佐才,其视王朗、华歆、陈群辈、直如狐鼠,而于夫子有绝群逸伦之誉,互相引重,以此思之可无疑义矣。余尝读夫子辞曹书曰:日在天之上,心在人之中,日在天之上普照万方,心在人中以表丹忱,直揭心体,千圣渊源如接往者,奉天子命封安南王,王以夫子庙联请,因本此义,以夫子为圣之任,且清者夫其艰难择主,可不谓仁乎,绝魏拒吴,可不谓清乎,视圣之时,亦其亚也。汪公专司水利,尤勤其职,嘉公、张公能不因循克尽守土之责,以殚癏民之心,皆圣人之徒也。既不获辞,斋戒越宿,摅其私衷后之尚论者,其亦有采于余言也夫。

武 圣 殿 记

(据道光《石泉县志》,姜炳章任县令时维修了关帝庙。姜炳章,浙江象山人,乾隆十九年(1754)进士,乾隆二十九年(1764)任石泉县知县。)

姜炳章

吾闻天地之大德曰生,生生之气磅礴,而无方无体之谓神。维天笃生武圣,维圣之神亦无方无体。有感斯应,而物遂其生焉。自古侯王将相、忠臣义士,未有神之昭明如我武圣者也。武圣扶汉鼎于西川,石泉为川西地,邓艾入阴平,曾经斯境,圣有余憾焉,然而潦尽潭清,大义朗然,彼孙曹犹沙虫耳。能如圣之神行,万古赫赫,明明于天地哉。石泉旧有庙在月城内,湫溢欲颓,予吏此邦,改建于城西街之右,中为正殿三,祀圣像,后寝三,祀圣三代神主,大门三,春秋朔望,差足以行礼。功竣,绅士以记为请,予曰:诸贤知武圣之神乎?《语》曰:官止而神行,又曰:气盛而化,神圣之神,天神之神也。故《诗》曰:文王在上,于昭,于天神者,元气也,生气也。氤氲深厚而浩然,沛然其为神,大而弥亘六合,由中国以及九夷八蛮,小而在匹夫匹妇,与知与能之地,犹之日月丽乎天,容光必照亿千万人求之,则亿千万应之,盖天地之元神独钟于圣,而圣之生气,克配于天又何往而非圣之神也乎,吾闻前辈有悬圣像于卧闼,以为检身之助者,《诗》不云乎,昊天曰明,及尔出王,昊天曰旦,及尔游行,徒入庙而思敬乎哉。瞻圣像者,尚其惕然于斯文。

昆明重建武安王庙碑

(旧在武安王庙内现移置云南图书馆,万历二十五年刊,高六尺六寸五分,宽二尺寸寸三分,额书重建武安王庙记八字,系篆书。全文计九行,七百一十八字,系楷书,录后。沐昌祚(1554—1624),安徽凤阳定远人,黔宁王沐英之后,在隆庆六年(1572)承袭爵位。)

沐昌祚

原任钦差镇守云南总兵官征南将军少保兼太子太保,黔国公,古濠沐昌祚撰。

天地之间,万形有敝,而惟正气不磨,是故在天为日星,在地为河岳,而在人则为忠义,盖忠义之气,刚大奋发,王纲赖以振,民纪赖以立,世道赖以维持,直上之日星争耀,下为河越比烈,历千万世而犹可以感人心于无已者。惟是正气之磅礴也。乃予观于武安王其人乎，王忠义性挺，冠绝古今，以故人心有同感也。而祀乏备，遍寓以内，所从来长远矣。予府西偏，旧为通蚓，口堪舆象辑创王祠镇塞衢故之口，右余小道仅容履祠亦湫隘弗称展谒，楹下者辄逼神衣。予每过而徘徊叹曰，夫神口贵严，严斯畏，严斯畏，像堂中，谒堂中何畏何感哉。谟鼎而大之未果，已参随张举闻而乐于为义也，则捐已赀度材鸠，工拓厥址，改建焉。广右道以便舆马，为殿凡若干楹，深为尺八十有三，广为尺九十有二，殿之外为台，台之前为正口，左为屋三间，栖守宇户，前为夹宝，以待饮福者，中范金为王像，周王土木率采绘，而金碧之规制，视昔殊倍壮丽，于是展谒者率于殿外，仰视殿中，若有可畏者在斯，其于神道至严矣。经始于丙申十月日，阅酉六月日，工成总其费口金九百八十有奇，复置甲为亩者若干，以资常住。其用心可谓笃至也。予深嘉之曰，是义举也，奈何可无石以昭示后来，盖人之恒情，谁乎不操奇赢，自殖务以华室腴亩，鲜衣怒，马侈仆妾相胜而举，独不少俗溺荙其所有，新王之宫，靡或爱吝是必生平得于忠义之感者深也，斯足见匹之心哉。夫王之正气，流行天地，间争耀日星，比烈河岳，历口万世而凛乎常存，固不以祀之崇不崇为轻重。然考之祀典，凡以劳定国则祀，以死勤事则祀，能御大灾捍大患则祀。乃王皆兼有焉，则崇而祀之也固宜，岂世之诏福淫祀者，可同类而并语也。夫大足为风化神矣，虽然福善祸淫鬼神应感常理，矧王挟正气该驱役万领，其英爽赫奕，又章章如是，顾谓其报施淬淬然，于不可测识之中，则又大谬不然者，故瓜种而瓜，豆种而豆，予且必之佛氏之说也，举宁独能却影于表禁响于声哉。因书以记，万历二十五年六月朔立石。

鹤庆州关庙记
代总兵官作

（据民国《鹤庆州志》，鹤庆州即今鹤庆县，邑人毛程远代总兵作。

重新翻修了关帝庙。）

毛程远

夫人之为苍昊所特钟者,生则人之,死则神之。为国所永赖者,生则爵之,死则祀之,至后世尤褒美而申锡之。虽曰崇报功德哉,将仿古帝王神道设教,使天下之人,在朝在野咸知所尊,而因以为法。若汉之前将军汉寿亭侯,当炎火衰时,从先主奔走吴魏间,离而复合,而其志益坚,气益壮,迨鼎足既成,先主都蜀,乃留守荆州时,威震东北,浩然有一统之志,卒未就而捐躯殉祸。议者悲之,谓君相俱有责焉。然其忠义已塞两间矣。盖忠义者,乾坤之正气,人道之纲维,可以薄云天,可以扶日月,能尽是者,谓之圣,谓之神,而一时之功业,皆为陈迹,可置而弗道。不然古今勋业,懋著而捐躯报主者,未可指数,而终鲜祀之者,即祀之亦及之当世而止,兹独历唐、及宋、及元、及明、以及我朝,其间无地无专祀,而且进以王、进以帝,申锡无已者,抑又何耶?今天子揆文奋武,敕天下诸庙,祀而修明之,甚盛典也。鹤之关帝庙,在府治旧城之东北隅,其创始远不可考,明正统间为昭武将军所重建,后之人亦间由补葺者,然因废为兴,多缺陋而未备。余忝任边城,与太守金公奉天子命镇斯土,爰恢其义,告诸文武僚属及荐绅,都人士争出财,鸠工图拓而新之,不逾月而工萃,圮者皆已完矣,隘者皆已辟矣,三义殿之左右,新建武侯、马王祠,遗者皆已毕举矣,而士而甿,而商而旅,过其庙莫不奔走瞻望,翕然起其忠义之心,由是而人心以正焉,风教以成焉,王政亦因以达焉,其所关不甚巨乎。昔太史公过鲁,登孔子庙堂,观其车服礼器而曰,虽不能至心向往之,子之于公犹是也。然则是役也,不惟其名务尽其实,不徒修公之庙,务修公之行,以求无愧于公而已矣。持此志以与诸同事共勉焉,则庶几于天子崇修祀典,使天下知所尊,而因以为法之意,稍亦有合乎,如徒侈其栋宇之美观者几何楗,经营之尽善者几何事?是惑也,非所以尊朝廷而敬公也。是为记。

盐丰县重建关圣庙记

（据民国《盐丰县志》。白井为云南重要的产盐地，旁有关帝庙，遇水灾关帝像漂到金沙江，被少数民族的群众抬回归还。刘邦瑞，撰《白井盐志》为县令。）

刘邦瑞

天以阴阳五行化育万物，自人得之，以为刚柔五常之德，而浑然全备者，斯称圣焉。乃求圣人于三代以后，盖难言矣。予观汉末三分，人才称盛，然事吴事魏大节已亏，蜀虽偏安，其人才非吴魏可比，如诸葛武侯，鞠躬尽瘁者，允为三代后一人也。而关帝之文武圣神为尤著，帝明春秋大旨，辅昭烈于孤穷，不以富贵利害动其心，生死成败夺其志，暗室屋漏易其操，义勇忠诚，凛凛正气，其有得于刚大之德者乎。故至今智愚贤不肖莫不心知有帝，而中州之通都大邑雄镇名区，以及僻壤穷乡皆隆庙貌焉。滇处极边，武侯南征时，帝已殂落，未尝至滇也。而滇人之奉帝者亦与中州无异。白井小邑耳，帝庙前建于北关外，其神最灵，崇正三年水灾时，帝像漂至金沙江，屡次显神，江边彝人莫不敬畏，越数百里送回仍归本庙。但庙宇历年久远，风雨飘摇，虽前人相继兴修，而规模未宏，基址未固，不旋踵而榱倾桷落，壁败垣颓矣。予承乏兹土，有事神理民之责，事神则不当听灵宇鞠为茂草，无以布几筵而修禋祀，理民则当于事神中默，有以激其义勇、忠诚之性，而后民无邪慝，易于知方，此庙之建修不綦重哉。乃捐俸庀材，用集工役，井民皆慕义争先趋事，爰构前楼三间，大殿、中殿、后殿各三间，金饰丹涂，翚飞鸟革，未及百日而告成，俨然基址坚固，规模宏远矣。虽然予之重建者，亦因民而致力于神，非敢媚神以邀福也。矧帝之生平，史册荣之，古今人称颂之，犹阴阳五行之在天地，终古此天地，终古此阴阳五行，而帝刚大之德神武之风，亦与为无尽也，又何区区一庙之足云乎哉。是为记。

新建石羊关帝祠记

（据民国《盐丰县志》。石羊是云南井盐的盛产地。明崇祯年间，盐丰县水患，县令主持修关帝庙以镇水。偰应东，为岁贡，其他不详。）

偰应东

石羊故有关帝祠，在司治西北，当河尾闾。创自嘉靖三十六年，摄嶒章公肖峰迹也。一时规制虽草率湫隘，要以锁钥水穴，阜民裕国，从来尚矣。崇祯庚午，巨灵为孽，掘庙址而洗之，水势奔泻无潆注之态，五六年来民间有流亡之象。辛未春，虎林沈公，下车省观形胜，辄重此举，捐金以先诸父老，奈时诎举盈再倡再弗克济。越甲戌公奋然独肩其役，费取诸俸薪，事期于坚永，于是采石山崖，筑堤高仞余，长数百，武庶称磐基巩固，善建不拔，次创大殿三槛，殿中莊以龙御，殿前饰以台榭，盖不徒规模宏远，而金碧荧煌，朱丹绚彩，望之巍然焕然，极一方壮丽，次缮明庭，缭垣壁，甃甬道，设炉案，又凿凿靡不工美焉。其虑后人秽渎也，创大士庵于右，置禅僧严事之，其虑风气漏逗也。且锁镇桥于左，树关栏大振之，又买山木以供爨，又市灶产以置租，凡可为神民计长久者，日益殚其心力，经始于甲戌之秋，落成于丙子之冬，后先阅二载，公于政暇每一至，以省试其劳，是岁河水漾漾，北流溃溃，向之奔泻不注者，今环川皆潴也，井灶其有起色乎，诸父老私相庆曰，非大帝有灵，庇明公功德，曷克臻此。往习仪在西山古刹，殊非人臣北面之义，殿成奉龙亭于其中，更严其帐御亦以肃朝常也。先是庚午之变，民胥溺过半，问诸水滨无一复者，独帝行像，入水不溺，走数百里，越半载余，仍得迎归乡井，此其事亦奇矣。虽然，无足奇也，帝固有灵匪人弗依，飘然而往，卷然而来，史嚚氏所谓神依人行，理有固然者，公今盅盅斯役，良有以夫公治羊且六祀，百废俱兴，旧报成者,备陶大老甘棠书院记中,新增进者,如重建五马舆梁,再新四封庙社,复古塔以培卤,广义塚以瘗骨,街衢则平治,险隘则修砌,种种未易殚述也。今特举祠之大略,而记之。

北城外关侯庙

(据民国《元江志稿》。关侯庙,旧州志:有二,一在县城北门外演武场后,乾隆五十年建;一在青龙厂,道光六年,知州广裕重建。北城外关侯庙,邑人马汝为有记,民国时改为关岳庙。马汝为,字宣臣,云南元江人。康熙三十年(1691)进士,授检讨,与修国史。官至铜仁知府。)

马汝为

余读书至子舆氏所云"富贵不能淫,贫贱不能移,威武不能屈",求之三代而后,克复斯语者实难,其人惟关汉寿亭侯始足以当之。汉之季,王室陵夷,奸雄并起,而窃柄跨州连郡者,不可以指数,当时人心已不复知有汉矣。昭烈虽帝裔,未有一成之田、一旅之众,徒挟空名以伸大义于天下,其势力不逮袁、曹、孙氏远甚,乃选择昭烈以从事于涿,流离奔走,百折不回,其志可不谓坚而守可不谓定乎! 其容于操也,子女玉帛,所以供奉者备至,曾不以动于中,而操亦不得而留焉。迨荆州构衅临大节而不可夺,刚大之气,足以塞天地而配道义矣。盖素好左氏春秋,其生平学术,皆得力于此,取舍不谬于圣人,子舆氏所谓大丈夫者,舍侯其谁与归哉。且卓然不可及者,匪直此也。诸葛以十倍之才于操,犹曰不可以与争锋,乃取襄攻樊,摧破七军,虏于禁斩庞德,操议徙许以避其锐,其将略固有大过人者矣。使其志获伸,方之高光之萧曹耿邓何愧哉,不幸穿窬之徒毁盟而附操,使其功垂成而败,则汉业之不复兴,亦天意之不可知也。安得谓其谋之不藏,而虑之不远也哉。以故光明俊伟之概震于当时,成仁取义之风传诸后世。虽荒陬僻壤,人迹罕至之区,莫不虔祀而敬奉之,宫殿之崇照耀云日者不可以数计,古今祠祀之盛,未有如侯者也。元故有庙,创于嘉靖之乙丑,至万历丙辰,那公涵春重建之,迄今岁久,日就倾圮。夫浮屠老子之宫,所在都有,大抵不俟其颓败而早为之所,侯之忠义炳若日星,其宜尊崇奉祀有非浮屠老子之宫所可比也,故敬赘数言于贞珉,以传之后世,斯庙之成其有功于名教也,岂浅鲜哉。建工始于辛卯之冬,迄壬辰仲夏而落成,予乃谨为之记。

大理重建关帝庙记

(见《大理府志》。大理关帝庙,宋天禧年间建,明洪武年间,指挥使郑祥在庙中敬拜,并倡导重建此庙。赵升,不详。)

指挥　赵升

忠义敷遐迩,而功烈伯于今昔者,号志不竟于前,而名必显于后也,故汉寿亭侯关公,当汉时倾颓,奸臣窃命,侯知昭烈乃帝室之胄,即归心傚诚,勠力臣节,时海宇瓜分,乃奉昭烈西取巴蜀,因据形势,奋练士卒,待时而动,然后举兵北伐,必欲长驱河洛,扫清魏吴,师出而群盗请降,再举而斩将褢军,义声四播,威震华夏,虽操之强亦议徙都以避其锐,将谓恢复之计,在于即日,奈天不祚汉,大勋未集,偏禅弗协,而吴人得以乘衅入江陵,俾侯之志不竟而殁然。而忠义炳烈,上贯日月,故虽殁而精爽犹足以威敌,后之用兵者,未有不于侯而乞灵焉。宋天禧中,诏封武安王,所在立庙,故边城咸得祀侯。越我朝洪武甲子,指挥使郑公以斧钺来奠大理,下东之初,展敬祠下,顾谓僚贰曰,侯生以功为臣,殁以灵为神,其英烈显赫,千古若存,而祠宇弗称,则无以答神贶也,仍易故而新之,构东西两庑,设兵卫于左右,取侯之先平功绩,列图于壁,俾观瞻者知侯之威勇,始终于义而永不能忘。厥功告成,众请为文以著其事。余用述其梗概,使后之谒斯庙者,知公之为心而求嗣公之志,则侯之为灵、永孚于人而益显于无穷也。

重修叶榆关庙记

(明《嘉靖大理府志》或清《大理府志》。叶榆,古县名。本西南夷地,西汉元封二年(公元前 109)置县。在今洱海附近,洱海又称叶榆泽。范水勋,不详。)

范水勋

叶榆有汉寿亭侯关公庙旧矣,几经兵燹,栋宇倾圮。前提督桑公从而葺之,未几风雨飘飖,今提督诺公即桑公弟也,相继积镇更从而新之,备极壮丽。予以奉命,因公巡金沙江,还过叶榆,相与登城,因见鸟革翚飞之盛,盛公指谓余曰,此先兄修葺于前,岁久渐敝,某重新为更之者,公其为我记之。余惟忠义之气,古今相感,三代而下,生而为人之大忠大义,与夫殁而为神之至英至灵,诚有莫过于关公者,以故华彝崇奉,庙徧天下。今公建牙秉钺为天子壮万里之域,凡以报朝廷而卫生民者,莫不经营筹画其辉煌斯庙,岂独踵乃兄之事,而祈福报者与,盖欲竭圣神之英灵以作遐荒之忠义,其鼓舞感发之意岂浅鲜哉。余喜其志,与事之有所关而远且大也,故为之记云。

重修武安王庙碑记

(据《嵩明县志》。农历五月十三,嵩明县民间祭祀关帝。乡民将佛庙改为关帝庙。杨钧,明代著名学者。)

杨　钧

武安王庙建于吾嵩文明坊之左,考志原无遗址,每岁五月十三日王降生之辰，吾嵩士夫暨市廛之民，老少大小胥办香烛斋沐骏奔而祭者，相望于道，合滇之人皆然。盖王之功德弥满宇宙，随处显赫昭映，而黔中实王父子开辟神化之地也，衣冠文物承媲东汉之盛，至今不衰，祝而报之，人心秉彝之良，厥有自哉。庙地旧为梵宫，岁久倾圮，改为公家储积之区。嘉靖戊戌，乡耆段应魁、张广、段续文偕数十尚义者，董达、杨汉臣、洪杰、李培丰财辈，协心倡议于予，欲建庙以祀王报功也，二纪而庙成，众属文于予，以纪始末，时予膺荐北上，未记去之。十年庙宇宏拓，增修神像，俨然远迩敬仰，有庑有廊、有门、有厨庖、有井溷，轮然焕然，一方具瞻也。予时守粤之永安，适佽诏杨一山来悉其事，予闻之喜吾乡尚义之笃竟不坠，祀典如是，尝稽王之忠义，古今传述极备，而王之心事，吾嵩尚未昭著。予尝读史，至王始终扶汉之节有感曰：王之事功、心迹，当与诸葛孔明合辙，其大义则要归于出师一表，盖汉贼不两立，王业不偏安，孔明之所以翻然隆中，为三代奇才者，王之义勇皆根诸此，其力扶炎汉之业，伸忠荩于垂烬之余，左右昭烈，不欲偏安，西蜀使赤帝之大统，皎皎复明。噫！王卓尔之深意也，不然，卒然结义，非有骨肉兄弟之情，焉能于稠人广坐之中侍立昭烈，终日略无惰容，捐生以尽瘁，死生无二乎。予断以草泽之中，君臣之分定矣，当是时，奸雄窃盗神器，比肩共逐。王独知之，此即可以落老瞒之魄也，是故明烛达旦，守死如生，与天日争光可鉴矣。夫明春秋讨贼之旨，达中庸慎独之义，其中立不倚者乎，不变其塞者乎。斯义也，渊微莫测，知此则伊训说命，皆可以互相发明也。此万世之公言，岂特可以记诸吾嵩也欤。兹因王之心事，无为王暴白者，予于读史之下，深有慨焉，安敢以不肖一得之愚，而泯之无传乎。虽然，庙也者，貌也。祀也者，事也，觌其貌必得其心，祀其神必师其事，故曰：神而明之，存乎其人，吾嵩祀王有庙也，觌庙而作肃事，祀而作志，以王明烛达旦之心淑身，以王诛奸许国之心帅气，出以王之义勇，为国为民，处以王之义勇，励时化俗，使人人皆学为忠臣义士，则王之至大至刚充塞天地者，如在其上，如在其左右，庶无忝王之义勇，在吾嵩云尔矣。彼不忠不义者，过之能不悚然而兴起哉。予与吾嵩乡人，庙祀之意,其亦在是乎,若徒增庙宇,无益于作则垂训,岂吾嵩乡人立庙祀王之本心哉。愿世世崇祀,为吾乡人者勿替此意也,遂为记,以寄之用,以镌诸石,以助工尚义者,俱列名于左,是为记。

杨林关王庙碑记

(据光绪《续修嵩明州志》。杨林关,昆明附近的军事重镇。兰茂,明代云南名医。)

兰　茂

汉前将军寿亭侯之神,生有功于社稷,享庙食于成都礼也,后八百年河东有盐池之妖,宋真宗诏二十五代天师,乾曜致神往戮其丑,复遣王钦若享祠以谢神贶,新其庙额曰义勇,追封武安王。又三百年元文宗加谥显灵英济四字,由是天下皆有行祠,圣庙。洪武壬戌平定云南,凡将帅之臣,介胄之士,咸慕公之神灵,冀以助杨威武,所在军卫必建祠以祀之,杨林在滇城之东百里,守御官请命,于先总戎黔宁昭靖王,蒙允许之,堂宇既立岁久弗葺,而坏矣。天顺巳卯官僚暨信士人等增修而复新之。成化戊子有会众人等见祠有地泉一穴乃共发虔心再建中山门一座造大刀立之于右,谓之曰摄刀泉祠,左有丽牲石,好事者以铭记见属,愚义不得辞,乃谂于众曰,人皆知公之为神封号如此,而未明其所谓者多矣,窃尝考诸传记,而有感焉。当汉之末,公能识昭烈于潜龙之际,与张车骑同以兄事之,昭烈在徐州,又以兄事其牧陶谦,谦妻乃苍梧太守甘公之女,谦既丧,众请昭烈为牧,东海别驾糜竺以妹妻之,生子曰禅,后曹操袭徐,昭烈奔袁绍,绍以公归许,甘糜二嫂举营随之行,公尊之如母,奉之如严君,为作前后营,自居前营,以甘糜居后营,使侍婢奉起居而公尽理戎事,夜则以阅左传为辞,明烛达旦倦即假寐而坐,吏吏者待立,往还凡百有余日,礼不敢废,其操守之洁,人鲜能之。公在许,曹使张辽揣其去留,公不隐实以直告之,其磊落如此。他若战胜死节,载诸简册,人所易知者,尤彰彰然。宋元之君,世有追封之典,天下后世,为将帅之臣,祠而享之,固其宜矣。读史者不此之察,据以自矜寡谋,见识而略其大节,至义非知公者也。余因所请,特表而出之,复为之铭曰,太行之西黄河东,钟乃灵秀生英雄,忆当炎刘运告终,四海之内方溃洳,公于尔时忧厥衷,奋剑欲起将谁从,楼桑车盖青童童,大耳帝胄居其中,公往从之事若兄,毅然兴国歼寇戎,老瞒凭陵气若虹,垂涎汉鼎独忌公,下邳失守何匆匆,嫂侄在难谁峥嵘,明烛达旦示洁躬义,气懔懔盟苍穹,走寻兄主期尽忠,天戈拨转斜阳红,绝伦见褒于卧龙,华夏畏之若虎熊,力据荆襄撄贼锋,逆徒震慑捐戈弓,土摧瓦解随奔洪,天不祚汉师奚庸,公竟骑箕还太空,精灵在天星日同,千载下函盐池凶,苍生仰德称奇逢,世君往往嘉神功,作庙展敬王其封、滇云东藩山曰嵩,其阳有祠香火隆,守臣志在希灵纵,将士所冀威军容,时祀以礼致厥恭,神之有感诚能通,紫霄赤兔来如风,吒咤屏翳驱霹雳,升降倏忽超鸿蒙,愿赐纯古嘏保有众,兵尘不动年屡丰,庙当有祀古所崇,照耀宇宙垂无穷。

重修杨林关夫子庙碑记

(据光绪《续修嵩明州志》。杨林古称羊林,元代以来改称杨林,现名杨林镇,有"滇东古镇"之称。现在归云南昆明市嵩明县管辖。杨林的关帝庙建于明洪武年间,嘉靖、天启年间维修。蔡毓荣,字仁庵,汉军正白旗人,兵部尚书蔡士英次子。康熙二十一年,任云贵总督。他倡议重修了杨林关帝庙。)

蔡毓荣

余于辛酉奉命率师督理滇务,越三载寇息民安,适有巡边之役,道次杨林,见城隅东南有关圣帝祠,前朝后殿奉文武二像,庙貌巍峨,规模宏广,渊泉镜月,乔木扶天,以妥神灵,崇祀典也。询其父老,读其志铭,知圣帝祠建于洪武甲子,之先二年,历天顺巳卯成化戊子,增修而扩大之,嗣是一修于嘉靖甲子,再修于天启甲子。向因兵燹,无力修复。余不禁喟然而兴曰,顾安得慕义者为之倡乎?时城守参戎祖君亦与巡行,率厥裨属,毅然以修复为任,林御平守力肩厥成,余向藩臬诸君子及诸郡守各捐俸以助。自癸亥九月,至甲子五月告竣,增其旧制,百废俱兴,门第、围城、次第事举,于是城守祖君偕林守平乞余为文,俾寿诸石。余曷敢辞,昔孔子作春秋,维二百四十年,王迹作千万世帝王师,帝君去孔子六百余年,未尝一日不读春秋,知帝君者其帷春秋矣,当炎祚鼎沸之日,同翼德张君识昭烈于群雄之中,讨吴伐魏,卒能复高光大统,于桓灵既坠之余统,而观之桃园兄弟,与汉室君臣,始终一心也;挂印封金,与秉烛达旦,显微一心也;战胜攻取,与杀身成仁,生死一心也,是皆春秋之志也。天下后世颂关夫子,亶其然欤!人谓帝为汉后一人,余更谓帝为孔子后一人,是故浩然之气,塞乎天地。历唐宋迄元明,至诚莫掩,由侯而王,由王而帝,历代褒封,昭然史册,极覆载照临之下,凡有血气者莫不焚香顶礼,而尊亲恐后焉。帝之神明,若此天下古今之尊崇,又若此其在当时,亦犹是人耳,人能事君忠交友信,见利思义,见危授命,则人人之心,皆有圣帝行见,兵戈偃息,海岳清平,在一邑则一邑安,在天下则天下治,正不徒勒石纪事为矣。虽然兴修年月凡三,甲子先后时数,若出同符,岂人事之适然耶。抑天运之循环,而默转耶,或亦帝心启佑而阴为之助耶。要皆有莫之为而为者,在也是又不可不为之纪也。余因是纪而思帝之善读《春秋》也,能为王臣师也,盖亦百千万世矣,请得一言以志不朽曰,《春秋》,关帝之书也。

初建关帝庙碑文

(据康熙《罗次县志》。罗次县,明云南布政司云南府罗次县,今禄丰县。明万历三十三年(1605),县令等人捐俸修建关帝庙。朱化孚,云南禄丰人,明朝湖广按察使,受托完成此文。)

朱化孚

汉寿亭侯关公,忠义冠铄今古,照耀简册,足振人心、励士气,寰海隅无不祠而祀之。罗阳新沐教化,民力疲茧,以故神祠多所阙略,即侯尚未庙食。万历壬寅,蜀资冯公来尹是邑之三年,政简人和,百废毕举。首鉴芹泮,甃之坊表,崇垣墉,诚彬彬作人之雅矣。因而行黉宫,前左隙,背山临流,远峰傍障,周行交拱,堪舆家所谓地之灵处也,于以妥侯永祀。佥曰"宜之。"于是诛其茅,拓其湫,而鸠工抢材,悉出己俸。少府关化,又善承意指,以播民和,不两月而告成焉。门列三楹,翼以两庑,层磊而上,始殿焉。侯貌如生,丹垩辉映,亢爽精楚,无不具备,焕然罗邑之一伟观也。

即竣,请记于余,以寿诸石,余曰:夫先勤民而致孝于鬼神,自古称之,则营缮建创,亦牧民常典也,而是役则不可以常例论。盖侯,武也,而黉,文也。武而参诸文,迹似相觭,然国家庠序之设,第欲兴礼乐、润太平已乎。将令忠臣义士预养其间,而堂堂正正之气,不欲一日泯灭。侯体忠质义,如星日丽天,人无不仰,如江河行地,灵无不在。况庙貌赫然,戟门巍峙,凡缙绅编氓,揖而踞者,过而趋者,伏腊而蒸尝者,不俨然畏,慨然感,蓬蓬然易险诐而忠义,则雕题凿齿,行将尽膏道德,其于庠序教人,宁无少补,岂与侈土木、崇淫祀者可同日语哉?若夫吾民子来,不日成功,此之德,自有腾口碑、重采风者。余故不敢赘,独纪其庙之始事,以垂于后云。

重修腾越关帝庙碑记

(据《永昌府文徵·文录·清一》。此碑于清康熙三年(1664)立。清之腾越,今云南腾冲县。副总兵田公来此重新翻修一新。马绍岩,不详。)

马绍岩

宇宙间,刚明正大之气人人同得,以为人故。缘像见心,触而即动;正气感发,久而不易,此庙祀所由兴也。维汉关帝以天为体,以日为心,精灵横塞,声烈昭垂,虽田野村姬,莫不知其为忠义之极。夫帝圣神武,万善具足,余以蠡测管窥,仿佛得其万一。盖乾坤合而至德生,日月会而神灵降。虬髯龙颜,伟干毅魄,正大之气,钟于一人。非天下之至精,孰能与于此。神冥造化,德含钧陶,曹、吴虺蛇之窟室,而帝如蛟龙之遁藏。非天下之至神,孰能与于此。生丁汉季,有力竞起,以帝之力,何往不逞,乃独遥择昭烈,从事于涿。非天下之至明,孰能与于此。周旋难险,婉转委曲,全身以归故主,及间关羁旅,而大义获信。非天下之至刚,孰能与于此。史称,帝好读《左氏春秋》。夫义之中有不义,不义之中有义,晓辨奸邪,阴维名教。非天下之至文,孰能与于此。然则,帝之盛德大业,不亦绝类离伦乎哉!是以正气留于天壤,虽千百年于此。凡有血气,莫不尊亲,又岂可以时代、方隅限耶。

今副总兵田公协镇腾越,谓"国之大事,在祀与戎",故未言治兵,先言祀神,瞻仰圣模,鼎新庙貌,亦惟是同得乎刚明正大之气者。在人心若有见焉,而帝若有所应焉云尔。是为记。

康熙三年,岁在甲辰,孟秋吉日敬立。

重建关侯庙记

（据康熙《晋宁州志》。唐尧官,字廷俊,云南晋宁县人,明嘉靖辛酉解元。李枚为当时的晋宁县令,嘉靖年间新修武庙,请唐尧官写庙记。）

唐尧官

晋宁北城外,故有关侯庙,湫隘颓驰,不足以奉威熏,而严对越官,每过靓俯仰徘徊,辄愀然图新,而恨力之不逮是也。乙酉冬,计偕之京师,则以它或可次第举,而庙门圮甚,其亟亟者乃出赀,属苏省祭毓秀为之代治。比归里,望之巍然,而一新者门耶。因与苏君计曰:"外仇稍饰,而中之居侯者不称,即神媒而人玩也,奈何?"苏君曰:"修庙盛举也,无论力绌,鸠工难,乏材之为虑尔。"一日,以请之郡太守李公,公曰:"庙不称,余习之稔矣,即会城庙何如此者,迩中丞台檄修之而奈何,郡之仍旧贯也,子果有意乎?"余当界之以材,而董其事者,仍以付之苏毓秀。遂诹吉与工,始于丙戌九月,至丁亥六月而工竣。中为殿,塑侯像居之。殿之前为亭,亭之前为门,殿之后为圆通大士,殿然皆拓基垒工,崇深壮丽,缭以周垣,涂以丹垩,而人之祷祀瞻拜于其中者,靡不翼然而趋跄严敬加昔也,而侯亦眈眈赳赳恍乎其如在,勃勃乎英气之犹生焉。盖公劻建之功为大,而余敷年未竟之,思幸藉公力,一旦偿之矣。或曰:"侯辅昭武,为汉虎臣,忠义勇烈,载在信史者,无庸赘矣。礼有功于其土者则祀之,侯勠力中原,前茅未至巴蜀,矧滇远在万里乎,即庙食郡宁享之耶。"官应之曰:"否侯之灵爽在天下,犹水之在地中,周流贯浃,而无不入,匪直滇也。"自世庙来,国家多故,营北构胡,而南挂越矣。龙朔之野,鲸漫之堀,一接兵,侯往往瞥见,曾穿中紫髯长刀、云旅赤骥,若以觌乎其形,而聆乎其声,阴佑而默助之,敌人胆落魄褫,奔溃四北,禽戢兽逪,而不能一当乎哉。迄今海波不扬,胡人不敢南下,而牧马者莫不颂侯之烈。盖侯之在汉,去今若甚远,而其翊中国,而匡王室者,亘千载犹一日,是国家徼福于侯,而侯之有功于明者,赫赫在人耳目,宜其立庙而崇祀之者,无间远通南北也。顷者莽酋跋扈,觊窥中土,滇西告急,方修师以张天讨,不谓侯俨然临乎壁垒,若翼若相,一鼓而殄之,执馘献俘,边陲宁靖,此侯之大庇于滇,滇人宁自外而不思所感报耶?况雨旸祈以时,盗贼祈以弭,疾疫灾害祈以殄息,有功而祀,莫侯为大,胡谓其弗享也?然兹役也,益叹侯之神,不可测识云。郡自成城后,一望山颣,即有建置取材难耳,往李公得请于总镇,不惬重赏,储材甚具,以需他用,非为侯设也,而卒无当于用,工师得大木则神喜,若豫为之设者,禹庙梅梁,

奇或类之矣,非阴牖其衷,安能会逢其适之若是耶。故庙之成,公力
居多,非公力也,神启之也,小子何力之有焉?李公名枚,蜀眉山人,
刺郡甫二年,礼贤爱民,兴利除害,而复以其间笃志事神,丐灵贶以绥
一方。公功之在晋宁,永世勿谖矣。他日传名宦者,当自有述。兹于
其命记也,故漫书之如此。

关索岭碑记

(据康熙《新兴州志》。新兴州,即现在云南玉溪。白云山上的关
索岭有关庙一座。明嘉靖三十七年(1558)年,乡民龚景春等重新扩
建关帝庙。吕淮,不详。)

吕　淮

白云山在求治北,望之巍然,其起如惊,其伏如鹭。其支而出也,
如揖如附,重冈沓岭,盘互数十里。抵西一支,巨石巉岩,险绝陡峻,
是名关索岭。腰岭一道,为求要冲,旧有关庙屹立道左。正德间,求
守蜀人何公子奇,历览境内山川,摘奇绝胜,拔粤区之特秀者,列为八
景,兹其一焉。曰"关索岭樵归"是也。予尝观西蜀云贵地志,凡险道
峻绝之处,咸以索为名,多有祠庙,阴为保障。世传其神,生而美少英
烈,武勇绝人,为汉寿亭侯嗣子,能通阻碍,昔自川陕荆湘,滇云贵竹,
濒江据险,颇着英灵。古今行旅之达,异域殊方,逾垒过关,皆赖赐。
宦游贵官旅行,商贾武士将卒动,则竭庙致虔,以希福庇。故在在妥
灵祀之,有不间于一隅之偏也。

吾求为激江属郡,距晋宁,昆阳之南,由晋宁东北抵府西北抵省
城。由昆阳泛滇池,亦可达省。远近之人往过来,续驼挽转输,络绎
不绝,以致迎劳使节,宾送台司,无不循是道而径其庙者。庙在石岩
之隈,旧制颇狭,过者惜之。

岁戊午冬,郡人龚景春,慨然有志恢拓前宇。谋之祝人李恩悉募

材鸠工,廓而新之。甃石为台,台上为楹,即左岩为小殿,像观音大士于内。更故道于台址,以远尘嚣。又于岭麓平凹垦田数丘,并自买田一区为香火之助。视昔倾圮卑陋,焕然一新,虽无黝黑之施,其崇广幽靓,掩映于岚光杳霭树阴苍翠间,卓焉为求阳之一景也。

计其费,众十之六,龚十之四。计其役,首事于己未夏,讫功于庚申秋。金谓此举,不容无传,当述之以告来者,因命匠伐石,征予为之记。

新建关帝庙记

(据光绪《呈贡县志》。呈贡县为现在云南昆明呈贡区。杨一清(1454—1530),字应宁,号邃庵,别号石淙,明朝南直隶镇江府丹徒(今属江苏)人,祖籍云南安宁。成化八年进士,曾任陕西按察副使兼督学。弘治十五年以南京太常寺卿都察院左副都御史的头衔出任督理陕西马政。后又三任三边总制。历经成化、弘治、正德、嘉靖四朝,为官五十余年,官至内阁首辅。杨一清在此任职时,新建关帝庙。)

杨一清

环一村罗数十家,此足以为归化矣,好事者兼包无人之境,以为大祇益萧条尔。余嗣令此中,思以充实之,而人莫与谋也。邑且惊盗窃,自计曰:关寿亭少子索从诸葛丞相征南,威名大显,猡彝至今惮其子,未有不惮其父者。余窭寠侯久矣,请以主若城,然视邑之山童,邑之民疲,邑之赋匮,我无材,我无人,我无粮,何以举此?久之,得摄呈贡,南望而蔚然茂森者,沐氏垄也。计势家莫敢议剪伐,无何过之,见斤锯者趾相错于其所,问之,则曰:鬻也。乃请俸于主藏,而走一介命。彼自以子民谊受其直,倍与之木,遂足栋梁榱桷矣。白沙村民有讼绝产者,土田分给其子。若孙遗敞屋三椽,莫适与也,聚请以助庙,余许之。撤其瓦得三千有奇,适当覆盖之半,乃减衣并食,以补不足。

期而庙成，且当肖像，曾有敕进侯帝号，遂俨然衮冕而临之，金谓：巧值殆神应。丙辰秋，贼据罗藏山，掠归化，惴惴不免。余乃请兵于督抚公曹、兵宪公朱追捕之，大有斩获。金谓：昔兵捕贼，为贼所败，至今莫敢议捕，今战而克，非人力，神殆助之。庙貌鑫备，余力亦疲，意止矣。偶征梦若告以舆卫之尚阙，又增马廊于前，需钟鼓香鼎供案，次第具举，庙事始竣。

来者耸金碧之观，南望巍巍，若县之前屏，然萧条之景，十亡其七八，诸父老子弟来庆成。余因进语曰：神生平不事西南彝，疑弗歆顾于此，今默窥之，神固无所不在也，盖其尊王扶忧，义气千载若生，而于上朝尤显。归化固蕞尔，孰非疆圉，其遗之也，矧神以荆为并州，余荆人亦应窃私庇焉。尔等今与神亲出入降鉴，有赫祸福之应，亦唯尔召，尚其勿慆淫，勿诣窳，勿背公上，勿逋输纳，神其锡尔寿孜，锡尔有年，屏尔螽贼，以永离于阽危不者且急夺之，若以伏腊宫赛为供奉，举丛祠等神，其吐之哉，兼非余庙祀意也。春秋暨诞辰，皆以一豕一少牢祭，春秋祭日，以丙象干德也，费则取给于小店课鱼龙屯之银两者，不在惟正县官所得出入也。事久恐湮，因托诸石，以告来者，俾勿匮神之祀云。

镇宁关索岭壮缪侯祠记

（据光绪《永宁州志》。关索岭，位于贵州安顺附近，地势险要，兵家必争之地。李澄中，不详。）

李澄中

公初未尝越荆州而南也，而滇黔所在，皆有武安王庙，岂以关索之故，推崇其家世而然。据志，公长子平同殉难于临沮，次子兴弱冠为侍中中监军，数岁卒，未闻有名索者，岂史轶其名欤？抑传闻失实欤？相传明初马都督跻是岭，见祠内奉木主，书汉将军索，乃具疏上闻报可，岭遂以是得名，盖荒哉弗可考已。要之公之忠勇，贯彻天地，事虽影响，人皆乐得而道之，此以见忠义之在人心，千古一日，睹斯庙貌，俨然动云旗风马之思焉。则虽谓公之灵爽，白往来于荒岩从箐之中也，讵不可钦。从来事关风俗人心，区区关索之有无，又何足深辩哉。

重修关帝庙记

（据康熙《永宁州志》。康熙十一年，驻防守军谒关帝庙，见庙倾圮，军士捐钱重修。周世亨，参将。）

周世亨

庚戌之秋予奉命分守兹土，恭谒关帝，见其庙貌虽存而种种倾圮，已目击而心伤之，但营伍久废，职守宜先务毕，始为刺史朱公合力以成太平桥，更营关刀山之署济桥，落马岭之广佑桥，以通省会。三桥告竣而绵力几竭。□及壬午□季夏，始鸠工以从事关帝之庙焉。念宁民之□□方苏，不必使□，惟朱君与余及州蔚中军各捐俸以首其事，至千把即所捐不一，若兵丁则俱听其发心自便已耳。不二三月间，而庙貌巍峨，台垣耸峙，倾者植□，圮者完，种种更新，于以扬宏烈而报盛德，有宋绵于勿替者，如曰神之听□之，诏我多福，则梦寐之所不敢也。

重修武庙碑祠

（据道光《遵义府志》。遵义关帝庙最初在南门外，基址为明侯良柱所捐，同治十二年知县凌彝铭迁到城西门内，长五十丈，宽十丈，正殿五间，上悬御书"万世人杰"横匾，东西序正殿后为崇圣祠，前载门、神马房、又前为履人蹈义坊，甬道前照墙，西置花厅，乐楼规式宏阔，为邑庙之冠。共费万余千，捐募各半。同治十二年，县令凌彝铭捐俸重修。凌彝铭，生平不详。）

凌彝铭

同治十有二年，岁次癸丑，圣天子亲理政事，剿除叛乱，中外咸熙，适余先一年壬申孟夏，奉命调任斯邑，值兵燹之余，诸务毕驰，政令多梗，乃不惜经历为之起废、振衰、抚绥、安辑，因而徕户口、勤民事、修创并举，街市改观，将复旧时景象，惟关帝庙向建于南城外，败屋中并无墙桓廊舍，且逼临场市，荒秽难堪，目击心非，殊为浩欢夫庙貌不齐，祀典不修，守土之耻，况关帝忠义大节，超越千古，浩气塞宇宙，庙祀遍天下，其勋业灵异事迹，则在史册，余何敢在赘一词，以亵简编。窃自里闾投笔从戎，凡所经通都大邑穷乡僻壤，无不庙祀，馨香，其神威显赫，护国佑民，历千百年如一日，以故列代均有封赠，自我朝升为中祀，一切礼制，侔于东鲁以尊崇之于戏美矣，备矣。今桐梓为川黔最要之区，若坐视帝庙颓废，不加修葺，将何以敷圣教，崇雅化，而彰治理？乃于城内西隅择地，创建如礼，其经费浩大，则首创捐廉，并召城乡绅士分头劝输，以济公用，复于庙工将竣之时，禀报大府，恭摹御颁万事人杰匾额，以壮观瞻。是役也，经始于癸酉七月，而告于甲戌八月，凡庙宇碑坊门楼墙桓，悉照部议定式，弗敢有差，将从兹轮奂常新佐我皇猷，士民欣瞻罔不祗肃，尤愿嗣后地方，咸遵圣帝训诰，诸经教言，化灾厉为祥和，易浇薄为纯朴，庶不负帝德之涵濡云。至于工用捐款数目，与夫董事及供偿之人，悉记此碑之后，爰述颠末，用志悃忱，是为序。

重建安丰井关圣庙记

（据乾隆《白盐井志》。云南自古产盐，明清最盛。白井、安丰井，是清时重要的产盐地。安丰井在今楚雄附近。提举郭存庄,不详。)

关圣帝庙于今遍天下,山陬海噬,穷乡僻壤,虽庸夫孺子莫不尸祝而虔奉之。良以圣朝文武并重,天崇学宫外,更追封圣帝三代公爵,颁仪制严,祭享凡以章国兴而迓神庥也。庄承之白井兼理安丰于羊泉之神祠,业经修饬。顾兹安丰有庙居井之亭上,乃前任高提举所创。山地促狭,栋宇卑隘,虑不足以安神栖而慰民,望爰陟献降原相南山麓而改建焉。厥在居阳高明塈厥材孔良朴,饬斲是将经。始于乾隆丁丑秋仲,落成于仲冬,殿庑门阶皆如法丹,艧□金碧焕然一新,乃卜吉祝吉,奉帝像迁于新庙,祀事既展,群情欢忭,而天心亦可验矣。夫天地间惟兹浩气之流通,弥沦布濩况充塞在神固这必指一宇而长留然亦岂舍偏隅而弗在如井泉之出云雾之生有莫知其所以然而然者矧。帝灵之在井地,若金江之去像复返还,神异尤显。其系人之景仰悦服有如是者乎。且帝忠义正直,必福善祸淫。凡我官民其有天公矢慎,志在得用厚生者,定为所式凭。抑或锱铢尽计,罔顾调剂者,当亦在昭鉴之下也。惟神依崇山之峨峨,俯远流之洋洋,愿悉众诚长丰井卤,则得源滋于不匮,兆姓乐于无疆,斯举为不朽矣。是为记。

重修关圣古庙碑记

(据康熙《新平县志》。明天启七年(1627),黄明来此任职,与彝族杨宗周土司合谈,朝廷授以土县丞之职。黄明捐俸倡修关帝庙。)

黄 明

临阳,古胖泃郡,地极边徼。新平一邑,九界绝域。万山嶒崿,其峥嵘峭拔者曰鲁魁,绵亘数百里,皆嚣丛鸟道。土彝种类不一,历代以来,叛服不常。明万历间,土人作乱,征东总戎邓公讳子龙兴问罪之师,事平,疏请建邑曰新平。因卜地于邑之西隅,以寿亭侯关夫子特隆庙祀。嗣是世代递迁。彝人互相雄长,出没近地,为边界之警。

今上德洽寰宇、威播遐荒、薄海内外、靡不来王。

岁丁卯，奉宪招谕鲁魁，单骑至山，土彝杨宗周倾心归化，刑牲为誓，愿世世永戴天威。随请两院特疏，授以土县丞之职。余固瞻拜关夫子圣殿，见栋宇倾颓，捐俸重修之。及命下，再至颁赏。适庙貌告成，邑之绅士请余勒石以记其盛。余惟关夫子大义凛若日星，威声震于华彝，虽庸夫孺子以及殊俗异方咸知。仰体神灵所至，无远弗届，似无庸缕述。总戎邓公，即本朝崇祀国门所称邓将军者也，虬须凤眼，貌若天神，见者疑为寿亭侯后身，其英风毅魄，恍然如在其上。而余起家兜鍪，谬膺师师之任，得瞻拜下风。追忆畴昔，征东遗烈殆庶乎，闻而忾乎见也。因念荒徼甸服之区，蛮彝杂处，从来未睹天日，反侧携贰，自昔靡定，长安日远，虑教化有所不及。今日者，四海一家，太平玉烛，凡有血气莫不尊亲。彼都人士以及远方蛮彝之族皆我赤子，岁时伏腊，瞻望尊颜，俨然人庙。思敬益以叹当日邓公崇祀庙渊衷，原非无意，殆与南人仰戴天威，不复反侧之事，若出一辙，无非辅翊圣朝声教诞敷，光被四表之一助也。是不可以无记。

关庙记代总兵官作

（据光绪《鹤庆州志》。鹤庆州即今天的鹤庆县。鹤庆县的关帝庙建立于明代。县令毛程远及文武官员捐俸重修。）

毛程远

夫人之为苍昊所特钟者，生则人之，死则神之；为国家所永赖者，生则爵之，死则祀之，至后世尤褒美而申锡之。虽曰崇报功德哉，将防古帝王神教，使天下之人，在朝在野，咸知所尊而因以为法，若汉之前将军汉寿当炎火衰时，从先主奔走吴魏，间离而复合，而其志益坚，气益壮鼎足既成，先主都蜀，乃留守荆州，时威震东北，浩然有一统之志，卒未就而捐躯殉祸。议者悲之，谓君相俱有贵焉，然其忠义已塞两间矣。盖忠义者,乾坤之正气,人道之网维,可以薄云天,可以扶日月,能壶是者,谓之圣,谓之神,而一时之功业,皆为陈迹,可置而弗道,不然,古今勋业懋着而捐躯报主者,未可指数,而终鲜祀之者,即祀之亦及之当世而止,兹独懑唐及宋及元及明,以及我朝,其间无地无专祀,而且进以王,进以帝,申锡无已者,抑又何耶。今天子揆文奋武,敕天下诸庙祀而修明之甚盛典也。

鹤之关帝庙,在府治旧城之东北隅,其创治远不可玫。明正统间,为昭武将军所重建,后之人亦间有补葺者,然因废为兴,多缺陋而未备。余忝任边城,与太守金公奉天子命,镇斯土,爰恢其议,告诸文武僚属,及荐绅都人士争出财鸠工,图拓而新之。不月,而工萃,圮者皆已完矣,隘者皆已辟矣,三义殿之左右、新建武侯马王祠,遗者皆已举举矣。而士而眈,而商而旅,过其庙莫不奔走瞻望,翕然起其忠义之心。由是而人心以正焉,风教以成焉。王政亦因以达焉,其所关不甚巨乎? 昔太史公过鲁,登孔子庙堂,观其车服礼器,而曰:虽不能至,心糯往之。予之于公犹是也。然则是役也,不惟其名,务尽其实,不徒修公之庙务修公之行,以求无愧于公而已矣。持此志以与诸同事共勉焉。则庶几于天子崇修祀典,使天下知所尊,而因以为法之意稍亦有合乎,如徒侈其栋宇之美观者几何楹,经营之尽善者几何事,是惑也,非所以尊朝廷而敬公也。是为记。

重修关圣宫碑记

(据道光《姚州志》。即今云南姚安县。钱恒,万历十七年(1589)进士。万历二十一年(1593),佐理姚郡,重修武庙。)

钱 恒

乾坤正气也,参正义者,斯为正神。盖生前赫赫,身担社稷,志救苍生,不顾难以全忠,不徇私而背义,为宇宙干城,为千秋金镜,简编记载,享祀不衰。如汉寿亭侯关帝,为汉而生,为汉而殁,忠肝义胆,若日月之昭昭于天,如江河之浩浩于地。瞻庙貌,虽烈士亦为震心;想遗风,即懦夫亦为立志。其圣之维持世教,何如也?

我朝崇德报功,兰宫桂殿,彩绚去衢,端拱垂旒,威生莘毂。是以大小工,靡不拜首瞻仰,可见在天之灵,炳耀于今日者也。以至九州内外,僻壤遐方,无人不尊,无人不亲。凡罹难困抑,往来休咎之征,叩无不答,云中显像,大可想矣。

予家世受国恩,高天难报,每念及扶汉遗烈,毛发皆起,中心爱戴,实不自知。自癸巳岁奉命南滇,佐理姚郡,始谒圣祠,履堂阶,瞻榱桷,萌草茸茸,阴苔点点,即有重新之意。然古瓦颓垣,旧矣,亦卑矣,欲更新之,非可旦夕草创者。窃幸薄俸可捐,力为是举,未之或忘也。是年代理广城,又代理鹿城,驰躯往复,志虽切,未暇也。比反姚,复谒庙,一椽圻地,赫然有声,岂非神之有以警予乎? 敬詹吉月令日,伐良木,鸠工人,思毕前志。虽复代署井篆,而工师有责,省试有期,且乐郡守闵公欢心共助,合郡绅士、庶人闻风慕义,量力捐资者,不招而至。神之,实有以感人者类如此。于是,宏正殿,敞堂阶,不数月而旧者辉煌矣,卑者耸峻矣。至若殿前两楹,则易之,补之,葺之,垩之,亦复周完盘固焉。庙成,置有大姚县养廉田租十二石,永为香火之需,敬以妥神,神安而官民奉祀之怀始安也。

夫姚郡平川千亩,树绎烟连,水旱螟蝗之不生,士民上下之安堵,正值太平有象,莫非神之默默维护也! 崇大其宫,由此弹压山川,扶持社稷,福庇苍生,利赖将有不可穷矣。后之莅是土者,其亦凛来格之意,而续予之初志,是又余之厚望也。爰为之记。

重修关圣祠记

(据康熙《安宁州志》。安宁州即云南省安宁县。高鈐,不详。为县令,捐俸修庙。)

高 鉁

天以阴阳五行化育万物，自人得之以为刚婺。五常之德全之而无所偏胜者谓之圣。全之而不能无所偏胜者谓之贤。求圣人于三代而后绝无之矣。即贤人亦不数眺，汉末三分，人才称盛，事魏事吴皆可谓之汉贼。纵有他长，蜀虽僻居一隅，为正统所寄。其人才亦非吴魏可相比拟，相如诸，而几于圣矣。三代后一人而已。将而廉资文武者不一人，予必以关圣为最。帝明春秋大旨，辅昭烈于孤穷，不以富贵武威动其心，生死利害夺其志，暗室屋漏乱其操守之严正，忠贞义勇，诚哉，烈丈夫也。其有得于德之至刚者乎，非贤者而能若是乎。故事汉亡千有余载，智愚贤不肖莫不心有帝，诚服而乐道。故中州通都大邑、雄镇名区及穷乡僻壤，莫不有帝之庙貌，犹日月之经天，江河之行地焉。滇处极边，武侯南征时，帝既没，未尝至滇而滇人奉帝者，亦与中州无异。既连然斗大一州耳，帝庙且不止处，而以城南者极久，神亦极灵。日居月诸不无风雨飘描之患，昔之金饰丹涂，晕飞鸟革者兹则悦倾桶落，壁败垣颓而已。

予承受兹土，有事神理民之责。事神则不当听灵宇之鞠为茂草，无以布几筵而修里祀。理民则当即于事神中，默有以激其忠贞义勇之性，而后民无邪慝，易趋于化。此庙之修所系不綦重哉。乃因农隙，为捐薄俸，备材用集工役，营缮修于孟冬，经始州之四民群慕义争相趋事歀者，直之朽者易之，阙者补之，不两月而告成，俨然昔日规模矣。虽然予以为此者，亦因民而致力于神，非敢媚神以檄福也。矧帝之生平，史册荣之，古今人称羡之犹阴阳五行之在天地万古此天地则万古。此阴阳五行帝之英凰正气，亦与之为无壶藏也，又何区区一庙之足云乎哉。

重修关帝庙碑记

（据康熙《元江府志》。元江关帝庙建立于明代嘉靖年间，万历年间重修。马汝为,字宣臣,云南元江人。康熙三十年(1691)进士。康熙五十年(1711)元江重修关帝庙,一年后竣工。马汝为作此记。)

马汝为

余读书至子舆氏所云:"富贵不能淫,贫贱不能移,威武不能屈。"以谓三代而后克副斯语者,实难其人。惟汉关壮缪大帝始足以当之。当汉之季,王室凌彝,奸雄并起,而窃命跨州连郡者,不可以指数,当时,人心已不复知有汉矣。昭烈虽帝室苗裔,未有一成之田,一旅之众,徒挟空名以信大义于天下,其势力不逮袁曹孙氏远甚。帝仍遥择昭烈以从事于涿,流离奔走,百折而不回。则其志可不谓坚,而守可不谓定乎?其客于操也,子女玉帛,所以奉帝者备至,曾不以动于中,而操亦不得而留焉,迨荆州构衅,临大节而不可夺,刚大之气,足以塞天地而配道义矣。盖帝好《左氏春秋》,其生平学术皆得力于此,是非取舍,不谬于圣人,子舆氏所谓"大丈夫者舍帝其谁与归哉"。且帝之卓然不可及者,匪直此也。诸葛武侯以十倍曹丕之才,于操犹难之,曰:"不可与争锋。"帝取襄攻樊,摧破七军,虏于禁斩庞德,操议徙许以避其锐,帝之将略固有大过人者矣。使其志获伸,则方之高光之世于萧、曹、耿、邓何愧哉。不幸穿俞之徒毁盟而附操,使其功垂成而败,则汉业之不复兴,亦天意之不可知也。安得谓其谋之不臧,而虑之不远也哉。以故光明俊伟之概,震于当时,成仁取义之风,传诸后世陬僻壤,人迹罕至之区,莫不虔祀而敬奉之。宫殿之崇,照耀云日者系周以数计。古今祠祀之盛,未有如帝者也。元故有庙,创于嘉靖之乙丑,至万历丙辰,太守那公涵春重建之。迄今岁久,日就倾圮。夫浮屠老子之宫所在都有,大抵不俟其颓败而早为之所。帝之忠义炳日星,其宜尊崇奉祀,有非浮屠老子之官所可比者,故敬赘数言于贞珉,以传之后世。斯庙之成,有功于名教也,岂浅鲜哉。然庙之建工,始于辛卯之冬,迄壬辰仲辰仲夏而落成,予故不辞而为之记。

重修关帝庙碑记

（据民国《永昌府文征》。清康熙十七年（1678）三月初，吴三桂在湖南衡阳称帝，国号大周，改元昭武。文中所提越睒，在今云南腾冲北部。明代靖远伯王骥修建。吴三桂称帝后重新维修。杨尧杰，不详。）

杨尧杰

英雄举事，其有关于国家生民、足以弹压山川、奔走百灵者，人咸崇奉而纪念之。如伏波之标铜柱，班固之勒燕然，武侯之渡泸水。远人怀威，遂崩其角，年历数千，不异昏旦。靖远伯王公抚定南疆，远夷慑服，遂修关帝行宫于越睒，以镇边方。一目庙貌崇焕、垣宇宏建，凡来缅甸入贡之使，莫不虔敬如帝之存焉。是以屡经兵燹，无敢毁者。第日久事更，渐趋颓废。飘摇于风雨，侵蚀于虫鼠，旧制荒落，致于陵夷。本镇高公起彩谓："关庙远人观瞻所在。若听其倾圮，何以使人贡者畏威而怀德？"乃饬材具，鸠工匠，新其殿宇，构其庑室。楹檐角壁之间，几金碧丹腹，焕然一新。不三月而告竣，使远人入贡者知靖远之平定麓、缅，多出于关帝威灵所召。千百年后，不忘靖远之创始，即不忘本镇高公之鼎修也。于是为碑以记之，俾后之人知有关于国家怀柔之方不浅，而有以完整之。

昭武元年，岁在戊午，仲冬长至之吉

重修关帝庙碑记

（据民国《永昌府文征》。即今云南保山市。此边陲重地，关帝庙万历四十三年重修。南明时胡鲤修补。后田进学任此地副总兵，重修此庙。胡璇,字大器,又字宝树,别号二峰,明崇祯七年甲戌(1634)进士,官至吏部验封司主事郎,南明时加封太仆寺卿兼工部侍郎。明亡后隐居宝峰寺、青峰寺。)

胡　璇

千古所共尊者,一曰孔子,一曰关夫子。盖夫子之重于世也,果智之谓乎? 抑勇之谓乎? 非也。说者又曰:"秉烛达旦,为夫子奇。"尤非也。若然,不特小视夫子,亦且浅视曹瞒矣。夫玄黄者,虚器耳,其所以支撑充满者,独有一浩然之气。乃夫子则不问帝,不问王,惟知做人,有一段刚大正道,节节认真,种种率性;则吐魏吞吴,尤其小节,盖直任为天地间中立一人矣。此王之称、帝之号所允协也。不然,曹瞒奸极,亦具百分手眼者,肯卑躬折节,为夫子下哉? 是有夫子,而父子、君臣、兄弟、朋友大伦克正,更有裨于《春秋》。然则前之子房、淮阴辈,非夫子不继,后之睢阳、武穆辈,非夫子不开,堂堂正正,诚可以克配尼山者。总之,古之忠义者,多未必如夫子之纯华彝尊、亲寰宇于以知。夫子之真,功臣庙固当昭序,即历代列后几筵中,亦当据蒸尝一席矣。

明里大典,非比浮屠,而腾属极边,尤仰天威第一。旧有殿狭隘,不足以示大观,万历四十三年,参戎纪公讳朝元、刑厅张公讳邦教尊迁于此,廓而大之,高明再建。至癸巳年,游击胡公讳鲤聊为补茸。及今大军比还民少休,而栋宇门垣多属倾圮,副总田公来镇兹土,复行修葺,焕然一新。

则公之忱也,正神之灵也。自此而浩气所布,有功者夫子得而赏之,有罪者夫子得而诛之,正一腾以正天下,是又弟子等所百叩于夫子者。

培修武庙碑记

(据《遂宁县志》。遂宁关帝庙建立于清初,雍正三年、嘉庆六年、道光十三年维修，道光壬寅年，程祚藩任此地县令，再次增修关帝庙。）

程祚藩

学宫祀孔子，寰海内外罔弗徧，自孔子而外，能庙食徧天下使天下之人罔不震动恪恭者，有之乎，曰有，一为文昌，一为关帝，而文昌之祀，或以为司命太乙，或以为孝友张仲，其说类出于道藏，而关帝则不惟伏魔荡寇，圣迹在人耳目，即进而求之，承祚之史，其忠勇之气，亦昭然如日月经天，浑然如拉江行地，故自孔子而后，庙食徧遍天下，正气造然，历千载而凛凛如生者，惟关帝为最著焉。邑故有庙，创自国初，为有司致祭之所，而事属草昧，貌固卑陋，又岁久碑太漶灭，创建年月，人士，皆不可考。其略可纪述者，惟雍正三年邑令徐任、朱之元，教谕赵心鼎，典史俞知言，把王总麒麟，建于前嘉庆六年，邑令邵友渠、教谕侯卫、典史楼在齐、把总万福、张柱贵等培修于后，然皆因事补葺，一仍旧贯。迨道光十三年，邑明经雷君时行，独力改作文榱藻井，始移旧观，而雷君时已暮年，虽材庀一人费亦不赀，而乡居不能常至，规画或未尽善，遂使前殿状极嶙峋，而后殿崇祀三代之所，仍却而弗治。岁壬寅，余摄篆斯邑，下车之始，见文昌庙湫溢嚣尘，既合邑人士葺而新之，邑人士皆奔走恐后，役罔妨农，遂更捐廉俸百二十缗，嘱邑明经许子青、理问田鼎臣从九、刘策之、谢客斋等，更为募化得钱五百余缗，于后殿之未葺者新之，厅事之不如制者改之，墙垣之倾颓者畚之。于是内外完备，遂与文昌庙共无遗憾焉。既葳事，诸君请书于石，余惟三代而后，文武分途，后世应制举者，则祀文昌，务材武者，则崇关帝，而帝与文昌能庙食徧天下，则固有在彼不在此者，经曰孝弟之至，通于神明。传曰忠义，所积贯乎日星。文昌以孝友阴骘下民，关帝以忠勇震慑人心，后之人当入庙吉虔之余，能深思其故，是又守土者之所厚望也。故遂为之记以告来者。

重修永昌武安王庙记

（据民国《永昌府文征》。永昌府在今云南保山县，与缅甸接壤。刘世曾，刘规玄孙，字胤甫，别号凤坪，四川巴县（今重庆市）人，嘉靖四十一年（1562）壬戌科进士。碑文记载此处发生火灾未造成大的损失，战胜叛变的少数民族首领后，众皆认为是关帝之功，重修此庙。）

刘世曾

汉武安关王之祠，天下多有。其在滇，永昌祀之谨甚，而颜以今号，则乡先生户侍张公志淳考正焉。或曰："王之翊汉，车辙马迹，未逮黔南也，九隆之人，胡为望而俎豆之？又胡为更数千祀而神故王耶？"我知之矣。宇宙间一正气也，正气之萃于人，生而将相，殁必为神。中古以来，岂乏英雄？惟棘情事机之会，或所事不正，虽各随世以就功名，遂稽往牒，其身殁而名存，世为天下笑者何限？王肇迹汉末，海内鼎沸，曹氏托名辅汉，海内文雅谋略之士争入其网，独王挟义抗节，间关羁旅，得先主、孔明为依归。透迤百折，栖迟于孙、曹之间，艰危其身，之死匪悔。王之心，固必剪贼为期，使汉之为汉，跻于高、文、武、光，岂以割据为偏安哉？传称王雅好左氏《春秋》，夫《春秋》大谊，尊天王，外戎狄，讨乱贼，固王之精忠所深契乎？彼其萃天地之正气，信有不待生而存、不随死而亡者，矧隆昌乃卧龙七纵之地，同功一体，道协志侔，其宣威炳灵，庇民护国，与霄壤以共敝者，理固然耳。

余秉钺西行，梦中恍承神授，俄而市人弗戒于火，距庙步武，呕麾标兵扑之，天遽反风。又数日，将吏果械叛酋父子眢献军门。非神矗玄武、幽冥有助，曷克致哉？因述而碑焉，俾西土之人知裔而谋夏，逆而犯顺者，百世而上，万里之外，神明犹共殛之也。

重建武庙碑记

（据民国《安县志》。安县武庙在北门外，乾隆甲辰，汤莳芥任县令，重新修建武庙。）

汤莳芥

四方万国，十室五比之间，荒徼绝塞之外，莫不崇严庙貌，争祀武圣人者。况各直省郡县偏城，尤兢兢勿敢懈春秋时祭。朔望告虔。条载会典掌于官司，朝野齐明在天对越德之盛圣之至己。若夫忠义功业，彪炳史册，脍炙人口。千五百年如目前，事奚复赘述，绵属安县，北门外旧有武庙，逼城闵西向，制度湫隘，规模缩纳，无以肃一邑之瞻仰，何以感圣神垂佑之仁，未足宣执事者之无改。何以上承昭代崇祀之休命。甲辰五月，乡人汤莳芥奉檄来署安。令谒庙后即欲撤而新之，虑其工役繁重，骤需财力拂民以奉神，神弗福也。越二年丙午，庙益黩民，既与令习又值年谷顺成，四境和乐，可劳而劳，令乃谨择仲春祀事毕，集绅士于庙而告之以意。金曰："合邑之志也"。于是绵蕝而式廓之，制度规模令为指授，其约椽之事听之。众议是役也，地不易而屋增美，作于是春三月落成，于十月得迟速之宜。慊吏民之愿，为绅士公捐各姓氏，率钱若干数，工材甓漆之用，台殿廊庑之间架，典以笃神庥也。

凌春复修北门武庙碑记

（据道光《涪州志》。涪州城的关帝庙在北门外。武庙曾因流寇而毁，后因水患而重修，以镇城。嘉庆十年重修。作者不详。）

邑北河自苏包山发源五十里，逶迤而来，溪水随注近城，已巨浸矣,由城北而西折,而南东流入左绵界,与涪水会城北关外数十武,旧有关夫子庙,殿阁廊庑,宏规钜制,与城橹并峙茊事者。春秋皆俎豆于斯。令上嘉庆五年,流匪寇掠江平一带,县境戒严,前知县事汪以庙附城特近,恐贼乘之以侦探城中虚实,集议毁之,移修于城东半里许梓潼宫之右。而斯地只存旧址。嘉庆八年秋七月,河水泛溢白马堰,破障横流,经城东浸入东门。倾墙圮屋不可胜数。而民房官廨,少不被水溺者。甲子八月,予膺简命摄篆兹邑。下车之始,周阅城垣,见庙之遗址访其由来。并知水所经由冲突之状。徘徊久之,既而思以百数十年之庙,一旦毁而迁之,镇防既撤,河伯旧址复作新庙一以妥神灵。一以护城郭。金曰:"可"。东西偏廊,亦名四楹三间,山门两楹一间。工始于二月,竣于五月。共费钱一千五百串零四千九百七十七文。先是甲子春,补授县朱倡率邑民捐资,瓮石为堤,以为保城计。高八尺,亘三百五十九丈三尺,新庙距堤只数十武。借堤之固以护城,即借神之灵以镇堤。从此安澜无恐,而金汤以永固矣。夫草弊除害守土者之责也。庙成勒石,非敢铭予之功。亦以明既毁复作之由,庶后来者知予非好事喜功云尔。

重修关圣庙记

（碑立于大理武庙。高 2.50 米,宽 1.11 米,厚 0.17 米。直行,草书。碑文分上下六栏,每段 6 行,行 12 字。叶榆在今大理洱海附近。旧有关帝庙,清康熙年间,提军重修关帝庙。范承勋,不详。）

范承勋

叶榆有汉寿亭侯关公庙,旧矣。几经兵燹,栋宇倾圮,前提军桑公从而葺之。未几风雨飘摇,今提军诺公即桑公弟也,相继镇滇,更从而新之,备极壮丽。余以奉命同公巡金沙江还,过叶榆,相与登城,因见乌革翚(上羽下车)飞之盛,公指谓余曰:此先兄修葺于前,岁久渐敝,某重更为新之者,公其为我记之。余惟忠义之气,古今相感三代而下,生而为人之大忠大义,与夫殁而为神之,至英至灵诚有莫过于阚公者,以故华彝崇奉庙貌徧天下。今公建牙秉钺,为天子壮万里之城,凡以报朝廷而卫生民者,莫不经营筹尽其辉煌斯庙岂独踵乃兄之事,而祈福报者与。盖欲竭圣神之英灵于以作遐荒之忠义,其鼓舞感发之意岂浅鲜哉? 余喜其志与事之,有所关而远且大也,故为之记云。

关圣帝庙碑记

(碑立于大理古城关帝庙内,时间为康熙二十五年(1686)。碑高2.45 米,宽 1.07 米,厚 18.5 米。直行,楷书。文 27 行,行 76—77 字。左下角有 6 行横排题名,字体稍小。李世荣,提督云南全省地方军卸制各镇兵官左都督加九级桑格溪。他记述了自己一路征战西南,战功赫赫,他皆认为是关帝之功。大理旧有关帝庙,已经倾颓,于是众官兵及佛教信徒捐资重修。)

李世荣

祀以崇德报功,妥神明,遹昭风,励乎来世,礼也。然或此兴彼废,或初盛久衰,或振举于贤士大夫之敛若,而蚩蚩者罔知所柢承。或烽火却灰同消归于鏖砾。每见琳宫绛阔,蠹汉飞翚,靡不言言弘邃,翘翘粗镂。乃蓬莱水尚未清浅,早已藓封断碣,荆满颓垣,罐篆冷于荒烟,阶螭鞠为茂卿徒增凭吊者亦多矣。若夫尽乎地,莫不柯之祝之,尽乎人,莫不尊之亲之尽乎沧桑之久,兴废迭更,终凛然修俎豆,严对越,壮宇阙,饬鼓钟而恪奉明禅于弗替者,惟孔子,惟老聃,惟迦文,惟大帝。帝在汉,犹矫矫天际之作烈烈人中之杰。其才则文武,其心则兴刘,其智界勇功,则迈逾超奇,而冠绝乎一代。其识见与所行,深有得于学问中来者,则在夫春秋。其人许也,去留任意,竭彼奸之情倾术驭,究不得而笼络之。逮乎襄樊之战贼欲迁徙避其锋。稽之三国,曾为操所敬畏者如帝,能几人乎?荆湘一旅介两雄眈眈觊觎间,绝汉贼之魏人皆知之。吴掣汉肘,而更为汉贼,时人未尽知也。自叱使拒婚,而后天下始晓然知权为蜀汉之贼。斯皆帝之胸中睫底,先已观破奸雄,故能气盖天下,而不为贼所愚。是不但使阿瞒丧胆,碧眼见褫魄,即千百载之乱臣贼子,亦未有不入庙寒心赧颜,缩首而股栗者矣。至于大义精忠,则又光天壤,悬日月,而香流于史册,为亿万世子臣弟友立人极,此真堪与先圣孔子并隆庙祀于不朽,岂独释老云乎哉。矧复慈飯般若,契叶玄直,法教赖以加持,威灵藉资显赫。诞登道岸,果证菩提,摄三界以御九霄,历王侯而进帝座。露雷风雨,咸妇节制,胎卵湿化,悉荷甄陶。殆所谓巍荡难名,而扬颂亦与之难尽者。余尊奉大帝,历有年所。昔承乏镶边,力师武以镇宁夏,曾于彼之帝庙,业已重修。滇之役,余奉命南征,计自跨江汉,泛洞庭,袭岳阳,卷南楚板,夺神龙桥,沉铁颔,平贵筑,而恢金碧。历经大小数十战,无不仗神威而帝德。擒者宥,抚者生,未尝枉戮一人。以故战则必克,攻则必取,势同拉枯扫叶,全收戡定之功。此固仰朝廷震叠之天威,盖亦叨鸿佑于大帝,有以默助之也。及饮马昆激后,余复率师追逋冠,收西迤,踏碎天成坚垒,尽消日落狂氛。直捣金齿,超龙川而度越睒之外,馘丑献俘,爰靖遐甸以归。以叶榆例为节镇所驻地,爰遂止戈于榆城。城内去署不数武,旧有大帝庙,倾圮已久。虽帝之灵爽自垂旒尊冕于红云碧落中,俯视茫茫尘海,应笑温沤浮泡幻,祠宇兴废,何足有无。惟是庙圮则祀必弛,祀弛则礼必缺,大非圣天子安享百神,广教兴行之意。矧余荷圣眷之降福者孔厚,敢不思所起废哉。余闻圣人以神道设教,《传》曰:功德之在人者,通得祀。《经》云:朱祓方来,利用享祀。帝之圣德神功,亘今古而覆敷四讫,庙也,祀也,又乌可已?余因持捐数千金,扩旧址以鼎新之。轮之奂之,甃之题之,垩而焜贲之。于斯焉,妥神明以崇德报功者,余实端承而祠祝之。工役雇值,木石购材,不以劳吾民也。多寡助资,听其乐赴,不以强从事也。中后建殿闳三,正前创岑楼一。凡诸廊,修筑轩舍。两阅岁时,始竣厥工。不以速成滋简率也。告成日,粢盛既洁,祝史维虔,黍稷荐馨,人天仰止。倘邀帝鉴式临,庇民祚国,庶几一人有庆,保兹六韶永安。若曰自求多福,非余志也。记以贞诸石。

大清康熙二十五年岁次丙寅春正月吉日

提督云南全省地方军卸制各镇兵官左都督加九级桑格溪名李世荣

雷南布政使司分守永昌道多罐耶景从

南布政使司分守水昌道参罐加二量尚崇恩

提督云南通省学政按察司愈事加四级邹峰

剑川协镇左都督马声

提标阶前中营刘发

提标左都督管白道隆

提标中营参将管中军事顾君惠

提标都督同知管右营游击王天祥

提标后营游击刘珠

大理府知府佟鹦彩、姚际离

水昌府知府加一级张承赐

署理永昌道大理府知府加三级王兴禹

顺宁府知府郎廷极

原署大理府事张彦绅

大理府通判赵之兰

提襟管右管守备腾统

提督军门□□发

提标管前营守备马飞

提标管右营守备张胜统

署参将管前管守备姚能

提标左营守备朱维世

□中营守守备赵民法

游击管右管守备宣起口

署参将管后管守谭玉成

剑川州知州徐永隆

宾川州知州周家柱

北胜州知州申奇猷

白盐井提举夏宗尧

邓川州知州马世俊

云龙州知州张骏

侯推游击张希智

侯推游击罗虎

右都督吴元

右都督林燦

候补游击袁龙

候补游击沈吉

雷能州知州蛋

总统都守游击张虎臣

功加参将杜□□

永北协左都督管守备张友凤

太和县知县孙世大

浪穹县知县吴一鹭

大理卫守备曹达

前营千总张样、牛化麒

左营千总吴昆、李如松

中管千总李世茂、李九成

右管千总孙起

后营千总孙世华、侯尽孝

右营千总许名得

中营把总黄启、雷三

左营把总保自仪

都守张之印

候补同知唐克明

太和县典史王维世

督工功加署参将赵进成

督工候补守备吴容

督工功加署参将党光廷

诺邓井大使鲁文英

大井盐大使丁上义

顺荡井大使刘承宗

信士张一栋、吴名魁、吴继文、张维功

云龙州土官段德寿

巡检李国柱、字题凤、杨纶诏、蔡鸿翼

住持僧海岳

重修五圣宫碑记

（据民国《达县志》。五圣宫在达县申滩场。创自雍正年间，奉禹王、关帝、文昌、桓侯、王爷诸神，清嘉庆己卯（1796）重修。）

谭宗龄

达邑申滩场重修五圣宫落成，在会诸君请余书其事。余因询其旨，佥曰：此庙系吾境之巨观也。创自雍正年间，中奉禹王、关帝、文昌、桓侯、王爷暨诸圣像，为阖境士民、各省客居商贾，岁时致祭报祈饮福之所。曩以年久颓坏，议更新之。众皆乐助，乃鸠工庀材，经之营之。自嘉庆己卯春兴工，越明年而工竣。厥殿陛、乐楼、阶墀、廊庑、官房、客厅、周遭垣墉，无一不崇宏坚固，金碧辉煌，视向之庙貌，规模焕然丕新。入其庙者，孰不肃然生敬，举手加额而兴羡曰："唐哉皇哉，皇哉唐哉，斯庙也！"其在畴昔，为一场巨观，今则为达邑众场镇之一巨观也。虽然，是役也，工程如此浩大，成功如此迅速，人力乎，神相之也！曷相乎？诚也。夫人之能诚于事神者,必其人之能诚于事人也。申场一带,旧称仁里,俗尚古处,人心敦庞,诈虞不作,是境中诸人能事人也。而谓不能事神,岂理也哉？以故嘉庆元年莠民不靖,绥属场镇,多被蹂躏,而此地独获安全,说者谓此场地濒峡口,路径崎岖,兼得各大宪剿御之力,贼故弗敢犯,不知实诸神鉴观,有赫而呵护、捍卫于冥冥中,而人特弗觉耳！不然,绥属险要处所,诅无有出乎申场右者？今兹重新是庙,虔诚致享,用答神庥也固宜,而神因而相之,俾厥速成,理固然也。不宁唯是,自庙成迄今,又五六年,阖境雨阳时若,岁书大有,家足户给,人文特起,是又诸神之相之,当方兴而未有艾也。乌可弗一一志之,并列叙督建,道士乐助,功果诸人,勒诸碑石。俾后之览者,有所观感。而事人事神同归一诚,则子子孙孙饮和食德,自相与优游于光天化日下也,岂不懿欤？余闻之,不禁穆然声诺,欣然色喜,吹毫濡墨,竭诚而备书于庙堂之石。

江川关索岭庙碑

（据道光《澄江府志》。明代时澄江在现在云南玉溪市澄江县。江川关索岭在江川县北。此庙碑为明嘉靖三十一年(1552)立,记县令蒋虹泉翻新关索庙一事。王廷表,字民望,阿迷人(今云南开远),明正德甲戌进士。）

王廷表

江川巡岭有将军关索庙,圮甚。嘉靖壬子,兵备虹泉蒋公过而慨曰:功禁不戢有功者之祠,以所戢也。若此其何以振之。吾驭冈振武,合索旧轨,而神也,佐汉噪烈,非可崇者乎,命新之,且益之,中奉神,后奉妃氏,左右绘布战,纵祝以司之,特以享之,多子等人莫不礼之。历碱如对铠,冲础如听磬,观彩画如飘帜,览燎架如虑茅,欧风如奔马,落叶如奇号,鸟声如伏起,垣枝如槊操,漱江如砦,滇址如营,蠢囤如泥,远卉如兵。盱高岸则忆贾逵,抚多移则想包顺,守戍则感庞勋,绿洞则怒黄贼,皆忠赤之所奋,索神之所幻动焉者。

按关王二子,长平,与王丧于临沮。幼兴即索,从诸葛亮南征,亮由越巂,索何不以偕而自翔此地耶? 盖与亮分往而会于南中耶。座降都督李恢领交洲刺史,亦从亮按道向建宁,追杀南人于盘江、群舸之间,与亮声相连,索盍同恢耶。雍闿反于建宁,恢建宁人,今索庙在建宁路,盖其所击者耶。抑索父子威名盖世,逶者畏其驻,居者喜其来,如八公山草木及靖洲锣滩耶。代远史湮,莫可详订。

虹泉公新其庙而崇之,大参直斋汪公、佥事明山欧公,俾碑记索之,功不泐矣。虹泉莅政清肃,地靖人和,虚衷谢施,台辅之器,其礼乎神者,戢众以忠国也,即神父子之心也。济济僚部,是恶是法,将不战而胜,深有得于此神之助之,永无不戢之祸。

小金营盘关帝庙碑

(笔者录于小金营盘关帝庙)

窃维我懋功,自乾隆年间金川善后营中建修武庙一所,余下功德银两,曾由前辈同事等置买户地街房,每年收纳租麦地皮银钱等项,以作庙内香火应用之需要。兵丁历年奉调遣各省,打仗阵亡以及故丁等,均系为国捐躯,殁于王事,迨军务肃清后,凡在营守事等忠魂寂寞。是以倡首捐资银两在于龙王庙后殿内,新设盂兰会,将历起阵亡故姓氏,设立牌位供奉于此。先后置买街坊菜园以及戏厢等项。每年收纳银钱作为会内清明中元经卫并焚献等项应用之,需以彰祀典而慰忠魂。但此二庙向来由营中拣派领目充当首事,其庙地内有修造房屋者,每年纳租点钱。嗣因会内有不肖首事陡起觊觎之心。或佃客□□□谊,私将钱项减数付给或全行不付,兼之有将庙地化为乌有,并将原立簿据涂改杂乱,抑且将庙内所收银钱私行肥之,难以考察。较之上年所收租项有减无增。每年入不敷出。是以予等窥破其中颠末,再三筹画。恐生车鉴。伊于胡底,惟有会商当事人等逐层陈明各上司准饬,将各佃户现纳各项银钱,租卖数刊碑砌石,以垂永远,免致日入弊隙。业□生禁止将来以为永志。

武庙佃客

杨　照　租钱　十千文　　　钟光明　租钱　九千文

何学俸　租钱　四千文　　　张磨房　租钱　四千文

马兴源　租钱　二千文

王春林　张应槐　各租钱一千五百文

蒋文寿　陈芝林　租钱　六百文

郭俸荣　何友明　各租钱　一千文

张治堂　王　平　各租钱　五百文

汪老七　赵益合　各租钱四百文

唐三师　祁国富　吴世龙　各租钱二百文

钟□巴　租钱　贰百文　　　周国瑞　租银三两

申道明　邓文玉　各房租　银二两四钱

刘映炼　地租钱　三八钱　　龙云卿　房租银　贰两

韦得馨　房租银　六两　　　王耀基　房租银　一两四钱

王锡章　地租银六钱　　　范维勋　刘俸举　各租银五钱

许桂芳　租银　六钱　　　宋廷樑　地租银　五钱

周世典　罗石匠　各租银　三钱　　　龙济瀛　租银　四钱

刘映福　地　房租银各三钱　　　黄金玉　租银二钱

亶云章　地租　银一钱五分

陈培基　陈培元　邓宗林　各租银　贰钱

陈国安　租银一分　只应奎　租钱五钱

童登山　地租银　二钱　　　吴绍增　张万云　各租银　一钱

刘大兴　地租钱　一两五钱

盂兰会　佃客　郑复兴　房租银　十一两

何长顺　租银　十二两　　　吴登榜　房租银　六两

吕善陆　租银　十一两　　　许桂芳　租银　一两二钱

钟光明　租钱　八千文　　王天元　房租　五千文

钦加提督衔记名过缺简族总镇四呼懋攻等处地方协镇都督府克勇巴图鲁滕

钦加协镇衔调署四川懋攻协中衡　都间府宁越营都阃府即升府马步领旗

龙耀腾　王启贤　罗永富　马光耀　彭永祥　罗三品

首事　俸全　赵安邦　郑仕恺

署四川懋攻协标领哨　专城部厅提标左营　即升府副　府杨

光绪十七年仲夏月　又收沙龙沟租麦三十六合由　钱粮衙门

经收照采买折价　吉日竖　张先志书　石匠　康朝万

盂兰会　万慰斌　租麦八合查考校之上年所收等逐层陈明各上司奉准饬将各佃客现纳谷钱

立庙后殿内

庙也化为乌有,并

武庙佃客

杨　照　租钱十千文　何友明　朝奉明　各艖

钟光明租钱十千文　何学估俸租钱九千文　何友明、朝奉宇各租钱一千文

……

钦加提督衔记名过缺

……

四川懋功协标领哨专城部厅提标　营即陆　副

光绪十七年促夏月

张先志书

黄螂所关帝庙碑记

(据嘉庆《四川通志》。黄廷桂,雍正六年(1728),此时黄廷桂任

四川提督。乌蒙,今云南昭通,米贴苗妇陆氏叛乱,黄廷桂前往平叛后作此文。)

黄廷桂

圣天子御极六年,雍正戊申,天宇所覆,地维所载,毡裘卉服之区,凿齿雕题之域,来宗来王,悉主悉臣,顾兹米贴,土妇陆氏,以蚍蜉畏菲,不能自缚就戮,遂敢要结党羽,跳梁山泽。余时提督军务,率诸营将士奉天讨伐,旬月之间,深入蛮箐,行列布阵,施明架耀,未尽厥武,所向率服,一二丑类莫不俘获,诛奸蒿衡,悬首以宣示,国威俾震慑之。余又悯其顽愚,宥其胁从,盖杀伐既张,与之更始。而黄螂土司国宝遂以其地内附。余因夷性归化。相度形势,见黄螂一隅,实为黔越咽喉,戎泸藩卫,乃扼守险隘筑哨堡。建城池设戍部,历历善后,俱有画并以卷闻。又伏思关圣帝君庙祀遍万国,精灵弥六合,义勇盖三分,我朝神圣相继,威武张大湛,恩汪涉声教。所讫无远弗届,是帝君之威灵,朝廷德化,兼荒并包,齐观等量,爰崇其庙貌,昭其祀事,礼制之隆,侔于东鲁,每月之朔望,营卫得于此宣讲圣谕,夷氓拱听,以成一道。同风之盛,且冀神之默存感应,与国家怀柔治服之意,胥为表里,其荷神之休,曷有既与庙,创始于　　月　　日,告竣于　　月　　日,屋成若干,楹垣周若干尺,轮奂既新,堂里既饰,室宇有严,廊庑有秩,汉夷具瞻,国不只肃,遂额曰关帝之庙,且叙次颠末勒石垂远,他如功财用之数,供纪董事之人,则纪于碑之阴云。

重修平坝卫关帝行宫碑记

(据民国《平坝县志》。傅宗龙(1591—1641),云南昆明府昆明县,苗族,明末人。天启四年,傅宗龙任四川巡按兼贵州监军,在云南贵州平叛。他在贵州平坝驻扎,重新修建关帝庙,记述自己受关公庇护的事情。)

傅宗龙

天启四年,岁在甲子,宗龙奉敕护军,以是岁十一月甲子,大将军鲁钦等大破水西兵于普定之汪家卫,逆彦坠马几获,露布以闻,称奇捷焉。余时驻平坝,距平坝一舍,先一日卫弁走告余,本卫所祠祀伏魔大帝,须鬓汗流,似是助官兵破贼,问何以知之,卫弁具言往岁彦贼率众数万,围平城攻拒甚急,老幼男女登陴而泣,惧旦夕供贼刀俎,坚守数日,贼解围去,时有贼中逃回者言,贼中喧传城上旌旗甲仗,人马甚盛,度不可取故去,同时祈福于祠者,咸睹大帝须鬓渍湿,似流汗状,及贼去,得贼中传言,始知贼所望见旌旗甲仗人马,乃大帝神力之所化现也。严以往事,今日之阴助官兵无疑。宗龙闻而异之,已而官兵果左破贼,报至宗龙,诣大帝行宫谒谢,仰瞻帝像庄严,令人魄悸,却立下顾谓诸将吏曰,吾行天下,瞻帝像多矣,无如此之凛凛有生气者,其神力化现庇此一方,诚可信不妄,而殿宇湫隘,宫门逼迮大道,车尘马足,及于堂阶,殊非崇奉之意,乃捐金檄卫弁扩其外行,视畴昔差可展敬,私心微慰,窃复自念大帝庙宇遍海内,其壮丽宏邃视此何啻千百此,何足邀大帝之盼哉。然匹夫匹妇敬存诚敬,即可格神,矧大帝昭临下土,孜孜以翦贼拯民为念,兹烽火干戈之域,男女老幼非大帝无所请命,大帝不以平城为小,不以平城之人为少,特化现而保全之,岂其以兹宫为不壮丽宏邃也。而不居歉必不其然。又忆余于天启元年,领两浙之役,请假归省,以十一月入黔,抵平越,贼突兴于卫,余于黑泥铺后登山望之,适有一斗室祀大帝像,余拜起谓同行亲友曰,大帝在此,贼必不能为害,未几贼循山而遁,以黔乱道阻,二年五月赴浙,冒险出建昌至小象岭下,番猓数百前后截之,进退失据,部送者都无人色,余下马入一废营小憩觅计,而草莱中又适有一斗室祀大帝像,余喜极而拜,心祝已复语同知亲友曰,去年大帝佑余于平越,今必见佑,贼何能为。少顷通事致番猓言,欲一望见绣衣,不敢惊阻,遂按辔度岭,群贼墙立不哗,非藉大帝之威灵,几不获免于难。宗龙何以邀此于大帝哉。毋亦龙忠义,大帝实鉴之,故当危急迫厄之际,辄显示相如此。夫荒铺废营之中，凡有祠祀，而大帝无不在焉，兹斯宫为大帝所居，歆复奚疑，宗龙自维弱劣庸愚，无能称职，独是区区忠义，矢之不渝，且勉修护军之职，以图逆酉，庶几仰□大帝，鹹贼拯民之念，于万分之一，而鹹贼拯民，仍以祈望于大帝，征诸往事，终能如所望乎，敬磨石记之，以昭大帝之灵贶，且示平城之人，永永无忘大帝之赐也，是为记。

关夫子大桥庙碑记

（据康熙《通海县志》。通海县为云南省玉溪市，是历代军事重镇。陕西僧人海澄游历到通海，向县令魏荩臣提议在通海的要塞之地大桥区建关帝庙，于是军民捐款修建此庙。魏荩臣，陕西人，任通海县令。）

魏荩臣

尝读史至三国鼎足之际，量其人才，度其形势，知后汉之所以难，与为后汉之虎臣，而寄重任者，尤自不易。嗟乎！魏强吴富，区区一蜀，特荆襄门户耳，而荆襄又非我所有，以夫子弹压之，进攻退守，惟夫子是责。是时也，图王业不能除魏，联指臂不能臣吴，动多掣肘，生死争呼吸，谁谓夫子荆州之任，非一发引千钧也哉？雄若昭烈，知若武乡，以为微夫子莫可胜任者。盖深信夫子之志，重于泰山，非成败利钝所可移也。迄今后汉虽亡而不亡，武乡虽死而不死，皆夫子之志有以贯彻之。至于荆州覆败，过在孙吴而不在夫子也。夫子志在灭贼，甘于死而其志弥坚，故其浩然之气，虽极天蟠地，亘古今，昭华夷，俾闻其风者，莫不肃然仰承，所谓奋乎百世之上百世之下人人兴起也，有以夫。

夫子身未南征，何以滇之庙祀，所在丰崇？亦以人心之忠义，未之或息也。通邑当临、元、开三郡冲，其路由大桥入，旧有土城，车马旌节,往来驻焉。兵燹后,秦僧海澄者,雅爱湖山之胜,憩锡于通。一日诣余曰:大桥区,为此邑要害,得夫子镇之,可以转衰为盛,倘借一言,走请当路,鲜有不偕者。于是滇之文武,慨然捐金,成僧愿力。僧购汗地,周遭六十余丈,运土填实,筑台高丈许,新建大殿三楹,祀夫子像,两庑各五楹,前造观音楼三楹,大门造卷棚,高与楼等,南枕山,北带湖,气象巍峨,楼台森肃,内之丹捉又极宽广,树以松柏,匜以花卉,甬道长三丈,伐石庄整,起工于癸丑之冬,落成于己巳之秋,约费二千余金,十七年来,沧桑互易,僧心与力不少怠逸,亦有志事竟成也。僧性任侠,须眉奕奕,猛然回头,便能向上,意者夫子之灵,默相始终耳。

余因感夫汉之强弱,系荆襄之得丧,系夫子之存亡,金城万里门,皆重其人也。当日者夫子一心灭篡汉之贼,不旁虚孙吴之阴狡气随之,倘畏首畏尾,狼顾狐疑,岂大丈夫之躬动哉?

按通为临安门户,临为束迤上游,控开、元,接交趾,一径通塞,兹邑最重,使会城无夜杵之警,有南蔽之安,其临与通也。僧相山川,权要隘独辟夫子之庙,崇祀万年,其识又有足多者。夫子虎视荆州,精灵在天,直如皎日,千载而上,人心之忠义,夫子开之;千载而下,夫子之忠义,人心留之,虽地异时殊,其揆一也。况夫子浩然之气,充塞两,如水在地中无往不在,而僧信之深,崇之至,又择要地以奉祀之,譬之整井得泉矣。

嗟乎!为临郡守,与通邑令者,当深思长计,知此地为冲,承平则绸缪于未雨,方变不挠于利害,一邑安而全郡皆安,会城得恃以无恐。瞻拜夫子,或者兴起而知所师乎!僧名海澄,号湛一,志固可嘉,功亦难泯,余乃为之记。

重修猛拱关帝庙碑记

(据民国《永昌府文征》。猛拱以产玉著名。汉人在乾隆年间移民来此,修建关帝庙。民国十六年洪水袭击猛拱,关帝庙被毁后,百姓自发捐资重修,民国十九年完成。请李根源做序。李根源,(1879—1965),字印泉,又字养溪、雪生,号曲石,别署高黎贡山人,云南腾冲人。近代名士、中国国民党元老、上将,爱国人士。)

李根源

猛拱位于大金沙江之西,为蛮邦瘴疠之乡,然在朱明之世已隶版籍。清乾隆三十四年,大学士傅恒以经略征缅甸,猛拱土司浑觉贡珍异,负弩矢前驱,傅公奏请颁给浑觉宣抚司印绶。浑觉既力战着勋绩事,班班载史乘。野人山产宝玉,至珍异,猛拱为玉石场总汇。采运玉石者,在康雍朝尚未敢历险涉厂地。迨乾隆初元,玉石厂始有汉人足迹。故我腾越之人采山而求瑰宝者,数百年来咸居于猛拱焉。居之久而聚落以成,不能无里社,于是有关帝庙之建立。盖汉人崇拜英雄,凡会馆公所,往往塑像祀之,其风遍天下,由来尚矣。庙居猛拱中心,林木嘉畅,蛮花宛鸟与山水相辉映。凡客猛拱者皆乐居于是,不独春秋报赛为箫鼓牲醴之会而已。

民国十有六年,淫雨匝旬,江水溢。猛拱全境汇成泽国,崩壁坏屋者相望,庙乃为墟。乡之人李寿育、张兰亭客猛拱最久,乃慨然曰:"我先人蒙犯雾雨以启山林,荷神之庥,生聚饮食,仍世护佑。今其可以及吾侪之身而湮替不复?关庙之修,其可弛乎!"乃首捐巨款为之倡,旅缅华侨洪盛祥、宝济和、宝隆璋、张采臣、邓心斋、张鲁卿、李沛生、黄永湘、朱芹生诸君各醵其所赢,以襄成之。鸠工饬材,徒作谨噪,不数月而告落成。邃宇高墙,既崇既完,有殿有堂,有庑有楼,行李往来,复得栖息,刍薪脯精,储备罔缺,而华侨学校亦附庸于其中。规制宏大,度越前绩。李、张二君经始之功不亦优乎。庚午初夏,段子让耑来姑胥,盛赞其事。复恐兹事之久而就湮也,请余为之记。

余窃有感夫缅甸、木邦、猛密、猛养,向者皆吾华藩属,岁时贡献,怀柔震迭,以表南海,岂独猛拱而已。自王泽不及远,狡焉者始伸足无人之境,落食吾之疆土,日蹙百里,而至于今。读王靖远誓江之辞,不禁怆然涕数行下也。诸君侨居猛拱,独能守前人之绪,岁时伏腊,乡社鸡豚,全境虽沦于左衽,而此一席香火地尚能保持勿坠,抑使千载而下令人复见汉官之仪,是殆大《易》所谓硕果者非耶?所愿后之人深念前世创造之艰棘,今日继志之剧颜,东望神皋,西瞻戎索,时思所以光大而发挥之,不使随蛮烟瘴雨以俱泯没,此则余之深望也夫。

上街武庙楼碑记

(据民国《大理县表稿》。此地为南诏旧地,这里有土著的金齿后裔,还有回族、汉族等地。明嘉靖年间,回族建教拜楼,清同治年间后改为武庙楼。罗光裕,不详。)

罗光裕

漾濞去滇池千里,风俗犹似于中州,盖古南诏旧地,金齿遗迹尚传。迄今父老子弟,犹能道其精详。以山川岚润,人民僻处,推迤西之胜区。郡县之北有楼,故名武庙楼,为合郡人仰观焉。予作楼碑以记之。大楼造建前期,明末嘉靖年间,在昔漾汤回民先辈老少,往往登楼礼拜,朝诵暮归,设建教拜一楼,为漾濞后世法。至清同治年间,回汉相争,杨军克服漾郡,又改为武庙楼。予观夫高楼壮丽,在上街之中,连龙山,近长江,浩浩滔滔,苍苍翠翠,朝晖夕阴,气象万千,此则武庙之大观也!郡人士步于其间,则东望点苍,有瞻云就日之志,南睹温泉,有兰亭沧浪之感,西观漾水,有白鹭沙鸥之乐,北窥沙河,有石江秧屯之田。登斯楼也,层峦耸翠,上出重霄,飞阁流丹,下临无地。腾蛟起凤,汉关圣之祠宗,紫电清霜,蜀将军之堂构。乃至于今,改设高等学堂,教育贤人,类多会集于此。将十旬休暇,胜友如云,千里逢迎,高朋满座。仰观楼阁之大,危哉峻哉!俯察雕画之功,美矣焕矣!昆仲弟兄召冠者五六,童子六七,攀庙楼而登焉。俄而月出东山之上,徘徊云路之间,天朗气清,惠风和畅,高山流水,鱼跃鸢飞。

虽无黄鹤玉笛之声,亦如长安江城之象。于是乎挥系桐日,送还云西,爽气在我胸襟,以及万类,揽不盈掌,夫美而美。因人而彰此楼,乐而同乐,因地而居此楼,读书之乐。予故曰:先天下之忧而忧,后天下之乐而乐。鄙人略记以楼碑云。

重修关圣宫碑记

(据《红河县志》。红河县位于哈尼族彝族自治州内。旧有关帝庙,后村民集资重修,清光绪三十三年成。郭鼎甲,当地绅士。)

郭鼎甲

尝读《书》曰:作善,降之百祥。《易》曰:读书之家,必有余庆。是善莫善于广行功德,创修庙宇,以妥神庥者也。莲村自先辈以来,建有关圣宝殿,后则三佛寺,前则大门楼,庙貌巍峨,游观者莫不夸胜境。神恩浩荡,里居者悉皆被深仁。然代远年湮,不能久而无坏。自国初起建至今多历年,昔时之画栋雕梁,今日转成朽木腐柱。久拟从新修补,奈烟稀户少,富寡贫多,而有志未逮,想象徒劳,年复一年,竟至栋折襄崩。生斯时者,苟置之度外,难辞厥咎矣。为此,绅士张钟奇、郭鼎甲、姚英贤、唐务本、杨思恭等,邀请村中父老,相交劝谕曰:斯庙也,斯神也,合村所赖以眷佑者也。先达既能创之于前,我辈不能修之于后,是深有愧于古人也。当同心协力,捐资修补,以继先达之志。村人皆曰:唯唯,愿倾囊输金共动矣。于是合村一体,沿户捐资,三村好善君子亦慨然乐助,积少成多,约捐得银三百余金,权作购买木石砖瓦之费。厥后陆续修补,越十余年,而焕然一新。此虽人力为之,实默默然中神灵佑之。从此,俎谷馨香,四时无替,村民善信,百福骈臻。后之有志继美者,更出而润色之,共追先达之至意焉,则幸甚矣!是为序。

大清光绪三十三年岁次丁未仲冬月弟子郭鼎甲敬撰并书

新滩溪增修文武宫、魁星阁两庑碑记

（据民国《绥江县县志》。绥江县位于云南省东北缘，金沙江南岸，隶属云南省昭通市。道光戊申（1848）年，建文武宫，后又增修魁星阁。儒家文化进一步传播到这里。黄灼京，不详。）

黄灼京

历代尊崇孔庙尚已参之者，其惟文武两圣乎。熙朝创制春秋并祀，典礼优加，旷世尊隆无以异也。顾孔庙之严，非学不立，而文武两圣，则自州县庙祀而外，虽穷乡僻壤，往往合为一宫，非渎祀亦拟于僭也，乃功令曾不及禁者，毋亦两圣人灵迹彰彰，其纲常节义尤足以振人心而经世教也。庶几宜民善俗，抑治化之机欤。新滩为副属首场，物产繁殖，第人文未启，祀典阙如。自道光戊申岁草创文武官，春秋祭祀，于是文化渐开，游庠入监者接踵相望，驯至举贤书、通仕籍，蒸蒸日上，为闾里光尤可异者。比年多故，邑里荡然独此一隅，小阅沧桑未罹烽烬，四民乐业安堵如初。金曰：微神之灵不及此，惟是基字弗宏，观瞻靡称，幸托升平之福，敢忘报飨之诚。乃更醵财鸠工，增修两庑并竖魁星阁。遹崇气象，式壮山川。斯举也，经始于丁卯仲春，落成于戊辰孟夏，独力难支，众擎乐效，信乎民和，神福皆有嘉德而无违心也。从此莘莘俎豆，鸿开文物之光，衮衮衣冠，骏发科名之籍，群材并进，而美报同收矣。爰志其成泐石为劝。

武庙万寿亭侯碑记

（据民国《大关县志稿》。清雍正六年置大关厅，设通判驻其地。

隶属今昭通市。姚卿任司马,在关帝庙中修万寿亭。道光二十四年(1844)成。)

盖闻礼乐政刑为教化之先务,创修创造乃培植之夏功。故事之有关政治与有利民生者,皆宜次第举行祝。

万寿亭为朝贺重地,我大关自雍正改土以来,建设城廓,枕山临水,周无数里,迄今二百有余年,而凡载诸典礼应立坛祀,诸多未建,即间有创修,已将废圮。苟非守土者为之倡率修理,久必荡然无存;即或为之创修而非贤且能者,亦未必厚捐鹤俸,大建鸿功也。姚公子卿,桐城人也,世有令德,为滇司马。自丙申岁来守是邦,宴心宴政无不修理,他如费宫、文武庙,陆续修建城廓、桥梁先后补葺。增学舍以培髦士,置义地以瘗骸骨。以及普济兴而疾苦有归,育婴成而孩提得所。龙神祠立,连年之雨泽无愆,社稷坛成,屡岁之丰盈有象。七年之内,政通人和,百废俱兴,可谓竭尽心力矣!然以为百废虽举,而朝贺无停,无以大尊崇昭中盖地。盖向来朝贺,于武庙正殿后设万岁龙牌,就彼行礼,而殿前不过盈尺之地,既行拥挤,且碍乎观瞻。虽属由来已久,究非礼制所宜,用于正殿后尚有隙地,既高且朗,足作建亭之基,公命修之、平之、攘之、剔之,复捐清俸,于寒冬尼材鸠工令以落成。从此规模宏敞,霄汉悬捧日之心,瞻拜雍容,文武肃朝天之志。愿君门万里莫亲笑语之龙光,而臣下一心用昭虔恭于虎拜。望天颜如咫尺倍肃鹤斑,仰地势之森严同凤阙。亭之成也,公之力也,用湖贞珉以垂久远。是为序。

特授云南昭通府大关清军抚夷府随带加一级纪录八次铜务加二十一级姚政厅乔、署云南昭通镇标左营游府印、务曲寻协都间府带寻常记录二次、保云南督右军府、调署昭通左守府马、左哨都厅赵率合弁目等。

道光二十四年(1844)三月初八日

新修武庙碑记

（据《鹤庆各寺院碑记》。鹤庆县的关庙，本来在北门内，后迁到城南。毁坏于同治兵乱，兵乱后官兵捐款修建关帝庙。祁士兰，不详。）

祁士兰

在昔尧舜开道统之源，至孔子而大成以集。孔子删定《六经》，修《春秋》，而大义以明。《春秋》一书所以辨邪正，定君臣，界华夷，严名分，宴百王之大法，万代之常经也。圣帝以迭伦超群之才，当炎衰土旺之会，内而贼臣弄柄，外而强侯专征，即八龙之贤，亦不能分曹之非汉，纵以伊吕之佐，亦欲藉力于强藩。而圣帝独见之明，守之固，辨汉曹如黑白，视孙吴如豚犬，谓非深浔乎《春秋》之大义者乎，谓非继尼山而承道统者乎？我国家首重阙里，次崇鲜良，良有以也。鹤邑关庙，旧在北门内，后城南迁，遂居城外。彼时民户殷繁，闾阎充塞，虽在城外，颇壮观瞻。迨同治庚申年，小丑跳梁，寺庙尽毁，北门一带尽成邱墟，乌可以妥神灵而隆祀典。云阶军门于城下之日，即以文、武、文昌、城隍四庙为首提及。至庚申年，恢复榆城，逆首受诛，方克经营。然地方甫平，财力弹尽，无可捐输。幸蒙军门不惜重资，一力自任，于是陟嫩相原，观泉度地，咸曰游署空基，斯地为宜。询谋金同，乃具畚筑，备器用，尼材鸠工，自癸酉年起，至丙子年止，载离汇暑，浔竣其事。中建大殿五楹，后建后宫三楹，右为桓侯祠，左为昭烈殿，殿前为净室，为昭忠祠大殿，左右为香楼，为客厅，前建石坊一座，南北为钟鼓二楼，又前立官厅，以作宿斋更衣之所。前造大门七楹，南北为栅，为照壁，为泮池，为铺楼，共三殿二祠，大小坊楼室厨五十余间。金碧辉煌，丹圣灿烂，虽不及前之宏厂，而整齐严肃，有过之无不及者。是役也，共享银五千余金，米五百石。木石、夫役虽有所就，非军门之力不及此。兹功成勒石，爰嘱建庙之略，用示后人。至圣帝浩气之充塞，威灵之显濯，与夫历代之褒崇，则昭昭在人耳目，自有国史之记载，不敢妄赘，惧亵也。

新起关圣诞碑序

（据民国《永昌府文征》。周绍生，不详。此文记述了道光二十七年，腾越民捐资助举办关圣会。周绍生，不详。）

周绍生

昔宣圣人集群圣之大成，立人伦之极至。世道人心，绵万古而不坏，洵生民所未有也。故上自天子，下及庶人，罔不礼祭，阅七百余年。有壮缪武圣人，其丰功至德，载之汉纪者详矣。而维世道，正人心，浩气所充，虽蛮荒妇孺庄诵及之，靡不竦然起敬，慑然心服。其入人之深，感人之切，继宣圣而称不朽者，由汉而唐，而宋而元而明，纪传不胜书，赞颂不能罄，至今如一日也。祀事之隆，环海同风。有指五月十三为诞期者，有指六月廿三为诞期者。查汉书仅载证果之日为九月十三日，至于诞期并无确考。又据《圣迹图志》，则实指六月之廿四日为确。其曰五月十三日者，或以为圣人赴东吴会期也，或以为圣长子讳平将军诞期也。要之，皆不必疑也。圣人无一日不在人心，即无一日不可享圣人。夫当三国鼎峙之时，强敌如东吴且以宴会享圣人。后世独不可循其赴会之日以享圣人乎？平将军以嗣圣人者佐圣人，自宜以佐圣人者附享于圣人，况能享嗣圣人者之愈所以享圣人，于典为更备乎？

吾腾乡友，惟于六月二十三日就正乙宫，设位以祝。而五月、九月阙然。非所以隆祀典也。道光辛丑岁，王君元春、段君文浩有见于此，商之同志，与斯会者咸踊跃乐输，共捐得白银若干数。按年生息，以权赢余。仍以一年所生之息为五月、九月庆祝之资。后有同人亦听附入是举也。补前人之所未及，昭众志之所同然。仿宣圣之二月上丁、八月上丁，一年而三隆祀事者。即移于圣人之五月、九月，亦一年而三隆祀事焉。凡有血气，莫不尊亲，愿抒诚悃，以永昭格。若夫侈谈纪载，勤修赞颂，终无当于入人深感人切之万一也。是为序。

道光二十七年榴月。

关帝灵验记

（据光绪《续修白盐井志》。白井盐为滇西重要产盐地。道光丙午年（1846），白井盐发生水灾，冲毁房屋无数，而关帝庙安好，当地人都认为是关帝所佑。王发越，道光六年进士，道光二十八年（1848），王发越在大理严守，受托写此文。）

王发越

白井为滇西产盐所，地界两山之间，中央一河，万氏灶户错处两岸，盖楚郡一大都会也。河之上流高且润，下游卑而湿，昔人建关帝庙于河北山脚下，庙外梁木桥一座以通往来，桥身视墙基约高三四尺，识堪舆者以为锁镇风水云。道光丙午年六月二十五日夜，雷雨大作，河水骤涨，波涛汹涌，掀天而起，势不可遏。两岸居民呼号骇奔，无不惊惶，意必尽为波臣矣。忽见半空中有红光一片敛然，自北而来，坠于河干，水势为之顿消。比及天明查看，房屋淹坏者不可胜纪，而人丁所伤甚少，沿河一带津梁尽被冲没，独庙外木桥无恙也。由是人皆惊异。视水痕从桥上经过，已而庙东一带围墙逼近河岸，毫无损坏，墙脚下沟洞数孔，河水亦未浸入院内。始悟夜来红光殆即神灵所默佑也。更可异者，旧时白井善士刊刻《觉世真经引证果报》一部，板存五马桥匠工高发扬家。是夜水涨，人皆逃遁。次日回视，左右房产尽委泥沙，独匠工藏板茅屋尚存，冥冥中似有呵护之者。噫，异矣。帝君之灵固彪炳于宇宙矣，兹乃于荒阪僻壤之间，疾风骤雨之际，遏河伯之肆虐，回狂澜于既倒，使烟火万家不至沦胥以亡，地鲜为沼之叹，民无其鱼之嗟,其功德之及人为何如? 且也庙貌依然,经板如故,济人觉世之深心不更昭然若揭也哉。宾川学政王君隶井籍,谒见时为余详述,爰濡笔记之,并嘱勒诸贞琨,昭示来兹永志,神既于弗让焉尔。

重修凤山武庙碑记

(碑存巍山县大仓镇东镇凤山关圣庙内。清光绪十一年(1885)立,碑高 1.00 米,宽 0.62 米。光绪丙子年(1876),由杜涟的父亲倡议重修武庙,光绪庚辰年(1881)落成。杜涟,不详。)

杜　涟

事有旷百世而相感者,其惟圣人之道乎? 当汉之季,王室陵夷不绝如缕,独我关圣起而扶之,以延国祚于四百余年,忠义大节,迈越千古,而明德以荐馨香者旧矣。我邑世乐蘸陶,久濡德化,昔曾创庙于此山麓,厥制宏敞,秀拔一邑,有飞凤朝阳之慨,巍然壮丽,亦以隆报称于无疆也。迨兵燹后鞠为茂草,思骏奔者能不恻然而兴感乎? 岁丙子,先大人乃同范左二公谋诸邑人措资重建,一时士民群起共襄。鸠工命匠,寒暑互更,乃得张具而落成之。于是岁孟冬,讫于庚辰岁暮。诸君子请书其事,于君子观夫庙庭则奕奕矣,庑门则翼翼矣,丹垩则煌煌矣。岑楼殿阁,花木林泉,左右映带,清远闲旷,地之灵而又不徒地之灵也。邑人士登临拜谒,苟旷观而有得焉,感发兴起,为坛站争光,为山川起色,则亦何非斯庙之为功也哉。

武庙启圣宫新建碑文

(据民国《昭通县志稿》。文章记述了雍正六年,咸丰六年,光绪辛巳,昭通均发生变乱。)

何雄辉

尝思善作必须善成，知来犹在观往，武圣宫之后殿，向祀观音，近以崇祀启圣，改建历年未就。余抵任后，恐其久将废弛，因与诸将弁筹款续修。既成，问序于余，踌躇之久，与其徒尚浮词，仅共文人之瞻视，何若详征遗迹，为吾辈之针破。以故变序为录，举昭郡始末，并历镇得失之可鉴可戒者，悉撮其领要，勒之贞瑉，吾侪触目惊心，庶亦振兴之一道焉。谨按：昭城设郡肇始我朝雍正六年，府乃乌蒙旧号，筑土城于天砥，以刘起元为总兵官。时新改土归流，鲁甸土目禄鼎坤求袭土职不得，与子万福谋反。人有首告者，刘镇不信，议请设备弗听。八年庚戌八月二十五日，万福反鲁甸，围府城。刘镇不战，立意招抚，贼杀之于利济河，分据大关、永善，诱煽东川、镇雄、威宁诸土酋，四出焚掳。总督鄂[尔泰]公调滇黔蜀官兵进剿，总兵哈元生、副将徐成贞大破贼于得胜坡及迤那溪，乘胜抵乌蒙，恢复府治。会合诸军，以次克复大关、鲁甸、永善，搜剿逆夷数百寨，擒斩逆首禄万福等，东、蒙悉平。乾隆元年，鄂公奏请改乌蒙为昭通，以天砥土城不利，檄委素通地学之训导张君上哲、庠生段君憬文相形势，改砖城于二木寻，即今府治也。徐公，字禹峰，湖广人，有文武才。鄂公请授公总兵官，经理军民诸务。公偕知府徐公德裕，绥辑群黎，草创百事。城工既竣，乃建衙署、营房、坛庙、书院、万寿亭、大阅堂，深鉴前失，为根本计，一切兴利除害事宜，罔不周至，军民皆赖之。在任六年，两赐御书"福"字，嗣以陛见解任军民祠之省耕塘。厥后镇将媲美徐公者，道光中有普公陀保，公字地岩，满洲人，常谓天下虽交，忘战必危，况承平日久，武备渐弛。故黜贪劣，决老弱，补虚额，拔真才，广置军储，晨夕训练，常如寇至。由是兵伍奋勇，盗贼侵息。咸丰六年丙辰，回民构乱，郡城危如累卵，而卒能保无恙，其得力于公之措置讲习者深也。呜呼，如徐公者，可谓善创，如普公者，可谓善守矣。夫创之不善，在雍正时遂有"禄逆"之灾，而守之不善，至光绪时复有"卯逆"之变。卯逆，名三合，亦鲁甸人也，光绪七年聚众洒渔河，约期袭府城。中军闻之以告，镇将麟志务为镇静,毫无戒备。八月二十七日夜五鼓,贼先率数百人犯城,无捍御者,内奸启北门纳之入。镇、府、县官闻变,皆逾垣避。贼踞镇署,中军张宗久、把总程大益、额外杨来本死之。将旦,贼炮升堂,城内绅民将弁有胆识者,悉率丁壮急攻。日既上,民力愈厚,贼势益孤,不移时,翦除尽净。既而贼之大股抵城,已无能为,随因其势而解散之,危城复安,幸矣哉。嗟夫! 刘、麟二镇一以招抚偾事,一以镇静失机,岂抚镇之必致偾失乎? 彼盖以姑媳为招抚,以骄惰为镇静,故致偾失尔。而卯逆踞城,垦灾除害,实赖编氓,宜乎? 述往事者,益为吾介胄之士太息痛恨也。或曰:张、段二君之相地形也,谓昭郡局势,金牛低陷,水神来去,皆在金位。岁运冲合,三煞驾临,则兵祸立至。是以庚戌酉月,金居旺地,逆夷作乱,靡有孑遗。而光绪辛巳八月之变,前后如出一辙。天道人事,有明征矣,虽然天道远而人事迩,古语曰:前不忘后事之师也。又曰:前车既覆,后车当戒。事之宜是现宜戒者,唯载诸简编,鉴观不爽。昭郡向无志乘,乾隆四十年,汪公秉谦摄郡篆,始开局修志。纂修者,寻甸州牧戴君芳,分修者,恩安副贡马君州。二君修志之功,亚于张、段二君之相地。惜乎志稿初成,未能付梓,迄今又百余年,事可入志者,不知凡几,续修无人,将遂烟没。余愧不如徐、普二公文雅,丙戌冬来镇斯,任大责重,深惧陨越贻羞。爰考志乘,询耆旧考,取事之可为鉴戒者隶之,既以自警,兼勖同人云。

武 庙 碑 志

(据民国《中甸县纂修县志资料》。位于滇、川、藏三省区交界处,即今之香格里拉。同治丙辰年(1895),回民起义,毁坏关帝庙,光绪癸未年(1885),官兵捐资重修武庙。)

董良弼

昔有吴松额巴图鲁董良弼创建。尝闻:大启宏图,永振人文之丕盛；创修庙宇，肇开地运之重兴。臣良弼世膺丝纶，志除国忾，北阙鸿恩，西陲蚊负十六载。毫无善树，株守此邦，忆万年历祀遵崇，勉修斯庙。自丙辰回匪作乱，庙宇毁烧，营制废驰，予目不忍睹。其旧址赤土砾瓦，有不堪言状也。是以默想神威，恢志创植。每虞乏囊无济，兵力微薄，商诈以陆续克绍。于乙亥春，合营亦助功德，共成善果，于是创造大殿，姑为落成。自庚辰年证值进京引见，又以搁置二载，后回任复志，于癸未年外鸠工创造，而倾囊以圣殿两廊及观音殿、财神殿、圣母殿、戏台、大门等，于二年间始以竹苞松茂，鸟革翚飞，而百废焕然一新矣。惟望神恩永佑，营伍重兴，以期运转而日康，共享太平景象。是予之所厚望也。是为序。

重修文昌、武帝庙碑记

（据民国《呈贡县志》。咸丰丁巳年关帝庙毁于战火，光绪八年，县令主持重修关帝庙。）

李明鳌

余官斯土已三载矣，愧无功德于民，是不能事人而敢云事神乎！呈邑文、武庙皆前之良有司都人士备慭艰辛，成兹巍焕，无非冀神有凭依，庶足以默邀眷佑，而荫庇人民也。

咸丰丁巳后，炖于兵燹，苟于祀典所在，听其倾圮，是慢神虐民之渐罪在有司，不可一日立于民上也。爰是集两境绅士李上元、秦福源、杨本仁、杨钟南、李万年等商之，措公款以资修建，复公举陆应芳等为之监理。其事于光绪八年十一月经始，九年四月落成，栋宇虽未极光昌威灵，已得其定所馨香，有奉祀典，无亏脾脯，私念庶几稍慰，敢云二十余载之废坠，自予而焕然以兴哉。是为记。

光绪十年岁次甲申仲春月。

附录 3　明清时期方志中的关帝庙

　　关帝庙作为关帝信仰的物化载体,为当时的关帝信仰提供了场所,成为明清时期西南地区关帝信仰的有力证据。关帝庙不仅成为一道文化景观,它反映了西南地区社会这一信仰的实践和过程。它在西南地区的建立、被毁、又重新建立的过程,是中华文化凝聚力的象征。地理景观是不同的民族与自己的文化相一致的实践活动。在祖国大地上关帝庙的修建过程就是多元一统的各民族形成共同的文化价值的过程。经过唐宋两代,元代的关庙已经非常普及,北至宁城、辽阳,南达海南,东至日照,西至固元、大理。从关庙的数量上说,与中原相比,西南地区的关庙分布稀疏,数量不多。就关庙的名称来说,元代称为"武安王庙",明代初年改称"汉寿亭侯庙",到万历二十四年后,才出现"关帝庙"的说法。

一、明清时期四川的关帝庙

　　四川是深受战乱的地方,四川宋时在惠陵也即刘备墓旁边就有关庙和张飞庙,在华阳就有关庙。但是很多关庙在战火中废掉。洪武年间,随着军队的进入,四川关帝庙的修建也较快。洪武初,知县李进在夔州府达州治西修建关庙;洪武间,蜀献王在成都治所修建关庙;另外,保宁府治、重庆府永川县学前都修建了关帝庙;永乐年间,成都府茂州,天顺年间,合州定远县城南门外,正德间,雅州名山县治西,都修建了关帝庙。天启元年(1621),嘉定州洪雅县知县张继孔修建关庙。对关庙的重修和维修也在进行中。隆庆三年(1569),同知张邦臣对夔州府关庙进行了重修;万历十五年(1587),知州林若企重修了成都府简州州治关庙;清代四川的建置基本承袭明制,做了一些微调。据嘉庆《四川通志》,四川设府 12,直隶州 8,直隶厅 6,属州 11,厅 4,县 111 个。这些地方行政机构的设立,使清代四川关帝庙的数量剧增。如下表:

表一:清代四川关帝庙

府　　治	关庙或与之有关的景观	出　　处
西　　域	关帝庙,在炉城河东;里塘塘铺 关帝庙,在里塘汉人建立。	《四川通治》
昭化县	"关索城"在县东,相传关索屯兵于此。	《四川通治》
奉节县	关城白帝庙碑,碑凡三十一,元和元年一,长兴二年一,广正元年一。	《四川通治》
成都府成都县华阳县	关帝庙,在总府街祀,关圣及三代圣王凡各州县乡镇俱有之。	《四川通治》
重庆府巴县	关帝庙,在府西,总督李国英建,各州县乡镇俱有之。	《四川通治》
保宁府阆中县	关帝庙,在府北,各州县乡镇俱有之。	《四川通治》
顺庆府南充县	关帝庙,在府北,各州县乡镇俱有之。	《四川通治》
叙州府宜宾县	关帝庙,在府北,各厅县乡镇俱有之。	《四川通治》
直隶叙永厅	关帝庙,在城南,属县乡镇俱有之。	《四川通治》
直隶雷波卫	关帝庙,在卫西,提督黄廷桂平乌蒙捐俸建庙,撰文树碑以彰盛绩,乡所属镇亦有之。	《四川通治》
夔州府奉节县	关帝庙,在府城东,各属县镇俱有之。	《四川通治》
龙安府平武县	关帝庙,在下台卧龙坝,北有醍醐水,各县卫及乡镇俱有之。	《四川通治》
宁远府西昌县	关帝庙,在府西,各州县卫所俱有之	《四川通治》
雅州府雅州县	关帝庙,在府西,各州县乡镇俱有之。	《四川通治》
宁远府西昌县	关帝庙,在府西,各州县卫所俱有之	《四川通治》
直隶嘉定州	关帝庙,在州西北江滨,各州县卫所俱有之。	《四川通治》
直隶眉州	关帝庙,在州北,各属县乡镇俱有之。	《四川通治》
直隶潼州	关帝庙,在州城北,详见祀典,各属县乡镇俱有之。	《四川通治》

（续表）

府　治	关庙或与之有关的景观	出　处
直隶邛州	关帝庙,在州西,详见祀典,各属县乡镇俱有之。	《四川通治》
直隶泸州	关帝庙,在州城内北街,各属县乡镇俱有之。	《四川通治》
直隶资州	关帝庙,在州北关外,各属县乡镇俱有之。	《四川通治》
直隶绵州	关帝庙,在州城西,各属县乡镇俱有之。	《四川通治》
直隶茂州	关帝庙,在州城内,各属县乡镇俱有之。	《四川通治》
直隶达州	关帝庙,在州城内,各属县乡镇俱有之。	《四川通治》

资料来源:《影印文渊阁四库全书》中雍正年间的《四川通治》。

二、明清时期贵州的关帝庙

明代贵州的关庙主要分布在各个卫所。明军进军贵州时,按照朱元璋的部署沿各交通要道设立屯堡,因此明军的普定卫城东、永宁卫、平越卫、安庄卫、平坝卫、赤水卫、新添卫、乌撒卫、威清卫,还有各个府治也先后设立关帝庙,贵阳府、思南府、石阡府、都匀府等都设立了关帝庙。到了清代,部分卫所的关帝庙得到了重新的修葺。如镇远府的关帝庙,在明末时毁坏于战火,而在清代康熙二十五年重修。在各州府又新建了一批关帝庙,如贵阳府、安顺府、平越府、都均府、镇远府、思南府、思州府。

根据《贵州通治》将有关关帝庙和与之有关的风物整理如下表:

表二:《贵州通治》有关关帝庙及相关风物情况

地　点	关庙情况	资料来源
贵州会城	关王庙,一在演武场内;一南门城内,一军门前。	《贵州通志》(明万历二十五年)
贵州卫	关王庙,州西南	《贵州通志》(明万历二十五年)
普定卫	关索庙,卫南四十里。昔关索领兵征南至此,有神应,乡人遂立祠于山巅。	《贵州通志》(明万历二十五年)

(续表)

地点	关庙情况	资料来源
镇宁州	关王庙,一在治内,一查城站内。	《贵州通志》(明万历二十五年)
乌撒卫	关王庙,卫治内北	《贵州通志》(明万历二十五年)
赤水卫	关王庙,永乐年建	《贵州通志》(明万历二十五年)
新添卫	关王庙,在治北。洪武三十五年建	《贵州通志》(明万历二十五年)
平越卫	关王庙,在治北	《贵州通志》(明万历二十五年)
清平卫	关王庙,在城南	《贵州通志》(明万历二十五年)
永宁州	关岭,在城西三十里,山势陡峭曲折而上凡四十三盘方至顶,上有关索庙。旧志,索蜀汉汉寿亭侯子从武侯南征有功。土人祀之。山半有马跑井,相传索统兵至此,渴甚。马蹄地出泉,故名。又有哑泉,饮之,能令人哑。立石戒行者。	《贵州通志》(明万历二十五年)
思南府	关索城,在州县南五十里	《贵州通志》(清乾隆六年)
大定府	关索镇,在毕节县北,相传武侯南征还,留关索镇此 关索插抢岩,在威宁州瓦店北	《贵州通志》(清乾隆六年)
贵阳府	关帝祠,在府城中大兴寺内,各州县俱有	《贵州通志》(清乾隆六年)
安顺府	关帝庙,在府城中,各州县俱有	《贵州通志》(清乾隆六年)
平越府	关圣庙,在府城内,一在南关,各州县俱有	《贵州通志》(清乾隆六年)
都均府	关帝庙,在府城北,各州县俱有	《贵州通志》(清乾隆六年)
镇远府	1. 汉寿亭侯祠,治城东关。嘉靖三十一年建 2. 关帝庙,在府城东祝圣桥,康熙十二年重修各县俱有	1.《贵州通志》(万历二十五年) 2.《贵州通志》(清乾隆六年)

(续表)

地　点	关庙情况	资料来源
思南府	1. 寿亭侯庙,司境内 2. 关帝庙,在遵化门外,一在大岩关,明嘉靖九年推官高俊建,各县俱有	1.《贵州通志》(万历二十五年) 2.《贵州通志》(清乾隆六年)
石阡府	关帝庙,在府城内,龙泉县俱有	《贵州通志》(清乾隆六年)
思州府	关帝庙,在南大门外,国朝雍正五年改建,各县俱有	《贵州通志》(清乾隆六年)
铜仁府	关帝庙,在府城东门外二里,国朝康熙六年重建,一在盘山上	《贵州通志》(清乾隆六年)
黎平府	1. 府南赤龙山之颠。祀汉承相诸葛武侯亮、关寿亭侯羽。初惟祀武侯,嘉靖十九年知府孙继鲁并祀。 2. 关帝庙,在府城内,各县俱有	1.《贵州通志》(明万历二十五年) 2.《贵州通志》(清乾隆六年)
大定府	关帝庙,在府城南。	《贵州通志》(清乾隆六年)
南笼府	关帝庙,在府城北门外,各州县俱有	《贵州通志》(清乾隆六年)
遵义府	关帝庙,在府城东,各州县俱有	《贵州通志》(清乾隆六年)

资料来源:据明代万历年《贵州通志》清代雍正年《贵州通志》。

三、明清时期云南的关帝庙

与四川一样,明代洪武年间,云南修建了很多关帝庙。明初,昆阳州南门外建有关帝庙。洪武十八年,临安府指挥王信迁在宣威街建关帝庙;洪武二十三年,曲靖府城北建有关帝庙;洪武二十五年,楚雄府广运门建有关帝庙。洪武中,永昌府中正坊西建有关帝庙;洪武中,大理府治西南,大理卫重修关帝庙;成化三年,嵋峨县西建有关帝庙。

表三:明清时期云南的关帝庙

府 治	关庙情况	资料来源
云南府	关王庙,在城东三里,祀蜀将关羽。有二。一在府城南,洪武十九年建,万历十五年巡抚刘世曾、黔国公沐昌祚捐金修葺,郡人严清助工,二十九年巡抚陈用宾重修,二十五年逆克之乱毁于兵火,巡抚周嘉谟复鼎建焉,岁五月十三日都司致祭;其一在府城中双营门,张举建,黔国公沐昌祚为记。 关帝庙,在府城南门外。本朝雍正三年奉旨敕封三代,曾祖为光昭公,祖为裕昌公,父为成忠于后殿,每岁春秋二仲月,奉部定期,督府率司道以下官致祭。各府知府主之,各州县知州、知县主之,同城文武官员悉陪祭。	云南志(明正德年间) 《滇志》(明天启五年) 《云南通志》(清乾隆)
大理府	1. 关王庙,在府治西南,段氏时建,洪武中大理卫重修,其旁有马神庙。 2. 指挥郑祥重修,锦衣画史金润甫绘壁。 3. 关帝庙,在府城内西南。	1. 云南志(明正德年间) 2.《滇志》(明天启五年) 3.《云南通志》(清乾隆)
临安府	1. 关王庙,元时在府治南,洪武乙丑,指挥王信迁于宣威街莲花池之西,本卫官春秋致祭。各州县俱有关王庙。指挥王信,万兵修建。 2. 关帝庙,在府城西	1. 云南志(明正德年间) 2.《云南通志》(清乾隆)
楚雄府	关王庙,在广运门内。洪武二十五年建。	云南志(明正德年间)
蒙化府	1. 关王庙,在文化坊。武安王庙,在府城西。 2. 关帝庙,在府城内。 3. 蒙化直隶厅关帝庙,在城内太平街。	1. 云南志(明正德年间) 2.《云南通志》(清乾隆) 3.《续云南通志稿》(清光绪二十四年)
姚安军民府	武安王庙,有二,一在府东南一里,一在大姚县西南二里。千户官于霜降祭旗蠢在此。	云南志(明正德年间)
鹤庆军民府	1. 关王庙,在御城中东北隅 2. 武安王庙有二。一在府旧城东隅,一在北卫场。万历二十七年建。	1. 云南志(明正德年间) 2. 滇志(明天启五年)

（续表）

府治	关庙情况	资料来源
金齿军民指挥使司	武安王庙，在司治南。	云南志（明正德年间）
曲靖府	1. 武安王庙，在府治北，洪武二十三年建。州县皆有。 2. 关帝庙，在府城北。 　在城北关，兵燹倾圮。 3. 光绪九年知府施之博、副将马麟飞、知县张礼堂、都司朱明新重修。	1.《滇志》（明天启五年） 2.《云南通志》（乾隆元年） 3.《续云南通志稿》（清光绪二十四年）
澄江府	1. 武安王庙，在府北云龙山麓。 2. 在府城南 　关索庙，一在府城西北，一在江川县城北关岭，又名龙骧将军庙；在新兴州城东南，一在州城北。 3. 在城内学宫左，同治十二年重修。	1.《滇志》（明天启五年） 2.《云南通志》（乾隆元年） 3.《续云南通志稿》（清光绪二十四年）
姚安府	武安王庙，在府治南。弘治间知府王嘉庆建。 关帝庙，在府城南门内。	1.《滇志》（明天启五年） 2.《云南通志》（乾隆元年）
广西府	1. 关王庙：在府城东。 2. 关帝庙：在府城东门外。 3. 广西直隶州关帝庙，在城东门外，同治六年邑人总兵张保和捐修。一在五槽，道光间州判尧春同士民建。	1.《滇志》（明天启五年） 2.《云南通志》（乾隆元年） 3.《续云南通志稿》（清光绪二十四年）
寻甸府	武安王庙，在府城西北一里。	《滇志》（明天启五年）
武定府	1. 关将军祠，在府治后。 2. 关帝庙，在府城西南。 3. 武定直隶州关帝庙：城内西南，同治十年参将李廷标、守备周维藩重修。	1.《滇志》（明天启五年） 2.《云南通志》（乾隆元年） 3.《续云南通志稿》（清光绪二十四年）
景东府	关王庙：在府城外。	《滇志》（明天启五年）
元江府	1. 武安王庙，在礼江 2. 元江府关帝庙，一在府城内西南，一在府城东礼江，一在府城西南他郎。 3. 元江直隶厅关帝庙：一旧在城东礼江外，乾隆五十年改建北门演武厅后；一在青龙厂，道光六年知州广裕倡修。	1.《滇志》（明天启五年） 2.《云南通志》（乾隆元年） 3.《续云南通志稿》（清光绪二十四年）

府　治	关庙情况	资料来源
广南府	在府治东 关帝庙,在府城东	1.《滇志》(明天启五年) 2.《云南通志》(乾隆元年)
顺宁府	1. 武安王庙:在旧府治东北。云州亦有。 2. 关帝庙,在府城内。 3. 关帝庙:在城市准(有个十下面)提寺左;康熙三十五年守备宋清建;一在旧城较场内,知府徐(左木右上丽下鹿)修;光绪二年顺云协守备禹光廷倡修;一在右甸城外,后殿即武侯祠,明万历三十六年建,兵燹毁,国朝同治十年绅民重修大殿。	1.《滇志》(明天启五年) 2.《云南通志》(清乾隆元年) 3.《续云南通志稿》(清光绪二十四年)
北胜州	武安王庙,在州南。	《滇志》(明天启五年)
开化府	1. 关帝庙,在府城南 2. 关帝庙,在城南门外,咸丰六年毁。今重建。	1.《云南通志》(清乾隆元年) 2.《续云南通志稿》(清光绪二十四年)
镇沅府	关帝庙:在府城东新抚里。 镇沅直隶厅关帝庙:在城东新抚时。一在旧恩乐县城西关外。	1.《云南通志》(乾隆元年) 2《续云南通志稿》(清光绪二十四年)
东川府	关帝庙,在府城西门内 关帝庙,在城西门外	1.《云南通志》(清乾隆元年) 2.《续云南通志稿》(清光绪二十四年)
昭通府	1. 关帝庙,一在城北门内,一在永善县南门内。 2. 关帝宫,在城北门内,雍正三年总兵徐成贞建。光绪间重修。	1.《云南通志》(清乾隆元年) 2.《续云南通志稿》(清光绪二十四年)
普洱府	1. 关帝庙,在府城北门外。 2. 关帝庙,在城北门,建自前明。国朝康熙五十一年重修,乾隆、道光间续修。咸丰六年,绅民增建。	1.《云南通志》(清乾隆元年) 2.《续云南通志稿》(清光绪二十四年)
宾川州	在南门内。康熙初年知州张瑞杨建。	《宾川州志》(清雍正五年)
定边县	武安王庙,县治东。	《定边县志》(清康熙二十五年)

（续表）

府 治	关庙情况	资料来源
楚雄府	1. 关帝庙,在城南。明崇祯间知府罗廷璠重建。 2. 国朝康熙年间右都督马宁、总兵牛凤翔、骆俨重建。咸丰十年兵毁过半。同治间郡人广西右江镇总兵李维述补修。	1.《云南通志》（清乾隆元年） 2.《续云南通志稿》（清光绪二十四年）
永昌府	1. 关帝庙,在府城内中正坊西; 2. 关帝庙,在城内中正坊,洪武间建。万历间知府陈俨之修。国朝康熙间总兵偏图、周化凤重修,咸丰十一年兵燹毁。郡绅士吴士俊、萧德胜复修。	1.《云南通志》（清乾隆元年） 2.《续云南通志稿》（清光绪二十四年）
永北府	1. 在府城东门内 2. 永北直隶厅关帝庙,在城东门外,旧名开化寺。知州改修。兵毁。光绪元年移建于东门外清真寺。	1.《云南通志》（清乾隆元年） 2.《续云南通志稿》（清光绪二十四年）
丽江府	1. 关帝庙,在府城东门外。 2. 关帝庙,在城南门外,通判樊经、教授杨邠俊建。康熙五十二年土知木重修。知府管学宣增修。嘉庆十七年贡生牛毓麟倡重修。同治十年知府屈绍培、知县陈宗海、郡绅赵治本、和贻重建。	1.《云南通志》（清乾隆元年） 2.《续云南通志稿》（清光绪二十四年）
景来府	在府治前	《云南通志》（清乾隆元年）
黑盐井直隶提举司	关帝庙,在锦绣坊旧分司署。乾隆间建,咸丰九年毁。	《续云南通志稿》（清光绪二十四年）
琅盐井直隶提举司	关帝庙,在行署左。井耆杨永濂建。	《云南通志》（清乾隆元年）
白盐井直隶提举司	关帝庙,在北关内。乾隆二十三年提举郭存壮移建西山龙祠右。光绪六年士庶重修。	《白盐井志》（清雍正八年）

附录 4　部分西南地区现存武庙

一、四川现存的关帝庙

到现在，虽然遭到"文革"时期的破坏，四川境内的关帝庙也还有存留。特别是上个世纪后期以来，各地纷纷重建关帝庙。笔者通过实地考察等方式多方面收集材料。目前，四川关帝庙的情况如下：

青城山二圣宫。关羽与孔子合祀的庙宇，为清代所建。

金堂五凤关帝庙。建于清代，当地老百姓传说当年刘备、关羽、张飞转战南北曾经来到这里消歇。进门的高大的戏台顶上绘于清朝的 25 幅绘画，都是难得一见的瑰宝。

新津纯阳观武圣殿、关岳殿。武圣殿、五圣、关岳殿的建筑格调均为单檐硬山式，面阔各为三间，进深六架椽屋。关岳殿塑关羽勒马望荆州。左右两侧以"大忠"亭和"至孝"亭特别雄伟高大，亭高 32.5 米，二三里外即能望见。

邛崃三圣宫：位于县城西 35 公里处的高何乡何家场口。现存寺庙建筑为石木结构，房屋面积为 175 平方米，右侧横梁上书有"民国七年×月维修"题记。正殿前悬一横木匾，刻三圣宫三字；右下侧书有林珠二字。正殿中央端坐关圣帝君石刻造像。红脸、黑须、着袍服，拴衣带，穿高履，两脚张开，形象肃穆。两侧侍立关平、周仓二将（已残）。像前石香炉刻"帝君座前香炉一架，信人何守益"，下款刻"咸丰七年七月十八日立"。左侧为川王石像，右侧为文昌帝君。寺外左侧的岩石上刻有释迦如来佛像一尊，身高 3.5 米，形象慈祥。据碑载,为明崇祯末所造。寺庙的建筑时间为清末民初。1983 年 3 月县人民政府公布为邛崃县文物保护单位。

阆中武庙:武庙街 47 号。供奉关羽及岳飞等历代武将。为明代所建,现还保存着明代建筑格局及风格。

梓潼七曲山大庙:为文昌宫和关帝庙的总称,由 23 座不同时期的建筑群所组成。七曲大庙有全国独一无二的金脸关公。

绵竹祥符寺关圣殿:关圣殿在天王殿之后,左偏殿为关圣殿,殿中关云长像塑于明天启四年(1614 年)。塑像仪表堂堂,气宇轩昂,两侧侍立关平、周仓。神龛柱上有对联,其联文曰:"忠义昭日月,浩气贯乾坤。"

眉山武庙:又称"关帝庙"。康熙年间知州金一凤主持重建,后经雍正、乾隆、道光、咸丰各代增补培修。民国时期经过军阀混战以后渐被破坏。1993 年眉山县人民政府决定迁建于寨子山。武庙现存大门、拜厅、大殿、左右厢房,基本完好。

自贡西秦会馆:因主供关羽神位,俗称"关帝庙"或"陕西庙"。是清乾隆元年至十七年(1736—1752 年)陕籍商人来自贡经营盐业致富后集资修建的同乡会馆。道光七年至九年(1827—1829 年)又扩建了正殿。两次共耗去白银五万余两。全馆占地约 3 000 平方米。1958 年邓小平等中央领导来自贡视察,把西秦会馆定为盐业历史博物馆馆址。1980 年西秦会馆被列为四川省文物保护单位。1988 年被国务院公布为全国重点文物保护单位。

资中县武庙:又称"关公祀祠"。属县文物保护单位。位于县城北门外重龙山南麓,始建于明嘉靖年间(1522—1566 年),清同治四年(1873 年)扩建。原名"关公庙",后又曾名"关帝庙"。占地 2 150 平方米,建筑面积 1 300 平方米。玻璃盖顶,彩瓦红墙,气势雄伟。现存七星门、东西两厢朝贡殿、钟楼、鼓楼、关圣殿、启圣宫、三义祠等 12 处建筑,尤以关圣殿最为壮观。由朝贡殿、钟鼓楼、演武场、武圣殿、武星殿、三义祠、厢房等组合而成。武庙的核心建筑"武圣殿",高坐殿中的"关帝圣君"一手将飘飘长髯,一手握兵书,检阅着场坝上比武的后生晚辈。位居右侧的三义祠里供奉着桃园三结义的刘、关、张，故又称"三义祠"。

渠县关岳庙：治城南宝珠山上旧有关帝庙，明弘治中增修，崇祯末毁于兵。清康熙二年知县雷鸣鲁重建。乾隆五年颁定祭品礼节，嘉庆十五年增建西廊，道光十七年补修，咸丰四年升入中祀，每岁春秋仲月上辛致祭，加五月十三日一祭，颁行新制乐谱。自顺治九年起，历加尊号为"忠义神武灵佑仁勇威显护国保民精诚翊赞宣德关圣大帝"。民国三年陆军部、海军部建议合祀关岳，四年礼制馆编订各地方祭关岳庙礼节，通行遵照。渠县即就关帝庙改设。至十五年，驻军旅长熊玉璋、团长王光炯、知事胥建渊倡议募修，庙貌一新。岁以春秋社日后第一建戊之日致祭。殿内正中位二：左关壮缪侯，右岳忠武王，均南向。

旺苍关帝庙：位于化龙乡化龙村化龙垭。两土丘之间被古柏围绕的是一古庙。古庙依山，四合院形，占地约300多平方米，为木质穿斗结构，墙体为木板。大门进去为"夫子堂"，左右为厢房。庙内供有关帝塑像，两边为关兴和周仓，塑像毁于解放初。该庙前有一明代修建化龙垭庙子时写的《化龙垭碑志》，言明该庙修建于明洪武三年，寺庙正殿屋脊上亦有明洪武年间修建字样。

叙永春秋阁：位于县城西盐店街，清光绪二十六年（1900年）建，殿楼廊庑，款式玲珑，布局匀称。主要建筑有乐楼、走楼、大厅、正殿、三官殿等，总面积2500余平方米。

小金县关帝庙：在营盘上街。清乾隆四十二年设立，被钦赐为皇庙。关帝庙保存至今的布局，只有大殿与左边的厢房。民国三十一年，改为"关岳庙"。关帝庙大殿为中国古代抬梁式结构，大殿门上竟赫赫悬挂着六块镏金的木匾，正中书"忠肝义胆"。殿内墙上有12尊雕像，有关公、孔圣人、观音与地母、鲁班、华佗，还有当地信奉的民间神仙。

山南泽当关帝庙：据1962年西藏少数民族社会历史调查组在山南地区的调查，在吐蕃时期文成公主与松赞干布停居过的泽当，有一座汉藏人民共同敬奉的关帝庙,当地藏民俗称为"汉神殿",有时也称为"格萨拉康"。据西藏自治区文管会索南旺堆主编的《乃东县文物志》(内部版)考察记述:关帝庙位于泽当镇西端,北距噶丹曲果林一华里,东南紧靠著名的贡布尔日山,北临雅鲁藏布江河岸。该庙系早年随驻藏大臣进藏后留居当地的 30 多名汉地军民于 18 世纪中后期集资修建。寺庙基本为汉式,殿堂结构为抬梁式,屋顶为硬山式,但墙体结构及附属住房则采用藏式建筑(可能为后来续建)。布局如下:该庙坐东朝西,由西向东为三级逐级升高的院落,层次分明,和谐统一,突出了关帝大殿的主体地位。拾级进入圆形大门内,为一方形四合院,前部左右两侧为偏房,房内各塑一马,两厢为看庙人居室、厨房等藏式建筑,院内植花草。再拾级进入第二个院落,中间为一汉式土地神殿,塑有土地神像,院两侧为住寺僧人用房。再拾级入第三级大院,便是关帝正殿及配享的度母殿。正殿塑关公神像,左列依次为周仓、持金刚、诺布桑布(传说中之西藏巨商)等汉藏合璧神等汉藏合璧神像,右列依次为关平、观音菩萨、达珍等塑像。关公背后还塑有一新疆度母像。正殿为四根明柱,前墙整个为权窗,窗前南角有一木栏,栏内悬挂架式铜钟、木鼓各一,与内地左右分列不同。铜钟铸有汉文,记述了该庙建造时间及简史。正殿后门直通度母殿,殿内供奉有白度母塑像。庙中原存三幅汉文楹联,但已毁于十年动乱。由于当地汉藏民族世代友好,频繁通婚,亲如一家,所以每年藏历九月十三举行关帝庙会时,当地汉藏混血后裔及藏族群众同汉族一起,到关帝庙上香叩头、求签卜卦。关帝庙也欢迎藏族群众敬献的酥油灯。

昌都关帝庙:位于察木多城。察木多为清代康地四大呼图克图驻地之一,地当四川、云南、青海入藏孔道。其联言:"心存西汉,魂附西川,请看庙貌全新,声教只通西域;法护南无,名存南史,若使边功同立,神威肯让南征。"

芒康县关帝庙:乾隆年间(1736—1795 年),昌都江卡(今芒康县)南墩由于地处"川、滇、藏交易之所",而建有"汉人寺","每年七月巴(塘)、察(木多,即昌都)二地客民皆云集贸易,如内地庙会。"所谓

"汉人寺"即关帝庙。江卡南墩"汉人寺"是目前有史记载昌都地区最早的民间宗教坛庙。之所以最早出现在这里,与芒康位于金沙江西岸、地处藏川滇交界处而易于受到中原文化影响有关。

盐井关帝庙:盐井今属芒康县,民国时期设盐井县,解放后撤县并入芒康县。光绪三十二年(1906年),河西腊翁寺之乱平,川滇边务大臣赵尔丰倡议修建,并"捐功德银二百两","文武醵金创修武庙",所谓"武庙"即关帝庙。晚清人的记录说"一时官商兵民咸增鼓舞,共集银一千余两,即于是年冬兴工。三十四年五月,正殿落成,圣像庄严毕具,祭之日众汉番皆于是乎观礼,佥谓我朝崇奉关圣,自国初以至今日,所在勘定边陲屡照灵异,亚洲蛮,诚亘古而无俦……开创之初先崇报享凛以尊亲,不得谓非转移风气之一助。第此举庙宇规模宏大,正殿廊庑门楼七十余楹,几于九仞之功亏于一篑,程副将凤翔因更以请,宣统元年赵尚书复捐俸五百金以藏其事云。"民国初年,盐井县"北为关圣帝君庙,系由新军后营管带程凤翔率领督修,以兵二百人鸠工,建垒二年,大殿五楹,戏楼三层,美丽庄严"。可见这一座关帝庙颇具规模。

洛隆县关帝庙:晚清官员敬献给洛隆硕般多关帝庙之"神目如电"匾,至今仍收藏于西藏昌都地区文化局。1953年的报导说洛隆宗"有一座白色的大喇嘛庙,约有四五十户人家,汉人也不少,一座关帝庙就在路旁。"近代藏区民间宗教的坛庙往往建在县治及交通要道。又如嘉黎宗(今西藏那曲地区嘉黎县)位于昌都至拉萨的要道,"道光年间,聚居此地的汉人修建了一座关帝庙。"

二、重庆现存的关帝庙

重庆市关帝庙:位于解放碑民权路42号。建筑风格为中国传统式二层重檐歇山顶单体建筑。现在的关帝庙是清康熙三年(1665年)总督李国英重建;清同治二年(1864年)新修;民国三年(1914年)奉大总统令将岳飞像并入同祀。当时供奉的关羽铜铸神像高3米,其铁铸春秋大刀长5米,重千余斤。像已毁,这里还曾供奉了岳飞、刘备、张飞、诸葛亮等像。

北碚偏岩镇武庙：位于古镇上场场口东侧，于乾隆初年修建，大殿面积约 400 余平方米。大殿正中木塑关羽身像，高约丈余，身着铠甲，红面美髯，关平周仓分立左右；左供张飞塑像，手执蛇矛，盔甲加身，眉须皆立，透出勇猛之气；右供"正江王爷"（亦称"二郎神"）神像，全幅披挂，骑在猛龙背脊，左手擒龙角，右手举鲜花利斧，作势欲砍。大殿左侧为钟鼓楼，右侧为"正官宁"。门前为"灵官庙"。武庙左右各有书楼引向对面戏台。书楼、戏楼系武庙同期所建。

梁平县"双桂堂"：明代建筑，一进庙门，见到的是关公的殿堂。只见关公带领关平、周仓，扶佑佛殿神圣。

北温泉关圣殿：又称三圣殿，为温泉寺山门。接引殿后有一山泉细流汇成的方池，池上石桥栏杆上刻有麒麟、芭蕉及花鸟等图案，皆为明代之作。大佛殿内现存一尊明代佛像；殿前一对石狮怀抱小狮，十分别致。

九龙坡区走马镇关武庙：由庙宇和戏院两大部分构成，占地 1 000 多平方米，迄今为止已有近 500 年的历史。其中关武庙戏楼是镇内最具特色的木构建筑。

三、云南现存的关帝庙

昆明西山龙门石窟：开凿于 1781 年至 1853 年。石窟包括石刻、平台、龙门石坊、石室、楹联、神像、天棚、室壁、神案、香炉、烛台、供品等。其结构布局优美，刻工精细，室内的魁星、文昌、关圣皆就石岩凿成，巧夺天工。南面雕关圣帝君，是主宰武运之神。魁星、文星、关圣后面是八仙过海众神仙，他们形态各异，栩栩如生。

曲靖石龙古寺：始建于明朝万历二年（1574 年），位于"石虬亭"北寺内塑关帝、周仓等神像。寺内植八株古树，按"八卦"方位排列，"文革"被伐七株，现仅存一株。

文山县平坝镇观音阁：位于后山，嘉庆七年（1802 年）初建，道光十四年（1834 年）添建。正殿观音阁呈单檐歇山顶，开三间，四周由檐柱与金柱形成走廊四面贯通。檐坊、桁斗拱上雕十二生肖及花卉图案。前有文昌、关圣殿,后有老君阁。

大兴寺:清康熙五年由五台山非涯禅师创建。有关圣殿。

观斗山关圣殿:位于威信县城东北40千米高田乡新华汾山与罗汉山之间,海拔1 880米。观斗山庙建于明至民国。明代以观斗山为中心同时建有昆仑山、小西天、神速林山等十多座庙宇。庙宇数次被焚,民国时期,修复了九个大殿,第二殿是关圣殿,供奉关羽、周仓、关平及民间传说中送子、催生、保产、豆麻、张仙诸神神道。

易武关圣庙:共分中庙、大殿、左厢房、右相房、观音殿等十八间屋子,一部分于1950年被捣毁,1990年大部分被拆,加上知情人已全部不在人世,无人知道其建盖时间。原易武乡老乡长张毅经多方走访、调查,在他所写的《易武关帝庙及街道简介》中曾认定:易武大庙为"清乾隆五十一年,社会各界人士捐款100两(银子),请工匠建盖了关圣行宫大殿;乾隆五十四年又集资筹款200余两(银子),土司拨出部分资金,请建盖石屏关帝庙的工匠来建盖陪殿、厢房、厅房共18幢房子"。根据《断案碑》一文及其他有关史料及该庙木料的老化程度等分析,认定其修建时间不应早于光绪年间。为证实他的推断,他察看了所有石板、墙壁、柱子等,最后在"观音殿"大梁下方发现了该庙的修建时间及修建人等的原始记载。记载该内容的大梁下方与其他梁不同,其他梁未经推刨平滑,也未刷漆;而该梁刨平滑后还刷了鸭蛋色油漆、然后才用红、黑两色漆载:"大清光绪四年岁次戊孟夏月吉旦,易武官绅庶人等,泥、梓匠:唐照、李福生、唐思润鼎建"。

德宏县九保太平寺:建在梁河县九保乡西南平川突起之珠涌山上。此寺建于乾隆四十九年,关羽像位于财神殿。中间财神赵公明大元帅举鞭怒目,坐于黑虎背上;左边的武乡侯诸葛亮羽扇纶巾,其貌不凡,有二童子侍立;右边的汉寿亭侯关羽面如重枣,左手握《春秋》一书,右手拂髯,侍立者周仓持青龙偃月刀,关平捧印绶。

云龙县关圣庙:距县城三公里象麓村,海拔1 810米。关圣庙为一进两院,前院正对中殿有一照壁。中殿筑于高台上,为单檐歇山顶建筑,檐柱有雕花柱墩;后院大殿两侧有厢房,大殿为三开间单檐歇山顶建筑。

宾川文庙及武庙:位于县城南 12 公里的州城镇西南,清代初、中朝建……武庙坐北向南,现存大门、照壁,二门为三间单檐牌楼,中堂三间,大殿三间,单檐歇山顶。文庙、武庙是宾川县保存比较完整的古建筑群,1998 年公布为云南省文物保护单位。

玉溪市瑞云寺:位于城西大约五公里黑村乡西南边一座小山上。建庙时间无文记载。重修于 1612 年(万历四十三年仲春月重修)。占地面积十五亩左右,塑有弥勒佛、地藏王菩萨、千手千眼观世音菩萨、十八罗汉等。侧北三间关圣殿泥塑关圣、周仓、关平。

个旧市云庙:位于五一路南端,全称云省庙,又名云南会馆。始建于清乾隆三十年(1765 年),复修于 1918 年。天井正面是中殿,左右是厢房,殿前装有刻着十二生肖的青石护栏,殿为五开间,双搭两进结构,平脊飞檐,大型品字型屋架、单檐歇山顶建筑。中殿后面是云庙主殿关圣殿,关圣殿右侧是(石共)玩殿,左侧为财神殿。三殿均为重檐歇山顶建筑,宝顶鸱吻,翼角起翘。为清代及民国年间个旧锡商及金融、经贸活动中心。存有"个旧公议厂规""崇祀开山矿王序""会议个旧厂条规序"等矿业碑记。现为个旧市博物馆所在地。1993 年公布为云南省文物保护单位。

保山腾阳会馆:位于市区西南易罗池东南,清嘉庆初(约 1796 年)创建,光绪六年(1880 年)重建。现存观音、关圣殿、财神殿等建筑,占地面积 4 000 平方米。腾阳会馆关圣、财神两殿均单檐歇山顶,抬梁与穿斗相结合的木结构。关圣殿通面阔 13.85 米,通进深 10.8 米,前檐用垂莲柱。财神殿右侧戏楼,重檐硬山顶,面阔六间,东西各建一堵高于屋顶的封火墙。为腾冲籍商旅活动之所。1988 年公布为保山市文物保护单位。

师宗县飞来寺:位于龙庆乡豆温村东南隅的正乙(也称正一、镇邑)山中。始建于明万历四十二年(1614 年)。从低到高沿中轴线建有山门、子孙殿、关圣殿、海潮堂。全寺建筑占地面积约 1 500 平方米。关圣殿为清乾隆五十五年（1790 年）主持僧方敏与众施者集资在大殿前修建，正中塑以关圣，左间配以玄坛，右间配以地藏。大门书一对联"志在春秋功在汉；忠同日月义同天"，门下左右各建一配殿，殿内分塑赤兔马和牵马神。

建水县朝武庙：城西门外的西正街下段北侧，建于明代洪熙元年（1425 年），坐北朝南。正殿三开间，单檐歇山顶，门额上书"武雄文伟"四字。庙内尚存清代绘制的《三国演义》连环壁画 10 余幅，共约 50 余平方米。庙学中设有武科，参加武乡会试的人前拥后继，中科举的亦大有其人，共出武进士 43 人、武举人 510 人。民间对关羽崇拜之风很盛行，多建庙祀之。城区就有武庙、关帝庙、瞻汉阁（阁内供关羽像，瞻汉意为关羽忠于汉）等五处，朝武庙即其一。此外，城南狗街和谭家庄也有关圣庙、关圣宫。民间祭祀关帝甚为殷勤，民国初期修的《建水县志·风俗》记载："（五月）十三日祀关帝，自通邑大都至穷乡僻壤莫不奔走恐后，勤祀惟虔。是日雨则三农相庆，以为丰年，谓帝泽之所遗也。夷人复烹羊炮羔，吹笙鸣鼓，虽椎鲁无文而诚意可掬，有土鼓蒉桴之遗焉……前正月十三，后九月十三亦然。"可知每年正月、五月、九月十三日都是民间祭祀之日，连少数民族群众也烹羊炖羔、吹笙鸣鼓地虔诚致祭，亦可见关公形象之深入人心。

云南大理关庙：大理武庙自元代初建，明代被毁，仅存一个照壁。2009 年大理武庙重新开放。

四、贵州现存的关帝庙

限于资料的有限，贵州所找到现存关帝庙材料比较少。

织云关帝庙：坐落在织云街头（原循礼里执营寨），清乾隆嘉庆年间修建，占地约 600 余平方米，四周土围墙，大圆拱门，正殿砖木结构，内设雄伟关公喷金木雕神像一座，右侧有秀美古雅戏台。当地流传三句话："邦洞的牌坊，赖洞的姑娘，织云的戏台"。左侧是一排木厢房，后作私塾。在乾隆年间，织云有繁荣的集贸市场，远近及凸寨村民初一十五来上香、赶场。特别是正月间热闹非凡,唱戏、玩龙灯,一直到十五方歇。几经战乱,关帝庙由兴而衰。它的功能因时而变,民国初改建为区、联保、乡公所办公地和粮库。解放后,于1957年又改为织云粮站。关帝庙原貌早已灰飞烟灭,为凭吊先辈的革命史迹,1993年当地群众自发重建一小关帝庙在将军桥头,以作为祭祀之所。

安顺武庙:位于贵州省安顺市区内城老大十字东北角,始建于明洪武十五年(1382),原名寿亭侯祠,后改称关帝庙。清康熙五年(1666)改建为武庙。在民国八年(1919)因将关羽、岳飞合祀,又称关岳庙。但安顺人一直称其"安顺武庙"。安顺武庙整体布局呈长方形,为石墙围护三进四合院式石木结构建筑群。武庙大殿内有36根整料石柱构成了主架,最高石柱达14米,取材难度之大、建筑工艺之精,为古代前人巧夺天工之精华所在。

附录5 西南地区关帝信仰部分民俗

岁时民俗:(五月)十三日为"关帝胜会",前后数日或有大雨,谓之"磨刀水"。(《荔波县志》,光绪元年钞本)

岁时民俗:(五月)十三日为关帝诞辰,人士醵金作会。(《黄平县志》,民国稿本)

岁时民俗:(五月)十三日为"关圣帝君磨刀胜会",前后数日有大水,曰"磨刀水"。(《永宁州志》,道光十七年)

岁时民俗:(五月)十三日为关帝会。(《金堂县志》,道光二十四年)

岁时民俗:军民迎关夫子出游。十三日,集庙中,具醴酒,备牲仪,祭拜会饮,谓之"饮福"。

岁时民俗:(五月)十三日,俗传关帝单刀赴会之期,民间演戏庆贺。(《温江县志》,嘉庆二十年)

岁时民俗:(五月)十三日,城乡皆庆祝关夫子庙,谓之"单刀会"。(《灌县志》,光绪十二年)

岁时民俗:(五月)十三日为"关帝单刀会"。十日必有雨,人谓之"磨刀雨"。(《汉州志》,嘉庆二十二年)

岁时民俗:(五月)十三日"关帝胜会",士庶敬谨庆祝。(《新都县志》,道光二十四年)

岁时民俗:(五月)十三日俗谓关帝磨刀之辰,城市乡场多演戏庆祝。(《新津县志》,道光九年)

岁时民俗:(五月)十三日谓之"单刀会",在城及乡镇俱演戏庆祝关圣帝君。(《蒲江县志》,光绪四年)

岁时民俗:(五月)十三日谓之"单刀会",城市乡场俱演戏庆祝。(《邛州直隶州志》,嘉庆二十三年)

岁时民俗:(五月)十三日为"磨刀会",俗谓关圣磨刀之辰,前后数日必有雨,以为验,各市村有斋像处,莫不演戏礼敬焉。(《德阳县新志》,道光九年)

岁时民俗:(五月)十三日集关帝庙祭赛散福,俗称"单刀会"。(《盐亭县志》,乾隆五十一年)

岁时民俗:(五月)十三日祀关圣大帝,曰"磨刀会"。是日雨曰"磨刀雨"。(《蓬溪县续志》,光绪二十五年)

岁时民俗:(五月)十三日为单刀会,会于邑南塔水场。四方货马者皆集于此,以数千百匹计。是月农人耕麦苗,五六为群,且耕且歌,四境歌声不绝。(《安县县志》,民国二十二年)

岁时民俗:(五月)十三日俗传"关帝单刀会"。(《洪雅县志》,嘉庆十八年)

岁时民俗:(五月)十三日俗传"关帝磨刀会"。(《丹棱县志》,光绪十八年)

岁时民俗:(五月)十三日祀关圣。(《眉州县志》,嘉庆五年)

岁时民俗:(五月)十三日为"关圣大帝降诞",秦人会馆,工歌庆祝。(《彭山县志》,嘉庆十九年)

岁时民俗:(五月)十三日"关爷会"。(《重修彭山县志》,民国十九年)

岁时民俗:(五月)"单刀会"。古老相传,庆祝关帝,由来已久。市镇好事者或令梨园演《水淹七军》故事,傍江边搭戏棚,看周将军水中擒操将庞德、于禁为欢谑。(《井研县志》,嘉庆元年)

岁时民俗:(五月)至十三日,庆祝关圣,演戏数日,名"单刀会"。(《峨眉县志》,嘉庆十八年)

岁时民俗:(五月)十三日"关圣会",相传武圣关夫子是日过江饮宴。(《南充县志》,咸丰七年)

岁时民俗:(五月)十三日祭武庙。相传武圣单刀赴吴日,曰"磨

（单）刀会"。雨曰"磨刀雨"，向设席演剧，今停。

信仰民俗：其蜀人呼川主庙为家庙，尤迷误不谕也。改废寺而建镇江之额，沿旧观而祀关帝之尊，甚且妄诞不经。（《广安州新志》，民国十六年）

岁时民俗：（五月）十三日，各乡举办"关圣会"，名为"单刀会"，又称"磨刀会"。（《渠县志》，民国二十一年）

信仰民俗：（五月）十三日"单刀会"。（六月）二十三日"三圣会"，祀关帝、火神、马王。（《汶川县志》，民国三十三年）

岁时民俗：（五月）十三日谓为关帝磨刀之辰，士民谒庙庆祝。（《铜梁县志》，光绪元年）

信仰民俗：五月"磨刀会"。（《合川县志》，民国十年）

岁时民俗：（五月）十三日祀关帝，曰"单刀会"。（《涪州志》，同治九年）

岁时民俗：（五月）十三日祀关帝，曰"单刀会"。（《涪陵县续修涪州志》，民国十七年）

岁时民俗：（五月）十三日集关祠，祭赛散福，俗称"单刀会"。（《丰都县志》，光绪九年）

岁时民俗：（五月）十三日集关祠，祭赛散福，俗称"单刀会"。（《重修丰都县志》，民国十六年）

岁时民俗：俗于五月十三日及六月二十三日祀关帝，十三日尤盛。其日多雨，称"磨刀雨"。（《万县志》，同治五年）

五月十三日，兴隆场祀关圣君，鬻农器，骡马，会事极繁。（《彰明县志》，同治十一年）

岁时民俗：（五月）十三日关帝胜会，士庶敬谨庆祝。（《梁山县志》，光绪二十年）

岁时民俗：（五月）十三日"关帝圣诞"，设供庆祝。（《益州志》，光绪十一年）

岁时民俗：六月二十四日，新奉督宪蒋颁发关夫子系六月二十四日生辰，知州黄德巽立碑庙中，届期率属祭祀。又俗号"星回节"，儿

童燃炬夜戏。(《罗平州志》,清代钞本)

礼仪民俗:民国成立,君主失其权威,神之中行,或易以祀关帝,或易以祀观音。近年又以神权失其信仰,多只以书祖考居中,分写"左昭右穆"四字于其旁。(《平乐县志》,民国二十九年)

民间文艺:大醮会:按:大醮会,清光绪季年后已不举行。其他赛会迎神演戏,则关帝、观音、天后、龙母、北府、东岳、三界各庙宇,昔日亦各有会。(《贵县志》,民国二十四年)

岁时民俗:(正月)元旦日,县正官率属会同城守官先期习仪,至日昧爽,各穿朝服诣万寿宫行庆贺礼毕,随率属至文武庙行香。每月朔望日亦如之。……上元日,县正官率属,衣蟒服诣文武庙行礼毕,宣读圣谕。凡每月朔望日亦如之。(《博白县志》,道光十二年)

岁时民俗:(七月)自城厢各庙产收充学费之后,则又将各庙统称为五圣宫,关、岳在内。仍由会首捐资,于八月十五日建醮,出游各街,仍旧致祭,惟无用如前之纸扎。迨至民国十七年,又将城隍、北帝大王迁往山岩后,其醮会始罢。(《同正县志》,民国二十二年)

民间文艺:赛会:阴历五月十三日,关圣单刀会,将会金利息备办猪羊致祭。

信仰民俗:客人最崇拜偶像,所居庙宇林立。常见者有盘古王、观音、关公、文昌等像。(《凤山县志》,民国三十五年)

信仰民俗:他神则有甘王、甘公、冯圣、曹官,而汉之马伏波、关壮缪,清之陈文恭公,亦各有血食。……关壮缪,清制尊封,比隆宣尼,号曰武圣。县城西楼塑像神采穆皇,石牙、正龙两墟亦皆立庙塑像。(《来宾县志》,民国二十六年)

信仰民俗:五月十三日庆祝"关帝诞",编竹贮香,饰以五彩人物、花卉,新奇工巧,高二三丈,大可以围,约三四对,名"三香会"。有迎台阁彩亭,绣幡珠盖。自十三至十八演戏敬神,始燃大香,观者如堵,称盛会焉。(《宜良县志》,民国十年)

附录6 当代的关公民俗活动

1. 山西沂州代县：正月初八，由代县武庙文物保护协会组织举办新春关公文化节，恢复民间传统的关公出府巡城活动。

2. 山西大同市：在春节期间举办关帝庙庙会，演的精彩传统剧目，以及原生态歌曲表演。

3. 山西运城：清明祭祖。

4. 山西运城：农历四月初八解州古庙会暨关帝巡城活动。

5. 山西运城市：农历六月二十三农历六月二十四，来自国内各地和韩国、福建、台湾、香港、澳门、浙江、山东、云南等地，其中台湾的信众参加关公诞辰。

6. 山西平陆：五月三日，在周仓故里山西省运城市平陆县部官乡西祁村，公元184年，周仓在平陆揭竿而起，杀富济贫，后率部投奔关羽，成为其贴身护卫，屡立功勋，直到后来为关公殉节自尽，被世人称为"天下第一忠心之人"。

7. 陕西西安：农历四月初八，周至县终南镇豆村一年一度的"大蜡会"，六七位汉子抬着一尊3层宝塔形的大蜡向关公敬献，吸引了上万人观看。豆村以做蜡烛出名，其做蜡烛的技术据说由玄奘所传，距今已有1 200多年历史。至于为何要把"大蜡会"定于四月初八，源自另一个传说：清代中叶，白莲教围攻豆村，正值深夜时分，但听马声急切，城头守卫于朦胧夜色中见关帝显灵，脱去战靴一只抛向城下，围兵哗然溃散，豆村遂转危为安。第二天，人们发现关帝木像汗流浃背，一足无履。村民立即把关帝奉为拯救豆村军民于水火的圣君，此日恰好是四月初八,于是经村民合议,每年四月初八,必献一尊造型别致、精美异常的百斤大蜡游遍豆村大街小巷,然后供奉于关帝庙内,此俗流传至今,即为豆村的"大蜡会"。

8. 陕西渭南市:农历六月二十四,关帝诞。

9. 山西阳泉市:即农历五月十二至十四,在林里村关王庙举行祭祀活动。农历五月十二,郊区林里关王庙举行民间戏曲表演;农历五月十三进行传统的祭祀活动;农历五月十四,戏剧表演。

10. 山西太原:农历五月十三,即民间传说的"关公磨刀日",关帝庙就要举办庙会,由饮马河剧团带来的晋剧《交印》。

11. 山西省神池县:农历六月十八日至二十一日,九仁村关帝庙会于关公圣诞日(农历六月二十四)前夕举办。

12. 河北保定:农历五月十三,举行关公像巡游活动。两名志愿者手举"回避""肃静"牌,后面两人持灯笼、两人持香炉、8 人持香,另有 8 名志愿者举"夫子""三界附魔大帝""伽蓝菩萨"等巡游牌,最后面是由四人抬的关公塑像,整个巡游队伍十分壮观。还有演唱京剧活动。

13. 山西沂州定襄县:农历六月二十四日,关公圣诞。定襄县南关村关公诞辰庙会隆重举行,晚上举办了文艺表演、摔跤比赛。

14. 福建龙岩长汀县:民俗"闹春田",村里的青壮年,四人一组,抬着"关公"神像,在上一年收成最好的水田里不停打转。摔倒了爬起来再转,直至体力不支,再换上四个人。高潮时,众人抬起神像,在田里狂奔。末了,"抬夫们"还从田里抓起泥团,相互扔掷、嬉戏。

15. 福建泉州:村民穿上古装,妆容浓重,扮成梁山好汉攻城。安溪铜锣八社迎接关帝巡游,就上演这出热闹戏码——"宋江阵"。铜锣八社是当地人对湖上乡铜锣庙附近 8 个村落的俗称,涉及安溪湖上乡、剑斗镇和白濑乡。铜锣庙内供奉关帝及其二部将关平、周仓,迄今已 400 多年。当地人说,自打有铜锣庙起,当地就有宋江阵。每年八个社逐一挑头做东,迎接关帝巡游。大约下午两点,霞山社的上千村民开始迎接关帝爷和副身、部将出游。随后,70 名村民扮成梁山好汉,开始表演宋江阵——打着头旗,手持官刀、月斧、盾牌、长短铰等兵器,列阵模仿表演"宋江攻打大名府"的过程,有"围城""烧香路"以及"分阵""合阵""攻城"等多个步骤。其间还配合武术、舞狮表演等。

16. 福建漳州芗城区漳州武庙:漳州武庙,始建于北宋真宗大中祥符年间(1008—1017 年),主祀关羽,闽南地区还将其奉为财神庙,内有清代的关帝大刀。全庙原面积共 1 600 多平方米,长期作为漳州二中宿舍和民居,1988 年被列为市级文物保护单位。后为顺应广大信众呼声,保护千年文物,古武庙于 2008 年重建落成。现武庙坐西南朝东北,建筑面积为 500 多平方米,面阔三间、三进。农历五月十二,武庙进行消灾法会,这是每月的惯例;农历五月十三为帝君圣诞,帝君巡安踩街,每年有 20 多个台湾关帝庙宇前来挂香。帝君巡安踩街最为隆重,队伍最前列,一人扛着一面"关帝圣君"大旗开路,一头红绿相间的舞狮紧随其后,帝君神像端坐撑轿稳步前行。巡游路上的店家会准备了丰盛佳肴立案迎接。巡安路程全长约 2 公里,前后历时约 1 个小时。

17. 福建漳州长泰县:坐落在长泰县城武安人民路西端的外武庙,建于宋真宗天禧五年,至今已有 991 年的历史。农历五月十三,众多香客自发来到这里祭拜。台湾同胞、海外侨胞也有在这一天前来祭拜。

18. 福建东山关县:农历五月十三,关帝诞庙会。

19. 福建龙岩漳平市南镇:农历正月十三,由开道车、花车、旗幡、锣鼓、狮队、香炉、关公圣像、私家车以及随众等组建的浩浩荡荡的巡游队伍走遍溪南镇各主要地方,每到一地,周围的村民在自家门口摆好贡品,点燃爆竹、烟花,恭迎关圣帝的到来,并手握香烛,向关圣帝敬拜祈福。

20. 泉州惠安山霞镇霞坑村:山霞镇霞坑村后塘武庙,建于清宣统二年(1910 年),关帝圣君巡游仪式代代传承,8—10 年才举行一次。据当地民俗工作者老李介绍,霞坑村和相邻东坑、赤湖等村落人口数相加超过 1.5 万,举行活动时,村里的青壮年男丁都抢着扛抬关帝圣君的銮轿,祈求人丁兴旺;妇女则着传统的惠女服饰,手持松枝和香,松枝寓意开枝散叶、家庭基业长青;行动不便的老人则在家门口摆上供品,点燃烟花爆竹,为亲人和村庄送上祝福。

21. 厦门市:农历正月十四,后溪镇都会举办"关帝爷绕境巡安"活动。

22. 河北沧州市:每年农历正月十六、十七敬奉财神赵公明和关公的一项民俗活动,联村属下十个自然村(俗称"十社")轮流主办,每个自然村十年轮到一次。上百头猪、上百头羊分别被摆在木架上,口中含着桔子,脚上贴上了红纸。活动结束后,猪肉一般分给亲友共同分享。

23. 福建漳州芗城区打锡巷文衡殿:农历五月十三,漳州市芗城区打锡巷文衡殿主祀关羽,为庆祝关圣帝君寿诞,举行了隆重的祭拜仪式,表演了哪吒鼓乐。哪吒鼓乐,行于漳州的芗城、龙海、南靖一带和台湾部分地区,台湾民众俗称为"法仔鼓"。当天演示的是"咬旗"阵。两队各一人手执头旗左右翻动,一人擎着香炉。紧随其后的,十多名男子手持贴有灵符的长柄手鼓,最后是天尺、马锣。在头旗的引领下,两队随鼓声的节奏时而合起,时而分开,侧身屈膝行禹步阵式,口念咒语,规模壮观,好不热闹。哪吒鼓乐在明代从道教圣地山西闾山传入漳州,至今已有 600 多年的历史。它是古闽越族原生态巫术仪式与山西闾山道教音乐相互融合的民间信仰音乐文化产物之一,文衡殿庙内仍保存着清光绪年间的 12 把长柄手鼓。

24. 福建三明市明溪县:农历五月十三,客家人百姓乞求从这天以后,龙王再不敢下这么大的雨了,怕发水灾,冲毁庄稼和房屋,不旱不涝就行!于是家家户户包叶糕,做法和包粽子不同,叶子从菰叶变革为箬叶,后来又出现用芦苇叶,主料是大米浸泡磨浆压干成粉,加入白糖水或红糖水、芝麻、碎花生仁等等,包成长条形,然后放入锅内蒸,熟后取部分投入水里进贡关帝,管住海龙王,再别发大水了,期盼五谷丰登、百畜兴旺,剩下的请上左邻右舍一起分享。因为老百姓相信民间最著名的信仰神真是威力无穷,他那口大刀会演绎出神奇的故事!

25. 福建漳州龙海市:漳州龙海市程溪镇顶叶村,有个延续了一千多年的关帝巡游祭拜习俗:每年的农历正月十二,村里要举办盛大的活动祭拜这位三国猛将。男子或抬神像、或舞龙舞狮,妇女跳起广场舞或打起腰鼓助兴,年轻女孩子则舞动大鼓凉伞,小朋友扛起小令旗凑热闹,爷爷们手持大香护拥关帝,中年男子燃放鞭炮……外出工作及外嫁的人们都回家参加仪式,巡游的队伍绵延一公里,场面颇为热闹壮观。全村的奶奶们头戴金簪腰系黑色"围身裙",手持系有红丝带的新扫帚为关帝"扫路"。关帝圣君出巡时,有个必做的动作,那就是"犁关公":即身强体壮的年轻人会抬着这尊一米多高、五六百斤重的关公神像疾驰狂奔……意在再现关羽驰骋疆场的雄姿。关帝巡游结束后,村民们便会聚集在庵门前的大埕上进行大规模的祭祀,人们备上三牲五果、甜面线、发粿等祭品,祭拜关公。程溪镇顶叶村祭拜关帝的习俗,距今已经千余年。按照习俗,被村民们尊称为"大王"的关帝圣君及其爱妻(当地村民尊称为"王母")、养子关平、贴身护卫周仓等神像绕境出巡,是为了保佑社稷安康、风调雨顺。

26. 福建南安市:洪濑镇蓬莱境关圣庙天香巡境活动。洪濑蓬莱境关圣庙,建于唐僖宗年间。传说明朝年间,洪濑后廊村有位名叫张田爷的人,出身贫寒,但却生得虎背熊腰,膂力过人。他一生忠厚,以砍樵为生。有一次往杨梅山砍柴路过栗岩时,恰逢栗岩火灾,张田爷于岩寺外往内一望,只见大殿中有尊红脸长髯的关公神像,身高二米有余,威风凛凛,于是冒火入内把关公神像抱出寺外,他刚走出岩寺大门时,只听见一声巨响,整个岩寺轰然塌下,张田爷惊得一身冷汗,他知道这是关老爷在显灵庇佑,就下跪向关公神像拜了三拜,以叩答关爷神恩。当张田爷回过神来的时候,看见关公神像已无处安身,就在附近找了一个石臼,然后一头关公神像一头石臼一起挑回洪濑。这就是洪濑关圣庙早年那尊关公神像的来历。

27. 河南许昌市:正月十五,禹州市文殊镇坡街村村民表演的弓子锣舞,起源于清乾隆年间,距今已有近300年的历史。"坡街村有座关帝庙,为了祭祀,每年庙会期间,铜器社都进行表演。"王振超说,到了清顺治年间,当地民间艺人觉得小型铜器缺乏震撼人心的力量,便把小型铜器改成大型铜器。这样一来,虽然声音浑厚、气势磅礴多了,但由于铜器太大、太重,表演时需要不时换人等,常常出现晾场或混乱现象。为了增强铜器表演时的节奏感,消除晾场或混乱现象,艺人又增加了两面小马锣,由演奏者提着来回在乐队中穿梭敲打。艺人后来发现,提着小马锣在铜乐队中往返不停地敲打,既费力又不雅观,于是,又用竹片弯成弓形,把小马锣挂在弓子前部,这就是最初的弓子锣。表演时,舞者把弓子锣背在背上,腰中束条彩绸,弓子一头插在背后的绸子里,经左肩拉到前胸。舞者左手握弓子锣,右手握小锤击打锣面,借助弯弓的弹性,弓子锣上下飞舞,既省劲儿又好看。

28. 辽宁铁岭市:蒲源关帝庙会从腊月初八一直延续到正月十五。传统的秧歌舞、踩高跷、舞龙舞狮、花鼓,民间艺人演出、冰雕展、灯会。

29. 四川成都市:春节期间,武侯祠大庙会。

30. 四川小金:农历五月十三,关爷会。各庙举行祭祀活动。

31. 陕西西安市:在西安长安区农村有这样一种习俗,每年正月十三这天,要祭祀关公,民间要做"添碟子":一粒粒饱满的大黄豆被排成一溜溜屋檐,各种彩色的豆子、瓜子、桃仁被竹棍嵌接,一层层码在由几个碟子驾起来的造型上,最后形成了一座座精巧的亭台楼阁,这就是长安区独具特色的民间手工艺品"添碟子"。

32. 澳门:农历五月十三日,当天三街会馆门前举行祭祀仪式,善信在关帝像前献花烧烛,祈求风调雨顺、国泰民安。

33. 山东泰城市:农历的五月十三,俗称雨节,传说是关公磨刀的日子,泰城老百姓自发组织了一支庆祝队,抬着青龙偃月刀和贡品,举着大旗,一路吹吹打打,扭着秧歌来到红门的关帝庙,举行磨刀庆祝活动。伴着悠扬的音乐,祭拜队伍围着关公塑像跳起了舞蹈,随后为关公献上祭品,并由两位香客扛着关公的青龙偃月刀为关帝庙献刀,众多香客自发祭拜祈福,共同祝愿国泰民安、风调雨顺、买卖兴隆。

34. 广州番禺:农历五月十三日,番禺南沙区大岗镇大岗村莲塘湾村,南沙区大岗镇大岗村莲塘湾村民举行关帝宝诞联欢晚会。大岗镇莲塘醒狮队、大岗镇武术醒狮队以及大岗镇客家醒狮队等分别向在场观众表演了他们的拿手绝活。

35. 广东梅州兴宁市:农历五月十三,据传说是武圣关羽诞辰日。每逢这一天,兴宁市叶塘镇都会迎来一项具有浓郁传统客家风情的关帝出巡庙会,以此祈求关帝保佑当地能风调雨顺、人民平安健康、安居乐业。

每年农历5月13日早上7时许,叶塘镇的关帝庙里里外外早已挤满了人。系列的祭拜流程后,8时整,在庙宇主持的指引下,众人郑重地将一座木雕关帝神像缓缓抬起,放入出行的"座驾"上,"关帝出巡"正式开始。

整个巡游仪仗队伍效仿古时帝王出巡的场景,锣鼓喧天,长号齐鸣。关帝前有一匹赤兔马带路,后面还有高大的八仙和抬着化妆的"故事",出巡队伍声势浩大,在围观人群的簇拥下慢慢前行,场面十分热闹。据庙会组织者介绍,活动从上午8点持续到下午5点,关帝从关帝庙出发后,会先后途经叶塘镇、新陂镇的30多座老屋,当地居民要"请关帝进屋",以表示接受关帝的庇佑。叶塘的关帝出巡活动始于1914年。据传,当年叶塘、新陂附近发生牛瘟,由于当时医疗条件差,疫情难以控制。于是,当地的乡绅、族长们便组织在关帝诞辰(农历五月十三),搞一场关帝出巡活动,以祈求消灾减难。活动不久,牛瘟就被控制了。于是,当地人从那年开始,每到关帝诞辰日都要举行出巡活动,一直持续到1949年。之后,由于各种原因活动停止了,直到2007年,叶塘重新举行了每年一度的"关帝出巡"。而这天,也再次成了当地村落的传统节日,家家户户置办筵席、呼朋唤友,共同表达对追求国泰民安和生活幸福的良好愿望。

36. 青海海应寺:老爷山,又叫元朔山、北武当山,距西宁市30公里,因山峰顶部建有太元宫(即关公庙),庙内雕塑有关公像而得名老爷山。感应寺坐落于大通县桥头镇东侧的苏木莲河畔风景秀丽的老爷山上。老爷山是西宁附近一座山势最为雄伟、风景最优美的山峰,山顶海拔约2 900多米,相对高度为480多米。农历六月初三,举行伽蓝菩萨关公出巡法会。

37. 广东广州市:2013年农历五月十三日,是一年一度的"关帝诞"。村民都会设宴舞狮。五月十二,先替关帝更衣沐浴,然后开印,也就是刻一些字盖在毛巾上,分发给大家,作为祈福一样,大家平平安安。西场村锣鼓喧天,爆竹阵阵。从前广州祭祀关帝的,通常是武馆中人和生意人。在关帝诞这一天,各武馆就会派出各自的狮队,到城内关帝庙前表演。澳口、增步、南岸等兄弟村的狮队挑着大旗、敲锣打鼓前往西场村恭贺,而西场村则出动醒狮队在村口相迎,并在村内摆下一百多桌酒席招待邻村兄弟。关帝古庙旁有一块石碑,远看碑上是一棵竹树,近看却发现另有乾坤,村民们将它称作竹叶藏诗碑。

38. 广东顺德市:均安关帝、侯王出游是每年的农历九月初四至十九日,广东顺德均安镇境内的十多个村(社区),各以锣鼓柜为单位,簇拥关帝、侯王銮舆巡游的大型民俗活动。锣鼓柜开路、鼓乐喧天,上千村民集合在佛山顺德均安三华村鳌峰山麓帝王古庙,一年一度的"锣鼓柜与关帝出游"——均安独有的民俗活动就此开始。村民出三华、抵豸浦、绕上村、到福岸,将均安十几个古村落走遍,近千人队伍中,由四个挑夫抬着锣鼓柜,前面帅旗引领,旁边罗伞簇拥,大锣、战鼓、卜鱼等乐器置于柜中,而大小唢呐、大钹、二弦、三弦、竹壳提琴、月琴等乐器则由演奏人员各自拿在手里,尾随还有"百鸟朝凤""八仙过海""麻姑追舟"等精美的刺绣旗,热热闹闹、开开心心地将吉祥之愿带给沿途每一户居民、每一位路人,而更为深远的意义是,这个古老习俗已持续了800多年。

39. 广东佛山:明朝年间,九江关氏世美堂的后人都会到"破排角"祭拜先祖。每年清明前夕,九江世美堂关公子孙举行乙未清明祭祖大典。来自五湖四海的关氏子孙聚首九江,祭祀关公以及关公后人,弘扬"忠""义""仁""勇"的关公文化。从关氏祠堂的在建地址到"破排角"不过两公里的路程。一路上,插着"关"字旗的车辆在乡间公路上缓慢行驶。车上载着两头烧猪、两瓶九江双蒸和水果,这是每年春祭的必备祭品。

40. 广东汕尾市:农历五月十三,关帝爷诞辰日。当地通过举办民间花队巡游、醒狮、舞龙、戏剧表演、道士祈福、祭祀、放生、彩炮竞标等一系列民间活动共庆关帝爷诞辰日。汕尾关帝庙为目前岭南规模最大的关帝庙,有360多年历史,原庙被毁于建国初期,祖籍汕尾的众多海外华侨及乡贤积极捐资重建了关帝庙,其中香港同胞李伟光捐资189万元人民币。该庙于2010年12月8日重新落成。

41. 湖南怀化市:每年农历五月十三日,是侗族人的关公磨刀节。相传这天,关公会在一块大石上磨刀,磨刀时会得到天下雨相助,后人也会在关公的立庙处进行祭祀活动。这一天一大早,村民们就带着祭祀品、鞭炮吹着芦笙前往寨子里各处"萨岁坛"先进行祭拜。"萨"是南方侗族的崇拜的太祖女神,侗族同时也是母系氏族。祭拜完的队伍回到立有关公庙的普修桥上举行致辞仪式。全是侗语讲述有关关公和侗族的历史故事。除了单纯的祭祀,更有由当地老人协会组织的各种游戏、节目表演,节目项目很多,直到下午2点多才表演结束。然后就是村民们期待很久的合拢宴时间,菜系不多但口味绝对是极佳。

42. 云南澄江:关索戏,每年正月期间,云南澄江都要表演关索戏,以祈求一年的好运。

43. 山东济南市芙蓉街关帝庙:关公在民间被称为"武财神",大年初五是民俗中破五"接财神"的日子。关公巡游,在济南有迎接财神之意。人们都给关帝像上香、鞠躬,甚至递红包,迎接"财神"的到来,讨个好彩头。

44. 江西南昌湾里区罗亭镇上坂曹家村:元宵节舞关公灯。这一天,在数百名舞龙队的护卫下,关公灯沿着池塘小道蜿蜒前行,倒映在水面,宛如两条巨龙上下争辉。曹家人对关公灯也充满虔诚。据介绍,撑龙头的人要求人品端正、身家清白,且要得到全村人的公认。到了元宵,须先沐浴,然后身穿大红袍,在十余名护灯者的护卫下肩扛头灯起灯,沿着池塘小道蜿蜒前行,途经其他各村各户。

在出灯的整个过程中,都有鼓乐相伴。因而,上板曹家的"关公板凳龙"被誉为"远近最长、最美、最有地方特色的龙"。

45. 河南洛阳:关林庙会从正月初一持续至正月十六。

46. 河南洛阳:关林清明祭祖。

47. 河南洛阳:农历五月十三是民间传说"关公磨刀"节,洛阳关林庙前广场,附近香客、信众举行了宝马宝刀赠英雄民俗活动,吸引了周边上万名香客和游客前来为关帝磨刀助兴。

48. 贵州黎平县:农历五月十三,地处湘黔交界结合部的贵州黎平县德顺乡张鲁村木洞寨举行一年一度的"抬关公洗澡"纪念活动。当地民间"抬关公洗澡"古俗,传说古时候在湘黔接壤地区的黎平德顺和湖南方加一带军民被贼兵围困数月,钱粮用尽,民不聊生,关公显圣,变一大将在河边磨刀,贼兵在高处看见,便恐惧七分,看势无能为力,马上退兵,黎民得救,人们为感恩戴德纪念关公,故以每年的五月十四日为纪念日(磨刀会)。德顺乡张鲁村木洞寨的关公纪念活动已维存400多年,现留有关公会田以作纪念场地,如有青年添生小孩,都来上旗一面,祈求永保清吉平安、四季康泰、五谷丰登、一帆风顺。"抬关公洗澡"活动,是由4名有威望的寨老将关公从庙里请上轿,再由2名童子少年抬关公到河边洗澡,一路上男女老少举起红旗,前呼后拥护送着关公到河边洗澡直到归来。在河边,寨老一边抱着关公,一边用干净的帕子帮他洗澡,一路护送的群人在河的下游,用关公洗澡过的河水洗脸、洗手,以求得永保平安、一帆风顺。

49. 广西岑溪南渡:农历五月十三,关帝庙会,来自各地的善男信女聚集到关帝庙,祈求一年风调雨顺、五谷丰登、幸福安康。庙会活动有关帝圣爷巡游、舞龙舞狮会、"上刀山、下火海"等。

50. 广西桂林恭城:三年一次的关公巡街。广西恭城关公庙始建于明万历癸卯年,清康熙五十九年重修,至今已有 400 多年的历史,位于恭城县城的关帝庙(武庙)始建于1603 年(明万历三十一年),是祭祀三国名将关羽的庙宇,占地面积 2 100 平方米。早在明清时期,在每年的农历五月十二,就有民众自发地到武庙烧香祭拜,祈求风调雨顺,五谷丰收。

51. 广西湛江:"关公磨刀节"是麻章区太平镇东岸村为纪念关公忠义仁勇,祈求国泰民安的一种独有的民俗祭奠活动,已经有近千年的悠久历史。农历五月十三日是民间传统的关公磨刀节,人们纪念关公的忠仁义勇借此弘扬中华民族美德,也借关公的神威,祈求国泰民安、风调雨顺、人寿年丰。以烧猪阵拜节,其形式在雷州地区独一无二;其祭坛前,250 多头全烧金猪,每行约 10 头,挨次整齐排列,长达 30 多米,浩浩荡荡,简直是烧猪列队操练,称之烧猪阵也当之无愧。

52. 广西南宁:在南宁昆仑关一带,流传着关公磨刀为老百姓斩除大蛇的传说。据说每年的农历五月十三这一天,关公都会将他那把青龙偃月刀拿出来磨,"关公磨刀诞"由此得名。因此,每年这一天,周边群众纷纷来到这里祭祀关公,祈求国泰民安、风调雨顺、人寿年丰。与此同时,祭拜长眠于此的抗日英烈。

53. 浙江丽水市:金竹村是一个千年古村,大约从明代嘉靖年间开始,就有了在农历五月十三日关公诞辰举办庙会的传统。在庙会上,"迎其神案,佐以刀灵,供以三牲,祭以纸马,伴以罗汉",逐渐形成了富有地方特色的"金竹关公庙会"。"关公庙会"历时四天,从五月初九开始,就开始连续上演精彩婺剧,一直到关公庙会结束。在农历五月十三这天,主要是表演游乡亭、钢叉舞、山歌舞等,下午的活动主要是迎纸马案和烧纸马,晚上是上演乡村文艺晚会。

54. 广西凭祥市:武圣宫建于 19 世纪末,系清末名将苏元春当年在凭祥抗击法军时所建,供奉关羽,护国安民。清朝末年,时任广西提督的苏元春在凭祥大连城修建武圣宫作为军营供奉武圣关羽的庙堂,此后每年的农历五月十三日,凭祥市及邻近县的许多百姓都会自发的到武圣宫参加关公诞庙会。关公诞庙会集祭祀关帝、商贸活动、物资交流、文化娱乐于一体，是当时规模较大的群众集会，不仅在凭祥享有盛名，还影响到周边龙州、宁明等县及越南地区，后在战争时期中断。凭祥市的"关公诞"庙会已有 100 多年历史，在中越边境有着很大的影响力。近几年，随着旅游业的发展和边关文化的深远影响，凭祥重新恢复了这一中断多年的民间庙会。每年各地游客慕名而来，越南游客也远道而来，促进凭祥市旅游业的发展和中越两国民俗文化的交流，武圣宫庙会正逐步发展成为中越边境线上一项重要的民俗文化活动。农历五月十三的"关公诞"庙会在凭祥市武圣宫举行。人们穿上盛装，抬着关公像巡游全城，祈祷国泰民安，风调雨顺。这一边境地区的传统民俗盛会，吸引了上万人参加。盛装的百姓们来到凭祥市城北的武圣宫，恭迎关公出巡。武圣宫的关公像由整块红木雕成，有一米多高。12 名青壮男子抬着关公像，在市区通街走遍。男女老少前呼后拥，敲锣打鼓相伴随。关公像所到之处，家家户户燃放爆竹，更有居民摆出香案，开门祭拜。巡城完毕后，人们将关公像送回武圣宫，并载歌载舞，祭祀祈福。老人们席地而坐，看着台上的表演，如痴如醉；年轻男女手持水瓢互相洒水，乐在其中；小孩子由父母牵着小手，焚香敲钟，祈求健康成长。

55. 广西桂林阳朔县：白沙镇从 1914 年开始就过农历"六月二十三"关公圣诞。以前主要是祭奠关公、抢花炮等。群众放着鞭炮、舞着狮子、抬着关公的画像在街上游行，以纪念关公的诞辰。

56. 广西博白：农历五月十三关公圣诞。民俗关公巡游，燃放像装鸭儿笼的烟花。

57. 山西吕梁汾阳市：汾州关帝庙始建于唐代贞观年间，1996 年公布为山西省重点文物保护单位，占地面积 600 平方米，市政府于 2010 年投资 500 余万元对关帝庙进行修复保护。前后两个关帝庙小广场，拓展了空间，恢复了古建。农历五月十三，鼓锋晋剧团助兴演出的晋剧《古城会》等剧目。

58. 湖北荆州市：关公最早筑荆州城，市民亲切地称他为"荆州首任市长"。每年农历五月十三,关公祭。

59. 台湾盐水:元宵节关公巡游,放蜂炮。盐水在清朝是台湾重要商港通航两岸,相传于光绪十七年七、八月间,盐水街流行霍乱瘟疫,惨状连年,当时因医药不发达,死者日众,居民恐慌,地方商绅决议请出关圣帝君出巡祈安,从正月十三到十五,一连绕境三天烟硝巡礼,瘟疫瘤毒全面清除,盐水小镇终得以平,嗣后年年在元宵节迎请"关帝出巡",并施放烟火助阵,年盛一年;因此,借着关公巡境及蜂炮施放,不仅是传承"驱除瘟疫"的习俗,亦是透过仪式解决外力入侵所带来的社会不安,以及内部恶痞造成的秩序败坏与商业衰微。这种当初单纯的燃放鞭炮蜕变为"蜂炮""炮城"等活动,奠定今日盐水延续一百八十多年享誉世界的民族习俗特色——盐水蜂炮。

60. 台湾台南:台南市关庙区大庙山西宫,农历五月三日,庆祝主神关圣帝君的义子关平大将军生日,号召民众4 500人参加亲子健行、祭祀关平仪典,晚间举行"乞大龟"活动,2 000台斤(1台斤=600克)不等的大龟给掷最多筊的信徒请回家坐镇,庇佑家人平安。

61. 马来西亚吉隆坡新山:每年五月十三关公诞,各庙宇有会。还有关公巡游,过刀山,下火海等民俗。

62. 东帝汶:关帝庙位于帝力市中心,是当地一处著名的宗教及文化活动场所,每逢初一十五,很多本地居民都会自发来关帝庙烧香、求签。

63. 日本横滨:农历六月二十四,关公生日。在日本,关羽被视作保佑生意兴隆之神,庆祝其阴历六月二十四日生日的"关帝诞"是中华街每年最大的庆祝活动。关帝庙举行了祈祷繁荣的盛大仪式。爆竹和锣鼓声中,载有关羽像的神轿和舞狮在街上游行,游行队伍有中华龙舞、狮子舞、山车、灯笼等。

64. 香港:农历六月二十四,关圣帝君宝诞,举行备三牲果品等传统的祭祀典礼。仪式包括三鞠躬、降神礼、初献礼、亚献礼、三献礼,继而焚束帛行望燎礼,最后行辞神礼。

65.泰国宋卡:农历六月二十四,合艾关帝庙关公圣诞。

66.法国留尼旺:留尼旺关帝节每两年举行一次,时间在8月初。主要内容有演三国戏、祭拜活动。

67.印度尼西亚:农历五月十三,关公诞。有祭拜和巡游活动。

（关志杰、梅红整理）

后　记

　　关帝信仰在少数民族地区的传播是一个尚未完成的课题。我能为这个课题添砖加瓦，为探索我国优秀传统文化因子的传承贡献一点绵薄之力，实在是三生有幸。这要特别感谢我的博士后合作导师张泽洪教授给我的指引，他非常重视民族地区的关帝信仰研究，他自己对台湾、马来西亚的关帝庙进行了实地考察，他指导学生选题时也多谈到关帝信仰研究的重要性，除我以外，师门中还有多人进行这一课题的研究。

　　研究成果得到国家社科基金的资助后，我常怀惴惴不安之心，遍访西南地区关帝庙，最后确定了广西恭城和四川小金为田野考察点。每年在会期前往拍摄、记录，搜集各种和关帝有关的资料。利用寒暑假访问当地群众，观察这一文化在他们日常生活中的影响。在这一过程中，我深感关帝信仰文化已经融入到少数民族的文化中，形成了具有各民族特色的关帝文化。

　　我才疏学浅，在研究路上有那么多的师友帮助我，让我得以最终完成项目。四川大学道教与宗教文化所的陈斌教授、詹石窗教授、盖建明教授、郭武教授、廖玲副教授，西南民族大学的尹邦志教授等老师都给了我诚挚的意见。中国社科院的胡小伟教授、邹明华教授，复旦大学的郑土有教授，台湾的洪淑苓教授，为我的研究提供了便利。在研究中我和多地的文管所保持了良好的关系，特别感谢山西解州关帝庙、河南洛阳关帝庙、河南南阳社旗关帝庙、广西恭城关帝庙、四川小金营盘关帝庙对我的帮助。

此为记。

梅　红

2023 年 10 月 29 日

图书在版编目(CIP)数据

明清以来关帝信仰在西南少数民族地区的传播/梅
红著.—上海:上海三联书店,2023.11
ISBN 978-7-5426-7529-3

Ⅰ.①明… Ⅱ.①梅… Ⅲ.①少数民族-民族地区-
偶像崇拜-民间文化-文化传播-研究-西南地区-明清
时代②关羽(160-219)-人物研究 Ⅳ.①B933
②K825.2

中国版本图书馆 CIP 数据核字(2021)第 185551 号

明清以来关帝信仰在西南少数民族地区的传播

著　者 / 梅　红

责任编辑 / 殷亚平
装帧设计 / 徐　徐
监　　制 / 姚　军
责任校对 / 王凌霄

出版发行 / 上海三联书店
　　　　　(200030)中国上海市漕溪北路 331 号 A 座 6 楼
邮　　箱 / sdxsanlian@sina.com
邮购电话 / 021-22895540
印　　刷 / 上海惠敦印务科技有限公司

版　　次 / 2023 年 11 月第 1 版
印　　次 / 2023 年 11 月第 1 次印刷
开　　本 / 710mm×1000mm　1/16
字　　数 / 400 千字
印　　张 / 31
书　　号 / ISBN 978-7-5426-7529-3/B・747
定　　价 / 128.00 元

敬启读者,如发现本书有印装质量问题,请与印刷厂联系 021-63779028